Anja Hechenblaikner

Operational Risk in Banken

GABLER EDITION WISSENSCHAFT

Bank- und Finanzwirtschaft

Herausgegeben von
Professor Dr. Hermann Meyer zu Selhausen

Weitreichende Veränderungen auf den Finanzmärkten bringen große Herausforderungen für Theorie und Praxis mit sich. Die Schriftenreihe „Bank- und Finanzwirtschaft" greift Entwicklungen und Probleme aus diesem Fachgebiet auf. Sie bietet ein Forum für wissenschaftliche Beiträge und stellt Lösungsansätze und Forschungsergebnisse zu aktuellen Problemen der Bank- und Finanzwirtschaft zur Diskussion.

Anja Hechenblaikner

Operational Risk in Banken

Eine methodenkritische Analyse der Messung von IT-Risiken

Mit einem Geleitwort von
Prof. Dr. Hermann Meyer zu Selhausen

Deutscher Universitäts-Verlag

Bibliografische Information Der Deutschen Bibliothek
Die Deutsche Bibliothek verzeichnet diese Publikation in der Deutschen Nationalbibliografie; detaillierte bibliografische Daten sind im Internet über <http://dnb.ddb.de> abrufbar.

Dissertation Universität München, 2006

1. Auflage Juni 2006

Lektorat: Brigitte Siegel / Stefanie Loyal

Der Deutsche Universitäts-Verlag ist ein Unternehmen von Springer Science+Business Media.
www.duv.de

Umschlaggestaltung: Regine Zimmer, Dipl.-Designerin, Frankfurt/Main
Druck und Buchbinder: Rosch-Buch, Scheßlitz
Gedruckt auf säurefreiem und chlorfrei gebleichtem Papier

ISBN 978-3-8350-0424-5

Geleitwort

Im Rahmen der Neuen Basler Eigenkapitalvereinbarung (Basel II) hat der Basler Ausschuss für Bankenaufsicht für die Messung des Operational Risk drei Ansätze vorgeschlagen, den Basisindikatoransatz, den Standardansatz und den institutsindividuellen fortgeschrittenen Ansatz. Sowohl der Basisindikator- als auch der Standardansatz sind so grob und geradezu primitiv, dass die großen Institute bestrebt sind, eigene Ansätze zur Risikomessung zu entwickeln und von der Bankenaufsicht anerkennen zu lassen, um eine vergleichsweise niedrigere Eigenkapitalunterlegung des Operational Risk zu erreichen. Die Entwicklung fortgeschrittener Ansätze ist schon seit Jahren in Gang, und daran wird auch nach der Umsetzung von Basel II weiter gearbeitet werden. Eine wissenschaftliche Begleitung dieser Entwicklungen ist auch weiterhin wünschenswert.

Mit den von ihm vorgeschlagenen Ansätzen hat sich der Basler Ausschuss zum Treiber einer Entwicklung gemacht, die durchaus auch ungute Züge trägt: Einige Institute fühlen sich geradezu unter Druck, eigene Ansätze zu entwickeln und anerkennen zu lassen. Parallel hierzu kam bei vielen Bank-Risikomanagern der dringende Wunsch auf, nach den Markt- und Kreditrisiken nun auch noch die Operationellen Risiken nach dem Konzept des Value-at-Risk zu messen und in die gesamtbankbezogene Risk-Return-Steuerung zu integrieren. Das alles hat dazu geführt, dass in konzeptioneller und auch methodischer Hinsicht teilweise sehr fragwürdige Kompromisse gemacht werden, nicht nur von Praktikern des Risikomanagements. Aus diesen Gründen ist es sehr zu begrüßen, dass die Verfasserin der vorliegenden Schrift es sich zur Aufgabe gemacht hat, die Entwicklung der Modelle und Methoden für die Messung von Operational Risk und speziell IT-Risiken aus wissenschaftlicher Sicht distanziert und methodenkritisch aufzuarbeiten und zu begleiten.

Bevor die verschiedenen Ansätze zur Messung von IT-Risiken analysiert werden können, entwickelt die Verfasserin die folgenden methodenbezogenen Beurteilungskriterien: Datenverfügbarkeit und Datenqualität, Verwendbarkeit der Messergebnisse insbesondere im Risikomanagement, Kausalzusammenhang zwischen Messgröße und IT-Risiko, Berücksichtigung von Abhängigkeiten zwischen Risikofaktoren, Berücksichtigung der aktuellen Risikosituation einer Bank und Validierbarkeit des einzelnen Ansatzes. Das Kriterium „Datenverfügbarkeit und Datenqualität" ist für die Messung von Operational Risk offensichtlich von grundlegender Bedeutung. Um die ganze Tiefe dieser Problematik sichtbar zu machen, erörtert die Verfasserin sehr detailliert, welche Verzerrungen bei der Erhebung von Schadendaten auftreten können, wie leichtfertig historische Daten mit „synthetischen" Daten vermischt werden, wie eingeschränkt die Aussagekraft der Daten aus externen Datenpools ist etc. Wenn

Chief Risk Manager diese Probleme zur Kenntnis nähmen, könnten sie die Verlässlichkeit der Risikomessergebnisse, die man ihnen in der Praxis vorlegt, und die sie zur Grundlage der Risikosteuerung machen, sehr viel besser einschätzen.

Im Hauptteil der Arbeit werden die verschiedenen Ansätze jeweils kurz dargestellt, bevor die Beurteilungskriterien speziell auf Indikatoransätze und statistische / versicherungsmathematische Ansätze angewandt werden. Es zeigt sich, dass für den Basisindikatoransatz und den Standardansatz des Basler Ausschusses, die zu den Financial Risk Indicator-Ansätzen gehören, der unterstellte Kausalzusammenhang zwischen Risikoindikator (Risikoursache) und Risikowirkung empirisch nicht nachgewiesen werden kann. Die Non-Financial Risk Indicator-Ansätze stellen jeweils einen Zusammenhang her zwischen einem oder mehreren nicht-finanziellen Risikoindikatoren einerseits und der Risikowirkung andererseits, beispielsweise in Form eines Regressionsmodells. Beim IT-Risiko kommen zumeist technische Indikatoren in Betracht. Die IT-Risikowirkung wird durch Schadensummen erfasst, die sich nach der Realisierung von IT-Risiken ergeben haben. Die Verfasserin beurteilt diese Ansätze anhand ihrer Kriterien und kommt zu dem Ergebnis, dass sie durchaus ein beachtliches Potential aufweisen. Problematisch sind aber auch hier die Datenverfügbarkeit, der Nachweis von Kausalzusammenhängen, die Erfassung der Abhängigkeiten der Risikoindikatoren untereinander und die Validierung.

Von strukturell ganz anderer Art sind die statistischen / versicherungsmathematischen Ansätze. Sie beruhen empirisch auf einer Schadenanzahl- und einer Schadenhöhenverteilung, die durch theoretische Verteilungen approximiert werden. Aus diesen Verteilungen wird dann, z. B. mit der Monte-Carlo-Technik, eine Gesamtverlustverteilung gebildet, aus der die Risikomanager dann den Operational Value-at-Risk ablesen möchten. Dies Konzept ist für Risikomanager attraktiv, weil sie den Operational Value-at-Risk gern in die Risk-Return-Steuerung für die Gesamtbank integrieren möchten. So verständlich dieser Wunsch ist, so kompromisslos wird in der Praxis häufig Druck auf die Modellentwickler ausgeübt, methodische Bedenken zurückzustellen und derartige Modelle unbedingt in der Bank zu implementieren. Bei der Beurteilung dieser Ansätze anhand ihrer Kriterien zeigt die Verfasserin, dass das Problem der Datenverfügbarkeit, verglichen mit den Indikator-Ansätzen, nur in anderem Gewande auftritt: Gerade für die so bedeutenden Großschäden, die sehr selten vorkommen, gibt es nur extrem wenige Beobachtungen. Das hat die Modellentwickler dazu bewogen, die Gesamtverlustverteilung durch eine theoretische Verteilung zu approximieren, die im rechten Tail eine plausible Wahrscheinlichkeitsmasse aufweist, wenn man für die Approximation nur den „richtigen" Verteilungstyp wählt. Im Prinzip beruht dieses Vorgehen auf der Annahme, dass die empirisch nicht verfügbare Information über das Großschadensrisiko im rechten Tail der empirisch nicht validierbaren theoretischen Verteilung für den Gesamtverlust steckt und daraus nur „deduziert“ werden muss. Die Fragwürdigkeit dieses Vorgehens ist offenkundig.

Die methodenkritische Beurteilung von Ansätzen zur Messung des IT-Risikos in Banken stellt eine große Herausforderung dar. Die Problemstellung ist sehr schwer fassbar und strukturierbar, die Erfassung der relevanten empirischen Phänomene durch Datenerhebung ist nur ganz eingeschränkt möglich, und bei den in der Literatur dokumentierten Modellentwicklungen ist in methodischer Hinsicht eine geradezu provozierende Leichtfertigkeit der beteiligten Modellentwickler festzustellen, wie sie bisher nur bei Kreditportfoliorisikomodellen sichtbar geworden ist. Mit den Kriterien, die die Verfasserin für die Beurteilung der verschiedenen Ansätze entwickelt hat, gelingt ihr eine tiefgehend methodenkritische, transparente und auch Vergleiche ermöglichende Durchdringung der derzeit bekanntesten Ansätze für die Messung von IT-Risiken.

Die vorliegende Arbeit richtet sich gleichermaßen an Forscher und Praktiker des bankbetrieblichen Risikomanagements. Ich wünsche ihr, dass sie die Betroffenen zu einer kritischen Reflexion des bisherigen Vorgehens anregt und sie auch dazu bewegt, vermehrt methodenkritische Überlegungen in die Weiterentwicklung von Risikomodellen einzubringen.

Prof. Dr. Hermann Meyer zu Selhausen

Vorwort

Diese Arbeit entstand während meiner Tätigkeit als wissenschaftliche Mitarbeiterin am Seminar für Bankwirtschaft der Ludwig-Maximilians-Universität München und wurde vom Promotionsausschuss der Fakultät für Betriebswirtschaft im Wintersemester 2005/2006 als Dissertation angenommen. Obwohl man eine Dissertation letztlich immer alleine schreibt, gibt es dennoch einige Menschen, die mich bei der Erstellung wesentlich unterstützt haben und denen ich deshalb an dieser Stelle herzlich danken möchte.

An erster Stelle bedanke ich mich bei meinem Doktorvater Prof. Dr. Hermann Meyer zu Selhausen, der mir die Promotion nicht nur ermöglicht, sondern diese auch geduldig begleitet hat. Insbesondere seine intensive Auseinandersetzung mit meiner Arbeit gegen Ende der Bearbeitungszeit hat einen großen Beitrag zur Qualität der Arbeit geleistet! Prof. Dr. Elmar Helten danke ich für die engagierte Übernahme des Koreferats. Auch er hatte einen starken fachlichen Einfluss auf meine Arbeit.

Große Unterstützung habe ich durch meine Kolleginnen und Kollegen des Seminars für Bankwirtschaft erhalten, denen ich dafür herzlich danke. Hervorzuheben aus dieser mir sehr wichtigen Gemeinschaft sind Dr. Karin Stenke, Dr. Oliver Krautwurst und Dr. Stefan Decker. Die ganze Zeit über stand mir Dr. Karin Stenke mit ihrem fachlichen Rat aber auch mit großer persönlicher Unterstützung beiseite. Sie „quälte" sich durch alle meine wissenschaftlichen Ergüsse und behielt immer den Durchblick. Dr. Oliver Krautwurst war mir ein sehr wichtiger Diskussionspartner, mit dem man sich die Bälle nicht nur fachlich wunderbar hin und her spielen konnte. Von ihm habe ich viel gelernt. Ganz besonders herzlich danken möchte ich Dr. Stefan Decker. Er entwickelte sich vom Lieblingskollegen zum Mann fürs Leben. Den Weg der Dissertation mit ihm gemeinsam gehen zu können, hat diesen deutlich freundlicher werden lassen. Er war immer für mich da und hat damit maßgeblich zum Erfolg dieser Arbeit beigetragen.

Neben dieser fachlichen und persönlichen Unterstützung durch meine Kollegen erhielt ich wichtige „operative" Hilfe durch unsere wissenschaftlichen Hilfskräfte. Danke an Torsten Lorenz, Felix Noth, Sylvia Schürger und die anderen fleißigen Helfer! Ohne Euch hätte ich insbesondere die Berge an Literatur nicht Händeln können.

Ein wichtiger Schritt in der Entstehungsgeschichte dieser Promotion war das postgraduale Studium der „Betriebswirtschaftlichen Forschung". Hier lernte ich, neben einigen wissenschaftstheoretischen und methodischen Erkenntnissen, auch einige „Leidensgenossen" fachlich und persönlich kennen. Ich danke den „Freunden der betriebswirtschaftlichen Forschung" des Jahrgangs Sommersemester 2001 für die Wegbegleitung.

Großen fachlichen Support zu meiner Arbeit erhielt ich von Dr. Thomas Hartung. Er war immer für eine Diskussion zu haben und hat mir damit nicht nur über den „Copula-Berg" geholfen. Darüber hinaus haben mich die Diskussionen mit Christian Jegg im Rahmen seiner Diplomarbeit weitergebracht. Danke dafür!

Gerade in den letzten Zügen meiner Dissertation bin ich ganz in die Tiefen des Operational Risk abgetaucht und habe meine Freunde vernachlässigt – danke an alle, die mir die Treue gehalten haben!

Zum Abschluss danke ich meiner Familie für Ihre liebevolle Unterstützung! Insbesondere meine Eltern Marita und Bernd Hechenblaikner sind immer für mich da und unterstützen mich in allen Lebenslagen. Sie haben mich persönlich geformt und mir meinen beruflichen Werdegang und diese Promotion ermöglicht – deshalb widme ich ihnen diese Arbeit!

Sollte ich jemanden vergessen haben, so ist dies wohl als ein klassisches Operational Risk – menschliches Versagen – anzusehen. Ein großes „Sorry" dafür.

Dem Leser dieser Arbeit wünsche ich, dass er eine genau so große Begeisterung für das spannende Thema Operational Risk und insbesondere dessen Messung entwickelt, wie ich es in den letzten Jahren getan habe! Durch seine Komplexität und bisweilen schwierige Greifbarkeit treibt einen das Operational Risk zwar manchmal zur Verzweiflung – bleibt damit aber auch interessant und Wert, seine Zeit damit zu verbringen.

Anja Hechenblaikner

Inhaltsverzeichnis

Abkürzungsverzeichnis ... **XVII**

Abbildungsverzeichnis ... **XIX**

Anhangsverzeichnis ... **XXI**

1. Einleitung ... **1**

1.1 Problemstellung ... **1**

1.2 Ziel und Gang der Untersuchung ... **6**

2. Grundlagen zu IT-Risiken und zum IT-Risikomanagementprozess ... **8**

2.1 Definition und Kategorisierung von IT-Risiken als Teil des Operational Risk ... **8**

2.1.1 Operational Risk ... 8

2.1.1.1 Definition des Operational Risk ... 8

2.1.1.2 Kategorien des Operational Risk ... 11

2.1.1.3 Eigenschaften des Operational Risk ... 13

2.1.2 IT-Risiko ... 17

2.1.2.1 Definition des IT-Risikos ... 17

2.1.2.2 Kategorisierung des IT-Risikos ... 18

2.1.2.2.1 Schwachstellen (objektorientierte Risikoklassifizierung) ... 18

2.1.2.2.2 Bedrohungen ... 19

2.1.2.2.3 Schäden aus IT-Risiken ... 22

2.1.2.3 Der IT-Risikobegriff dieser Arbeit ... 24

2.2 Der IT-Risikomanagementprozess ... **25**

2.2.1 Notwendigkeit eines IT-Risikomanagements ... 25

2.2.2 Phasen des IT-Risikomanagements ... 25

3. Grundlagen zur Messung von IT-Risiken und Entwicklung von methodenbezogenen Beurteilungskriterien 31

3.1 Überblick über Ansätze zur Messung von IT-Risiken 31

3.2 Entwicklung von methodenbezogenen Beurteilungskriterien 39

3.2.1 Datenverfügbarkeit und Datenqualität 40

3.2.2 Verwendbarkeit der Messergebnisse 41

3.2.3 (Kausal-)Zusammenhang zwischen Messgröße und tatsächlichem IT-Risiko 47

3.2.4 Berücksichtigung von Abhängigkeiten zwischen einzelnen IT-Risiken, Operational Risk-Kategorien und Risikoarten 54

3.2.4.1 Bildung von Messeinheiten für das Operational Risk 54

3.2.4.2 Mögliche Abhängigkeiten bei Operational Risk 56

3.2.4.3 Ansätze zur Messung von Abhängigkeiten 59

3.2.4.4 Formulierung eines Beurteilungskriteriums 69

3.2.5 Berücksichtigung der aktuellen Risikosituation 70

3.2.6 Validierbarkeit der Ansätze 70

3.3 Datenbasis als Ausgangspunkt für eine Messung 74

3.3.1 Arten an benötigten Daten und mögliche Datenquellen 74

3.3.2 Probleme der Daten und des Datensammlungsprozesses 81

3.3.2.1 Anzahl und Qualität interner Daten 81

3.3.2.1.1 Quantitative Datenproblematik 81

3.3.2.1.2 Qualitative Datenproblematik 84

3.3.2.1.2.1 Verzerrungen bei historischen internen Daten 84

3.3.2.1.2.2 Verzerrungen bei synthetischen internen Daten 89

3.3.2.2 Probleme externer Daten sowie aus der Kombination verschiedener Datenquellen 93

3.3.2.3 Zusammenfassende Beurteilung der Datenproblematik im Zusammenhang mit Operational Risk 100

4. Darstellung und methodenkritische Beurteilung von Indikatoransätzen und statistischen / versicherungsmathematischen Ansätzen 103

4.1 Darstellung und methodenkritische Beurteilung von Indikatoransätzen 103

4.1.1 Grundprinzip und Kategorisierung der Indikatoransätze 103

4.1.2 Darstellung und Beurteilung von Financial Risk Indicator-Ansätzen - insbesondere Basisindikatoransatz und Standardansatz des Basler Ausschusses für Bankenaufsicht 114

4.1.2.1 Darstellung von Financial Risk Indicator-Ansätzen 114

4.1.2.1.1 Basisindikatoransatz 114

4.1.2.1.2 Standardansatz 116

4.1.2.2 Beurteilung von Financial Risk Indicator-Ansätzen 120

4.1.2.2.1 Datenverfügbarkeit und Datenqualität 120

4.1.2.2.2 Verwendbarkeit der Messergebnisse 123

4.1.2.2.3 (Kausal-)Zusammenhang zwischen Financial Risk Indicators und dem Operational Risk 124

4.1.2.2.3.1 Annahmen des Basler Ausschusses bzgl. des Zusammenhangs zwischen Bruttoertrag und Operational Risk 125

4.1.2.2.3.2 Hypothese: Es gibt keinen Kausalzusammenhang zwischen Bruttoertrag und dem Operational Risk 125

4.1.2.2.3.3 Indifferente und widersprüchliche Zusammenhänge 127

4.1.2.2.4 Berücksichtigung von Abhängigkeiten 130

4.1.2.2.5 Berücksichtigung der aktuellen Risikosituation 130

4.1.2.2.6 Validierbarkeit der Ansätze 131

4.1.2.3 Verbesserungsvorschläge zu den Basler Ansätzen 133

4.1.3 Darstellung und Beurteilung von Nonfinancial Risk Indicator-Ansätzen.. 138

4.1.3.1 Darstellung von Nonfinancial Risk Indicator-Ansätzen 138

4.1.3.1.1 Definition und Beispiele für Nonfinancial Risk Indicators 138

4.1.3.1.2 Ansatzpunkte zur Erkennung und Modellierung von Zusammenhängen zwischen Nonfinancial Risk Indicators und dem IT-Risiko 142

4.1.3.2 Beurteilung von Nonfinancial Risk Indicator-Ansätzen 147
4.1.3.2.1 Datenverfügbarkeit und Datenqualität 147
4.1.3.2.2 Verwendbarkeit der Messergebnisse 148
4.1.3.2.3 Kausalzusammenhang zwischen Nonfinancial Risk Indicators und IT-Risiko 150
4.1.3.2.4 Berücksichtigung von Abhängigkeiten 154
4.1.3.2.5 Berücksichtigung der aktuellen Risikosituation 155
4.1.3.2.6 Validierbarkeit der Ansätze 156
4.1.4 Kombination von Risikoindikatoren 158
4.1.4.1 Relevanz 158
4.1.4.2 Möglichkeiten der Kombination von Risikoindikatoren 159
4.1.4.3 Beurteilung eines Messansatzes auf der Basis einer Kombination an Risikoindikatoren anhand ausgewählter Beurteilungskriterien 164

4.2 Darstellung und methodenkritische Beurteilung von statistischen / versicherungsmathematischen Ansätzen 167
4.2.1 Darstellung von statistischen / versicherungsmathematischen Ansätzen 167
4.2.1.1 Grundprinzip und Vorgehensweise 167
4.2.1.2 Modellierung der Schadenanzahl- und der Schadenhöhenverteilungen 171
4.2.1.2.1 Ablauf der Modellierung und Goodness of Fit-Tests 171
4.2.1.2.2 Ansätze zur Modellierung der Tails der Schadenhöhenverteilung 183
4.2.1.2.2.1 Ermittlung einer untrunkierten Schadenhöhenverteilung aus trunkierten Daten 184
4.2.1.2.2.2 Modellierung des Low-Frequency-/High-Impact-Bereichs der Schadenhöhenverteilung mit Hilfe der Extremwerttheorie 186
4.2.1.3 Ermittlung der Gesamtverlustverteilung 191
4.2.1.4 Ermittlung eines Operational Value-at-Risk aus der Gesamtverlustverteilung 194

4.2.2 Beurteilung von statistischen / versicherungsmathematischen Ansätzen ... 198
4.2.2.1 Datenverfügbarkeit und Datenqualität ... 198
4.2.2.1.1 Datenverfügbarkeit ... 198
4.2.2.1.2 Datenqualität ... 200
4.2.2.2 Verwendbarkeit der Messergebnisse ... 201
4.2.2.3 (Kausal-)Zusammenhang zwischen historischen Verlustdaten und aktuellem IT-Risiko ... 203
4.2.2.4 Berücksichtigung von Abhängigkeiten ... 205
4.2.2.4.1 Möglichkeiten zur Modellierung von Abhängigkeiten ... 205
4.2.2.4.2 Anwendbarkeit der Modellierung von Abhängigkeiten ... 208
4.2.2.5 Berücksichtigung der aktuellen Risikosituation ... 210
4.2.2.6 Validierbarkeit der Ansätze ... 212

4.3 Zusammenfassende Beurteilung und Einsatzempfehlungen für Indikatoransätze und statistische / versicherungsmathematische Ansätze zur Messung des IT-Risikos ... 215

5. Parallelen der IT-Risikomessung mit der Marktpreis- und der Kreditrisikomessung ... 221

6. Ausblick ... 224

Anhang ... 227
Literaturverzeichnis ... 239

Abkürzungsverzeichnis

AMA	Advanced Measurement Approaches / fortgeschrittene Ansätze
BaFin	Bundesanstalt für Finanzdienstleistungsaufsicht
Basel II	Die neue Basler Eigenkapitalvereinbarung
BIA	Basis Indicator Approach / Basisindikatoransatz
BIS	Bank for International Settlements
BIT	Banking and Information Technology (Zeitschrift)
BSI	Bundesamt für Sicherheit in der Informationstechnik
BSIG	Gesetz über die Errichtung des Bundesamtes für Sicherheit in der Informationstechnik (BSI-Errichtungsgesetz)
c.d.f.	cumulative distribution function / kumulative Verteilungsfunktion
CPU	Central Processing Unit / Prozessor
CVaR	Conditional Value-at-Risk
DAX	Deutscher Aktienindex
DIN	Deutsches Institut für Normung e.V.
DIT	Deutscher Investment-Trust Gesellschaft für Wertpapieranlage mbH
EU	Europäische Union
GuV	Gewinn- und Verlustrechnung
EVT	Extreme Value Theory / Extremwerttheorie
FIRST	Financial Institutions Risk Scenario Trend Database
FMEA	Failure Mode and Effect Analysis / Fehlermöglichkeits- und –einflussanalyse
HAZOP	Hazard and Operability Study
IAS	International Accounting Standards
IEC	International Electrotechnical Commission
IFRS	International Financial Reporting Standards
ISDA	International Swaps and Derivatives Association Inc.
ISO	International Organization for Standardization
IT	Informationstechnik / Informationstechnologie / Information Technology
KCI	Key Control Indicator
KPI	Key Performance Indicator
KRI	Key Risk Indicator
MAH	Mindestanforderungen an das Betreiben von Handelsgeschäften

MAK	Mindestanforderungen an das Kreditgeschäft der Kreditinstitute
MDA	Maximum Domain of Attraction
ÖBA	Österreichisches Bankarchiv (Zeitschrift)
OECD	Organisation for Economic Co-operation and Development
ORX	Operational Riskdata eXchange Association
PHEA	Predictive Human Error Analysis
POT	Peaks over Threshold
QIS	Quantitative Impact Study
RMA	Risk Management Association
SAS	Software and Services Institute Inc.
STA	Standardised Approach / Standardansatz
VaR	Value-at-Risk
WiSt	Wirtschaftswissenschaftliches Studium (Zeitschrift)
ZBB	Zeitschrift für Bankrecht und Bankwirtschaft
ZfgK	Zeitschrift für das gesamte Kreditwesen
ZKA	Zentraler Kreditausschuss

Abbildungsverzeichnis

Abbildung 1: Beispielhafte Verteilung der Verluste aus Operational Risk 14

Abbildung 2: Überblick über Messmethoden für Operational Risk 33

Abbildung 3: Überblick über die methodenbezogene Beurteilungskriterien dieser Arbeit 39

Abbildung 4: Überblick über Anwendungsmöglichkeiten der Ergebnisse aus der Messung des Operational Risk 41

Abbildung 5: Mögliche kausale Zusammenhänge 53

Abbildung 6: Überblick über die vorgenommenen Klassifizierungen der Daten zur Messung von Operational Risk 80

Abbildung 7: Beispiele für activity-based und value-based Indicators für die Gesamtbank und für die IT 109

Abbildung 8: Von den Banken angestrebte aufsichtsrechtliche Ansätze zur Messung des Operational Risk (zum 31.12.2006) 112

Abbildung 9: Von den privaten Großbanken angestrebte Ansätze 113

Abbildung 10: Werte der Beta-Faktoren für die einzelnen Geschäftsfelder im Standardansatz 117

Abbildung 11: Beispiele für activity-based und value-based Nonfinancial Risk Indicators 140

Abbildung 12: Beispiele für Nonfinancial Risk Indicators nach Bedrohungskategorien 141

Abbildung 13: Beispiele für Nonfinancial Risk Indicators nach Schwachstellenkategorien 141

Abbildung 14: Überblick über die Vorgehensweise beim statistischen / versicherungsmathematischen Ansatz 171

Abbildung 15: Beispieldaten für die Schadenanzahl aus IT-Risiken in 8 Geschäftsbereichen in den Jahren 1996-2005 172

Abbildung 16: Schadenanzahlverteilung für die Beispieldaten 173

Abbildung 17: Vergleich der empirischen Schadenanzahlverteilung mit der parametrischen Poissonverteilung X~Po(3,875) ... 174

Abbildung 18: Empirische Schadenhöhenverteilung der Beispieldaten ... 177

Abbildung 19: Vergleich der empirischen Schadenhöhenverteilung mit einer Lognormalverteilung ... 179

Abbildung 20: Vergleich der empirischen Schadenhöhenverteilung mit einer Gammaverteilung ... 180

Abbildung 21: Beispiel für eine Lognormalverteilung mit X~LN(203584, 205263) ... 181

Abbildung 22: Beispiel für eine Gammaverteilung Γ(1,25, 145818, 16045) ... 181

Abbildung 23: Vergleich der empirischen Schadenhöhenverteilung mit einer Exponentialverteilung ... 182

Abbildung 24: Traditionelle Statistik, klassische EVT und POT EVT ... 188

Abbildung 25: POT-Methode – Datenpunkte $X_1,\ldots,X_n$ und die dazugehörigen Exzesse $Y_1,\ldots,Y_{Nu}$ über dem Threshold u ... 190

Abbildung 26: Lognormalverteilung mit Modellierung des rechten Tails durch eine GPD im Rahmen der POT-Methode ... 190

Abbildung 27: Gesamtverlustverteilung ... 196

Abbildung 28: Beispiele für die Verteilungsfunktion und die Dichtefunktion einer Gumbel-, einer Frechet- ($\alpha = 2$) und einer Weibullverteilung ($\alpha = 2$) ... 232

Abbildung 29: POT-Methode – Datenpunkte $X_1,\ldots,X_n$ und die dazugehörigen Exzesse $Y_1,\ldots,Y_{Nu}$ über dem Threshold u ... 234

Abbildung 30: Dichtefunktionen für GPD mit unterschiedlichen ξ und $\beta = 1$ ... 235

Anhangsverzeichnis

Seite

Anhang 1: Erfassungsschema für eine IT-Risiko-Datenbank 227

Anhang 2: Beispiel für mögliche IT-Risiken bzgl. der Schwachstelle „Hardware“ 227

Anhang 3: Schadenbestandteile bei ORX 228

Anhang 4: Gegenüberstellung einer Poissonverteilung Po(4,3), einer Binomialverteilung B(20, 0,215) und einer negativen Binomialverteilung NB (18, 0,8052) 229

Anhang 5: Beispieldaten für Schadenhöhen 230

Anhang 6: Formale Darstellung der Extremwerttheorie – Block-Maxima-Methode 231

Anhang 7: Formale Darstellung der Extremwerttheorie – POT-Methode 234

1. Einleitung

1.1 Problemstellung

Der wesentliche Einfluss der Informationstechnologie (IT) auf Kreditinstitute ist in der Literatur unumstritten.[1] Viel diskutiert ist der Einsatz der IT vor allem im Zusammenhang mit Rentabilität und strategischen Wettbewerbsvorteilen.[2] Ein sehr wesentlicher Gesichtspunkt für Banken ist aber auch das Risiko, das aus dem Einsatz von IT resultiert. Es kann davon ausgegangen werden, dass ein Ausfall wesentlicher IT-Systeme über einen längeren Zeitraum zu hohen Schäden und im Extremfall sogar zur Insolvenz einer Bank führen kann.[3]

An großer Bedeutung gewonnen hat die Betrachtung des IT-Risikos in letzter Zeit vor allen Dingen auch dadurch, dass das IT-Risiko ein Teilaspekt des Operational Risk ist.[4] Durch zahlreiche spektakuläre Verlustfälle[5] in den letzten Jahren wurde die Öffentlichkeit für diese Risikokategorie sensibilisiert. Auch die Bankenaufsicht wurde durch die, teilweise dramatischen, Verlustfälle auf diese Risikokategorie aufmerksam und hat im Rahmen der Neuen Basler Eigenkapitalvereinbarung (Basel II) im Januar 2001[6] erstmals explizite Regelungen zur aufsichtsrechtlichen Behandlung von operationellen Risiken getroffen.[7] In den derzeitig in Deutschland geltenden aufsichtsrechtlichen Vorschriften des Grundsatz I über die Eigenmittel der Institute[8] werden operationelle Risiken nur implizit über eine „Überschätzung" des Kreditrisikos abgedeckt.[9]

---

1 Vgl. bspw. Meyer zu Selhausen, H. (Bank-Informationssysteme, 2000), S. 5; Moormann, J. (Digitalisierung, 2000), S. 5ff.; Wings, H. (Digital Business, 1999), S. 10.

2 Vgl. bspw. Hanow, G.A. (Produktivität, 1999), S. 18f.; Moormann, J. (Umbruch, 1999), S. 5ff.

3 Vgl. Bartl, D. R. (Sicherheitsanforderungen, 2003), S. 112; Petruch, K. (Technik, 2002), S. 278. Untersuchungen deuten darauf hin, dass bei einem vollständigen Ausfall der EDV selbst die elementarsten bankbetrieblichen Funktionen nicht länger als eine Woche aufrechterhalten werden könnten. Vgl. Büschgen, H. E. (Prüfstein, 1992), S. 84. Eine Untersuchung von Hammer, V. ((Technikgestaltung, 1999), S. 161) ermittelt als unternehmensgefährdende IT-Ausfallzeit für Banken einen Wert von 2 Tagen.

4 Vgl. Basel Committee on Banking Supervision (Capital Accord, 2003), Punkt 607 und siehe Kap. 2.1.1.2, S. 11.

5 Einen Überblick über zahlreiche Fälle gibt z. B. Peachey, A. (Finanzdesaster, 2002), S. 327ff. oder Brandner et al. (Finanzdienstleistungsunternehmen, 2002), S. 347ff.

6 Vgl. Basel Committee on Banking Supervision (Capital Accord, 2001).

7 Vgl. Höfer, S. / Schrott, A. (Blick, 2003), S. 158. Bereits 1998 veröffentlichte der Basler Ausschuss für Bankenaufsicht ein kurzes Arbeitspapier zum Thema „Operational Risk Management" (Vgl. Basel Committee on Banking Supervision (Operational Risk Management, 1998)). Dieses enthält allerdings weder konkrete Regelungen zu Operational Risk noch eine Definition, sondern stellt dar, dass Operational Risk ein wichtiges Thema für Banken sei, mit dem sich nun auch die Bankenaufsicht in Zukunft beschäftigen wolle.

8 Vgl. BaFin (Grundsatz I, 1997).

9 Vgl. Basel Committee on Banking Supervision (Operational Risk, 2001), S. 1 und Deutsche Bundesbank (Monatsbericht April, 2001), S. 28.

Auch in den Verlautbarungen der Bundesanstalt für Finanzdienstleistungsaufsicht (BaFin) wie den „Mindestanforderungen an das Betreiben von Handelsgeschäften" (MAH) und den „Mindestanforderungen an das Kreditgeschäft der Kreditinstitute"[10] (MAK) werden zwar Aspekte des operationellen Risikos angesprochen, allerdings wird dies nicht explizit genannt.

Nun wird im Rahmen von Basel II vom Basler Ausschuss für Bankenaufsicht eine Unterlegung des Operational Risk mit Eigenkapital gefordert, wie dies bereits für Marktpreis- und Kreditrisiken geregelt ist.[11] Begründung hierfür ist, dass durch die verbesserte und damit risikosensitivere Messung der Kreditrisiken nach Basel II nun ein kleinerer „Eigenkapitalpuffer" für „andere Risiken", wie das Operational Risk, bei der Eigenmittelunterlegung der Kreditrisiken entsteht.[12] Zum anderen hat die Aufsicht erkannt, dass das Operational Risk aufgrund zahlreicher Entwicklungen in der Bankpraxis immer mehr an Bedeutung gewinnt. Dazu zählen insbesondere eine wachsende IT-Abhängigkeit der Bankgeschäfte und eine hohe Komplexität der Geschäftstätigkeit der Banken aufgrund von Entwicklungen wie Konzentrationsprozessen in der Kreditwirtschaft, Outsourcing, Entwicklung komplexer Finanzprodukte etc.[13] Im Rahmen der Forderung nach einer Eigenkapitalunterlegung der Operational Risk erfolgt daher durch den Basler Ausschuss eine Definition von Operational Risk und die Darstellung unterschiedlicher Ansätze zur Ermittlung der notwendigen Eigenkapitalunterlegung und damit implizit zur Messung von Operational Risk.

Allerdings haben sich im Risikomanagement der Banken noch keine Standards zur Messung von Operational Risk etabliert.[14] Es existiert eine Vielzahl an unterschiedlichsten Ansätzen zur Quantifizierung von operationellen Risiken, die sich in ihrer Vorgehensweise und der benötigten Datengrundlage teilweise erheblich unterscheiden.[15] Vom Basler Ausschuss werden grundsätzlich drei Ansätze zur Ermittlung der Eigenmittelunterlegung vorgeschlagen.[16] Diese sind so gestaltet, dass sie ein Spektrum mit zunehmender Sophistizierung und Risikosensitivität bilden, auf dem sich die Banken von einfacheren zu fortgeschritteneren Ansätzen bewegen können. Dabei

---

10 Vgl. BaFin (MAK, 2002).

11 Vgl. Basel Committee on Banking Supervision (Capital Accord, 2001), S. 94ff.

12 Vgl. Basel Committee on Banking Supervision (Operational Risk, 2001), S. 1.

13 Vgl. Basel Committee on Banking Supervision (Operational Risk, 2001), S. 1 und Deutsche Bundesbank (Monatsbericht April, 2001), S. 28.

14 Vgl. Haas, M. / Kaiser, T. (Insufficiency, 2004), S. 13; Faisst, U. / Kovacs, M. (Methodenvergleich, 2003), S. 342; Schierenbeck, H. (Bankmanagement, 2003), S. 483.

15 Vgl. Faisst, U. / Kovacs, M. (Methodenvergleich, 2003), S. 342.

16 Vgl. hierzu und im folgenden Basle Committee on Banking Supervision (Convergence, 2004), S. 137. Die drei Ansätze sind der Basic Indicator Approach, der Standardised Approach und die Advanced Measurement Approaches, die unter bestimmten Voraussetzungen den Einsatz bankinterner Modelle erlauben.

enthalten die ersten beiden Ansätze ganz konkrete Vorgaben, wie die Messung zu erfolgen hat, während im Rahmen des dritten Ansatzes die Banken die Möglichkeit haben, eigene Ansätze zur Messung durch die Bankenaufsicht anerkennen zu lassen. Durch die Regelungen des Basler Ausschusses zur Eigenmittelunterlegung der Operational Risk entsteht deshalb für die Kreditinstitute ein Ansporn, eigene Ansätze zur Messung zu entwickeln.[17] Durch den vorhandenen Zeitdruck[18] ist es dabei aber vor allem wichtig, zu überprüfen, ob diese Ansätze auch methodischen Ansprüchen genügen und als valide[19] einzustufen sind.[20]

Unstrittig ist in der aktuellen Diskussion, die seit Veröffentlichung des zweiten Entwurfs zur Änderung der Eigenkapitalvereinbarung von 1988 im Januar 2001[21] den entscheidenden Antrieb bekommen hat[22] und seitdem auch laufend an Intensität zunimmt, dass das Operational Risk und damit auch das IT-Risiko eine hohe Bedeutung für Banken hat.[23] Geeinigt hat man sich derzeit auch auf eine weitgehend akzeptierte Definition des Operational Risk[24], die allerdings in dieser Form für ein sinnvolles Management dieser Risiken noch viel zu allgemein ist[25] und einer genaueren Konkretisierung, insbesondere auch in speziellen Teilbereichen wie dem IT-Risiko mit allen seinen Besonderheiten, bedarf. Forschungsbedarf gibt es vor allem noch im

---

17 Vgl. Röckle, S. (Schadensdatenbanken, 2002), S. 35.

18 Es ist vorgesehen, dass der Basler Akkord Ende 2006 in nationales Recht umgesetzt werden soll. Für die fortgeschritteneren Ansätze ist Ende 2007 als Startzeitpunkt geplant. Siehe Basel Committee on Banking Supervision (Convergence, 2004), Punkt 2, S. 1.

19 Der Basler Ausschuss fordert bspw. zur Anerkennung eines fortgeschrittenen Ansatzes, dass dieser validiert werden kann. Vgl. Basle Committee on Banking Supervision (Convergence, 2004), Punkt 666 und 668, S. 144.

20 Schon bei Kreditportfoliorisikomodellen, wie bspw. Credit Metrics oder CreditRisk+, hat sich gezeigt, dass eine schnelle Forcierung der Entwicklung solcher Modelle teilweise auf Kosten der methodischen Gründlichkeit und Absicherung dieser Modelle geht. Vgl. hierzu ausführlich Meyer zu Selhausen, H. (Validierung, 2004).

21 Vgl. Basel Committee on Banking Supervision (Capital Accord, 2001). Der erste Entwurf der Änderung des Kapitalakkords im Juni 1999 (Basel Committee on Banking Supervision (Framework, 1999), S. 50f., Punkt 82-87) enthält bereits Hinweise darauf, dass operationelle Risiken bei der Eigenkapitalunterlegung berücksichtigt werden sollen, explizite Eigenkapitalanforderungen werden aber erst im Entwurf vom Januar 2001 konkretisiert und erläutert.

22 Vgl. Locarek-Junge, H. (IT-Risikomanagement, 2002), S. 3.

23 Insbesondere die Tatsache, dass Operational Risk nach Inkrafttreten des neuen Basler Eigenkapitalakkords mit Eigenkapital unterlegt werden müssen, hat diese Erkenntnis stark forciert. Vgl. hierzu bspw. Dowd, V. (Basel approach, 2003), S. 31; Cap Gemini Ernst & Young (Trends, 2002), S. 10. In dieser Studie zu operationellen Risiken in Kreditinstituten gaben die befragten Kreditinstitute als wichtigste Motivation zum Aufbau eines Operational Risk-Controllings die regulatorischen Anforderungen an.

24 Vgl. hierzu ausführlich Kap. 2.1.1.1, S. 8ff.

25 Vgl. Piaz, J.-M. (Banken, 2002), S. 4.

Bereich der Identifikations-[26] und Messmethoden für diese Risiken. Zwar existiert für beide Fragestellungen bereits eine Vielzahl von Methoden, die häufig aus anderen Teilbereichen des Risikomanagements[27] oder auch aus anderen Forschungsbereichen und Branchen übernommen wurden. Allerdings hat sich noch kein Standard herausgebildet und es fehlt vor allem an Tests, die die Korrektheit und die Leistungsfähigkeit dieser Methoden zeigen. Vielmehr täuschen die Messmethoden, die im Ergebnis einen möglichen Verlustbetrag in Euro ausweisen, derzeit eher eine Exaktheit vor, die zum jetzigen Stand aber noch nicht gegeben ist und somit das Bankmanagement zu falschen Schlussfolgerungen verleiten kann.[28] Eine schlüssige und methodisch gesicherte Messung des IT-Risikos ist eine unabdingbare Voraussetzung für eine sinnvolle Steuerung dieses Risikos[29] und auch für eine adäquate aufsichtsrechtliche Eigenkapitalunterlegung.

Obwohl die aufsichtsrechtlichen Vorschriften als „Treiber" der Entwicklung im Bereich des Managements von Operational Risk und damit auch der IT-Risiken zu sehen sind, ist es aber für Banken auch wichtig zu erkennen, dass IT-Risiken schon aus betriebswirtschaftlichen Gesichtspunkten eines fundierten und gezielten Managements bedürfen. Im Bereich der IT ist deshalb die IT-Sicherheit – als komplementärer Begriff zum IT-Risiko[30] – längst ein Thema und es gibt zahlreiche Bestrebungen, die IT-Sicherheit zu erhöhen. Dazu gehören bspw. das IT-Grundschutzhandbuch des Bundesamtes für Sicherheit in der Informationstechnik[31] oder der ISO/IEC 17799:2000 „Information Technology – Code of Practice for Information Security Management"[32], ein Standard der „International Organization for Standardization". Dieses bereits vorhandene Wissen im Bereich der IT-Sicherheit wird allerdings selten in die eher finanzwirtschaftlich orientierte Diskussion um das „Operational Risk" eingebracht.[33]

In der Literatur existieren also Schwerpunkte im Bereich des technischen IT-Sicherheitsmanagements, die finanzwirtschaftliche Perspektive des Risikomanage-

---

[26] Auf eine nähere Analyse der Identifikationsmethoden wird in dieser Arbeit verzichtet. Eine umfangreiche Beschäftigung mit möglichen Identifikationsmethoden hat ergeben, dass Aussagen zu Vor- oder Nachteilen einzelner Verfahren nur sehr vage möglich sind und regelmäßig sehr stark vom einzelnen Kreditinstitut abhängen. Ein Überblick über mögliche Identifikationsmethoden wird im Kap. 2.2.2, S. 25ff. gegeben.

[27] Vgl. ähnlich Buzziol, S. (Systematik, 2004), S. 19.

[28] Vgl. Jörg, M. / Roßbach, P. (Messung, 2002), S. 92.

[29] Vgl. ähnlich Romeike, F. (Risikokategorien, 2003), S. 165.

[30] Vgl. Locarek-Junge, H. (IT-Risikomanagement, 2002), S. 5.

[31] Vgl. Bundesamt für Sicherheit in der Informationstechnik (IT-Grundschutzhandbuch, 1999).

[32] Vgl. hierzu bspw. Voßbein, R. (Zertifizierung, 2002), S. 25ff.

[33] Vgl. Locarek-Junge, H. (IT-Risikomanagement, 2002), S. 4.

ments wird aber häufig vernachlässigt.[34] Für die Messung des Operational Risk finden sich zwischenzeitlich Ausführungen in zahlreichen Veröffentlichungen. Allerdings enthalten diese entweder nur einen groben Überblick über Ansätze zur Messung des Operational Risk, ohne diese methodisch näher zu beleuchten und die Anwendbarkeit der Ansätze zu hinterfragen.[35] Zu den statistischen / versicherungsmathematischen Ansätzen existieren hingegen zahlreiche Aufsätze, die schon sehr tief in methodische Feinheiten der Ansätze gehen, ohne dass die Anwendungsvoraussetzungen kritisch diskutiert werden.[36] Bei Indikatoransätzen beschränkt sich die Literatur größtenteils auf die Basler Ansätze sowie auf den Einsatz von Indikatoren zur Risikosteuerung.[37]

---

[34] Eine Ausnahme stellt hier bspw. der Sammelband von Roßbach, P. / Locarek-Junge, H. (IT-Sicherheitsmanagement, 2002), dar, in dem neben der rein technischen Sichtweise auch andere Perspektiven eingenommen werden.

[35] Vgl. bspw. Piaz, J.-M. (Banken, 2002); Jörg, M. (Herausforderungen, 2002); Minz, K.-A. (Operationelle Risiken, 2004).

[36] Vgl. bspw. Frachot, A. et al. (Operational Risk, 2001); Frachot, A. et al. (Loss Distribution Approach, 2003); Leippold, M. / Vanini, P. (Quantification, 2003).

[37] Vgl. bspw. Brink, G. J. van den (Risiko-Indikatoren, 2004); Taylor, D. / Hofmann, D. G. (Signal Failure, 1999).

1.2 Ziel und Gang der Untersuchung

In der vorliegenden Arbeit wird der Fokus auf ein Teilgebiet der operationellen Risiken gelegt, und zwar wie bereits angedeutet auf die Risiken, die aus dem Einsatz von IT-Systemen resultieren. Dies ist sinnvoll, da IT-Risiken aufgrund der hohen Abhängigkeit der Kreditinstitute vom IT-Einsatz eine besondere Bedeutung erlangen.[38] Dabei werden bereits vorhandene Kenntnisse aus dem Bereich der IT-Sicherheit mit der finanzwirtschaftlichen Sichtweise, die in Basel II gefordert wird, verbunden.

Ziel dieser Arbeit ist es nun im speziellen, eine sinnvolle Definition als Basis für ein Management von IT-Risiken zu erarbeiten, sowie ausgewählte Methoden zur Messung von IT-Risiken in Kreditinstituten darzustellen und kritisch zu beurteilen. Es wurden zwei grundlegende Klassen von Ansätzen ausgewählt: Indikatoransätze und statistische / versicherungsmathematische Ansätze. Diese werden detailliert dargestellt und in Bezug auf die Anwendbarkeit, aber insbesondere auch auf die Validität und Einhaltung methodischer Ansprüche beleuchtet.

Als Grundlage für diese Arbeit werden zunächst die wesentlichen Begriffe geklärt und Risikokategorien gebildet, ohne die ein sinnvolles Management für IT-Risiken nicht möglich ist. Dazu werden in **Kap. 2** die wesentlichen Begriffe „Operational Risk" (Kap. 2.1.1) und „IT-Risiko" (Kap. 2.1.2) definiert und kategorisiert. Darauf aufbauend wird in Kap. 2.2 der IT-Risikomanagementprozess in seinen Grundlagen beleuchtet. Dabei wird auf die Notwendigkeit eines IT-Risikomanagements eingegangen und die einzelnen Phasen des Prozesses, d. h. Identifikation, Messung, Steuerung und Kontrolle, werden kurz erläutert.

In **Kap. 3** erfolgen eine Darstellung wesentlicher Grundlagen zur Messung von IT-Risiken sowie eine Entwicklung methodenbezogener Beurteilungskriterien. Dabei wird zunächst in Kap. 3.1 ein Überblick über Ansätze zur Messung von IT-Risiken gegeben und eine Einordnung der Ansätze in Klassen vorgenommen. In dieser Arbeit nicht weiter verfolgte Klassen von Ansätzen werden kurz beschrieben und ihr Ausschluss begründet. In Kap. 3.2 werden die im Kap. 4 heranzuziehenden methodenbezogenen Beurteilungskriterien entwickelt. Anschließend werden im Kap. 3.3 wesentliche Grundlagen für das Beurteilungskriterium „Datenverfügbarkeit und Datenqualität" beleuchtet. Wegen der besonderen Bedeutung der Daten und um Redundanzen in den beurteilenden Kapiteln zu vermeiden, wird an dieser Stelle auf verschiedene Arten von Daten, mögliche Datenquellen und Probleme im Zusammenhang mit den Daten und dem Datensammlungsprozess eingegangen.

In **Kap. 4** erfolgt eine Darstellung und methodenkritische Beurteilung von Indikatoransätzen und statistischen / versicherungsmathematischen Ansätzen. Dabei werden

---

[38] Vgl. Moormann, J. (Umbruch, 1999), S. 5f.

zunächst in Kap. 4.1 Indikatoransätze, getrennt nach Ansätzen, die auf Financial Risk Indicators (Kap. 4.1.2) bzw. auf Nonfinancial Risk Indicators (Kap. 4.1.3) aufbauen, dargestellt und anhand der in Kap. 3.2 entwickelten Kriterien beurteilt. Der Fokus bei den Ansätzen auf Basis von Financial Risk Indicators liegt auf dem Basisindikator- und dem Standardansatz des Basler Ausschusses. Die Ausführungen zu den Nonfinancial Risk Indicators bringen neue Ideen zu Indikatoren, die im Zusammenhang mit der Messung von IT-Risiken vielversprechend sind. Abschließend zu Kap. 4.1 werden darüber hinaus Kombinationen von Risikoindikatoren zur Messung analysiert (Kap. 4.1.4). In Kap. 4.2 werden statistische / versicherungsmathematische Ansätze zur Messung des IT-Risikos detailliert dargestellt (Kap. 4.2.1) und ebenfalls anhand der ausgewählten Kriterien beurteilt (Kap. 4.2.2). Am Ende des Kap. 4 steht eine zusammenfassende Beurteilung der betrachteten Messansätze (Kap. 4.3). Zusätzlich werden Einsatzempfehlungen für Indikatoransätze und statistische / versicherungsmathematische Ansätze abgeleitet.

Die Arbeit schließt in **Kap. 5** damit, Parallelen zwischen der IT-Risikomessung und der Messung anderer Risikoarten in Banken aufzuzeigen. Zudem wird in **Kap. 6** ein kurzer Ausblick auf bevorstehende Entwicklungen gegeben.

2. Grundlagen zu IT-Risiken und zum IT-Risikomanagementprozess

2.1 Definition und Kategorisierung von IT-Risiken als Teil des Operational Risk

2.1.1 Operational Risk

2.1.1.1 Definition des Operational Risk

Schon in der Umgangssprache finden sich vielfältige Bedeutungen für den Begriff „Risiko".[39] Auch in der betriebswirtschaftlichen Literatur gibt es eine Vielzahl unterschiedlicher Definitionen.[40] Die vorhandenen Risikodefinitionen lassen sich bspw. in drei Gruppen einteilen[41], wobei eine Unterscheidung nach Ursache und Wirkung des Risikos vorgenommen wird:

Die erste Gruppe zielt dabei auf die ökonomische Wirkung des Risikos ab und definiert Risiko „...als Möglichkeit der Planverfehlung, als Gefahr einer Fehlentscheidung, als Verlustgefahr und als Gefahr einer Zielabweichung."[42]

Die zweite Gruppe stellt die Ursache des Risikos in den Vordergrund und versucht Risiko über ein vorhandenes Informationsdefizit zu erklären. Dabei geht sie von einer Entscheidungssituation aus, in der keine Sicherheit bezüglich der Konsequenz einer Entscheidung herrscht, aber dennoch entweder objektive und / oder subjektive Wahrscheinlichkeitsverteilungen für die eintretenden Konsequenzen vorliegen, durch die das Risiko beschrieben wird.[43]

Die dritte Gruppe führt die beiden oben genannten Komponenten zusammen und definiert Risiko als eine Kombination von möglicher Zielverfehlung und einem Informationsdefizit. So sieht Helten den Risikobegriff „...immer in Zusammenhang mit unvollständiger und unvollkommener Information über die Wirkungszusammenhänge der Realität und den daraus resultierenden Ziel- und Planabweichungen, die möglicherweise zu Schäden und Verlusten führen können..."[44]. Ziel- und Planabweichungen, die zu einem positiven Ergebnis führen, können hingegen als „Chance" bezeichnet werden.[45]

---

[39] Vgl. Helten, E. (Messung, 1994), S. 1f.

[40] Vgl. Härterich, S. (Produktrisiken, 1987), S. 3.

[41] Zu dieser Dreiteilung der Risikodefinitionen siehe Braun, H. (Risikomanagement, 1984), S. 22ff. und vgl. zu den folgenden Ausführungen Härterich, S. (Produktrisiken, 1987), S. 5ff.

[42] Härterich, S. (Produktrisiken, 1987), S. 6.

[43] Vgl. z. B. Knight, F. H. (Risk, 1921), S. 197ff. oder Bamberg, G. / Coenenberg, A. G. (Entscheidungslehre, 1996), S. 66ff.

[44] Helten, E. (Messung, 1994), S. 2.

[45] Vgl. Büschgen, H. E. (Bankbetriebslehre, 1998), S. 865.

Diese Definition von Helten berücksichtigt sowohl Ursachen als auch Wirkungen des Risikos und scheint damit insbesondere als Hintergrund für eine Definition des Operational Risk und als Basis für ein Management dieser Risiken geeignet.

Ursachen für Operational Risk[46] sind im bankinternen Bereich zu finden, dort wo die spezifischen Charakteristika eines Kreditinstituts liegen.[47] Folglich müssten eigentlich so viele Definitionen für das operationelle Risiko existieren, wie es Banken gibt, um die institutsspezifischen Besonderheiten jeder einzelnen Bank widerzuspiegeln.[48] Dies wird auch von der Aufsicht erkannt. So gesteht der Basler Ausschuss den Kreditinstituten zu, eigene Definitionen anzuwenden. Voraussetzung ist, dass die Definitionen die Operational Risk klar abgrenzen und dass alle wesentlichen Risiken sowie deren Ursachen erfasst werden.[49]

Da in der vorliegenden Arbeit nicht auf Besonderheiten einzelner Kreditinstitute eingegangen werden kann, ist es sinnvoll, hier die am weitesten verbreitete und auch weitgehend akzeptierte Operational Risk-Definition des Basler Ausschusses heranzuziehen:[50]

„Operational Risk is defined as the risk of loss resulting from inadequate or failed internal processes, people and systems or from external events. This definition includes legal risk, but excludes strategic and reputational risk."[51]

Diese Definition enthält sowohl Ursachen von Operational Risk als auch deren Wirkungen. Dabei werden die Ursachen zunächst in externe und interne Ursachen getrennt. Externe Ursachen wirken von außen auf das Unternehmen ein und können von diesem nicht beeinflusst werden, wie bspw. Naturkatastrophen. Interne Ursachen liegen im Bereich von Prozessen, Menschen und Systemen.[52] Betrachtet wer-

---

46 Begrifflich werden hier die angelsächsische Originalbezeichnung „Operational Risk" sowie deren offizielle Übersetzung (vgl. Übersetzung der Deutschen Bundesbank: Basler Ausschuss für Bankenaufsicht (Eigenkapitalvereinbarung, 2001)) „operationelles Risiko" verwendet. Verzichtet wird auf Begriffe wie „Betriebsrisiko", „operatives Risiko" oder „operationales Risiko", da es hierbei zu sprachlichen Differenzen kommen kann. Bspw. wird unter Betriebsrisiko teilweise nur das Risiko der direkten Geschäftsabwicklung verstanden, also ein Teilbereich der Operational Risk. Der Begriff „operatives Risiko" könnte als Gegenstück zum „strategischen Risiko" gesehen werden, was dem Operational Risk aber ebenfalls nicht vollumfänglich gerecht wird. Vgl. bspw. Beeck, H. / Kaiser, T. (Value-at-Risk, 2000), S. 636f.

47 Vgl. Röckle, S. (Schadensdatenbanken, 2002), S. 19.

48 Einen Überblick über unterschiedliche Definitionen gibt Piaz, J.-M. (Banken, 2002). S. 58ff.

49 Vgl. Basel Committee on Banking Supervision (Sound Practices 2003), S. 2.

50 Vgl. Geiger, H. / Piaz, J.-M. (Bewertung, 2001), S. 792. Ursprünglich resultiert diese Definition aus einer Studie der British Bankers' Association (BBA), der International Swaps and Derivates Association (ISDA) und der Robert Morris Association (RMA) in Zusammenarbeit mit PricewaterhouseCoopers (PwC), vgl. BBA et al. (Frontier, 1999), S. 3.

51 Vgl. Basel Committee on Banking Supervision (Convergence, 2004), Punkt 644, S. 137.

52 Eine Betrachtung der Ursachen für Operational Risk findet in Kap 2.1.1.2, S. 11ff. statt.

den darüber hinaus auch Risiken, die rechtlicher Natur sind. Explizit ausgeschlossen werden hingegen Risiken, die der Bank aus strategischen Entscheidungen oder im Zusammenhang mit der Reputation entstehen. Als Wirkungen von operationellen Risiken werden Verluste definiert.[53]

Keine weitere Beachtung findet in dieser Arbeit die ebenfalls weit verbreite indirekte Definition, die unter Operational Risk alle Risiken, die nicht eindeutig dem Marktpreis- oder dem Kreditrisiko zugeordnet werden können, fasst.[54] Dies ist zwar leicht verständlich, kann aber im wissenschaftstheoretischen Sinne kaum als Definition betrachtet werden und ist in keiner Weise als Basis für ein Risikomanagement von Operational Risk geeignet, da die Vielfalt des Operational Risk nicht ansatzweise konkretisiert wird.

Die durch diese Negativdefinition implizierte Einordnung des Operational Risk in das Risikospektrum der Bank als ein Erfolgsrisiko[55] kann jedoch als sinnvoll erachtet werden, da eine Auswirkung des Operational Risk auf den finanziellen Erfolg des Kreditinstituts zu bejahen ist.[56] Im Gegensatz zu Marktpreisrisiken und Kreditrisiken, die als Erfolgsrisiken des liquiditätsmäßig-finanziellen Bereichs gesehen werden können, ist das Operational Risk ein Erfolgsrisiko des technisch-organisatorischen Bereichs.[57] Von den aus der Geschäftstätigkeit einer Bank resultierenden Erfolgs- und Liquiditätsrisiken sind noch auf einer höheren Ebene die strategischen Risiken abzugrenzen, die nicht aus Einzelgeschäften, sondern aus langfristig wirkenden Entscheidungen auf der Ebene der Gesamtbank oder einzelner strategischer Geschäftsfelder resultieren.[58] Oftmals wird das strategische Risiko den operationellen Risiken

---

[53] In der ersten Version von Basel II wurde noch zwischen direkten und indirekten Verlusten unterschieden (vgl. Basel Committee on Banking Supervision (Capital Accord 2001), S. 94). Direkte Verluste sind Verluste, die sich im Falle des Eintretens eines Risikoereignisses direkt in der Gewinn- und Verlustrechnung niederschlagen, während indirekte Verluste durch einen Potentialverlust für die Zukunft, bspw. durch Verlust eines Kunden oder von Know-how eines Mitarbeiters, gekennzeichnet sind (vgl. Münchbach, D. (Private Banking, 2001), S. 18ff.). Indirekte Verluste sind nur sehr schwer zu erfassen. Ferner stehen sie oft in einem direkten Zusammenhang mit der Reputation des Kreditinstituts. Das Reputationsrisiko wurde aber gezielt aus der Definition des Operational Risk ausgeschlossen. Ferner sieht es der Basler Ausschuss nicht als sinnvoll, die indirekten Verluste mit Eigenkapital zu unterlegen, sodass diese aus der Definition ausgeschlossen wurden und nun nur noch allgemein von Verlusten gesprochen wird, wobei mögliche Verlustereignisse durch das Konsultationspapier vorgegeben werden (vgl. Basel Committee on Banking Supervision (Working Paper, 2001), S. 2).

[54] Vgl. u. a. Beeck, H. / Kaiser, T. (Value-at-Risk, 2000), S. 637; Piaz, J.-M. (Banken, 2002), S. 59.

[55] Basis dieser Definition ist die Annahme, dass Schwankungen im Ertrag des Kreditinstituts aus Marktpreis-, Kredit- und operationellen Risiken resultieren, woraus sich schließen lässt, dass diese drei Risikoarten zu den Erfolgrisiken zu zählen sind. Vgl. Münchbach, D. (Private Banking, 2001), S. 16f.

[56] Zu einer ähnlichen Systematisierung wie der in dieser Arbeit getroffenen siehe Hofmann, M. (Steuerung, 2002), S. 12ff.

[57] Vgl. zu dieser Einteilung der Bereiche Büschgen, H. E. (Bankbetriebslehre, 1998), S. 869f.

[58] Vgl. Büschgen, H. E. (Bankbetriebslehre, 1998), S. 880f.

zugeordnet.[59] Dies erscheint jedoch nicht sinnvoll und deckt sich nicht mit der Auffassung des Basler Ausschusses, der strategische Risiken explizit ausschließt. In dieser Arbeit werden die strategischen Risiken aus den operationellen Risiken ausgegrenzt.

2.1.1.2 Kategorien des Operational Risk

Der Begriff „Operational Risk" umfasst, wie bereits aus der Definition ersichtlich ist, eine heterogene Ansammlung unterschiedlicher Risiken.[60] Deshalb ist es notwendig, Hauptkategorien der operationellen Risiken festzulegen, um darauf aufbauend die einzelnen Risiken möglichst vollständig zu identifizieren, überschneidungsfrei einzuordnen und zu analysieren, sowie gezielte Risikomanagementmaßnahmen ansetzen zu können.[61] Dabei bietet sich eine ursachenbezogene[62] Kategorisierung, angelehnt an die Basler Definition, an.

In einem ersten Schritt werden Operational Risk danach unterschieden, ob ihre Ursache im internen Bereich des Kreditinstituts liegt oder sie aufgrund äußerer Einflüsse eintreten. Zu diesen „externen" Ursachen zählen Risikoursachen, die nicht im Einflussbereich des Unternehmens liegen, aber Auswirkungen in Form von Schäden beim Kreditinstitut hervorrufen können.[63] Besonders offensichtlich ist dies bei Risiken aus Elementarereignissen, wie Bränden, Erdbeben, Überschwemmungen, Stürmen etc. Aber auch außen stehende Dritte kommen als Ursache für Schäden in Frage, bspw. durch kriminelle Handlungen wie Betrug, Überfälle, Einbrüche, Hacker-Angriffe etc. oder aber auch durch ungewolltes Fehlverhalten in der Zusammenarbeit mit der Bank. Angriffe von außen können auch politisch oder religiös motiviert sein, bspw. in Form von Terroranschlägen, Vandalismus oder Kriegen. Ferner zählen zu den externen Ursachen Änderungen im geltenden Rechtssystem, wodurch die Komponente des Rechtsrisikos erfasst wird.

---

59 Vgl. bspw. Schierenbeck, H. (Bankmanagement, 2001), S. 259ff.; Röckle, S. (Schadensdatenbanken, 2002), S. 21.

60 Vgl. Peemöller, F. A. / Friedrich, R. (Herausforderung, 2002), S. 44.

61 Vgl. Münchbach, D. (Private Banking, 2001), S. 26.

62 Vgl. Basel Committee on Banking Supervision (Working Paper, 2001), S. 2. Der Vorteil einer ursachenbezogenen Kategorisierung liegt darin, dass die operationellen Risiken anhand ihrer Ursachen identifiziert werden und es damit möglich wird, Risikosteuerungsmaßnahmen bereits an den Risikoursachen anzusetzen.

63 Vgl. hierzu und im folgenden ähnlich bspw. Piaz, J.-M. (Banken, 2002), S. 57f.; Münchbach, D. (Private Banking, 2001), S. 34f.; Basel Committee on Banking Supervision (Operational Risk, 2001), S. 2.

Für die internen Ursachen für Operational Risk, d. h. die Risikofaktoren liegen im Einflussbereich des Unternehmens, werden meist drei Kategorien gebildet: Menschen, Systeme und Prozesse.[64]

Unter die Kategorie „Menschen" fallen Risiken, die durch die Mitarbeiter eines Kreditinstituts verursacht werden, weshalb diese Kategorie im folgenden auch mit „Mitarbeiter"[65] bezeichnet wird. Die Risikoursache liegt dabei im falschen Verhalten[66] eines Mitarbeiters.[67] Es kann differenziert werden zwischen bewusstem und unbewusstem Fehlverhalten. Bewusstes Fehlverhalten äußert sich bspw. in Betrug, Diebstahl, Sachbeschädigung, etc. Unter unbewusstem Fehlverhalten sind bspw. Fehler aufgrund von Irrtum, Fahrlässigkeit oder Unvermögen zu verstehen.

Eine zweite Kategorie von intern verursachten Operational Risk basiert auf der Ursache „Prozesse". Unter einem Prozess versteht man den Fluss und die Transformation von Materialien, Tätigkeiten, Entscheidungen oder Informationen.[68] Das Prozessrisiko stellt in diesem Zusammenhang das Risiko dar, dass innerhalb des Flusses bzw. der Transformation ein Fehler auftritt, der zu einem falschen oder einem schlechten Ergebnis führt.[69] Diese Fehler können entweder daraus resultieren, dass ein Prozess falsch aufgesetzt, oder dass er falsch ausgeführt wurde.[70] Dazu zählen Fehler bei der Abwicklung von Transaktionen, aber auch bspw. Fehler in der Überwachung von Geschäften.

---

64 Die Benennung dieser Kategorien erfolgt hier in Anlehnung an die Definition des Basler Ausschusses, vgl. Basel Committee on Banking Supervision (Convergence, 2004), S. 134. Die Bezeichnung dieser Kategorien unterscheidet sich zwischen unterschiedlichen Autoren teilweise, allerdings wird inhaltlich meist ähnliches umfasst.

65 Die Benennung dieser Kategorie mit dem Begriff „Menschen" würde implizieren, dass hier auch die unter die externen Risiken fallenden Angriffe von Personen von außerhalb der Bank erfasst würden. Da hier aber nur Risiken aus dem Verhalten von Mitarbeitern einzuordnen sind, ist es folgerichtig, diese Kategorie mit „Mitarbeiter" zu bezeichnen.

66 Häufig werden unter die Kategorie „Mitarbeiter" auch noch Risiken wie qualitative und quantitative Personalverfügbarkeit, Abwanderung von wichtigen Mitarbeitern, mangelnde Führungsqualitäten etc. gezählt (vgl. bspw. Münchbach, D. (Private Banking, 2001), S. 31f.; Piaz, J.-M. (Banken, 2002), S. 57f.). Allerdings ist fraglich, ob diese Risiken wirklich unter den Begriff der „Operational Risk" gefasst werden sollten. Ist dies der Fall, dann müssten auch diese Risiken mit Eigenkapital unterlegt werden. Bei der Aufzählung möglicher Verlustereignisse in der Basler Eigenkapitalvereinbarung sind zwar Verluste aufgrund von Verhaltensrisiken der Mitarbeiter aufgeführt, eine Aufführung anderer Verluste bspw. aus Mitarbeiterfluktuation fehlt hingegen vollständig (vgl. Basler Ausschuss für Bankenaufsicht (Eigenkapitalvereinbarung, 2003), Anhang 7, S. 229-230). Deshalb erscheint es sinnvoll, die Kategorie „Mitarbeiter" im Rahmen der Operational Risk auf die Verhaltensrisiken zu beschränken.

67 Vgl. hierzu und im folgenden Münchbach, D. (Private Banking, 2001), S. 31f.; Röckle, S. (Schadensdatenbanken, 2002), S. 25f.; Piaz, J.-M. (Banken, 2002), S. 57f.

68 Vgl. Osterloh, M. / Frost, J. (Prozessmanagement, 1996), S. 31.

69 Vgl. hierzu und im folgenden Piaz, J.-M. (Banken, 2002), S. 57f.; Röckle, S. (Schadensdatenbanken, 2002), S. 26f.; Münchbach, D. (Private Banking, 2001), S. 32f.

70 Vgl. Brink, G. J. van den (Operational Risk, 2001), S. 10f.

Als dritte interne Ursache für Operational Risk werden „Systeme“ angesehen.[71] Dazu zählen Risiken, die mit dem Einsatz von Informations- und Kommunikationstechnologie verbunden sind.[72] Diese Kategorie des Operational Risk wird im weiteren Verlauf dieser Arbeit als „IT-Risiko“ bezeichnet.[73]

2.1.1.3 Eigenschaften des Operational Risk

Operational Risk weisen im Vergleich zu den bisher in Banken hauptsächlich beachteten Marktpreis- und Kreditrisiken einige Besonderheiten auf, die im Rahmen des Risikomanagements berücksichtigt werden müssen. Eine Besonderheit besteht darin, dass es sich hierbei um ein „Konsequenzrisiko“ handelt.[74] Operational Risk werden nicht, wie z. B. Marktpreisrisiken, bewusst eingegangen, sondern entstehen automatisch durch die Aufnahme der Geschäftstätigkeit des Kreditinstituts. Hinzu kommt, dass den möglichen Verlusten aus Operational Risk keine Ertragschancen gegenüberstehen, wie dies bei Marktpreis- und Kreditrisiken der Fall ist. Deshalb spricht man beim Operational Risk auch von einem Downside-Risk. Diese Tatsachen begründen, dass es stets im Interesse des Kreditinstituts ist, das Operational Risk so gering wie möglich zu halten.[75]

Risiken können beschrieben werden durch ihre Eintrittswahrscheinlichkeit und die Schadenhöhe bei Eintritt des Risikoereignisses. Bei Operational Risk ergibt sich dabei die Besonderheit, dass nach dieser Einteilung hauptsächlich zwei Ausprägungen auffallen:[76] zum einen Risikoereignisse mit hohen Eintrittswahrscheinlichkeiten, aber eher geringen Schadenhöhen, zum anderen solche mit sehr geringen Eintrittswahrscheinlichkeiten, aber extrem hohen Schäden. Bei ersteren wird auch von „High Frequency Low Impact“ (HFLI) gesprochen. Dies sind meist Risiken in der täglichen Geschäftsabwicklung, die immer wieder zu kleineren Verlusten führen, aber solange sie nicht geballt auftreten, nicht bestandsgefährdend für die Bank wirken. Die zweite Ausprägung, also Risikoereignisse mit sehr niedrigen Eintrittswahrscheinlichkeiten, aber einer sehr hohen Schadenwirkung, werden mit „Low Frequency High Impact“ (LFHI) bezeichnet. Diese werden nur äußerst selten schlagend, aber wenn, dann

---

[71] Vgl. bspw. Piaz, J.-M. (Banken, 2002), S. 57f.

[72] Vgl. Röckle, S. (Schadensdatenbanken, 2002), S. 27.

[73] Zu dieser Begriffsverwendung vgl. bspw. auch Roßbach, P. / Locarek-Junge, H. (IT-Sicherheitsmanagement, 2002). Zu einer ausführlichen Beschreibung dieser Kategorien siehe Kap. 2.1.2, S. 17ff.

[74] Vgl. hierzu und im folgenden Münchbach, D. (Private Banking, 2001), S. 25f. und Röckle, S. (Schadensdatenbanken, 2002), S. 22.

[75] Dabei ist darauf zu achten, dass Maßnahmen zur Senkung von oder zur Überwälzung möglicher Verluste aus operationellen Risiken ökonomisch sinnvoll eingesetzt werden.

[76] Vgl. Münchbach, D. (Private Banking, 2001), S. 20f.; Piaz, J.-M. (Banken, 2002), S. 50f.

können sie im Extremfall den Bestand der Bank gefährden. Solche Großschäden resultieren meist aus Katastrophen oder aus ungünstigen Verkettungen vieler kleiner Risiken. Während HFLI-Risiken relativ gut messbar sind, ist es aufgrund des extrem seltenen Auftretens von LFHI-Risiken schwierig, diese zu identifizieren und die Schadenhöhe zu schätzen. Abbildung 1 zeigt die unterschiedlichen Ausprägungen der Verlusthöhe graphisch:

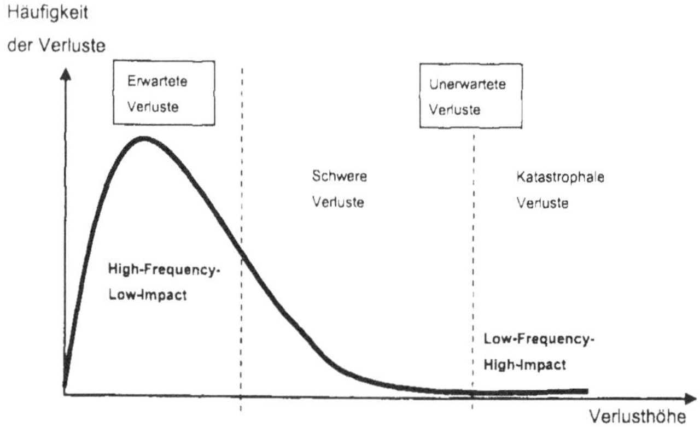

Abbildung 1: Beispielhafte Verteilung der Verluste aus Operational Risk[77]

Im Bereich der Risikowirkung kann, wie in der Abbildung verdeutlicht, unterschieden werden zwischen erwarteten und unerwarteten Verlusten. Erwartete Verluste stellen dabei gemäß den meisten Risikodefinitionen eigentlich kein Risiko dar, da sie bereits in der Zielplanung berücksichtigt werden.[78] Bei den Operational Risk stellt sich die Frage, ob es möglich ist, erwartete Verluste vom Kunden abgelten zu lassen.[79] Sicherlich ist zu erkennen, dass die Preise für Leistungen der Bank teilweise höhere Margen enthalten, als es für das jeweilige Marktpreis- bzw. Kreditrisiko dieses Geschäfts notwendig wäre. Dies könnte als pauschale Abgeltung des operationellen Risikos gedeutet werden. Allerdings ist es aufgrund der vielfältigen operationellen Risiken in einer Bank wohl unmöglich, eine risikogerechte Bestimmung pro Einzelgeschäft oder Kunde durchzuführen, um so eine ausreichende Deckung des erwarteten Risikos zu erreichen, und diese Risikoprämie auch noch bei den Kunden durchzu-

---

77 In Anlehnung an Röckle, S. (Schadensdatenbanken, 2002), S. 117 und Keck, W. / Jovic, D. (Management, 1999), S. 966.

78 Vgl. Büschgen, H. E. (Bankbetriebslehre, 1998), S. 866f. Bspw. sollten im Kreditgeschäft der Banken die erwarteten Ausfälle durch Risikoprämien in der Zinskalkulation bereits berücksichtigt und dadurch der erwartete Verlust abgedeckt werden. Ein Risiko besteht dann in der Form, dass die erwartete Ausfallquote überschritten wird und der Bank unerwartete Verluste entstehen, die nicht gedeckt sind.

79 Vgl. hierzu und im folgenden Münchbach, D. (Private Banking, 2001), S. 24.

setzen.[80] Deshalb ist zu erwarten, dass keine ausreichende Deckung in Form von Risikoprämien aus Kundengeschäften für Operational Risk zur Verfügung steht. Da den Operational Risk zusätzlich auch keine Erträge gegenüberstehen, sie deshalb nicht bewusst eingegangen werden und so niedrig wie möglich gehalten werden sollten, ist es folgerichtig, hier sowohl erwartete als auch unerwartete Verluste als Risiko anzusehen.[81]

Besonders problematisch ist bei operationellen Risiken, dass diese häufig sehr komplexe Ursache-Wirkungszusammenhänge aufweisen, die zu vielfältigen Überschneidungen führen können.[82] Einerseits kann es sich dabei um Überschneidungen handeln, die daraus entstehen, dass die Einordnung eines Risikoereignisses in eine Operational Risk-Kategorie nicht eindeutig möglich ist. So kann bspw. ein Erdbeben zum Ausfall des Rechenzentrums einer Bank führen, was wiederum zu erheblichen finanziellen Schäden führen kann. Im ersten Schritt betrachtet ist die Ursache ein externes Ereignis in Form eines Erdbebens, die Wirkung besteht zunächst im Ausfall des Rechenzentrums. Dies wäre damit den externen Risiken zuzuordnen. Betrachtet man allerdings den zweiten Schritt, nämlich den Ausfall des Rechenzentrums als Ursache für die Wirkung in Form des finanziellen Schadens (z. B. dadurch, dass die Hardware so stark geschädigt wurde, dass sie neu beschafft werden muss) so ist dies der Kategorie der IT-Risiken zuzuordnen. Diese Überschneidungen gibt es in allen Bereichen des Operational Risk. Besonders gravierend ist dabei die Überschneidung zwischen dem Mitarbeiter- und dem IT-Risiko, da Schäden aus IT-Systemen sehr häufig aus einer Fehlbedienung durch Mitarbeiter resultieren, was dann eigentlich dem Mitarbeiterrisiko zuzuordnen wäre.

Darüber hinaus sind auch Überschneidungen mit anderen Risikoarten wie dem Marktpreis- und dem Kreditrisiko gegeben. Hier entstehen Probleme, wenn ein Risikoereignis nicht eindeutig dem Operational Risk, dem Marktpreis- oder dem Kreditrisiko zugeordnet werden kann. Ein Beispiel dafür ist der sehr bekannte Fall der Barings Bank.[83] Der eigentliche finanzielle Schaden entstand aufgrund der für die Barings Bank unglücklichen Entwicklung der den in sehr hohem Maße eingegangenen Future-Kontrakten zugrunde liegenden Indizes, also oberflächlich betrachtet aus ei-

---

[80] Vgl. hierzu und im folgenden Döhring, J. (Gesamtrisiko-Management, 1996), S. 57f.

[81] Vgl. ähnlich Münchbach, D. (Private Banking, 2001), S. 16. Dies deckt sich mit der Ansicht des Basler Ausschusses, da dieser festlegt, dass auch die erwarteten Verluste aus Operational Risk mit Eigenkapital unterlegt werden müssen, sofern die Bank nicht nachweisen kann, dass Preiszuschläge dafür beim Kunden erhoben wurden. Vgl. Basel Committee on Banking Supervision (Operational Risk, 2001), S. 3.

[82] Vgl. hierzu und im folgenden bspw. Basel Committee on Banking Supervision (Transfer, 2003), S. 9; Röckle, S. (Schadensdatenbanken, 2002), S. 29f.; Münchbach, D. (Private Banking, 2001), S. 20f.

[83] Vgl. zu diesem Fall ausführlich Körnert, J. (Barings, 1996), S. 512-520 und S. 612-618.

nem Marktpreisrisiko. Betrachtet man allerdings die Hintergründe dafür, wie ein so hohes Risikoexposure (der Verlust belief sich im Endeffekt auf ca. 1 Milliarde US-Dollar) in diesen Index-Futurekontrakten überhaupt aufgebaut werden konnte, gelangt man schnell zu Ursachen wie Betrugsverhalten durch den Händler Nick Leeson, keiner Funktionstrennung zwischen Handel und Backoffice und auch zum Versagen interner Kontrollen – also zu Operational Risk. Auch Transformationen von einer Risikoart in eine andere Risikoart sind zu beobachten. Bspw. sinkt durch eine Verbriefung von Kreditrisiken mittels Kreditderivaten zwar das Kreditrisiko, aber es entsteht dafür ein Operational Risk in Form von Rechts- und Prozessrisiken neu.[84]

Wie dies in den Beispielen bereits angeklungen ist, stellt eines der Hauptprobleme die Abgrenzung zwischen Ursache und Wirkung dar.[85] Durch das Auftreten von Ursache-Wirkungsketten kann sich die Wirkung eines eingetretenen operationellen Risikos wiederum zu einer Ursache für einen weiteren Schaden entwickeln. Dies erschwert eine eindeutige Kategorisierung der Operational Risk, insbesondere wenn diese rein ursachen- oder wirkungsbezogen sein soll.

Trotzdem ist es unabdingbar, Operational Risk zu kategorisieren und auftretende Schäden möglichst vollständig zu erfassen und einer der Kategorien zuzuordnen. Dabei sollte versucht werden, Doppelerfassungen, sei es zwischen Operational Risk und Marktpreis- bzw. Kreditrisiken, aber auch zwischen den Kategorien des operationellen Risikos selbst, zu vermeiden, da sonst das Risikopotential insgesamt überschätzt werden würde.

Die eben beschriebenen spezifischen Eigenschaften der operationellen Risiken lassen sich auf die in dieser Arbeit fokussierte Kategorie des Operational Risk, das IT-Risiko, übertragen, welches nun definiert und kategorisiert wird.

---

84 Vgl. Beeck, H. / Kaiser, T. (Value-at-Risk, 2000), S. 638.

85 Vgl. hierzu bspw. Basel Committee on Banking Supervision (Transfer, 2003), S. 9.

2.1.2 IT-Risiko

2.1.2.1 Definition des IT-Risikos

Die Abkürzung „IT" steht für „Informationstechnik" bzw. „Informationstechnologie"[86] und umfasst alle technischen Mittel zur Erfassung, Verarbeitung, Speicherung und Übertragung von Informationen.[87] Dem gleichzusetzen ist der Begriff „Informations- und Kommunikationstechnologie".[88] Häufig wird der Begriff „IT" in Zusammenhang mit dem Systembegriff verwendet, wobei dann von „IT-System" gesprochen wird. Dies betont den Systemcharakter der IT, die aus vielen einzelnen Systemelementen besteht, die zueinander in Beziehung stehen.[89]

Eine tatsächliche Definition des Begriffs „IT-Risiko" oder auch der „IT-Sicherheit"[90] wird von den meisten Autoren vermieden. Eine mögliche Definition von Krcmar lautet: „IT-Risiken werden als unzureichende Erfüllung der Unterstützungs- und Enablerfunktion des Informationsmanagements für Geschäftsprozesse verstanden. Dies umfasst sowohl die Sicherstellung einer funktionsfähigen Infrastruktur und den sicheren Betrieb von Informationssystemen als auch die termin- und bedarfsgerechte Durchführung von IT-Projekten sowie die Festlegung geeigneter IT-Strategien."[91] Anhand dieser Definition wird deutlich, dass der Begriff des IT-Risikos häufig sehr breit definiert wird. Da diese Arbeit im Einklang mit den Regelungen der neuen Basler Eigenkapitalvereinbarung stehen soll, werden hier aus dem Begriff des IT-Risikos die strategischen IT-Risiken wie die Festlegung einer geeigneten IT-Strategie[92] und Risiken aus IT-Projekten[93] ausgeschlossen. Es werden somit unter dem Begriff des IT-Risikos nur Risiken betrachtet, die aus dem Vorhandensein und dem Betrieb der In-

---

86 Technologie kann als übergreifender Begriff gesehen werden, der neben der Technik auch Verfahren zur Entwicklung, Produktion und Implementierung von Technik umfasst. Technik stellt dann die konkrete Anwendung einer Technologie dar. Vgl. Krcmar, H. (Informationsmanagement, 2000), S. 21. Diese Unterscheidung wird im weiteren nicht mehr verfolgt.

87 Definition in Anlehnung an das Gesetz über die Errichtung des Bundesamtes für Sicherheit in der Informationstechnik (BSI-Errichtungsgesetz – BSIG), §2, Abs. 1, sowie Krcmar, H. (Informationsmanagement, 2000), S. 21.

88 Vgl. hierzu bspw. Meyer zu Selhausen, H. (Bank-Informationssysteme, 2000), S. 24; Krcmar, H. (Informationsmanagement, 2000), S. 20f.

89 Vgl. Meyer zu Selhausen, H. (Bank-Informationssysteme, 2000), S. 24.

90 Bspw. definiert das BSI IT-Sicherheit als „... Zustand eines IT-Systems, in dem die Risiken, die beim Einsatz dieses IT-Systems aufgrund von Bedrohungen vorhanden sind, durch angemessene Maßnahmen auf ein tragbares Maß beschränkt sind". BSI (IT-Sicherheitshandbuch, 1992), S. 300.

91 Vgl. Krcmar, H. (Informationsmanagement, 2003), S. 359ff.

92 Diese werden den strategischen Risiken zugeordnet und hier nicht weiter betrachtet.

formations- und Kommunikationssysteme einer Bank resultieren.[94] Dabei wird das Augenmerk auf den laufenden Geschäftsbetrieb und nicht auf Sonderfälle wie Fusionen oder Umstellungen des gesamten IT-Systems gelegt.

Diese bisher noch sehr pauschale Definition des IT-Risikos als Risiko, das aus dem Einsatz der Informations- und Kommunikationstechnologie resultiert, bedarf einer weiteren Konkretisierung. Im folgenden wird deshalb aus ursachenbezogener Sicht weiter unterschieden zwischen potentiellen Schwachstellen und darauf potentiell einwirkende Bedrohungen.[95] Bedrohungen können dabei als Risikofaktoren gesehen werden. Trifft eine Bedrohung auf eine Schwachstelle, so stellt dies ein Risiko dar, das, wenn es schlagend wird, zu einem Schaden führt.[96] Dabei können aus Sicht der IT zunächst unterschiedliche Kategorien an direkten Wirkungen gebildet werden, die dann letztendlich wieder zu den bereits angesprochen finanziellen Verlusten führen können.

2.1.2.2 Kategorisierung des IT-Risikos

2.1.2.2.1 Schwachstellen (objektorientierte Risikoklassifizierung)

Um mögliche Schwachstellen im Bereich der Informations- und Kommunikationssysteme zu identifizieren, können diese anhand ihrer Komponenten, Hardware, Software, Netze und Daten, betrachtet werden.[97]

Unter **Hardware** versteht man alle materiellen technischen Komponenten eines IT-Systems, wie Prozessoren, interne und externe Speicher und Datenein- bzw. -ausgabegeräte.[98] Zum Betrieb und zur sinnvollen Nutzung der Hardware wird die

---

[93] IT-Projekten ist meist ein strategischer Charakter zu attestieren, da große IT-Projekte häufig im Zusammenhang mit der Gesamtbankstrategie stehen. Die Risiken, die bei der tatsächlichen Umsetzung des Projekts auftreten können, sind eher unter den Begriff der Projektrisiken zu fassen, da sie mehr aus dem Projektablauf resultieren als aus dem IT-System selbst. Zum Risikomanagement in IT-Projekten siehe ausführlich Gaulke, M. (IT-Projekte, 2002).

[94] Berücksichtigt werden also Risiken aus dem „Doing", d. h. dem tatsächlichen Einsatz der IT. Ausgeschlossen werden Risiken aus dem „Thinking", d. h. Planungen und Entscheidungen für IT-Systeme. Vgl. dazu Bräuhäuser, M. et al. (IT-Beratungspraxis, 2002), S. 57.

[95] Vgl. Bräuhäuser, M. et al. (IT-Beratungspraxis, 2002), S. 57.; ähnlich Stelzer, D. (Risikoanalysen, 2002), S. 42f. und Jörg, M. / Roßbach, P. (Messung, 2002), S. 82.

[96] Vgl. Kersten, H. (Sicherheit, 1995), S. 80.

[97] Vgl. bspw. die Gliederung der Kapitel Informations- und Kommunikationstechnik in Fink, A. et al. (Grundlagen, 2001), Kapitel 2, S. 13-63 und Hansen, H. R. / Neumann, G. (Wirtschaftsinformatik, 2001), Teil 3, S. 649-1292. Stellenweise wird diese Einteilung herangezogen, um die Kategorie „IT-Risiko" ursachenbezogen zu unterteilen (vgl. bspw. Kuhn, L. (Risikophasenmodell, 2002), S. 157). Dies ist nicht sinnvoll, da hierbei nur die Schwachstellen, nicht aber die tatsächlichen Auslöser, nämlich die Bedrohungen, berücksichtigt werden.

[98] Vgl. hierzu und im folgenden Fink, A. et al. (Grundlagen, 2001), S. 26ff., Mertens, P. et al. (Grundzüge, 2001), S. 11ff.

Software benötigt. Dabei kann unterschieden werden zwischen System- und Anwendungssoftware. Die Systemsoftware, bspw. das Betriebssystem, stellt die Grundlage zur Verwendung der Hardware dar, während die Anwendungssoftware, bspw. Microsoft Office, die vom Benutzer gewünschte spezifische Funktionalität zur Verfügung stellt. Die Aufgabe eines IT-Systems besteht in der Erfassung, Verarbeitung, Speicherung und Übertragung von Daten.[99] Deshalb stellen auch **Daten**[100] eine wesentliche Komponente des IT-Systems und damit eine potentielle Schwachstelle dar. Darüber hinaus gewann in den letzten Jahren immer mehr die Vernetzung von Rechnern an Bedeutung[101], weshalb **Netze** einen wesentlichen Bestandteil von IT-Systemen bilden. Es kann unterschieden werden zwischen Netzwerken innerhalb eines Unternehmens, bspw. das Intranet, und Netzen zwischen Unternehmen und / oder Privatpersonen, bspw. das Internet. Auch als ein Teil des IT-Systems können die mit dem System befassten Menschen,[102] sowie die Infrastruktur[103] rund um das IT-System, wie Gebäude, Verkabelungen, Räume etc. angesehen werden.

Diese Komponenten der IT können jeweils als evtl. Schwachstellen identifiziert werden, die bei Kontakt mit einer Bedrohung zu einem Schaden führen.

2.1.2.2.2 Bedrohungen

Mögliche Bedrohungen, die auf IT-Systeme einwirken können, können in **externe und interne Bedrohungen** unterteilt werden.[104] Wie schon bei internen und externen Ursachen von Operational Risk ist es so, dass interne Bedrohungen aus dem unternehmensinternen Bereich stammen, während die externen Bedrohungen die IT-Systeme des Kreditinstituts von außen gefährden. Auch hier können weiterführende Kategorien an Bedrohungen gebildet werden und zwar Bedrohung durch höhere

---

[99] Vgl. Hansen, H. R. / Neumann, G. (Wirtschaftsinformatik, 2001), S. 11.

[100] Unter Daten versteht man eine Folge von Zeichen, die einen Sachverhalt beschreiben und prinzipiell verstanden und aufgenommen werden können. Informationen unterscheiden sich von Daten durch ihren vom Empfänger zugeordneten Kontext und Zweck und sind damit subjektabhängig. Umgekehrt können Informationen in Form von Daten dargestellt und übertragen werden. Vgl. Meyer zu Selhausen, H. (Informationsfluss-Management, 1996), S. 10 und Fink, A. et al. (Grundlagen, 2001), S. 68f. Der Begriff der Information taucht im Begriff „IT" auf und kann deshalb nicht ignoriert werden. Früher sprach man von Elektronischer Datenverarbeitung (EDV), heute meist von Informationstechnologie. Da die Betrachtungsebene dieser Arbeit auf den Risiken der Erfassung, Verarbeitung, Speicherung und Übertragung von Informationen in Form von Daten liegt, und nicht darauf, zu welchem Zweck der Empfänger die Daten erhält und in welchen Kontext sie gestellt werden, wird an dieser Stelle der Begriff der Daten verwendet. Die Unterscheidung ist in der weiteren Arbeit nicht von Bedeutung, weshalb im folgenden die Begriffe Daten und Information synonym verwendet werden.

[101] Vgl. BSI (IT-Sicherheitsstrukturen, 2002), S. 13.

[102] Vgl. Theil, M. (Risikomanagement, 1995), S. 22.

[103] Vgl. BSI (Grundschutzhandbuch, 1999).

[104] Vgl. hierzu und im folgenden Roßbach, P. (Bedrohungen, 2002), S. 123ff.

Gewalt, menschliches Fehlverhalten, technisches Versagen und organisatorische Mängel.[105]

„Höhere Gewalt" stellen dabei externe Bedrohungen, teilweise bis zum Ausmaß von Katastrophen, dar, bspw. durch Elementarereignisse wie Sturm, Überschwemmung, Erdbeben, Blitze etc., oder auch durch nicht-natürliche Ereignisse wie Flugzeugabstürze, Terroranschläge, Demonstrationen etc.[106]

„Menschliches Fehlverhalten" sowie „technisches Versagen" können sowohl aus dem unternehmensinternen als auch aus dem -externen Bereich resultieren. **„Menschliches Fehlverhalten"**[107] durch Mitarbeiter oder Personen, die sich im unternehmensinternen Bereich aufhalten, wie bspw. Angestellte von Reinigungsfirmen, zählt zu den internen Bedrohungen. Im Bereich des IT-Risikos ist nur das Fehlverhalten eines Mitarbeiters, und zwar sowohl bewusstes als auch unbewusstes Fehlverhalten, im Zusammenhang mit der IT von Bedeutung. Fehlverhalten in anderen Bereichen, wie bspw. bei der Kundenberatung, sind dem Operational Risk der Kategorie „Mitarbeiter" zuzuordnen. Eine überschneidungsfreie Abgrenzung zwischen dem Mitarbeiterrisiko und dem hier betrachteten IT-Risiko ist allerdings nicht möglich. Eine sinnvolle Möglichkeit der weiteren Konkretisierung besteht darin, die Betrachtung auf Fehlverhalten zu beschränken, das die Funktionsfähigkeit der IT-Systeme in irgendeiner Weise beeinträchtigt.[108] Dabei hat ein Fehlverhalten der für die IT-Systeme zuständigen Mitarbeiter im Rahmen ihrer Aufgabenerfüllung vermutlich die größten Auswirkungen im IT-Bereich. Eine Überschneidung findet sich auch beim „menschlichen Fehlverhalten" durch Personen außerhalb des betrachteten Unternehmens, das den externen Bedrohungen zugeordnet werden kann. Auch hier wird im Zusammenhang mit dem IT-Risiko nur das Fehlverhalten außen stehender Personen im Kontakt mit den IT-Systemen der Bank betrachtet. Das restliche Fehlverhalten ist den externen Risiken des Operational Risk zuzuordnen. Unterscheidet man auch hier zwischen bewusstem und unbewusstem Fehlverhalten, so ist dem unbewussten Fehlverhalten eine eher geringe Bedeutung als Bedrohung zuzuweisen. Dass eine außen stehende Person zufällig und unbeabsichtigt das IT-System eines Kreditinstituts erheblich be-

---

[105] Vgl. hierzu und im folgenden Roßbach, P. (Bedrohungen, 2002), S. 123ff.; BSI (Grundschutzhandbuch, 1999), S. 243-572; Wiltner, F. (Unternehmen, 2003), S. 81ff. Dabei wurden aus den unterschiedlichen Kategorien der einzelnen Autoren die jeweils für diese Arbeit passenden Kategorien übernommen.

[106] Vgl. Roßbach, P. (Bedrohungen, 2002), S. 124 und 127; BSI (Grundschutzhandbuch, 1999), S. 243-256; Wiltner, F. (Unternehmen, 2003), S. 95.

[107] Vgl. hierzu und im folgenden Roßbach, P. (Bedrohungen, 2002), S. 124ff.; BSI (Grundschutzhandbuch, 1999), S. 346-410, S. 460-572; Wiltner, F. (Unternehmen, 2003), S. 83f.

[108] Bspw. wird also eine Fehleingabe eines Mitarbeiters der IT-Abteilung, die einen Systemabsturz verursacht, zu den IT-Risiken gezählt, während die Falscheingabe einer Wertpapierorder für einen Kunden durch einen Mitarbeiter zu den Mitarbeiterrisiken gezählt wird.

droht, ist eher auszuschließen, wenn auch nicht unmöglich. Dagegen hat das bewusste Fehlverhalten von externen Personen ein erhebliches Bedrohungspotential. Dazu ist ein Eindringen der Person in den internen Bereich des Kreditinstituts notwendig, was sowohl durch eine tatsächliche Anwesenheit in den Räumen der Bank geschehen kann, wesentlich häufiger aber in Form eines Eindringens in das IT-System geschieht. Ist der Eindringling in die Bank oder deren IT-System gelangt, kann es zu Diebstahl, Missbrauch, Manipulation oder Zerstörung der einzelnen IT-Komponenten kommen. Häufig finden solche Angriffe von außen in Form von Viren[109], Würmern[110] oder Trojanischen Pferden[111] statt.[112]

Auch die Bedrohung **„technisches Versagen"**[113] kann aus dem unternehmensexternen Bereich resultieren, wie bspw. in Form von Stromausfällen, Leitungsproblemen etc. Häufiger ist das „technische Versagen" jedoch unternehmensintern bedingt, bspw. in Form von Defekten an Hardwarekomponenten, Softwarefehlern[114], Verlust von Daten aufgrund von Fehlern in der Speicherung oder Ausfall einer Datenbank, Störungen im Unternehmensnetzwerk etc. Diese Kategorie stellt die klassische Kernbedrohung für ein IT-System dar, und hat auch keine Schnittpunkte zu anderen Kategorien des Operational Risk.

Hingegen sind bei der Bedrohungskategorie **„organisatorische Mängel"**[115], die eindeutig den internen Bedrohungen zuzuordnen ist, deutliche Überschneidungen mit der Kategorie „Prozesse" der Operational Risk zu finden. Auch hier werden in dieser Arbeit nur Bedrohungen aus fehlerhaft aufgesetzten oder durchgeführten Prozessen

---

[109] Ein Virus ist ein Programm, das sich an andere Programme oder Dateien anhängt und von dort aus für den Nutzer des betroffenen Rechners unerwünschte Aktivitäten entfaltet. Dabei reproduziert und verteilt sich der Virus meist selbst weiter. Vgl. ausführlich Roßbach, P. (Bedrohungen, 2002), S. 149ff.

[110] Ein Wurm ist eng verwandt mit einem Virus, ist allerdings ein eigenständiges Programm und braucht keinen Wirt in Form eines anderen Programms oder einer Datei. Vgl. Roßbach, P. (Bedrohungen, 2002), S. 150ff.

[111] Ein Trojanisches Pferd ist eine Software, die von einem Angreifer auf einem fremden Rechner installiert wird, bspw. in Form eines email-Anhangs oder eines anderen, an sich nützlichen Programms, und die dort versteckte und unerwünschte Funktionen ausführt, wie bspw. Schädigungen des IT-Systems, Ausspionieren von Informationen oder sogar die Fernsteuerung des betroffenen Rechners. Vgl. Roßbach, P. (Bedrohungen, 2002), S. 155ff.

[112] Diese werden teilweise zur Kategorie der Bedrohung „technisches Versagen" gezählt, da Angriffe dieser Art häufig ein technisches Versagen des IT-Systems, bspw. durch Überlastung, verursachen. Allerdings gehen solche Angriffe ursprünglich immer von Personen aus, weshalb diese hier zur Kategorie des menschlichen Fehlverhaltens gezählt werden. Zu weiteren Angriffsmöglichkeiten auf ein IT-System auf technischer Ebene siehe Roßbach, P. (Bedrohungen, 2002), S. 134-167.

[113] Vgl. hierzu und im folgenden Roßbach, P. (Bedrohungen, 2002), S. 127ff.; BIS (IT-Grundschutzhandbuch, 1999), S. 411-459.

[114] Bspw. sind Softwarefehler für ca. 40% der Systemausfälle verantwortlich. Vgl. Roßbach, P. (Bedrohungen, 2002), S. 127.

[115] Vgl. BSI (IT-Grundschutzhandbuch, 1999), S. 257ff.; Wiltner, F. (Unternehmen, 2003), S. 94.

im Zusammenhang mit IT-Systemen betrachtet, wie bspw. mangelhafte Zugriffskontrollen auf IT-Systeme oder fehlerhafte Wartung etc., sowie Bedrohungen aufgrund einer fehlerhaften Organisation der Infrastruktur, was im weiteren Sinne zur Prozessorganisation gezählt werden kann.

Die Benennung möglicher Bedrohungen und die weitere Einteilung der Bedrohungen in die aufgezeigten Kategorien sind sehr hilfreich, um IT-Risiken ursachenbezogen identifizieren zu können. Dabei gilt es allerdings, zahlreiche Überschneidungen zu berücksichtigen. Dies beginnt damit, dass die einzelnen Bedrohungskategorien teilweise sehr abhängig voneinander sind. So führen Bedrohungen aus „menschlichem Fehlverhalten" oder durch „höhere Gewalt" häufig zunächst einmal zu „technischem Versagen". Technisches Versagen stellt dabei eine Kernbedrohung für IT-Systeme dar, es ist jedoch für eine sinnvolle Steuerung des IT-Risikos wichtig, auch die Ursachen für ein technisches Versagen zu konkretisieren. Darüber hinaus wurden bereits die Überschneidungen der Bedrohungen mit anderen Kategorien der Operational Risk aufgezeigt. Dabei ist es unerlässlich für ein IT-Risikomanagement, auch bspw. aus menschlichem Fehlverhalten in Zusammenhang mit der IT resultierende Schäden zu erfassen. Deshalb ist es sinnvoll, jeweils im Zusammenhang mit der IT stehende Bedrohungen dem IT-Risiko zuzuordnen, diese dann aber nicht mehr unter einer anderen Kategorie des Operational Risk wie bspw. dem Mitarbeiterrisiko zu zählen, um Doppelerfassungen zu vermeiden.

Betrachtet man den Zusammenhang zwischen Bedrohung und Schwachstelle, so ist dieser auch nicht immer ganz eindeutig. Prinzipiell kann davon ausgegangen werden, dass durch das Zusammentreffen einer Bedrohung mit einer Schwachstelle ein Schaden entstehen kann. Allerdings kann das Zusammentreffen einer Bedrohung mit einer IT-Komponente auch erst zu einer Schwachstelle führen. Bspw. kann es aufgrund eines menschlichen Fehlverhaltens eines IT-Mitarbeiters dazu kommen, dass die Anti-Viren-Software nicht aktualisiert wurde. Dieses Fehlverhalten hat nun eine Schwachstelle hervorgerufen, die bei Auftreffen der Bedrohung auf das IT-System, bspw. in Form eines Wurms, dann erst zu einem Schaden führt. Also können Bedrohungen sowohl Schäden verursachen, als auch Schwachstellen hervorrufen.

2.1.2.2.3 Schäden aus IT-Risiken

Bei einem Zusammentreffen von Bedrohung und Schwachstelle kann es zu einem Schaden für das Unternehmen kommen. Dabei ist es sinnvoll, im Bereich der IT zunächst die primären Wirkungen zu kategorisieren, bevor man im nächsten Schritt die finanziellen Schäden betrachtet.

Primäre Schäden sind der Verlust oder die Einschränkung der Grundanforderungen[116] an die IT und die IT-Sicherheit. Dazu zählen der Verlust der Verfügbarkeit, der Verlust der Vertraulichkeit und der Verlust der Integrität.[117]

Verfügbarkeit bedeutet in diesem Zusammenhang, dass das IT-System jederzeit in der Lage ist, seine Funktionen in einer angemessenen Zeitspanne zu erfüllen. Dazu gehört, dass Hardware, Software und Netze dem Anwender voll funktionsfähig zur Verfügung stehen und auch auf die notwendigen Daten zugegriffen werden kann. Wie bereits angesprochen, kann ein länger andauernder Verlust der Verfügbarkeit des IT-Systems eines Kreditinstituts erhebliche Schäden hervorrufen und im Extremfall sogar zur Insolvenz führen.[118] Dennoch ist eine 100%ige Verfügbarkeit nicht zu erreichen. Aber schon eine nur noch 99%ige Verfügbarkeit bedeutet eine jährliche Ausfallzeit von insgesamt ca. 88 Stunden (d. h. über 3,5 Tage).[119]

Vertraulichkeit heißt im Zusammenhang mit IT-Systemen, dass Daten nur von autorisierten Personen eingesehen werden dürfen. Gerade bei Banken, die personenbezogene sensible Daten speichern und verarbeiten, ist es besonders wichtig, dass Daten nicht an Unberechtigte gelangen. Dies ist einerseits gesetzlich im Bundesdatenschutzgesetz vorgeschrieben, darüber hinaus können Datenschutzverletzungen zu einem hohen Reputationsverlust der Bank führen.

Integrität bedeutet, dass Daten und Systeme nicht unautorisiert verändert werden, und zwar weder absichtlich, z. B. durch Manipulation, noch unabsichtlich, z. B. durch Übertragungsfehler. Ein Verlust der Integrität kann bspw. zu Fehlentscheidungen führen.

---

[116] Häufig wird der Verlust dieser Grundwerte auch als „IT-Grundbedrohung" bezeichnet. Der Systematik dieser Arbeit folgend, entsteht ein Verlust eines der Grundwerte durch Zusammentreffen von Schwachstelle und Bedrohung, wobei dann der Verlust des Grundwertes bereits einen Schaden darstellt. Als Bedrohung könnte der Verlust eines Grundwertes nur dann bezeichnet werden, wenn er noch nicht eingetreten ist sondern eintreten könnte. Deshalb ist es sinnvoll den Begriff der „IT-Grundbedrohung" in dieser Arbeit nicht zu verwenden.

[117] Vgl. hierzu und im folgenden Roßbach, P. (Bedrohungen, 2002), S. 122f.; BSI (IT-Grundschutzhandbuch, 1999), S. 8; Kersten, H. (Sicherheit, 1995), S. 75ff.; Krampert, T. (Holistischer Ansatz, 2003), S. 20f.; BSI (Kosten, 2000), S. 21.

[118] Vgl. Bartl, D. R. (Sicherheitsanforderungen, 2003), S. 112.

[119] Vgl. Roßbach, P. (Bedrohungen, 2002), S. 128.

Werden nun diese Grundanforderungen[120] verletzt, so kann dies in einem nächsten Schritt zu erheblichen finanziellen Schäden bei der betroffenen Bank führen. Dabei kann zwischen direkten finanziellen Schäden, bspw. aufgrund einer notwendigen Ersatzbeschaffung einer Hardware-Komponente, und Folgeschäden bzw. Opportunitätskosten für ausgefallene Geschäfte und Folgegeschäfte oder bspw. Schadenersatzklagen von Kunden unterschieden werden.[121]

2.1.2.3 Der IT-Risikobegriff dieser Arbeit

Grundlage dieser Arbeit soll eine Definition des IT-Risikos sein, die die Vorgaben aus Basel II berücksichtigt, dabei aber die bisherigen Erkenntnisse aus der informatikorientierten IT-Sicherheit nicht außer Acht lässt. Deswegen erscheint es sinnvoll, nicht auf eine der vorhandenen Definitionen zurückzugreifen, sondern aus den bisher erarbeiteten Erkenntnissen eine eigene Definition zu erstellen. Das **IT-Risiko** wird in dieser Arbeit definiert als:

Gefahr von primären Schäden in Form eines Verlustes der Verfügbarkeit, der Vertraulichkeit oder der Integrität, die aus dem Zusammentreffen einer Schwachstelle, wie Hardware, Software, Daten oder Netzen, mit einer internen oder externen Bedrohung, wie höhere Gewalt, menschliches Fehlverhalten, technisches Versagen oder organisatorische Mängel, entstehen und zu finanziellen Verlusten führen.

---

[120] Im Zuge des Online-Banking kommen noch zwei weitere Grundanforderungen hinzu: die Verbindlichkeit und die Authenzität. Verbindlichkeit bedeutet, dass auf elektronischem Wege getätigte Transaktionen nicht abstreitbar sind. Da bei Online-Geschäften die eigenhändige Unterschrift nicht eingesetzt werden kann, muss die Verbindlichkeit anderweitig sichergestellt werden. Authenzität stellt eine Voraussetzung für die Verbindlichkeit dar. Man versteht darunter, dass die Identität der Partner in der Kommunikation eindeutig zu klären ist. Authenzität stellt gerade im Online-Geschäft der Banken eine wesentliche Voraussetzung zur Erfüllung der Vertraulichkeit dar, da Daten nur an jemanden weitergegeben werden dürfen, der sich eindeutig als autorisiert identifizieren kann (vgl. Roßbach, P. (Bedrohungen, 2002), S. 123.; Kersten, H. (Sicherheit, 1995), S. 77; Krampert, T. (Holistischer Ansatz, 2003), S. 21). Da es sich bei einem Verlust der Verbindlichkeit eher um ein Rechtsrisiko im Online-Banking handelt und die Authenzität durch die Vertraulichkeit abgedeckt wird, werden diese Grundwerte nicht in die IT-Risikodefinition dieser Arbeit aufgenommen.

[121] Vgl. bspw. ähnlich Kersten, H. (Sicherheit, 1995), S. 13.

2.2 Der IT-Risikomanagementprozess

2.2.1 Notwendigkeit eines IT-Risikomanagements

Schon aus betriebswirtschaftlichen Gründen ist es für jede Bank überlebenswichtig, die Risiken aus der IT laufend zu überwachen und gezielt zu steuern.[122] Gründe wie eine stärkere IT-Verbreitung, ein höherer Vernetzungsgrad und damit die Öffnung der IT-Systeme nach außen, eine steigende Leistungsfähigkeit aber damit verbunden eine höhere Fehleranfälligkeit sowie immer kürzer werdende Innovationszyklen tragen zur Erhöhung des IT-Risikopotentials bei.[123] Daneben existieren zahlreiche aufsichtsrechtliche Vorschriften, die mehr oder weniger deutlich ein Management von IT-Risiken vorschreiben.[124]

2.2.2 Phasen des IT-Risikomanagements

Bevor der tatsächliche Risikomanagementprozess einsetzt, muss die Bank vorweg grundlegende, eher strategische Entscheidungen, bspw. bzgl. Risikoneigung, Risikotragfähigkeit, Verantwortlichkeiten etc. treffen, die den Rahmen für das konkrete Risikomanagement vorgeben.[125] Das eigentliche Risikomanagement[126] besteht aus den vier Phasen Identifikation, Bewertung, Steuerung und Kontrolle, die nacheinander iterativ ablaufen, wobei Erkenntnisse aus der Kontrollphase laufend die anderen Phasen beeinflussen.[127]

Die erste Phase stellt die **Risikoidentifikation** dar. Dabei muss zunächst der Begriff des IT-Risikos definiert und klar abgegrenzte Kategorien gebildet werden, wie dies

---

[122] Vgl. bspw. Roßbach, P. (Bedrohungen, 2002), S. 121f.

[123] Vgl. BSI (IT-Grundschutzhandbuch, 1999), S. 9.

[124] Vgl. ausführlich Escher, M./ Kahler, J. (Rahmenbedingungen, 2002), S. 295ff. Dazu gehören neben den Regelungen im Rahmen von Basel II (vgl. Basel Committee on Banking Supervision (Convergence, 2004), S. 137ff.) der §25a Abs. 2 KWG, in dem angemessene Sicherheitsvorkehrungen für den Einsatz von EDV vorgeschrieben werden, die „Mindestanforderungen für das Betreiben von Handelsgeschäften" (vgl. BaFin (MAH, 1995), insb. Punkt 3.4) und die „Mindestanforderungen an das Kreditgeschäft der Kreditinstitute" (vgl. BaFin (MAK, 2002), insb. Punkt 6.5), in denen die Leistungs- und Funktionsfähigkeit von IT-Systemen sowie die Datenqualität gefordert wird, die „Verlautbarung zur grenzüberschreitenden Datenfernverarbeitung im Bankbuchführungswesen (vgl. BaFin (Datenfernverarbeitung, 1992) sowie aktuell die „Risk Management Principles for Electronic Banking" (vgl. Basel Committee on Banking Supervision (Electronic Banking, 2003)).

[125] Vgl. ähnlich bspw. Piaz, J.-M. (Banken, 2002), S. 22f.

[126] Risikomanagement kann als „...systematische Analyse und koordinierte Führung aller betrieblichen Risiken..." (Helten, E. (Unternehmensplanung, 1984), S. 16) verstanden werden. In dieser Arbeit umfasst der Begriff der „Risikoanalyse" die Identifikation und Bewertung, wobei die Erkennung von Ursache-Wirkungszusammenhängen in die Phase der Identifikation eingeordnet wird (vgl. Münchbach, D. (Private Banking, 2001), S. 119f.).

[127] Vgl. hierzu und im folgenden bspw. Piaz, J.-M. (Banken, 2002), S. 21ff. und S. 73ff.; Freidank, C.-C. (Forschung, 2000), S. 356ff.

bereits in Kap. 2.1.2 beschrieben wurde. Anschließend müssen die tatsächlich im Unternehmen vorhandenen IT-Risiken eruiert werden. Da die Identifikation die Basis für den weiteren Risikomanagementprozess darstellt, müssen möglichst alle relevanten Risiken in dieser Phase ermittelt werden, denn nur erkannte Risiken können bewertet und gesteuert werden.

Verfahren zur Risikoidentifikation können in verschiedene Gruppen eingeteilt werden, bspw. in Kollektionsverfahren, Kreativitätsverfahren, Prozessrisikoanalysen und Simulationsverfahren.[128] Die Kollektionsverfahren dienen hauptsächlich dazu, die aktuelle Risikosituation des Kreditinstituts darzustellen, d. h. Informationen über mehr oder weniger offensichtlich im Unternehmen vorhandene Risiken zu sammeln. Hierzu sind die unterschiedlichsten Formen der Befragung[129] und Self Assessments[130] zu zählen. Kreativitätsverfahren hingegen sind geeignet, um eher neuartige Risiken zu eruieren. Dazu nutzen sie die Fähigkeit von Personen, neue Ideen als Reaktion auf Probleme hervorzubringen, indem verfestigte Denkstrukturen aufgebrochen und bekanntes Wissen neu kombiniert wird, was als „Kreativität" bezeichnet wird.[131] Zu den Kreativitätsmethoden zählen bspw. das Brainstorming und der Morphologische Kasten.[132] Prozessrisikoanalysen dienen zur Erkennung vorhandener und potentieller Risiken. Sie bedienen sich dabei einer sehr strukturierten, an Prozessen des Unternehmens angelehnten Vorgehensweise. Damit eignen sich diese Ansätze zunächst vorrangig für die Identifikation von operationellen Risiken der Kategorie „Prozesse".[133] Da es aber deutliche Überschneidungen zwischen Prozessrisiken und IT-Risiken gibt, eignen sich die Verfahren zur Prozessrisikoanalyse auch für den Einsatz im Bereich der Identifikation von IT-Risiken. Zu den Prozessrisikoanalysen zäh-

---

[128] Eigene Einteilung in Anlehnung an Piaz, J.-M. (Banken, 2002), S. 81ff.; Wiedemann, A. et al. (Handlungsfelder, 2003), S. 62ff.; Füser, K. et al. (Identifizierung, 2002), S. 497. Die Einordnung der einzelnen Verfahren in die Kategorien ist stellenweise nicht eindeutig und wird von den einzelnen Autoren auch teilweise unterschiedlich gehandhabt.

[129] Vgl. hierzu bspw. Kromrey, H. (Sozialforschung, 2000), S. 363f.; Konrad, K. (Befragungen, 2001), S. 35ff.; Bogner, A. et al. (Experteninterview, 2002). Zur Befragung zählen mündliche oder schriftliche Befragungen in standardisierter oder nicht-standardisierter Form und bspw. auch Experteninterviews, Checklisten etc.

[130] Vgl. hierzu Piaz, J.-M. (Banken, 2002), S. 84f.; Jörg, M. (Herausforderungen, 2002), S. 58f.; Münchbach, D. (Private Banking, 2001), S. 151ff. Self Assessment bedeutet übersetzt „Selbsteinschätzung". Um diese vorzunehmen, werden Instrumente wie Expertenbefragungen, Checklisten und Workshops kombiniert. Wesentlich ist hier, dass die Einschätzung der Risiken aus dem Kreditinstitut heraus unter Beteiligung der betroffenen Mitarbeiter erfolgt.

[131] Vgl. Backerra, H. et al. (Kreativitätstechniken, 2002), S. 8.

[132] Vgl. hierzu bspw. Backerra, H. et al. (Kreativitätstechniken, 2002), S. 56ff.; Kluge, A. / Zysno, P.V. (Teamkreativität, 1993), S. 59ff. Im Rahmen des Verfahrens „Morphologischer Kasten" wird versucht, die Lösung eines Problems durch dessen Zerlegung in Einzelaspekte und Neukombination der Einzelaspekte zu erhalten. Dabei entstehen viele neuartige Lösungen, die erst in einem zweiten Schritt auf ihre technische und wirtschaftliche Machbarkeit hin überprüft und evtl. dann wieder verworfen werden.

[133] Vgl. Hofmann, M. (Steuerung, 2002), S. 40ff.

len die Baumanalyse[134], die Fehlermöglichkeits- und –einflussanalyse (FMEA)[135] und die Predictive Human Error Analysis (PHEA)[136]. Bei Simulationsverfahren werden, meist ebenfalls anhand vorhandener Prozesse, unterschiedliche Fälle bzgl. möglicher Einflussfaktoren konstruiert und simuliert, um damit vorhandene sowie potentielle Risiken zu erkennen. Zu den Simulationsverfahren zählen die Szenario-Technik[137] und die Hazard and Operability Study (HAZOP)[138]. Bei genauerer Betrachtung der einzelnen Verfahren zeigt sich, dass sich diese jeweils nur für ein begrenztes Teilgebiet der Identifikation eignen. Deshalb ist es unabdinglich, für eine möglichst lückenlose und sinnvolle Identifikation der in einem Kreditinstitut vorhandenen IT-Risiken, mehrere dieser Ansätze schlüssig zu kombinieren. Noch wichtiger als die richtige Auswahl von Ansätzen erscheint allerdings die richtige Auswahl von Mitarbeitern und externen Experten, da diese die eigentliche Identifikationsleistung erbringen. Die Verfahren unterstützen die Experten in Ihrer Arbeitsweise, sei es durch eine Förderung der Kreativität oder durch eine strukturierte Vorgehensweise.

Als Erfassungsschema bei der Identifikation von IT-Risiken kann die in Kap. 2.1.2.2 vorgestellte Kategorisierung des IT-Risikos herangezogen werden, d. h. dass die

---

[134] Ziel von Baumanalysen ist die Ermittlung von Ursachen bzw. Wirkungen von Störungen bzw. Risiken in Prozessen. Dazu werden Ereignisketten mittels Symbolen unter Verwendung der Boolschen Logik dargestellt, was letztlich in einer Baumstruktur resultiert. Es kann unterschieden werden zwischen zwei Formen: der Fehlerbaumanalyse (Fault Tree Analysis) und der Störablaufanalyse (Event Tree Analysis). Die Fehlerbaumanalyse zieht als Ausgangspunkt der Analyse die Auswirkung eines Risikoereignisses heran. Die Störablaufanalyse setzt hingegen an einem unerwünschten Ereignis, also einer Risikoursache an, und analysiert mögliche Auswirkungen. Vgl. hierzu bspw. Münchbach, D. (Private Banking, 2001), S. 161ff.; Kenney, W. F. (Process Risk, 1993), S. 176ff. Die Baumanalyse eignet sich damit insbesondere zur Identifikation von Ursache-Wirkungszusammenhängen bei den IT-Risiken.

[135] Die FMEA ist ein systematisches Verfahren zur Identifikation und Vorbeugung von Fehlern in Produkten oder Prozessen. Sie ist eine der am weitesten verbreiteten Qualitätstechniken in deutschen Industrieunternehmen. Für die Identifikation von IT-Risiken kommt die FMEA insbesondere in ihrer Ausprägung als System-FMEA vor. Zur Beschreibung der grundsätzlichen Arten der FMEA vgl. Deutsche Gesellschaft für Qualität e.V. (FMEA, 2001), S. 24ff.; Schloske, A. (Arbeitsplanung, 1999), S. 26ff.; Stahl, P.C. (Lerninstrument, 1997), S. 36f.

[136] Die PHEA ist ein systematisches Verfahren, das seinen Schwerpunkt auf der Identifikation und Analyse von Fehlern aus der Interaktion zwischen Menschen und (technischen) Systemen hat. Vgl. hierzu bspw. Glendon, A. I. / McKenna, I. F. (Safety, 1995), S. 279ff.; Münchbach, D. (Private Banking, 2001), S. 158f. Die PHEA ist insbesondere dazu geeignet, die Bedrohung des menschlichen Fehlverhaltens auf die IT zu analysieren.

[137] Vgl. hierzu bspw. Götze, U. (Szenario-Technik, 1991); Scheuenstuhl, G. (Szenario basierte Risikoanalyse, 2002).

[138] Die HAZOP ist im Prinzip eine stark weiterentwickelte und standardisierte Form der Szenario-Technik. Das Hauptaugenmerk liegt dabei auf der Funktionsfähigkeit von Systemen und Prozessen, speziell auch auf dem Zusammenwirken zwischen Systemkomponenten oder Prozessschritten. Die HAZOP ähnelt dabei stark der FMEA. Ein für die Identifikation des IT-Risikos bedeutender Unterschied liegt darin, dass bei der FMEA nur bereits eingetretene Fehler berücksichtigt werden, bei der HAZOP aber Abweichungen von Indikatoren von Normalwerten und damit auch schleichend eintretende Risiken erfasst werden. Damit ist die HAZOP hier der FMEA vorzuziehen. Vgl. hierzu bspw. Crawley, F. et al. (HAZOP, 2000), S. 32ff.; Münchbach, D. (Private Banking, 2001), S. 165; für ein Bsp. siehe Redmill, F. et al. (Software HAZOP,1999), S. 191ff.

Bedrohungen, die möglicherweise auf das Kreditinstitut einwirken können, identifiziert und in die vorgegebenen Kategorien eingeordnet werden. Gleiches erfolgt für mögliche Schwachstellen. Im Anschluss werden die jeweiligen Bedrohungen den Schwachstellen zugeordnet, also bspw. werden der Schwachstelle „Hardware" jeweils mögliche Bedrohungen, sortiert nach deren Kategorien, zugeordnet. Anhang 1 zeigt beispielhaft den möglichen Aufbau einer Erfassungsschemas für das IT-Risiko, während Anhang 2 ein konkretes Beispiel für IT-Risiken bzgl. der Schwachstelle „Hardware" darstellt.[139]

In der Phase der **Risikobewertung** wird versucht, das Ausmaß der Risiken einzuschätzen.[140] In einem ersten Schritt werden hierzu Daten benötigt[141], die, aufbauend auf den Ergebnissen der Identifikation, eine Messung des IT-Risikos ermöglichen. Hierzu zählen Verlustdaten, Werte für Risikoindikatoren etc. Die eigentliche Bewertung des Risikos erfolgt auf der Basis von Messansätzen, wie Indikatoransätzen oder statistischen / versicherungsmathematischen Ansätzen. Die Vorgehensweise dieser Messansätze wird ausführlich in Kap. 4, S. 103ff. erläutert. Ziel der Risikobewertung ist es, quantitative Aussagen zur Höhe des IT-Risikopotentials einer Bank zu treffen. Die Ergebnisse der Risikomessung stellen wiederum eine wesentliche Basis für die Risikosteuerung dar. Nur Risiken, die gemessen werden können, können auch sinnvoll gesteuert werden.[142]

Im Rahmen der **Risikosteuerung** werden die erkannten und bewerteten Risiken gezielt gesteuert. Dabei wird versucht, Einfluss auf die Eintrittswahrscheinlichkeit des Risikos und / oder die Schadenhöhe zu nehmen.[143] Das Ziel der Risikosteuerung besteht konkret darin, Maßnahmen zu finden oder zu entwickeln, welche die drohenden Zielabweichungsverteilungen im gewünschten Sinne beeinflussen können.[144] Beispielsweise können zur Steuerung des IT-Risikopotentials folgende risikopolitischen Maßnahmen, an dieser Stelle unterteilt in Anlehnung an eine Typisierung aus dem angloamerikanischen Bereich, eingesetzt werden: Risikomeidung, Risikominderung, Risikoteilung, Risikoüberwälzung, Schadenkostenreservebildung, Schadenkos-

---

[139] Siehe Anhang S. 227.

[140] Vgl. hierzu und im folgenden Freidank, C.-C. (Forschung, 2000), S. 359ff.

[141] Vgl. zu den Daten als Grundlage der Messung ausführlich Kap. 3.3, S. 74ff.

[142] Ein bekanntes Zitat von Jameson ist hierzu: „Operational Risk kills banks. It is difficult to define and harder still to measure. But until you can measure it, you can`t control it". Jameson, R. zitiert nach Beeck, H. / Kaiser, T. (Value-at-Risk, 2001), S. 640.

[143] Vgl. Helten, E. et al. (Versicherung, 2000), S. 170ff.

[144] Vgl. Helten, E. et al. (Versicherung, 2000), S. 169.

tenüberwälzung und Schadenverhütung / -minderung.[145] Hierbei tritt die Unterscheidung deutlich hervor, ob die risikopolitische Maßnahme bereits vor oder erst nachdem ein Risiko schlagend geworden und damit ein Schaden entstanden ist, einsetzt, also ob sie als ursache- oder als wirkungsbezogen angesehen werden kann.[146] Risikomeidung heißt dabei, dass Risiken gar nicht erst eingegangen werden, was sich im Bereich der IT-Risiken schwierig gestaltet, da dies den Verzicht der Anwendung von IT-Systemen und deren Teilen bedeuten würde. Allerdings kann aus Risikogesichtspunkten der Einsatz einer Systemkomponente verworfen werden, deren Einsatz evtl. unter anderen Gesichtspunkten sinnvoll wäre. Risikominderung bedeutet, dass durch Sicherungsmaßnahmen bereits bei den Risikoursachen versucht wird, die Eintrittswahrscheinlichkeit zu reduzieren, bspw. durch Schulungen für Mitarbeiter im IT-Bereich oder durch die Installation einer Firewall[147]. Schadenverhütung bzw. -minderung setzt hingegen erst an, wenn ein Risiko schon schlagend geworden ist. Mittels solcher Maßnahmen wird versucht, einen Schaden zu verhindern oder zumindest die Eintrittshöhe des Schadens zu reduzieren. Ein Beispiel hierfür wären Datensicherungsmaßnahmen, die, wenn die Verfügbarkeit von Daten verloren geht, zumindest einen Rückgriff auf ältere Daten erlauben und damit zwar den Risikoeintritt nicht verhindern, den Schaden daraus aber reduzieren. Risikoteilung meint die Aufteilung der Risiken auf verschiedene Risikoträger oder auf möglichst unkorrelierte oder sogar negativ korrelierte Bereiche. Ersteres wäre bspw. beim Betrieb eines gemeinsamen Rechenzentrums durch mehrere kleine Banken möglich, zweiteres durch das Vorhalten zweier redundanter Rechenzentren an getrennten Orten. Risikoüberwälzung meint die vollständige Übertragung des Risikos von der Bank auf einen anderen Risikoträger. Denkbar wäre dies bspw. im Rahmen einer Outsourcing-Vereinbarung, bei der die Bank ihr Rechenzentrum inkl. aller damit verbunden Risiken an ein anderes Unternehmen überträgt.[148] Betrachtet man derartige Konstruktionen aber genauer, ist zu vermuten, dass eine tatsächliche Übertragung eines bankinternen Operational Risk auf einen externen Risikoträger nicht möglich ist, da die Konsequenzen in irgendeiner Form immer wieder die übertragende Bank treffen

[145] Vgl. hierzu und im folgenden Helten, E. (Unternehmensplanung, 1984), S. 18ff.; Helten, E. et al. (Versicherung, 2000), S. 170f.; ähnlich vgl. Schierenbeck, H. (Bankmanagement, 2001), S. 345ff. und 296ff.; Krcmar, H. (Informationsmanagement, 2003), S. 367f.

[146] Diese Aufteilung geht zurück auf Philipp, D. (Risikopolitik, 1967). Vgl. hierzu und im Folgenden Schierenbeck, H. (Bankmanagement, 2001), S. 296f., Farny, D. (Versicherungsbetriebslehre, 2000), S. sowie Helten, E. et al. (Versicherung, 2000), S. 170. Häufig wird in diesem Zusammenhang auch von „aktiver" oder „passiver" Risikobewältigung gesprochen (vgl. bspw. Hölscher, R. (Risikobewältigung, 2002), S. 14).

[147] Eine Firewall ist ein System, das zum Schutz von netzwerkbasierten IT-System-Ressourcen vor unauthorisiertem Zugriff, Nutzung oder Veränderung dient. Vgl. Engel, K. / Rösch, A. (Firewall-Techniken, 2002), S. 186.

[148] Bspw. hat die Deutsche Bank ihr Rechenzentrum an IBM ausgelagert. Wie dabei die Risikotragung gehandhabt wurde, ist bisher allerdings nicht veröffentlicht worden.

werden.[149] Tatsächlich übertragen werden damit meist nur die finanziellen Auswirkungen eines eingetretenen Risikos, was dann allerdings wieder zur Schadenkostenüberwälzung zu zählen wäre. Bspw. könnte ein Vertrag bzgl. Outsourcing des Rechenzentrums einer Bank auf ein IT-Unternehmen so gestaltet werden, dass bei Ausfall der IT Zahlungen vom IT-Unternehmen an die Bank geleistet werden müssen, die vorher genau vertraglich festgelegt werden. Bei der Schadenkostenüberwälzung werden die finanziellen Schäden aus einem schlagend gewordenen Risiko von einer anderen Person oder Institution, klassischerweise von Versicherungen, getragen. Gerade im Bereich der Operational Risk spielen Versicherungen bei den Low Frequency / High Impact-Risiken eine wesentliche Rolle.[150] Schadenkostenreservebildung meint, dass die Bank finanzielle Reserven[151] für eintretende Schäden bildet. Dies kann in Form der Risikovorsorge mittels Risikoprämien aus der Bepreisung von Kundengeschäften erfolgen oder auch in Form der Eigenkapitalunterlegung, wie diese von Basel II gefordert wird.

In der letzten Phase der **Risikokontrolle** findet die Überwachung des gesamten Risikomanagementprozesses statt.[152] In erster Linie wird untersucht, ob die vorgegebenen Risikoziele mittels der Risikosteuerungsmaßnahmen erreicht wurden oder nicht. Aber auch die Wirtschaftlichkeit der Steuerungsmaßnahmen muss überprüft werden. Ebenso findet eine Kontrolle der Risikoidentifikation und der Risikobewertung statt. Die Ergebnisse der Risikokontrolle fließen laufend in alle Phasen des Risikomanagementprozesses ein, um diesen laufend zu verbessern und an sich evtl. ändernde Gegebenheiten anzupassen. Darüber hinaus erstellt die Risikokontrolle auch Risikoberichte für die Verantwortlichen.

---

[149] Vgl. hierzu und im folgenden ähnlich Penzel, E. (Internetbank, 2002), S. 103f.

[150] Vgl. Basel Committee on Banking Supervision (Transfer, 2003).

[151] Diese Reserven stellen im Normalfall in das Eigenkapital eingestellte Rücklagen dar, können aber bei bereits genauer definierten Schadenfällen auch in Form von Rückstellungen vorliegen.

[152] Vgl. ähnlich Piaz, J.-M. (Banken, 2002), S. 169ff.; Freidank, C.-C. (Forschung, 2000), S. 368ff.

3. Grundlagen zur Messung von IT-Risiken und Entwicklung von methodenbezogenen Beurteilungskriterien

Im ersten Teil dieses Kapitels (Kap. 3.1) erfolgt ein Überblick über Ansätze zur Messung von IT-Risiken. Aufbauend auf einer Einteilung der Ansätze in vier Klassen werden bereits hier die aus der weiteren Betrachtung auszuschließenden Ansätze kurz erläutert und ihr Ausschluss begründet. Anschließend werden in Kap. 3.2 methodenkritische Kriterien erarbeitet, welche die Basis für die Beurteilung der in Kap. 4 ausführlich dargestellten Ansätze bilden. Abschließend wird in Kap. 3.3 auf die Problematik der Daten als Ausgangspunkt aller Messansätze eingegangen.

3.1 Überblick über Ansätze zur Messung von IT-Risiken

Unter dem Begriff „Messung" versteht man die „...Zuordnung von Zahlen ... zu Objekten gemäß festegelegten Regeln..."[153], im Falle der hier bearbeiteten Fragestellung also die Zuordnung einer Zahl zum Objekt „IT-Risiko". Wie bereits erwähnt, hat sich bisher noch kein einheitlicher Branchenstandard zur Messung von Operational Risk herausgebildet.[154] Allerdings gibt es eine Vielzahl an Methoden, die im Zusammenhang mit der Messung von Operational Risk genannt werden. Dabei bilden sich inzwischen gewisse Trends[155] heraus, die speziell auch durch die aufsichtsrechtlichen Vorschriften gefördert werden. Zur Quantifizierung des IT-Risikos sind prinzipiell dieselben Ansätze anwendbar, wie zur Quantifizierung von Operational Risk.[156] Dabei zeigt sich allerdings, dass sich die Methoden aufgrund der Besonderheiten der Operational Risk-Kategorien für manche Kategorien mehr und für manche weniger eignen. D. h. es muss bei der Auswahl von Methoden zur IT-Risikomessung auf die Besonderheiten des IT-Risikos geachtet werden. In den folgenden allgemeinen Ausführungen zur Messung wird vorrangig von Operational Risk gesprochen. Wo jedoch Besonderheiten oder Einschränkungen bzgl. IT-Risiken auftreten, wird dies explizit deutlich gemacht. Einige der in der Literatur genannten Methoden sind bereits auf den ersten Blick für eine sinnvolle Quantifizierung auszuschließen.

---

[153] Schnell, R. et al (Methoden, 1999), S. 132.

[154] Vgl. hierzu und im folgenden Faisst, U. / Kovacs, M. (Methodenvergleich, 2003), S. 342; Beeck, H. / Kaiser, T. (Value-at-Risk, 2000), S. 640ff.

[155] So zeigt eine Studie, dass bis Ende 2002 das qualitative Self-Assessment das am häufigsten verwendete Verfahren war. Außerdem wurden häufig Schadendatenbanken, als Ausgangsbasis für einen fortgeschrittenen, quantitativen Ansatz zur OpRisk-Quantifizierung verwendet. Weiterhin gewinnen Risikoindikatoren, wie sich diese in den einfachen Basler Ansätzen finden, an Bedeutung. Vgl. Cap Gemini Ernst & Young (Trends, 2002), S. 18f.

[156] Vgl. hierzu und im folgenden Faisst, U. / Kovacs, M. (Methodenvergleich, 2003), S. 348.

Eine häufig anzutreffende Einteilung der Methoden ist die in **Top Down-** und **Bottom Up-Methoden.**[157] Bei Top Down-Methoden wird ausgehend von Daten auf Ebene der Gesamtbank oder der gesamten Branche das operationelle Risiko der Gesamtbank eingeschätzt.[158] Mittels Verteilungsregelungen kann das Risikopotential dann auf einzelne Bereiche aufgeteilt werden. Diese Methoden greifen auf teilweise bereits vorhandene, bankweite Daten zurück. Bei den Bottom Up-Ansätzen hingegen müssen zunächst Beziehungen zwischen Ursachen und Wirkungen auf Basis von Geschäftseinheiten oder einzelnen Prozessen modelliert und bewertet werden.[159] Daraus kann dann ein Ergebnis für die Gesamtbank aggregiert werden. Die Anwendung der Top Down-Methoden ist wesentlich einfacher und kostengünstiger.[160] Sie eignen sich für eine Allokation von Risikokapital in der Gesamtbank. Zur Generierung von Risikosteuerungsanreizen sind hingegen die risikosensitiveren Bottom Up-Ansätze wesentlich besser geeignet. Allerdings sind diese sehr aufwendig und es besteht die Gefahr, dass extreme Ereignisse, die die Gesamtbank betreffen, bei dieser Vorgehensweise vernachlässigt werden.

Zusätzlich kann man die vorhandenen Methoden zur Messung von Operational Risk in **qualitative und quantitative Methoden** unterteilen.[161] Die quantitativen Ansätze basieren dabei auf metrischen Daten und verwenden meist mathematische Methoden zur Messung. Die qualitativen Ansätze hingegen verwenden qualitative (kategoriale) Daten und basieren häufig auf persönlichen Erfahrungen. Zur tatsächlichen Messung eines Operational Risk müssen diese qualitativen Daten, soweit möglich, in quantitative Daten transformiert werden.

Die beiden genannten Einteilungsmöglichkeiten sind jedoch nicht immer überschneidungsfrei und noch sehr abstrakt. So können bspw. versicherungsmathematische Methoden sowohl top down, also auf Basis von Verlusten auf Gesamtbankebene, als auch bottom up, also auf Basis von Verlusten in einzelnen Geschäftsbereichen, eingesetzt werden.[162] Qualitative Daten müssen zu einer konkreten Messung in quantitative Daten transformiert werden, so dass Messansätze letztendlich immer quantitative Aspekte haben. Eine reine qualitative Einschätzung wie das Operational Risk ist

---

[157] Vgl. hierzu und im folgenden bspw. Pagett, T. et al. (Top down, 2000), S. 9ff.; Ceske, R. et al. (Event Risk, 2000), S. 1ff.; Jovic, D. / Piaz, J.-M. (Erfolgsfaktor, 2001), S. 924ff.

[158] Vgl. hierzu und im folgenden Ceske, R. et al. (Event Risk, 2000), S. 2.

[159] Vgl. hierzu und im folgenden Ceske, R. et al. (Event Risk, 2000), S. 2 und 4; Wiedemann, A. et al. (Handlungsfelder, 2003), S. 45f.

[160] Vgl. hierzu und im folgenden Ceske, R. et al. (Event Risk, 2000), S. 4.

[161] Vgl. hierzu und im folgenden Faisst, U. / Kovacs, M. (Methodenvergleich, 2003), S. 344; Piaz, J.-M. (Banken, 2002), S. 107.

[162] Vgl. Ceske, R. et al. (Event Risk, 2000), S. 4f.

„hoch" oder „niedrig" wird in dieser Arbeit nicht unter den Begriff der Messung eingeordnet.

Für die folgenden Ausführungen wird eine Einteilung der Messmethoden für IT-Risiken in vier Klassen, differenziert nach den grundlegenden Modellen, die ihnen zugrunde liegen, vorgenommen:[163] **Befragungstechniken, Indikatoransätze, statistische / versicherungsmathematische Ansätze** und **Kausal-Methoden**.

	Befragungs-techniken	**Indikatoransätze**	**Statistische / versicherungs-mathematische Ansätze**	**Kausal-Methoden**
Bank-interne Methoden	+ Experten-interviews + Self Assess-ments	+ Key Risk Indikatoren + Aufwand-/ Ertrags-Ansatz + CAPM-basierter Ansatz	+ Operational Value at Risk + Extremwert-theorie	+ Bayesianische Netze + Neuronale Netze + Prozessrisiko-analysen + Simulationsverfahren
Aufsichts-rechtliche Methoden		+ Basisindikatoransatz + Standardansatz + Scorecard-Ansatz	+ Verlustvertei-lungsansatz	

Abbildung 2: Überblick über Messmethoden für Operational Risk

Unter ***Befragungstechniken*** werden alle diejenigen Methoden zusammengefasst, bei denen die „Risikomessung"[164] durch subjektive Einschätzungen von Personen erfolgt.[165] D. h. bspw. im Rahmen von Kollektionsverfahren zur Identifikation der IT-Risiken werden die befragten Personen nicht nur zu möglichen Schwachstellen und Bedrohungen befragt, sondern auch gebeten, Einschätzungen bzgl. Eintrittswahrscheinlichkeit und Schadenhöhe abzugeben. Das Ziel einer jeden Risikomessung ist natürlich vorrangig, möglichst objektive quantitative Werte zu erhalten; sind diese nicht zu ermitteln, wird auf qualitative Aussagen zurückgegriffen.[166] Da es selbst für Experten schwierig ist, konkrete Zahlenwerte für Eintrittswahrscheinlichkeiten und Schadenhöhen anzugeben, werden i. d. R. wenige qualitative Klassen gebildet, denen dann bestimmte Intervalle an Werten zugeordnet werden. Bspw. kann die Wahr-

[163] Diese Einteilung erfolgt in Anlehnung an die Einteilung von Faisst, U. / Kovacs, M. (Methodenvergleich, 2003), S. 342ff. Es können vielfältige andere Einteilungen gefunden werden (vgl. Piaz, J.-M. (Banken, 2002), S. 107ff.; Marshall, C. L. (Measuring, 2001), S. 186f.).

[164] Die Anführungsstriche an dieser Stelle sollen zum Ausdruck bringen, dass bei dieser Klasse an Methoden eigentlich keine Messung, sondern eher eine grobe Einschätzung des Risikos vorgenommen wird.

[165] Der Begriff „Befragungstechniken" wird in diesem Zusammenhang von Faisst / Kovacs eingeführt (vgl. Faisst, U. / Kovacs, M. (Methodenvergleich, 2003), S. 342ff.). Marshall spricht hier von „Subjective Risk Assessment" (vgl. Marshall, C. L. (Measuring, 2001), S. 202ff.).

[166] Vgl. Freidank, C.-C. (Forschung, 2000), S. 359ff.

scheinlichkeit für den Eintritt eines Ereignisses innerhalb des nächsten Jahres als „very low", „low", „medium", „high" oder „very high" eingeschätzt werden.[167] Diesen Begriffen werden dann Werte wie „low" = „2 - 5%", „high" = „10 – 20%" etc. zugeordnet und daraus quantitative Werte für die Aussagen der Experten ermittelt. Selbiges Verfahren kann auch für die Schadenhöhe angewandt werden.

Solche Einschätzungen zur Risikomessung enthalten selbstverständlich ein hohes Maß an Subjektivität[168] und sind durch Verzerrungen in der Einschätzung, gerade auch bei extremen Ereignissen[169], beeinflusst. Deshalb sollte eine Risikoquantifizierung mittels Befragungstechniken auch nur stattfinden, wenn keine historischen Daten bspw. zu Schadenereignissen verfügbar sind bzw. diese eine schlechte Qualität aufweisen.[170] Darüber hinaus ist es sinnvoll, auf subjektive Einschätzungen zurückzugreifen, wenn Umstände auftreten, die eine Übertragung der Vergangenheitsdaten auf die zukünftige Situation nicht zulassen, also insbesondere bei sehr seltenen Ereignissen mit sehr hohen Schadenausmaßen. Auch kann eine subjektive Einschätzung von Risiken beim Befragten die Aufmerksamkeit bzgl. dieser Risiken erhöhen[171], was bspw. ein gewünschter Effekt beim Self Assessment ist. Subjektive Einschätzungen sind gegenüber einer Nicht-Quantifizierung von Operational Risk vorzuziehen.[172] Insgesamt sind die Befragungstechniken aber nicht vorrangig zur Risikomessung einzusetzen, wenn Ansätze zur Verfügung stehen, die eine objektivere Risikomessung versprechen. Deshalb wird diese Klasse an Risikomessansätzen im Kapitel 4 nicht weiter betrachtet.

Im Rahmen von ***Indikatoransätzen*** wird versucht, das vorhandene Risiko anhand von Kennzahlen zu bestimmen. Risikoindikatoren stellen dabei Größen dar, die unmittelbar messbar sein sollten, und die das Vorhandensein nicht direkt erfassbarer Phänomene anzeigen.[173] D. h. Indikatoren werden herangezogen, wenn ein Phänomen, wie bspw. das IT-Risiko nicht direkt gemessen werden kann. Prinzipiell wird dabei die Annahme zugrunde gelegt, dass ein kausaler Zusammenhang zwischen dem Risikoindikator und dem betrachteten Risiko besteht.[174] Allerdings finden sich auch Risikoindikatoren, bei denen diese Annahme nicht haltbar ist, die aber dennoch

---

167 Vgl. hierzu und im folgenden Marshall, C. L. (Measuring, 2001), S. 202ff.

168 Vgl. Helten, E. / Hartung, T. (Instrumente, 2002), S. 262.

169 Vgl. Rowe, D. (Black Swans, 2004), S. 114.

170 Vgl. hierzu und im folgenden Marshall, C. L. (Measuring, 2001), S. 202. Zur Frage der Datenqualität vgl. ausführlich Kap. 3.3.2.1.2, S. 84ff.

171 Vgl. Faisst, U. / Kovacs, M. (Methodenvergleich, 2003), S. 343.

172 Vgl. Marshall, C. L. (Measuring, 2001), S. 202.

173 Vgl. hierzu und im folgenden Zentes, J. / Swoboda, B. (Marketing, 2001), S. 218 und 383.

174 Vgl. Wiedemann, A. et al. (Handlungsfelder, 2003), S. 53.

zur Risikomessung herangezogen werden, da zumindest irgendein Zusammenhang zwischen Risiko und Risikoindikator vermutet wird.[175] Bspw. kann als Risikoindikator das Alter eines IT-Systems herangezogen werden. Der angenommene Zusammenhang könnte dann sein, dass mit fortschreitendem Alter der Hardware auch das Risiko für ein technisches Versagen der Hardware ansteigt. Die Klasse der Indikatoransätze wird in Kap. 4.1 noch ausführlicher betrachtet.

Die dritte Klasse an Messansätzen bilden die ***statistischen / versicherungsmathematischen Ansätze***.[176] Bei diesen Ansätzen basiert die Messung auf bereits bekannten und zur Risikomessung eingesetzten Methoden aus der Statistik und insbesondere auch aus der Versicherungsmathematik, die teilweise kombiniert und auf Spezifika von operationellen Risiken angepasst werden. Dabei werden auf Basis von Verlusten der Vergangenheit aus eingetretenen operationellen Risken Verlustverteilungen mit Hilfe versicherungsmathematischer Ansätze modelliert.[177] Diese Ansätze eignen sich besonders für Operational Risk, da zumindest einzelne dieser Risiken, bspw. durch Feuer oder Naturkatastrophen verursachte, schon seit geraumer Zeit von Versicherungen mittels dieser Ansätze bewertet werden.[178] Da gerade bei operationellen Risiken die Daten für extrem hohe und seltene Verluste nur sehr lückenhaft vorliegen, kann hier zur Modellierung der Verteilungsränder auf die Extremwerttheorie zurückgegriffen werden.[179] Anhand der Gesamtverteilung[180] kann dann, wie es bei Marktpreisrisiken und in der Zwischenzeit auch schon bei Kreditrisiken der Standard ist, ein Value-at-Risk für das Operational Risk berechnet werden.[181] Auch die

---

[175] Vgl. hierzu ausführlich Kap. 4.1.2, S. 114ff. Siehe auch Münchbach, D. (Private Banking, 2001), S. 150f.

[176] Vgl. hierzu und im folgenden bspw. Beeck, H. / Kaiser, T. (Value-at-Risk, 2000), S. 642ff.; Acrys Consult (Operational Value-at-Risk, o. J.), S. 4f.; Hoffman, D. G. (Managing, 2002), S. 278ff.

[177] Vgl. bspw. Embrechts, P. et al. (Regulatory Capital, 2003), 4ff.

[178] Vgl. Beeck, H. / Kaiser, T. (Value-at-Risk, 2000), S. 642.

[179] Vgl. hierzu bspw. Embrechts, P. et al. (Ruin Theory, 2004), insbesondere S. 10; Di Clemente, A. / Romano, C. (Copula-Extreme Value Theory Approach, 2003); Chavez-Demoulin, V. / Embrechts, P. (Extremal Models, 2004); Embrechts, P. et al. (Regulatory Capital, 2003), S. 7f.

[180] Als Gesamtverteilung wird hier die kombinierte Verteilung aus Eintrittswahrscheinlichkeit und Schadenhöhe bezeichnet. Vgl. ausführlich, Kap. 4.2.1.3, S. 191ff.

[181] Vgl. bspw. Jörg, M. / Roßbach, P. (Messung, 2002), S. 86ff.; Minz, K. A. (Operationelle Risiken, 2004), S. 137ff.

Klasse der statistischen / versicherungsmathematischen Methoden wird im folgenden, konkret in Kap. 4.2, S. 167ff., noch ausführlich analysiert.[182]

Bei den ***Kausal-Methoden*** liegt das Hauptaugenmerk auf der Darstellung von Ursache-Wirkungszusammenhängen bei den operationellen Risiken. Insbesondere große Schäden sind häufig auf mehrere Ursachen, die in einem komplexen Ereignisablauf zusammenwirken, zurückzuführen.[183] Mittels kausaler Methoden wird es ermöglicht, diese Ursache-Wirkungszusammenhänge abzubilden und sie zu bewerten. Prinzipiell kann unterschieden werden zwischen linearen und nicht-linearen Kausal-Methoden.[184] Unter die linearen Methoden fallen bspw. lineare Regressionsanalysen oder Markov-Ketten, zu den nicht-linearen Methoden zählen bspw. Bayesianische Netzwerke, Neuronale Netze und Fuzzy Logic.Im Zusammenhang mit operationellen Risken werden häufig die Bayesianischen Netzwerke hervorgehoben.[185] Diese ermöglichen eine visuelle Abbildung von Zusammenhängen in Form von Knoten und deren Verbindungen.[186] Die Knoten stellen dabei im Falle von Operational Risk Ursachen oder Wirkungen dar.[187] Jedem Knoten werden Wahrscheinlichkeiten für bestimmte Zustände zuordnet. Dabei ist es insbesondere von Bedeutung, dass zu Knoten, denen bereits Knoten vorgelagert sind, bedingte Wahrscheinlichkeiten in Abhängigkeit von den Zuständen der vorgelagerten Knoten ermittelt werden können. D. h. es müssen zunächst Ursache-Wirkungszusammenhänge ermittelt und visualisiert werden.[188] Diesen werden dann mögliche Zustände der Ursachen bzw. Wirkungen sowie Eintrittswahrscheinlichkeiten zugeordnet. Die notwendigen Daten dafür müssen aus anderen Quantifizierungsmethoden wie bspw. Wahrscheinlichkeiten aus den statistischen / versicherungsmathematischen Ansätzen oder Zustände aus den Indikatoransätzen übernommen werden. Am Ende eines Bayesianischen Netzwerkes

---

[182] Grund dafür ist insbesondere, dass den statistischen / versicherungsmathematischen Methoden eine hohe Bedeutung für die Quantifizierung von Operational Risk zugesprochen wird. Vgl. bspw. Beeck, H. / Kaiser, T. (Value-at-Risk, 2000), S. 642; Jörg, M. / Roßbach, P. (Messung, 2002), S. 86. Auch der Basler Ausschuss hatte in den ersten Entwürfen für die Ausgestaltung der Advanced Measurement Approaches konkret einen "Loss Distribution Approach" vorgesehen (vgl. Basle Committee on Banking Supervision (Operational Risk, 2001), S. 26), der den statistischen / versicherungsmathematischen Ansätzen zugeordnet werden kann.

[183] Vgl. Kirchheimer, F. D. (Metamodell, 2004), S. 19.

[184] Vgl. Cruz, M. G. (Modeling, 2002), S. 137ff. und S. 163ff.

[185] Vgl. bspw. Alexander, C. (Bayesian networks, 2003), S. 285ff.; Kirchheimer, F. D. (Metamodell, 2004), S. 19ff.; Cruz, M. G. (Modeling, 2002), S. 167.

[186] Vgl. hierzu und im folgenden Kirchheimer, F. D. (Metamodell, 2004), S. 21f.; Alexander, C. (Bayesian networks, 2003), S. 287f.

[187] Vgl. ähnlich Ceske R. et al. (Event Risk, 2000), S. 4.

[188] Im Unterschied zu den im Kap. 2.2.2 angesprochenen Event and Fault Trees können bei den Bayesianischen Netzwerken die Beziehungen zwischen den Knoten in beiden Richtungen betrachtet werden. Vgl. Marshall, C. L. (Measuring, 2001), S. 261; Kircheimer, D. F. (Metamodell, 2004), S. 21f.

steht ein finanzieller Schaden, dem ebenfalls bedingte Wahrscheinlichkeiten zugeordnet werden können.

Einen zusätzlichen Beitrag für die Verwendung Bayesianischer Netzwerke kann der Einsatz der Bayesianischen Statistik wie die „Bayesian Inference" liefern.[189] Dabei werden Verlustwahrscheinlichkeiten aus historischen Daten korrigiert um Wahrscheinlichkeiten aus subjektiven Einschätzungen, indem aus den daraus abgeleiteten zwei Wahrscheinlichkeitsverteilungen („historisch" und „subjektiv") eine „neue" Wahrscheinlichkeitsverteilung kombiniert wird. Dies stellt eine Möglichkeit dar, um neben historischen Daten auch in die Zukunft gerichtete Einschätzungen zu berücksichtigen. Dies ist ein wesentlicher Vorteil dieser Vorgehensweise. Dennoch müssen auch hier zunächst die historischen und die subjektiven Wahrscheinlichkeitsverteilungen ermittelt werden.

Damit wird deutlich, dass die Bayesianischen Netzwerke ihre Stärke insbesondere in der Berücksichtigung von sequentiellen Ursache-Wirkungsbeziehungen haben.[190] Dies kann ein großer Fortschritt gegenüber anderen Quantifizierungsmethoden sein. Bayesianische Netzwerke sind komplex in ihrer Durchführung und sehr aufwendig. Da derzeit aber noch nicht einmal gesicherte Erkenntnisse über die Einsetzbarkeit, Validität etc.[191] der zum Erhalt der Inputfaktoren notwendigen Basisverfahren wie Indikatoransätze und statistischen / versicherungsmathematischen Ansätze vorhanden sind, werden die Bayesianischen Netzwerke und andere Kausal-Methoden, die ähnlichen Prämissen unterliegen, im Rahmen dieser Arbeit nicht weiter behandelt. Dabei ist zu betonen, dass diese Entscheidung nicht daraus resultiert, dass Kausal-Methoden als nicht sinnvoll zur Quantifizierung von operationellen Risiken anzusehen sind. Jedoch wird hier die Meinung vertreten, dass zunächst gesicherte Erkenntnisse über die Sinnhaftigkeit und methodische Richtigkeit der grundlegenden Ansätze zu erarbeiten sind, bevor die Komplexität durch die Kombination dieser Ansätze noch erhöht wird. In dieser Arbeit beziehen sich die Ausführungen genau aus diesem Grund auf die grundlegenden Ansätze, um hier einen Beitrag zur Fundierung der Erkenntnisse zu leisten und die Anwendungsvoraussetzungen für Kausal-Methoden zu sichern. Ein weiterer Grund, warum Kausal-Methoden in dieser Arbeit nicht weiter verfolgt werden ist, dass eine aufsichtsrechtliche Anerkennung derzeit nicht zu er-

---

[189] Vgl. hierzu und im folgenden Cruz, M. G. (Modeling, 2002), S. 177ff.; Alexander, C. (Statistical models, 2003), S. 137ff.; Yasuda, Y. (Bayesian Inference, 2003).

[190] Im Bereich der Operational Risk sind häufig insbesondere die „sequential correlations" von Bedeutung und weniger die „equal-time correlations". Vgl. ausführlich Kap. 3.2.4. Im Rahmen der Bayesianischen Netzwerke werden Wahrscheinlichkeiten für diese Ursache-Wirkungszusammenhänge und nicht Wahrscheinlichkeiten für das gemeinsame Auftreten bestimmter Ereignisse ermittelt und bewertet, was im Bereich der Operational Risk sinnvoll erscheint. Vgl. Kirchheimer, D. F. (Metamodell, 2004), S. 21.

[191] Vgl. hierzu die Beurteilungskriterien der Ansätze in Kap. 3.2, S. 39ff.

warten ist. In diesem Sinne beschränkt sich diese Arbeit auf die Analyse grundlegender Ansätze, die auch in absehbarer Zeit von Seiten der Aufsicht zur Ermittlung des regulatorischen Eigenkapitals anerkannt werden können.

3.2 Entwicklung von methodenbezogenen Beurteilungskriterien

Die methodenbezogenen Beurteilungskriterien werden aus der Betrachtung wesentlicher Komponenten zur Modellierung von Messmodellen des Operational Risk abgeleitet.[192] Es sind dabei zunächst die Inputfaktoren für das Modell zu klären, was zu dem Kriterium „Datenverfügbarkeit und Datenqualität" führt. Ferner ist zu klären, wofür die Ergebnisse der Messung einzusetzen sind, da vorgegebene Einsatzmöglichkeiten das Modell beeinflussen können. Ein wesentlicher Schritt in der Modellierung ist, die Modellstruktur festzulegen. Diese steht in einem engen Verhältnis dazu, welche grundlegenden Zusammenhänge abgebildet werden sollen. Deshalb ist es unbedingt notwendig, den angenommenen (Kausal-)Zusammenhang zwischen Messgröße und dem Operational Risk zu klären. Bei Modellen zur Risikomessung sind wesentliche Komponenten auch die Berücksichtigung von Abhängigkeiten sowie die Berücksichtigung der aktuellen Risikosituation, insbesondere wenn die Modelle auf historischen Daten und Zusammenhängen aufbauen. Bei der Modellerstellung an sich werden bereits Goodness of Fit-Tests durchgeführt, die die Güte eines Modells überprüfen. Darüber hinaus ist die laufende Validierung des Modells ein ganz wesentlicher Aspekt. Insgesamt werden in dieser Arbeit, abgeleitet aus diesen Vorüberlegungen, folgende methodenbezogene Kriterien zunächst erläutert und dann zur konkreten Beurteilung der Messmodelle herangezogen:

- Datenverfügbarkeit und Datenqualität
- Verwendbarkeit der Messergebnisse
- (Kausal-)Zusammenhang zwischen Messgröße und IT-Risiko
- Berücksichtigung von Abhängigkeiten
- Berücksichtigung der aktuellen Risikosituation
- Validierbarkeit der Ansätze

Abbildung 3: Überblick über die methodenbezogene Beurteilungskriterien dieser Arbeit

[192] Einen Überblick über Schritte der Modellierung eines Modells zur Messung von Operational Risk gibt bspw. Kaiser, T. (Anwendungsbereiche, 2005), S. 37.

3.2.1 Datenverfügbarkeit und Datenqualität

Die grundlegende Diskussion bzgl. Messung von Operational Risk betrifft die Entwicklung und Auswahl einer geeigneten Methode zur Messung.[193] Eine Grundanforderung für den sinnvollen Einsatz von Messmodellen ist aber, dass die dafür notwendigen Input-Daten vorhanden sind. Eine solide Datenbasis bildet die Grundlage jeglicher valider Messung. Dabei ist sowohl die Quantität[194] als auch die Qualität der Daten von Bedeutung.

Deshalb ist im Rahmen einer Beurteilung von Methoden zur Messung von IT-Risiken zu klären, ob die für die Methoden erforderlichen Daten bereits vorhanden sind bzw. ermittelt werden können und wenn ja, in welcher Anzahl. Allerdings ist es auch wichtig zu betonen, dass die Anzahl eben nicht das einzig bedeutende Kriterium darstellt. Oftmals wird angenommen, dass die Validität eines Modells durch eine höhere Anzahl an zugrunde liegenden Daten zwangsläufig verbessert wird. Dies ist aber nur dann zu bejahen, wenn auch die Qualität der Daten gesichert ist. Der Grundsatz „Garbage in, Garbage out"[195] findet auch im Bereich der Operational Risk seine Legitimation. Nur, wenn die Qualität der Daten gesichert ist, d. h. bspw. die Daten richtig erfasst wurden, alle notwendigen Angaben vorhanden sind, die Daten mit den jeweiligen Gegebenheiten eines Kreditinstituts übereinstimmen etc., ist eine sinnvolle Verwendung dieser Daten zur Messung von IT-Risiken möglich. Ist die Qualität der Daten nicht gesichert, so ist auch die Qualität des Messergebnisses nicht gesichert.

In den bisherigen Veröffentlichungen zu Operational Risk ist die einhellige Meinung, dass die bisher vorhandenen Daten in den meisten Fällen weder qualitativ noch quantitativ den Anforderungen entsprechen.[196] Da die Datenverfügbarkeit und –qualität aber ein wesentliches Entscheidungskriterium zur Auswahl eines Messmodells darstellt,[197] ist es im Rahmen der Beurteilung von Methoden zur Messung von IT-Risiken von großer Bedeutung, die Anforderungen an die Datenverfügbarkeit und die Datenqualität der einzelnen Methoden aufzuzeigen und deren Umsetzbarkeit einzuschätzen.

Die notwendigen Grundlagen zur Beurteilung der Daten werden in Kap. 3.3 gelegt. Aufgrund der großen Bedeutung des Datenaspekts für alle Messansätze ist hier eine

---

[193] Vgl. hierzu und im folgenden Haas, M. / Kaiser, T. (Insufficiency, 2004), S. 13.

[194] Was als angemessene Menge an Daten zu bezeichnen ist, hängt stark von den Spezifika der einzelnen Methoden ab, so dass hier keine pauschal gültige Aussage getroffen werden kann.

[195] Dieser Grundsatz ist zurückzuführen auf eine Aussage von Baumann: „If garbage is fed into the system, then garbage will come out." Bauman, W. S. (Scientific Investment Analysis, 1967). Vgl. hierzu auch Meyer zu Selhausen, H. (Erkenntnis, 2004), S. 421.

[196] Vgl. hierzu bspw. Haas, M. / Kaiser, T. (Insufficiency, 2004), S. 14; Fontnouvelle, P. et al. (Loss Data, 2003) ; Hoffman, D. G. (Managing, 2002), S. 266.

[197] Vgl. Beeck, H. / Kaiser, T. (Value-at-Risk, 2000), S. 642.

ausführliche Betrachtung angebracht. In Kap. 3.3 werden Daten nach ihrer Herkunft, nach ihrer Beschaffenheit und nach inhaltlichen Kategorien abgegrenzt sowie fundamentale Probleme im Zusammenhang mit Daten aufgezeigt. Bei der Beurteilung des Kriteriums „Datenverfügbarkeit und Datenqualität" in Kap. 4 wird auf die grundlegenden Ausführungen zurückgegriffen, um somit Redundanzen bei der Beurteilung zu vermeiden.

3.2.2 Verwendbarkeit der Messergebnisse

Die Messung von IT-Risiken dient grundsätzlich zur Quantifizierung des aktuellen Risikopotentials der Bank in diesem Bereich. Treiber der aktuellen Diskussion um die Messung von operationellen Risiken sind die geplanten aufsichtsrechtlichen Regelungen in Basel II. Daneben existieren allerdings noch weitere Einsatzmöglichkeiten der Ergebnisse.[198] So können die Ergebnisse der Quantifizierung als Grundlage der Steuerung von IT-Risiken in der Gesamtbanksteuerung aber auch bei anderen Managementfragestellungen eingesetzt werden. Wesentliche Anwendungsmöglichkeiten der Ergebnisse aus einer Quantifizierung von operationellen Risiken werden hier überblicksartig angesprochen:[199]

Anwendungsmöglichkeiten der Ergebnisse aus der Messung:

- Berechnung des regulatorischen Kapitals
- Berechnung des ökonomischen Kapitals
- Allokation von Risikokapital nach Risiko-Ertragsgesichtspunkten
- Überprüfung von Risikosteuerungsmaßnahmen
- Kostenkalkulation / Pricing von Bankprodukten
- Verbesserung des Risikobewusstseins in der Bank
- Ansatzpunkte für die Überprüfung von Organisationsabläufen

Abbildung 4: Überblick über Anwendungsmöglichkeiten der Ergebnisse aus der Messung des Operational Risk

Berechnung des regulatorischen Kapitals

Die Verpflichtung zur Berechnung des notwendigen regulatorischen Kapitals resultiert aus Basel II. Darin wird erstmals von Seiten der Bankenaufsicht eine Unterlegung auch der operationellen Risiken (neben Marktpreis- und Kreditrisiken) mit Ei-

[198] Vgl. bspw. Stocker, G. et al. (Controlling, 2001), S. 677.

[199] Zu den im folgenden aufgeführten Anwendungsmöglichkeiten vgl. Ceske, R. et al. (Event Risk, 2000), S. 1 und Brink, G. J. van den (Management-Zyklus, 2003), S. 27ff.

genkapital[200] gefordert.[201] Um den notwenigen Unterlegungsbetrag zu ermitteln, muss das vorhandene Risikopotential der Bank bzgl. operationeller Risiken quantifiziert werden. Um diese Regelungen sinnvoll auszugestalten, wäre es notwendig, die Eigenkapitalunterlegung direkt mit dem tatsächlich vorhandenen Risiko zu verknüpfen, was wiederum eine konkrete Messung des Risikos voraussetzt.[202] Die Ergebnisse aus der Messung von IT-Risiken können, in Verbindung mit den Ergebnissen der Messung anderer Operational Risk, über die Formulierung eines sinnvollen Zusammenhangs[203] zu einer vorgeschriebenen Mindesteigenkapitalanforderung aus aufsichtsrechtlicher Sicht führen.

Derzeit werden vom Basler Ausschuss zwei mögliche Ansätze zur Ermittlung der Eigenkapitalunterlegung konkret vorgeschrieben, nämlich der Basisindikatoransatz und der Standardansatz. Daneben wird den Banken die Möglichkeit eröffnet, unter dem Oberbegriff „Advanced Measurement Approaches" eigene (interne) Modelle zur Messung einzusetzen. Diese Modelle müssen aber einigen Anforderungen entsprechen[204] und müssen von der Bankenaufsicht genehmigt werden. Damit steht den Banken die Möglichkeit offen, die Messung ihres Operational Risk für aufsichtsrechtliche Zwecke entweder auf Basis der durch den Basler Ausschuss vorgegebenen Ansätze vorzunehmen, oder eigene Ansätze zu entwickeln, die dann auch im Rahmen der bankinternen Steuerung zur Berechnung des ökonomischen Kapitals eingesetzt werden könnten.

---

[200] Heranzuziehen ist hierbei die aufsichtsrechtliche Eigenmitteldefinition, geregelt durch Basel I, in Deutschland umgesetzt in § 10 Abs. 2 bis 7 KWG.

[201] Vgl. Basel Committee on Banking Supervision (Convergence, 2004), S. 137ff.

[202] Eines der Ziele von Basel II ist, diesen Zusammenhang bei der Unterlegung von Kreditrisiken deutlich zu verbessern (vgl. Basel Committee on Banking Supervision (Convergence, 2004), Punkt 6, S. 2). Die neuen Regelungen weisen dazu eine wesentlich höhere Risikosensitivität auf, als die bisherigen Regelungen aus Basel I, in Deutschland umgesetzt im Grundsatz I der Grundsätze über Eigenmittel und Liquidität der Institute. D. h. die Qualität des Zusammenhangs zwischen Eigenkapitalunterlegung und tatsächlich eingegangenem Risiko wird erhöht. Da davon auszugehen ist, dass das für die Operational Risk derzeit noch nicht zu erreichen ist, ist die Forderung hier bewusst als Konjunktiv formuliert.

[203] Derzeit strebt der Basler Ausschuss bei der Kalibrierung sämtlicher Messansätze immer das Endergebnis an, dass das Verhältnis von haftendem Eigenkapital zu den gewichteten Risikoaktiva bei 8% liegt (vgl. Basel Committee on Banking Supervision (Convergence, 2004), Punkt 5, S. 2). Diese 8% resultieren aus Verhandlungen und fanden bereits in Basel I Anwendung (vgl. Basel Committee on Banking Supervision (Convergence, 1988), Punkt 44, S. 13). Die Sinnhaftigkeit dieses gewählten Zusammenhangs ist als diskussionswürdig zu sehen.

[204] Zu den konkreten qualitativen und quantitativen Anforderungen an die AMA vgl. Basel Committee on Banking Supervision (Convergence, 2004), Punkt 664–676, S. 142-147.

Berechnung des ökonomischen Kapitals

„Economic capital is the amount of capital that a company (or organizational unit) needs in order to protect itself with a chosen level of certainty against insolvency due to unexpected losses over a given period (e.g. one year)."[205]

Die Notwendigkeit, ökonomisches Kapital, auch Risikokapital genannt, bereitzustellen, resultiert aus der kaufmännischen Vorsicht der Banken.[206] Um ihre Existenz zu sichern müssen sie, über vorhandene aufsichtsrechtliche Anforderungen (s. o.) hinaus[207], sicherstellen, dass sie sich eventuell eintretende Verluste aus den übernommenen Risiken leisten können.[208] Das Risikokapital ist dabei nur eine rechnerische Größe und nicht tatsächlich mit den risikobehafteten Geschäften verbunden. Damit läuft der Gedanke des ökonomischen Kapitals parallel zu den aufsichtsrechtlichen Anforderungen zum regulatorischen Kapital.[209] Die Bank muss grundsätzlich die regulatorischen Bedingungen einhalten, darüber hinaus kann sie frei entscheiden wie hoch sie das bankinterne Risikokapital ansetzt und welches Risikomaß sie intern wählt. Ein Vorteil des Risikokapitals ist insbesondere, dass es das aktuelle (Marktpreis-, Kredit-, operationelle bzw. Gesamt-) Risiko einer Bank in einer Zahl ausdrückt und diese zu internen Steuerungszwecken herangezogen werden kann.[210] Da das Risikokapital einer Bank ermöglichen soll, auch den Maximalbelastungsfall zu überstehen[211] und damit auf der Funktionsfähigkeit des Kreditinstituts und nicht auf einer Fiktion aufbaut, kann das Risikokapital mit dem gemessenen Risiko gleichgesetzt werden.[212] Deshalb erfolgt eine Ermittlung des Risikopotentials über interne Messmethoden. Im Falle der IT-Risiken bzw. der Operational Risk können damit prinzipiell die Ergebnisse aus der Messung mittels der im folgenden dargestellten Methoden

---

205 Anders, U. (Path, 2003), S. 215.

206 Vgl. Lister, M. (Ergebnismessung, 1997), S. 8.

207 Dies ist notwendig, da die aufsichtsrechtlichen Anforderungen alleine nicht die Solvenz einer Bank sicherstellen können. Daneben bedarf es eines aktiven Managements der Operational Risk, das auf Basis der Berechnung des Risikokapitals vorgenommen werden kann. Vgl. ähnlich Romeike, F. (Gesamtrisikosteuerung, 2004), S. 46.

208 Vgl. hierzu und im folgenden Schierenbeck, H. (Bankmanagement, 2001), S. 16ff.

209 Den Banken ist es, im Gegensatz zum regulatorischen Eigenkapitalbegriff nach § 10 KWG, freigestellt, was sie als Eigenkapitalbestandteile ansehen. Da Risikokapital aber durch schlagend gewordene Risiken auch verloren werden kann, sollte die Bank darauf achten, dass dieses auch tatsächlich zur Verlustdeckung herangezogen werden kann. Darüber hinaus ist es sinnvoll, bei der Zuordnung von Risiken zu Risikokapital darauf zu achten, welche Publizitätswirksamkeit die Inanspruchnahme dieses Kapitals hat, da ein öffentlich erkennbarer Rückgriff auf Eigenkapitalressourcen Image- und Standingprobleme mit sich bringen kann (vgl. Büschgen, (Bankbetriebslehre, 1998), S. 1082f.).

210 Vgl. Anders, U. (Path, 2003), S. 216.

211 Vgl. Schierenbeck, H. (Bankmanagement, 2003), S. 21.

212 D. h. es muss beispielsweise keine Relation, wie in Basel II 8% der Risikoaktiva, herangezogen werden. Andere Regelungen können von Banken aber intern jederzeit getroffen werden.

zur Ermittlung des notwendigen ökonomischen Kapitals herangezogen werden, wobei es die Eignung der Modelle für diesen Zweck zu überprüfen gilt.

Allokation von Risikokapital nach Risiko-Ertragsgesichtspunkten

Eine Verwendungsmöglichkeit der Größe „Risikokapital", und damit auch der Ergebnisse aus einer Messung des Operational Risk, ist die Zuteilung von Risikokapital auf einzelne Organisationseinheiten oder Geschäfte nach Risiko-Ertragsgesichtspunkten. Dabei wird den einzelnen Einheiten Risikokapital, und damit die Basis zur Tätigung von Geschäften, nicht nur nach dem potentiellen Ertrag der getätigten Geschäfte, sondern auch unter Berücksichtigung des dabei eingegangenen Risikokapitals, zugeteilt.[213] Dies ist besonders von Bedeutung, da Risikokapital für die Banken eine knappe Ressource darstellt[214] und dieses deshalb möglichst „optimal" zu verteilen ist. Die meisten Banken streben daher im Laufe der letzten Jahre eine Gesamtbanksteuerung an, in der das vorhandene Risikokapital nach Risiko-Ertragsgesichtspunkten[215] innerhalb der Bank verteilt wird. Dabei ist eine Integration von Marktpreis- und Kreditrisiken in diese Steuerung bereits großteils gelungen.[216] Zur Integration der Operational Risk wäre allerdings eine Messung dieser Risikoart notwendig, die einerseits methodisch korrekt ist, aber darüber hinaus auch noch „kompatibel" mit den Risikomessverfahren für andere Risikoarten. Da im Bereich der Marktpreisrisiken der Value-at-Risk bereits etabliert ist und sich auch bei der Messung der Kreditrisiken durchzusetzen scheint, wäre auch bei der Messung des Operational Risk an dieses Risikomaß zu denken. Ob dies derzeit aus methodischer Sicht sinnvoll erscheint, wird in Kap. 4.2 überprüft. Ferner muss neben der Wahl des Risikomaßes auch die Wahl der in die Messung einfließenden Faktoren, wie Haltedauer und Konfidenzniveau, zwischen den Messmethoden der einzelnen Risikoarten abgestimmt werden.[217]

---

[213] Vgl. ähnlich Anders, U. (Path, 2003), S. 216.

[214] Vgl. Meyer zu Selhausen, H. (Bank-Informationssysteme, 2000), S. 311.

[215] Zur Verteilung des Risikokapitals anhand von Risiko- und Ertragsgesichtspunkten und auch zur Performancemessung stehen bspw. sogenannte „Risk-Adjusted Profitability Measurement-Kennzahlen" (RAPM) zur Verfügung. Vgl. hierzu Meyer zu Selhausen, H. (Bank-Informationssysteme, 2000), S. 311f. und Brüning, J.-B. / Hoffjan, A. (Risk-Return-Kennzahlen, 1997), S. 362ff.

[216] Vgl. zu einem Vorschlag eines Optimierungsverfahrens zur Risk- / Return-Steuerung der Gesamtbank unter Berücksichtigung von Marktpreis- und Kreditrisiken Theiler, U. (Optimierungsverfahren, 2002).

Überprüfung von Risikosteuerungsmaßnahmen

Risikosteuerungsmaßnahmen können eingesetzt werden, um die Eintrittshäufigkeit oder die Schadenhöhe eines Operational Risk zu vermindern. Dies ist allerdings in erster Linie dann sinnvoll, wenn die Kosten für die eingesetzten Maßnahmen unter den zu erwarteten Schäden ohne Einsatz dieser Maßnahmen liegen. Dabei müssen neben rein finanziellen Schäden auch Reputationsschäden berücksichtigt werden, da schlagend werdende operationelle Risiken den Ruf einer Bank erheblich schädigen[218] und damit wiederum zu finanziellen Verlusten führen können. Ein Einsatz von Risikosteuerungsmaßnahmen kann auch dann als sinnvoll erachtet werden, wenn die Kosten dafür unter den Standardrisikokosten und den Risikokapitalkosten, die die Bank zur Unterlegung der Risiken benötigt, liegen und zusätzlich das freigewordene Risikokapital anderweitig gewinnbringend investiert werden kann.[219] Um die Effektivität und Effizienz von Risikosteuerungsmaßnahmen zu überprüfen, ist es notwendig, deren Auswirkungen auf das Risiko darzustellen. Um eine tatsächliche Bewertung der Auswirkungen vornehmen zu können, ist eine Quantifizierung des Operational Risk vor und nach Einsatz der Risikosteuerungsmaßnahme hilfreich. Dazu sind Ansätze zur Messung von Operational Risk notwendig.[220] Voraussetzung der Beurteilung einer Veränderung des Risikopotentials nach Einsatz der Risikosteuerungsmaßnahme ist, dass die veränderte Situation im Rahmen der Messung berücksichtigt werden kann (vgl. Kap. 3.2.5, S. 70).

Kostenkalkulation / Pricing von Bankprodukten

Wie bereits in Kap. 2.1.1.3 (S. 13ff.) zu den Eigenschaften von Operational Risk diskutiert, sollte sich eine Bank die erwarteten Verluste aus operationellen Verlusten über die Preise vom Kunden abgelten lassen[221], wie dies bspw. beim Kreditrisiko bereits üblich ist. Ob jedoch eine Zuordnung einzelner Operational Risk zu Bankprodukten bzw. Kundengeschäften möglich ist und ob eine Weitergabe der Operational Risk an den Kunden überhaupt durchsetzbar ist, ist fraglich.[222] Aber auch wenn die Kosten für das Operational Risk nicht direkt an die Kunden weitergegeben werden können, ist es wichtig, dass sich die Bank einen Überblick über die Gesamtkosten pro Produkt, inkl. den Kosten aus erwarteten Verlusten und den Kosten für die Eigenka-

---

[217] Vgl. hierzu Beeck, H. / Kaiser, T. (Value-at-Risk, 2000), S. 649f.

[218] Vgl. hierzu ähnlich Kersten, H. (Sicherheit, 1995), S. 13.

[219] Vgl. hierzu Brink, G. J. van den (Management-Zyklus, 2003), S. 35.

[220] Zu diesem Gedanken vgl. ähnlich Stocker, G. et al. (Controlling, 2001), S. 677.

[221] Vgl. hierzu auch Nyström, K. / Skoglund, J. (Quantitative, 2002), S. 1.

[222] Vgl. Döhring, J. (Gesamtrisiko-Management, 1996), S. 57f.

pitalunterlegung aus operationellen Risiken, verschafft.[223] Zudem können die Ergebnisse Grundlage für eine interne Preisverrechnung, bspw. zwischen IT-Abteilung und Kundenbereichen, sein. Eine Quantifizierung der Operational Risk ist aber immer die Voraussetzung hierfür.

Verbesserung des Risikobewusstseins in der Bank

Operational Risk werden häufig nicht ausreichend wahrgenommen, da sie teilweise erst in das Bewusstsein gelangen, wenn sie schlagend geworden sind.[224] Deshalb ist es wichtig, die Mitarbeiter in der Bank für diese Risikokategorie zu sensibilisieren. Eine qualitative Bewertung wie das Risiko ist „hoch" oder sogar „existenzbedrohend" hilft dabei, ein Bewusstsein für die vorhandenen Risiken zu entwickeln. Noch deutlicher wird dies aber, wenn dem Risiko nicht nur eine Kategorie, sondern eine konkrete Zahl, d. h. ein Verlustpotential in Euro, zugeordnet wird.[225] Dafür ist eine Messung des Risikos unumgänglich.

Ansatzpunkt für die Überprüfung von Organisationsabläufen

Wurde das Risikopotential einer Bank quantifiziert, so können die Ergebnisse genutzt werden, um Ansatzpunkte für eine Überprüfung von Organisationsabläufen zu liefern.[226] Häufig ist es nicht effizient, sämtliche Organisationsabläufe pauschal zu überprüfen. Mit Hilfe der Ergebnisse aus einer Quantifizierung des durch bestimmte Abläufe gebundenen Risikokapitals für Operational Risk können Abläufe mit besonders hohen Bindungen an Risikokapital genauer überprüft und Ineffizienzen aufgedeckt werden.

So vielfältig die Anwendungsmöglichkeiten der Ergebnisse aus der Messung von Operational Risk sind, so vielfältig sind auch die Anforderungen, die an die Messansätze gestellt werden, damit die Ergebnisse auch tatsächlich verwendet werden können. Zu denken ist bspw. an die genannten aufsichtsrechtlichen Anforderungen aus Basel II, an Anforderungen an Eigenschaften des Risikomaßes (z. B. VaR) etc. Im Laufe der Beurteilung der Ansätze zur Messung von IT-Risiken wird deshalb das Kriterium der „Verwendbarkeit der Messergebnisse" herangezogen, da dieses ein wesentliches Entscheidungskriterium bei der Auswahl eines konkreten Modells dar-

---

[223] Vgl. Brink, G. J. van den (Management-Zyklus, 2003), S. 28.

[224] Man denke im Extremfall bspw. an die schrecklichen Ereignisse des 11. September 2001 in den USA oder des Tsunamis in Südostasien am 26. Dezember 2004, die in diesem Ausmaß, auch nicht im Rahmen von Worst-Case-Szenarien, vorausgesehen wurden.

[225] Vgl. Brink, G. J. van den (Management-Zyklus, 2003), S. 28.

[226] Vgl. hierzu und im folgenden Brink, G. J. van den (Management-Zyklus, 2003), S. 28f.

stellt.[227] Dabei wird insbesondere überprüft, ob sich die dargestellten Methoden für die Berechnung des regulatorischen und des ökonomischen Kapitals eignen, da dies zwei Basisprobleme im Bereich des Managements von Operational Risk abdeckt. Die weiteren Verwendungsmöglichkeiten werden zusammengefasst zu solchen, die ein möglichst exaktes quantitatives Ergebnis benötigen, wie die Risikokapitalallokation und die Kostenkalkulation / das Pricing von Bankprodukten. Die Steigerung des Risikobewusstseins und die Verbesserung von Organisationsabläufen werden zusammengefasst zu Einsatzmöglichkeiten, die auch mit eher pauschaleren Aussagen zur Risikohöhe verfolgt werden können.

3.2.3 (Kausal-)Zusammenhang zwischen Messgröße und tatsächlichem IT-Risiko

Das IT-Risiko, ebenso wie das operationelle Risiko, ist an sich ein theoretisches Konstrukt und nicht direkt beobachtbar.[228] Erst wenn ein Risiko schlagend und zu einem Schaden geworden ist, kann dieser direkt beobachtet werden.[229] Deshalb ist es notwendig, das Konstrukt „IT-Risiko" zu operationalisieren, d. h. es werden Korrespondenzregeln erstellt, die den Zusammenhang zwischen dem theoretischem Konstrukt und beobachtbaren Sachverhalten abbilden. Die beobachtbaren Sachverhalte stellen Indikatoren dar, anhand derer versucht wird, auf das theoretische Konstrukt rückzuschließen. Diese Korrespondenzregeln können dabei aus willkürlichen Definitionen oder aus logischen Ableitungen resultieren.[230] Besonders erstrebenswert ist es, Indikatoren zu verwenden, die einen kausalen Zusammenhang mit dem Konstrukt aufweisen.[231] D. h. bspw. im Falle des IT-Risikos die Messung anhand von Größen vorzunehmen, denen ein ursächlicher Zusammenhang mit dem IT-Risiko zuzusprechen ist, wie bspw. die Anzahl von Programmabstürzen[232] oder die CPU-Auslastung. Jeglicher Zusammenhang, der aufgestellt wird, stellt allerdings eine Hypothese dar, die überprüft werden muss.[233]

Zur Überprüfung des Zusammenhangs zwischen Messgröße und Risiko können zunächst einmal die Regressions- und die Korrelationsanalyse herangezogen werden.

---

[227] Vgl. Beeck, H. / Kaiser, T. (Value-at-Risk, 2000), S. 642.

[228] Vgl. hierzu und im folgenden Schnell, R. et al. (Methoden, 1999), S. 123ff.

[229] Zu beachten ist dabei, dass ein Schaden aber nur den Teil des Risikos abbildet, der tatsächlich schlagend geworden ist. Das tatsächliche Risikopotential ist höher einzuschätzen. Damit stellen Schäden nur Proxy-Größen für das Risiko dar.

[230] Vgl. Schnell, R. et al. (Methoden, 1999), S. 73.

[231] Vgl. Schnell, R. et al. (Methoden, 1999), S. 127.

[232] Vgl. Jörg, M. / Roßbach, P. (Messung, 2002), S. 85.

[233] Zur Überprüfung von Hypothesen vgl. die Ausführungen im Kap. 3.2.6 im Rahmen der Erläuterungen zur Validierung von Modellen, S. 70ff.

Die Korrelationsanalyse liefert dabei ein quantitatives Maß für einen Zusammenhang, während die Regressionsanalyse einen funktionalen Zusammenhang konkretisiert.[234] Voraussetzung für diese Analysen ist, dass Ausprägungen der betrachteten Größen über einen längeren Zeitraum vorliegen. Aus diesen Ausprägungen werden für festgelegte Perioden Wertetupel gebildet.

Die Regressionsanalyse dient prinzipiell dazu, Zusammenhänge zwischen zwei oder mehreren Variablen zu erkennen und zu erklären, sowie Werte der abhängigen Variablen zu prognostizieren.[235] Voraussetzung ist, dass die Variablen metrisch skaliert sind. Im hier aufgeführten Fall wäre die zu erklärende, abhängige Variable die Höhe des Operational Risk, angenähert durch die eingetretenen Schäden. Die erklärende, unabhängige Variable könnte bspw. der Bruttoertrag sein, der vom Basler Ausschuss zur Quantifizierung des Operational Risk vorgeschlagen wird. Es besteht auch die Möglichkeit, mehrere erklärende Variable gleichzeitig zu betrachten, wobei hier dann eine multiple Regression vorliegt.[236] Prinzipiell wird bei der Regression vorrangig von einem linearen Zusammenhang zwischen abhängiger und unabhängiger Variablen ausgegangen und eine lineare Regressionsgleichung ermittelt. Diese hat bei nur einer unabhängigen Variablen die Form:[237]

$$y = \beta_0 + \beta_1 x + \varepsilon$$

mit:

y = zu erklärende Größe (Regressand)

x = erklärende Größe (Regressor)

β_0 = Regressionskonstante

β_1 = Regressionskoeffizient

ϵ = Störvariable

Die Interpretation aus dieser einfachsten, linearen Form des Zusammenhangs ist in diesem Fall, dass das Operational Risk, ausgedrückt durch den Proxy der eingetretenen Verluste, linear mit einem Zuwachs des Indikators wächst oder fällt, abhängig davon, ob der Regressionskoeffizient β positiv oder negativ ist.[238]

---

[234] Vgl. Hartung, J. (Statistik, 1995), S. 569.

[235] Vgl. hierzu und im folgenden Backhaus, K. et al. (Multivariate Analysemethoden, 1987), S. 1ff.; Poddig, T. et al. (Ökonometrie, 2003), S. 217ff.

[236] Vgl. hierzu und im folgenden Backhaus, K. et al. (Multivariate Analysemethoden, 1987), S. 17ff.

[237] Vgl. ähnlich Poddig, T. et al. (Ökonometrie, 2003), S. 219; Hill, R. C. et al. (Econometrics, 2001), S. 47.

[238] Vgl. Kromrey, H. (Sozialforschung, 2000), S. 478.

Gibt es mehrere unabhängige Variablen, von denen aber immer noch angenommen wird, dass sie einen linearen Zusammenhang abbilden, kann folgende Gleichung aufgestellt werden:[239]

$$y = \beta_0 + \beta_1 x_1 + \beta_2 x_2 + \beta_3 x_3 + \ldots + \beta_k x_k + \varepsilon$$

mit:

y = zu erklärende Größe (Regressand)

$x_1, \ldots, x_k$ = erklärende Größen (Regressor)

β_0 = Regressionskonstante

$\beta_1, \ldots, \beta_k$ = Regressionskoeffizienten

ϵ = Störvariable

Daneben können aber auch nichtlineare Zusammenhänge über eine Regressionsgleichung berücksichtigt werden, bspw. indem die Werte für eine unabhängige Größe quadriert werden, die Werte für y oder x als Logarithmus einfließen oder bspw. auch die Regressionskoeffizienten quadriert werden.[240]

Die Parameter der Regressionsgleichung können bspw. nach der Methode der kleinsten Quadrate geschätzt werden, d. h. die Parameter werden so festgelegt, dass die Summe der quadrierten Abweichungen der Ausprägungen von der Regressionsgeraden minimiert wird.[241]

Wurde eine Regressionsgleichung gefunden, dann muss sie einer Validierung, vgl. Kap. 3.2.6, S. 70ff., unterzogen werden, um den Zusammenhang auch über die reine Modellbildung hinaus überprüfen zu können. Bereits bei der Modellerstellung ist ein Goodness of Fit-Test durchzuführen, bei dem die Anpassungsgüte der Regression bspw. über das Bestimmtheitsmaß, überprüft wird.[242] Das Bestimmtheitsmaß lässt dabei erkennen, wie gut sich die Schätzung an die empirischen Daten anpasst bzw. wie groß die Abweichungen in Form der Residuen ϵ sind. Dazu wird die Gesamtstreuung zerlegt in eine von der Regressionsfunktion erklärte, und eine von der Regressionsfunktion nicht erklärte Streuung:[243]

---

[239] Vgl. Wooldridge, J. M. (Introductory, 2000), S. 69.

[240] Vgl. hierzu bspw. Hartung, J. (Statistik, 1995), S. 589ff.; Hill, R. C. et al. (Econometrics, 2001), S. 222ff.; Wooldridge, J. M. (Introductory, 2000), S. 42ff.

[241] Vgl. hierzu Backhaus, K. et al. (Multivariate Analysemethoden, 1987), S. 8.; Poddig, T. et al. (Ökonometrie, 2003), S. 226ff.

[242] Vgl. hierzu und im folgenden Backhaus, K. et al. (Multivariate Analysemethoden, 1987), S. 13ff.; Poddig, T. et al. (Ökonometrie, 2003), S. 255ff.

[243] Vgl. Backhaus, K. et al. (Multivariate Analysemethoden, 1987), S. 15; Hill, R. C. et al. (Econometrics, 2001); S. 122ff.; Wooldridge, J. M. (Introductory, 2000), S. 38ff.

$$\sum_{i=1}^{I}(y_i - \bar{y})^2 = \sum_{i=1}^{I}(\hat{y}_i - \bar{y})^2 + \sum_{i=1}^{I}(y_i - \hat{y}_i)^2$$

$$\text{SST} = \text{SSE} + \text{SSR}$$

mit:

y_i = Beobachtungswert der zu erklärenden Variablen

$\hat{y}_i$ = Schätzwert der zu erklärenden Variablen aus der Regressionsgleichung

$\bar{y}$ = Mittelwert der zu erklärenden Variablen

SST = Total Sum of Squares = Gesamtstreuung

SSE = Explained Sum of Squares = erklärte Streuung

SSR = Residual Sum of Squares = nicht erklärte Streuung

Das Bestimmtheitsmaß ergibt sich dann aus dem Verhältnis der erklärten Streuung zur Gesamtstreuung und sollte möglichst nahe 1 liegen. Liegt der Wert für das Bestimmtheitsmaß nahe 0, so ist die Güte des Regressionsmodells als schlecht einzuschätzen. Zusätzlich gilt es, die Signifikanz des Regressionsmodells zu überprüfen, was bspw. anhand eines F-Test geschehen kann.[244] Sind mehrere unabhängige Variablen berücksichtigt, so können diese einzeln auf ihre Signifikanz hin überprüft werden, bspw. anhand eines t-Test.[245]

Ferner sind die Voraussetzungen für die Anwendung einer Regressionsanalyse zu überprüfen. Sind diese verletzt, so kann dies zu Verzerrungen des Modells führen. Treten bspw. zwischen den unabhängigen Variablen starke Abhängigkeiten auf, so führt dies zum Problem der Multikollinearität.[246] Überprüft werden kann dies bspw. durch die Berechnung von Bestimmtheitsmaßen für jeweils eine unabhängige Variable, regressiert auf die die anderen unabhängigen Variablen und unter Wegfall der abhängigen Variablen. Ergibt sich hierbei ein Bestimmtheitsmaß von 1, so kann eine der unabhängigen Variablen durch Linearkombinationen der anderen unabhängigen Variablen erzeugt werden.

Eine weitere Annahme, neben der der Unabhängigkeit der erklärenden Variablen untereinander, ist, dass auch die Residuen ϵ untereinander unabhängig sind und deren Streuung konstant ist.[247] Ist die erste Bedingung verletzt, so spricht man von Autokorrelation, ist die zweite Bedingung verletzt, von Heteroskedastizität. Autokorrelation tritt vor allem bei Zeitreihen auf, könnte also auch bei der Messung von Operati-

---

[244] Vgl. Poddig, T. et al. (Ökonometrie, 2003), S. 304ff.

[245] Vgl. Poddig, T. et al. (Ökonometrie, 2003), S. 295ff.; Backhaus, K. et al. (Multivariate Analysemethoden, 1987), S. 29ff.

[246] Vgl. hierzu und im folgenden Backhaus, K. et al. (Multivariate Analysemethoden, 1987), S. 34ff.

[247] Vgl. hierzu und im folgenden Backhaus, K. et al. (Multivariate Analysemethoden, 1987), S. 37ff.; Poddig, T. et al. (Ökonometrie, 2003), S. 310ff. und 323ff.

onal Risk mit einem Modell auf Grundlage historischer Daten ein Problem darstellen. Eine festgestellte Autokorrelation der Residuen kann daneben auch auf Fehlspezifikationen des Modells hinweisen. Überprüft werden können die Residuen auf Autokorrelation bspw. durch den Durbin-Watson-Test. Heteroskedastizität entsteht hingegen häufiger bei Querschnittsregressionen. Getestet werden kann die Streuung der Residuen auf Heteroskedastizität bspw. durch den White-Test.

Bevor das Regressionsmodell aufgestellt werden kann, muss bereits eine Vermutung darüber bestehen, welche Variablen überhaupt in Frage kommen, und wie die Wirkungsrichtung ist, d. h. welche Variable die abhängige Variable ist. Vor einer Regression muss also überprüft werden, ob die herangezogenen Variablen in einem sachlich begründbaren Zusammenhang zueinander stehen, denn prinzipiell kann man jede Größe auf jede regressieren und dabei zufällig vielleicht auch einen Zusammenhang feststellen, der in Wirklichkeit nicht existiert. Um festzustellen, welche unabhängigen Variablen prinzipiell für eine Regression in Frage kommen, d. h. einen Zusammenhang mit der abhängigen Variable aufweisen, kann zunächst eine Korrelationsanalyse durchgeführt werden. Bei der Korrelationsanalyse werden für die Wertepaare der Korrelationskoeffizient nach Bravais-Pearson oder ein Rangkorrelationskoeffizient berechnet.[248] Ergibt sich ein positiver Wert, der möglichst nahe 1 liegt, so ist von einem positiven Zusammenhang auszugehen, ergibt sich ein negativer Wert, der möglichst nahe -1 liegt, so ist von einem negativen Zusammenhang auszugehen. Liegt der ermittelte Wert bei 0 oder nahe 0, so ist von keinem signifikanten Zusammenhang auszugehen. Mittels Korrelationen lassen sich also Aussagen über Stärke und Richtung[249] von Zusammenhängen treffen. Es wird damit auf Basis historischer Daten auf einem relativ einfachen Niveau überprüft, ob und in welcher Weise Veränderungen in den Indikatoren Veränderungen im theoretischen Konstrukt abbilden. Es stellt sich hier die Frage, ob sich Veränderungen vollständig oder nur teilweise niederschlagen, d. h. führt bspw. eine Verdopplung des Operational Risk (Konstrukt) auch zu einer Verdopplung des Bruttoertrags (Indikator)[250] und umgekehrt, lässt sich aus einer Verdopplung des Bruttoertrags tatsächlich auch auf eine Verdopplung des

---

[248] Vgl. hierzu ausführlich Kap. 3.2.4.3, S. 59ff.

[249] Mit „Richtung" ist hierbei gemeint, dass eine Korrelation anzeigt ob beide Größen sich jeweils in dieselbe Richtung entwickeln oder entgegengesetzt. Dies ist nicht zu verwechseln mit einer „Kausalrichtung", d. h. Korrelationen können nicht anzeigen, ob es eine Wirkungsrichtung in den Zusammenhängen gibt, sondern diese ist formal immer zweiseitig interpretierbar (vgl. Fahrmeier, L. et al. (Statistik, 2001), S. 147f.).

[250] Vgl. zu diesem Zusammenhang ausführlich Kap. 4.1.2, S. 114ff.

Operational Risk schließen. Dies entspricht der Problematik der Risikosensitivität[251] der Ansätze zur Messung von IT-Risiken.

Bei der Feststellung von Zusammenhängen mittels Korrelationsanalyse besteht das Problem der Scheinkorrelation.[252] Von Scheinkorrelationen spricht man, wenn Korrelationen auftreten, die nicht über die Abhängigkeit der Merkmale zueinander erklärt werden können, sondern daraus, dass diese beiden Merkmale gemeinsam abhängig von einem dritten Merkmal sind. Ist dabei offensichtlich, dass die beobachteten Merkmale in keinem sachlogischen Zusammenhang stehen können, spricht man auch von einer „Nonsens-Korrelation".[253]

Ein Kausalzusammenhang zwischen der Messgröße und dem IT-Risiko, d. h. dass Messgröße und IT-Risiko in einem Ursache-Wirkungsverhältnis stehen, ist wünschenswert. Kausalität nachzuweisen ist im strengen wissenschaftstheoretischen Sinne aber nicht möglich, da diese nicht beobachtbar oder prüfbar ist.[254] Es gibt zwar Voraussetzungen, die erfüllt werden müssen, damit eine Kausalität unterstellt werden kann, diese reichen aber nicht aus, um eine Kausalität zu „verifizieren".[255] Sind die Voraussetzungen nicht erfüllt, kann allerdings die Kausalität eines Zusammenhangs abgelehnt werden. Gegeben X steht für die Ursache und Y für die Wirkung, so sind die Bedingungen für Kausalität folgendermaßen formuliert:[256]

- X und Y müssen einen statistisch signifikanten Zusammenhang aufweisen, der bspw. über den Korrelationskoeffizienten ermittelt werden kann.
- X und Y müssen in einer zeitlichen Reihenfolge stehen, d. h. die Ursache X muss der Wirkung Y vorangehen.
- Es darf keinen Einfluss von Störvariablen auf die Beziehung zwischen X und Y geben.

---

[251] Unter Sensitivität ist der Betrag zu verstehen, um den sich die Auswirkung ändert, wenn sich ein kausaler Einflussfaktor um eine Einheit ändert (vgl. King, J. L. (Measurement, 2001), S. 246). Also im hier aufgeführten Beispiel der Betrag, um den sich das Operational Risk ändert, wenn sich der Bruttoertrag bspw. um einen Euro ändert. Dies würde allerdings einen kausalen Zusammenhang zwischen dem Bruttoertrag und dem Operational Risk implizieren, was stark anzuzweifeln ist. Vgl. hierzu ausführlich Kap. 4.1.2.2.3, S. 124ff.

[252] Vgl. hierzu und im folgenden Hartung, J. (Statistik, 1995), S. 77f. und 545 und Lippe, P. v. d. (Statistik, 1993), S. 211.

[253] Das meistbemühte Beispiel einer Scheinkorrelation stellt der positive Zusammenhang zwischen der Anzahl der Störche und der Anzahl von Geburten in einem Gebiet dar. Als dahinter stehende Variablen könnten der Industrialisierungs- und Urbanisierungsgrad dienen, der zum einen den Störchen ihren Lebensraum und ihre Nahrung (Anzahl an Fröschen) einschränkt, zum anderen aber auch zu kleineren Familiengrößen geführt hat. In diesem Fall könnte auch von einer „Nonsens-Korrelation" gesprochen werden. Vgl. Lippe, P. v. d. (Statistik, 1993), S. 211.

[254] Vgl. hierzu Schnell, R. et al. (Sozialforschung, 1999), S.56; Küpper, C. (Kausalität, 2000), S. 7.

[255] Zur Problematik der "Verifizierung" vgl. Kap. 3.2.6, S. 70ff.

[256] In Anlehnung an Hummel, H. J. / Ziegler, R. (Kausalanalyse, 1976), S. E31ff.; Schnell, R. et al. (Sozialforschung, 199), S. 56.

Aus diesen Bedingungen ist ersichtlich, dass das Vorhandensein einer Korrelation zwar eine notwendige, nicht aber eine hinreichende Bedingung für eine Kausalität darstellt.[257] Zudem sagen Korrelationen nichts über die Wirkungsrichtung eines möglichen kausalen Zusammenhangs aus. Eine hohe Korrelation von X und Y könnte somit bedeuten, dass X die Ursache und Y die Wirkung ist, aber auch dass Y die Ursache und X die Wirkung ist, oder gar, dass sich X und Y gegenseitig beeinflussen.[258] Die nachfolgende Abbildung zeigt beispielhaft, welche kausalen Zusammenhänge möglich sind.

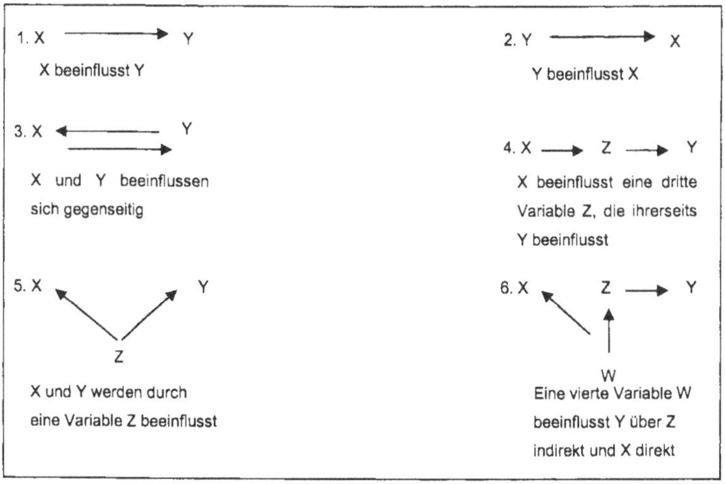

Abbildung 5: Mögliche kausale Zusammenhänge[259]

Rein anhand der Korrelation ist aber nicht zu bestimmen, welche der in Abbildung 5 aufgezeigten möglichen Kausalzusammenhänge vorliegt. Kausalinterpretationen von Korrelationen sind damit, wenn es überhaupt zulässig erscheint, nur inhaltlich bzw. logisch begründbar.[260]

Im Rahmen der Beurteilung der im folgenden dargestellten Ansätze zur Messung des IT-Risikos werden die bei den einzelnen Methoden implizit oder explizit angenommenen Korrespondenzregeln zwischen der Messgröße und dem IT-Risiko aufgezeigt. Ferner wird anhand logischer Schlussfolgerungen eine Hypothese dazu erar-

---

[257] Vgl. Bortz, J. (Statistik für Sozialwissenschaftler, 1999), S. 226.

[258] Vgl. hierzu und im folgenden Bortz, J. / Döring, N. (Forschungsmethoden, 2002), S. 519f.

[259] Vgl. Küpper, C. (Kausalität, 2000), S. 6.

[260] Dies ist daraus zu schließen, dass der tatsächliche Nachweis einer Abhängigkeit im Sinne einer Kausalbeziehung grundsätzlich problematisch ist. Vgl. Riekeberg, M. (Erfolgsfaktoren, 2003), S. 51.

beitet, ob dieser Zusammenhang so zu bejahen ist oder nicht. Wenn ja, wird darauf geschlossen, ob es sich vermutlich um einen kausalen Zusammenhang handelt, ob Einschränkungen zu berücksichtigen sind oder gar kein Zusammenhang nachweisbar erscheint und somit Konstrukt und Indikator als stochastisch unabhängig zu sehen sind. Da konkrete und verlässliche Aussagen bzgl. tatsächlicher Zusammenhänge, Risikosensitivität und Kausalität nur durch ausführliche Tests anhand empirischer Daten[261] - bzw. selbst damit nicht abschließend - getroffen werden könnten, beschränken sich die Ausführungen bzgl. dieser Fragestellungen in dieser Arbeit auf konzeptionelle Überlegungen und Tendenzaussagen.

3.2.4 Berücksichtigung von Abhängigkeiten zwischen einzelnen IT-Risiken, Operational Risk-Kategorien und Risikoarten

3.2.4.1 Bildung von Messeinheiten für das Operational Risk

Bevor die Frage nach Möglichkeiten zur Berücksichtigung von Abhängigkeiten bei der Risikomessung beantwortet wird, ist zunächst zu betrachten, wo die Messung des Operational Risk ansetzt.

Aufgrund der Komplexität von Operational Risk erscheint es nicht zielführend, das gesamte Operational Risk auf einmal zu berechnen. Viel sinnvoller ist es, kleinere „Einheiten" abzugrenzen. Insbesondere bei Bottom Up-, aber auch bei Top Down-Methoden[262] ist es möglich, solche „Einheiten" abzugrenzen. Diese sollten dabei auf der von der Bank vorgenommenen Kategorisierung des Operational Risk beruhen und können bspw. Risikoursachen, Operational Risk-Kategorien, Geschäftsbereiche etc. sein. Es erscheint zu undifferenziert, nicht nur für die Steuerung, sondern auch für andere Verwendungsmöglichkeiten der Ergebnisse aus der Messung[263], wenn top down tatsächlich nur ein Wert für das gesamte Operational Risk in der Bank gemessen wird. Umgekehrt kann bei Bottom Up-Ansätzen aus Wirtschaftlichkeits- und Durchführbarkeitsüberlegungen heraus nicht für jede Risikoursache auch ein Wert für das daraus resultierende Risiko „gemessen" werden. Problematisch erscheint hier insbesondere wiederum die Datenverfügbarkeit, was bereits im Kap. 3.2.1, S. 40ff. angesprochen wurde und in Kap. 3.3, S. 74ff. noch expliziert wird. Deshalb ist es

---

[261] Auf die Problematik fehlender Daten wurde bereits in Kap. 3.2.1 hingewiesen. Zusätzlich wäre es nur möglich, als „Proxy" für das IT-Risiko eingetretene Schäden heranzuziehen, was wiederum die Aussagen bzgl. Risikosensitivität verzerren könnte.

[262] Bspw. können Top Down-Ansätze auf Kennzahlen aus einzelnen Geschäftsbereichen beruhen (vgl. Wiedemann, A. (Risikotriade, 2004), S. 244. Damit setzen diese zwar nicht „ganz oben" auf Gesamtbankebene an, gehen aber immer noch von den Risikowirkungen und nicht von Risikoursachen aus.

[263] Vgl. hierzu ausführlich Kap. 3.2.2, S. 41ff.

sinnvoll, in einem ersten Schritt die Messung des Operational Risk bspw. nach den Operational Risk-Kategorien zu unterteilen und damit ein IT-Risiko, ein Mitarbeiter-Risiko, ein Prozessrisiko und ein Risiko aus externen Ereignissen zu ermitteln. Aber auch die Operational Risk-Kategorien sind noch viel zu undifferenziert, um daraus konkrete Ergebnisse ableiten zu können. Deshalb besteht die Notwendigkeit, bspw. das IT-Risiko noch weiter zu unterteilen anhand von Bedrohungskategorien, also höhere Gewalt, menschliches Fehlverhalten, technisches Versagen und organisatorische Mängel, und / oder anhand der Schwachstellen Hardware, Software, Daten, Netze. Die Entscheidung, auf welcher dieser „Aggregationsebenen" die Messung ansetzt, muss auf die Durchführbarkeit und die Wirtschaftlichkeit der Messung überprüft werden und hängt damit stark vom gewählten Messansatz ab. Es ist schlüssig, dass die Messung umso aufwendiger wird, je kleiner die Einheit ist, für die gemessen wird. Allerdings erhöht sich die Nutzbarkeit der Ergebnisse. Deshalb muss hinterfragt werden, ob der daraus resultierende Nutzen den zusätzlichen Aufwand rechtfertig. Zudem wird deutlich, dass die Problematik ausreichender Daten für statistisch gesicherte Aussagen noch verstärkt wird, je kleiner die Betrachtungseinheiten des Risikos sind.

Im Rahmen von Basel II schlägt der Basler Ausschuss für den Standardansatz eine Unterteilung der Bank in acht Geschäftsbereiche[264] vor, für die jeweils ein Operational Risk „gemessen" wird. Darüber hinaus gibt der Basler Ausschuss „Loss Events"[265] vor, die durch die Messung mit fortgeschrittenen Ansätzen auf alle Fälle abgedeckt sein müssen. Dadurch sind schon Einheiten vorgegeben, für die eine Messung stattfinden muss, wenn die Banken sich an den aufsichtsrechtlichen Regelungen orientieren. Fraglich ist allerdings, ob diese Einteilung aufgrund von Spezifika einzelner Banken auch für jede Bank sinnvoll ist, oder ob nicht besser eine individuelle Aufteilung, in Abstimmung mit der vorangegangenen Identifikationsphase, erfolgen sollte. Dabei muss allerdings darauf geachtet werden, dass die von Basel II vorgegebenen Kategorien abgedeckt werden können.

Wenn nun entschieden wurde, auf welcher Ebene das Operational Risk gemessen wird, kann im nächsten Schritt betrachtet werden, wie mit Abhängigkeiten bei der Messung verfahren wird. Bei der Messung kann durch Aggregation von niedrigeren Messebenen auf höhere Messebenen übergegangen werden, also bspw. können die

---

[264] Die acht Business Lines sind Corporate Finance, Trading & Sales, Retail Banking, Commercial Banking, Payment and Settlement, Agency Services, Asset Management, Retail Brokerage. Vgl. Basel Committee on Banking Supervision (Convergence, 2004), Punkt 654, S. 140.

[265] Die Loss Events sind: Internal Fraud, External Fraud, Employment Practices and Workplace Safety, Clients, Products & Business Practices, Damage to Physical Assets, Business Disruption and System Failures, Execution, Delivery and Process Management. Vgl. Basel Committee on Banking Supervision (Convergence, 2004), Annex 7, S. 224f.

Ergebnisse der Messung des IT-Risikos aus einzelnen Bedrohungskategorien zusammengefasst werden zum Gesamt-IT-Risiko. Sind positive Abhängigkeiten zwischen den betrachteten Einheiten in Bezug auf das Operational Risk gegeben, kann dies dazu führen, dass sich das Risikopotential dadurch sogar verstärkt. Negative Abhängigkeiten können hingegen zu einer Reduktion des Risikopotentials führen. Ebenso kann eine Aggregation einzelner Operational Risk-Kategorien zum gesamten Operational Risk erfolgen. Einen Schritt weiter kann das Operational Risk zusammen mit anderen in der Bank vorhandenen Risikoarten, d. h. dem Marktpreisrisiko und dem Kreditrisiko, zum Gesamtbankrisiko zusammengeführt werden. Auch hierbei müssen vorhandene Abhängigkeiten berücksichtigt werden, um im Endergebnis weder eine Risikoüberschätzung, noch eine Risikounterschätzung zu erhalten.

3.2.4.2 Mögliche Abhängigkeiten bei Operational Risk

Bevor auf die konkrete Bestimmung von Abhängigkeiten eingegangen wird, ist zunächst zu klären, welche Abhängigkeiten im Bereich von Operational Risk berücksichtigt werden können. Dabei ist zu unterscheiden zwischen Abhängigkeiten, die bereits bei der Messung auf der untersten Messebene, nämlich einem Ursache-Wirkungszusammenhang, berücksichtigt werden müssen, und Abhängigkeiten, die bei der Aggregation von Einzelergebnissen auf eine höhere Messebene zu beachten sind.

Abhängigkeiten können bestehen zwischen:[266]

- Risikofaktoren (bspw. könnte beobachtet werden, dass die CPU-Temperatur immer dann stark ansteigt, wenn die CPU-Auslastung stark ansteigt),
- Risikofaktoren und Schadenhäufigkeiten (bspw. könnte beobachtet werden, dass die Anzahl von Schäden in einem Zeitraum immer dann besonders hoch ist, wenn die CPU-Auslastung in diesem Zeitraum ebenfalls besonders hoch ist) oder
- Risikofaktoren und Schadenhöhen (bspw. könnte beobachtet werden, dass ein Schaden immer dann besonders hoch ausfällt, wenn die CPU-Temperatur ebenfalls weit über der Normaltemperatur liegt).

Im Prinzip entspricht dies der Fragestellung des Kap. 3.2.3, in dem die Frage nach dem Kausalzusammenhang zwischen Messgröße und Risiko (wobei Schadenhäufigkeit und –höhe hier als Proxy für das IT-Risiko gesehen werden) gestellt wurde. Bei Abhängigkeiten von Risikofaktoren untereinander ist zu analysieren, ob es sich hierbei nicht um Ursache-Wirkungsketten handelt, die erst in einem weiteren Schritt dann

---

[266] In Anlehnung an Marshall, C. L. (Measuring, 2001), S. 87 und Nyström, K. / Skoglund, J. (Quantitative, 2002), S. 8.

zu einem tatsächlichen Schaden führen. Im angeführten Beispiel könnte bspw. eine ansteigende CPU-Auslastung ursächlich zu einem Anstieg der CPU-Temperatur führen. Die ansteigende CPU-Temperatur könnte dann wiederum zu einem Ausfall der CPU führen.

Die oben genannten Abhängigkeiten werden in Kap. 4 bei der Beurteilung der Messansätze bereits bei der Prüfung des Kriteriums „(Kausal-)Zusammenhang zwischen Messgröße und IT-Risiko" berücksichtigt.

Weitere Abhängigkeiten müssen allerdings berücksichtigt werden, wenn die Ergebnisse aus der Messung auf Ebene der einzelnen Ursache-Wirkungsbeziehungen auf eine höhere Ebene aggregiert werden sollen. Hierbei stehen folgende Abhängigkeiten im Mittelpunkt:[267]

- Abhängigkeiten zwischen den Häufigkeiten von Schadenereignissen innerhalb eines bestimmten Zeitraums (bspw. könnte beobachtet werden, dass die Anzahl von Netzwerkzusammenbrüchen immer dann besonders hoch ist, wenn die Anzahl der Hardwarefehler ebenfalls hoch ist)[268].
- Abhängigkeiten der Schadenhöhen innerhalb eines bestimmten Zeitraums (bspw. könnte beobachtet werden, dass die Verlusthöhe bei Verlusten aus Netzwerkzusammenbrüchen immer dann besonders hoch ist, wenn auch die Verlusthöhen aus Hardwarefehlern hoch sind)[269].
- Abhängigkeiten zwischen Schadenhäufigkeiten und Schadenhöhen innerhalb eines bestimmten Zeitraums (bspw. könnte beobachtete werden, dass bei einer höheren Schadenhäufigkeit auch größere Schadenhöhen auftreten).[270]

Diese Abhängigkeiten werden als sog. **„equal-time dependence"**[271] bezeichnet. Analysiert wird damit die Gefahr eines gemeinsamen zeitlichen Auftretens mehrerer Schadenereignisse aus Operational Risk. Treten Risikoursachen bzw. –wirkungen zeitlich gemeinsam auf, führt dies zu einer Erhöhung des Risikopotentials. Umgekehrt kann darauf geschlossen werden, dass sich das Risikopotential gegenüber einer reinen Addition der Einzelergebnisse verringert, wenn die Analyse nur geringe Abhängigkeiten ergibt. Das gemeinsame zeitliche Auftreten kann dabei rein zufällig

---

[267] In Anlehnung an Frachot, A. et al. (Correlation Problem, 2004), S. 5 und Marshall, C. L. (Measuring, 2001), S. 87.

[268] Vgl. hierzu ähnlich Frachot, A. et al. (Correlation Problem, 2004), S. 5.

[269] Vgl. hierzu ähnlich Frachot, A. et al. (Correlation Problem, 2004), S. 5.

[270] Vgl. Wiedemann, A. (Risikotriade, 2004), S. 302ff.

[271] In Anlehnung Kühn, R. / Neu, P. (Adequate Capital, 2004), S. 276. Diese Abhängigkeit wird stellenweise auch mit dem englischen Begriff „spatial dependence" belegt (vgl. Schmitz, V. (Stochastic Processes, 2003), S. 1), hier wird aber der Begriff „equal-time dependence" verwendet, da dieser besser ausdrückt, was hinter den Abhängigkeiten steht.

sein und muss nicht auf dem Vorhandensein von Wirkungszusammenhängen basieren.

- Abhängigkeiten aufgrund von Ursache-Wirkungsbeziehungen zwischen Schadenereignissen (bspw. könnte beobachtet werden, dass eine zu hohe CPU-Auslastung zu einem Hardwarefehler führt, der wiederum zu einem Netzwerkausfall führt etc.)

Bei Berücksichtigung dieser Abhängigkeiten wird überprüft, ob es Ursache-Wirkungsketten für Operational Risk gibt, welche die Grenzen der Messeinheiten überschreiten. Aber auch schon bei der Ermittlung eines Messwertes für eine bestimmte Einheit, die mehrere Ursachen vereint, wie bspw. IT-Risiken aus technischem Versagen, ist darauf zu achten, dass solche Ursache-Wirkungsketten nachverfolgt und vorhandene Abhängigkeiten in der Messung berücksichtigt werden. Diese Art der Abhängigkeiten führen im allgemeinen dazu, dass das Risikopotential ansteigt. Z. B. wird das Risiko für den Eintritt eines IT-Schadens aus „Feuer" und das Risiko für den Eintritt eines IT-Schadens aus „Wasser" ermittelt. Für beide ergeben sich bestimmte Schadenwahrscheinlichkeiten und Schadenhöhen. Berücksichtigt man aber den Zusammenhang, dass wenn ein Brand im Serverraum auftritt, sofort automatische Löschanlagen tätig werden, kann dies dazu führen, dass Schadenhäufigkeit und Schadenhöhe für Schäden aus „Wasser" ansteigen, da die Abhängigkeiten zwischen „Feuer" und „Wasser" berücksichtigt werden müssen. Solche Abhängigkeiten werden auch als **„sequential dependence"** bezeichnet, d. h. es werden hierbei Abhängigkeiten in einer zeitlichen Abfolge von Ereignissen berücksichtigt.[272]

Prinzipiell ist auch bei Operational Risk der Gedanke aus der Marktpreis- und Kreditrisikomessung aufzugreifen: die einzelnen Operational Risk einer Bank bilden ein Portefeuille, bei dessen Bewertung Abhängigkeiten zwischen den einzelnen Risiken berücksichtigt werden müssen.

Basel II schreibt dabei vor, dass die errechneten Eigenkapitalanforderungen für einzelne Geschäftsbereiche (Standardansatz) oder auch für einzelne Operational Risk-Kategorien (AMA) für die Bestimmung des gesamten Operational Risk einer Bank addiert werden müssen.[273] Damit wird implizit eine Korrelation von 1 angenom-

---

[272] In Anlehnung an Kühn, R. / Neu, P. (Adequate Capital, 2004), S. 276f. In diesem Zusammenhang taucht auch der Begriff der „temporal dependence" auf (vgl. Schmitz, V. (Stochastic Processes, 2003), S. 1.

[273] Vgl. Basel Committee on Banking Supervision (Convergence, 2004), S. 145, Punkt 669 (d).

men[274], d. h. es wird davon ausgegangen, dass alle Operational Risk vollständig abhängig voneinander sind und alle gleichzeitig eintreten können.[275] Dies führt in den Augen vieler Experten zu einer Überschätzung des notwendigen Eigenkapitals.[276] Durch die Forderung, dass ein AMA-Messansatz für Operational Risk ausreichend granular sein muss, um auch Treiber für eher außergewöhnliche Ereignisse sinnvoll erfassen zu können,[277] steigt die Eigenkapitalanforderung bei reinem Addieren noch zusätzlich an.[278] Dies setzt negative Anreize[279] zur Nutzung fortgeschrittener Messansätze. Eine andere Annahme ist, dass zwischen einzelnen Operational Risk-Kategorien keinerlei Abhängigkeiten bestehen und damit eine Korrelation von 0 anzusetzen wäre.[280] Daraus resultiert aber die Gefahr einer Unterschätzung des Eigenkapitalbedarfs für Operational Risk, was sowohl aus aufsichtsrechtlicher, als auch aus bankinterner Sicht unbedingt zu vermeiden ist. Es besteht weitgehend Einigkeit darüber, dass die Realität wohl zwischen diesen beiden Extrempositionen liegt, d. h. die Korrelation zwischen einzelnen Operational Risk-Kategorien zwischen perfekter Korrelation und vollständiger Unabhängigkeit liegt.[281] Eine negative Korrelation, wie sie bspw. für Marktpreisrisiken nicht ausgeschlossen werden kann, ist für Operational Risk praktisch auszuschließen.

3.2.4.3 Ansätze zur Messung von Abhängigkeiten

Im Bereich der Marktpreisrisiken ist die Bestimmung von Korrelationen im Rahmen von Portefeuilles bereits Standard.[282] Auch im Bereich der Kreditrisiken hat sich die Annahme durchgesetzt, dass das Portefeuille-Risiko eines Kreditportefeuilles unter

---

[274] Zur Veranschaulichung wird hier auf die im Management des Marktpreisrisikos übliche Formel des Portfolio-VaR zurückgegriffen: $VaR_{Pf} = \sqrt{VaR_1^2 + VaR_2^2 + 2 * VaR_1 * VaR_2 * \rho_{12}}$ (vgl. Meyer, C. (Kreditinstitute, 1999), S. 76). Aus diesem Zusammenhang wird deutlich, dass sich bei einer Korrelation von +1 ein Portfolio-VaR ergibt, der der Addition der Werte der Einzel-VaR VaR_1 und VaR_2 entspricht. Diese Überlegungen können prinzipiell auch auf die Messung von Operational Risk übertragen werden.

[275] Vgl. Brink, G. J. van den (Management-Zyklus, 2003), S. 33f.; Frachot, A. et al. (Correlation Problem, 2004), S. 3f.

[276] Vgl. bspw. Reshetar, A. (Diversification, 2004), S. 3; Frachot, A. et al. (Correlation Problem, 2004), S. 7f.; Franzetti, C. (Kardinalprobleme, 2002), S. 6; Haas, M. / Kaiser, T. (Insufficiency, 2004), S. 18.

[277] Vgl. Basel Committee on Banking Supervision (Convergence, 2004), S. 144, Punkt 669 (c).

[278] Vgl. Frachot, A. et al. (Correlation Problem, 2004), S. 1 und 4.

[279] Negative Anreize sind Anreize, die ihre Wirkung konträr zur eigentlich geplanten Zielerreichung entfalten.

[280] Vgl. Brink, G. J. van den (Management-Zyklus, 2003), S. 34.

[281] Vgl. hierzu und im folgenden Frachot, A. et al. (Correlation Problem, 2004), S. 4; Brink, G. J. van den (Management-Zyklus, 200), S. 34.

[282] Vgl. hierzu und im folgenden Wahrenburg, M. / Niethen, S. (Portfolioeffekte, 2000), S. 492.

der Summe der Einzelkreditrisiken liegt. Allerdings ist hierbei die Bestimmung der tatsächlichen Ausfallkorrelationen noch als ein Problempunkt zu betrachten.[283] Die Bestimmung von Abhängigkeiten bei Operational Risk wird insbesondere durch die mangelnde Datenverfügbarkeit stark erschwert.[284] Dennoch gibt es bereits Ansätze, Abhängigkeiten bei der Berechnung von Operational Risk zu berücksichtigen.

Dabei ist zu unterscheiden, ob wirklich konkret Ursache-Wirkungsbeziehungen analysiert werden, um darin vorhandene Abhängigkeiten inkl. ihrer Wirkungsrichtungen zu ermitteln, oder ob eine rein statistische Auswertung von Daten bzgl. Abhängigkeiten erfolgt. Im folgenden werden zunächst Kennzahlen dargestellt, die letzteres ermöglichen.

Abhängigkeiten (bspw. zwischen Schadenhäufigkeiten oder Schadenhöhen) können wie bereits oben angesprochen über die „klassischen" Korrelationsmaße, wie den Korrelationskoeffizienten nach Bravais-Pearson (lineare Korrelation) oder den Spearman-Rangkorrelationskoeffizienten, berechnet werden[285]. Korrelationen stellen aber nur eine, wenn auch häufig in der Finanzwirtschaft verwendete, Möglichkeit dar, Abhängigkeiten zu messen.[286] Das allgemeinste Zusammenhangsmaß zweier Zufallsvariablen ist die Copula.[287] Allerdings ist diese sehr komplex und nur in Form einer Funktion von zwei Variablen darstellbar. Deshalb wird versucht, über skalare Zusammenhangsmaße einen möglichen Zusammenhang in Form einer Zahl auszudrücken. Dennoch ist aufgrund der Besonderheiten in den Schadenhäufigkeiten- und Schadenhöhenverteilungen für Operational Risk zu überdenken, auf allgemeinere Zusammenhangsmaße wie die Copula zurückzugreifen. Die unterschiedlichen Zusammenhangsmaße werden im folgenden kurz erläutert und bzgl. ihrer Annahmen auf die Eignung für die Messung von Abhängigkeiten im Bereich der Operational Risk überprüft.

---

[283] Vgl. hierzu ausführlich Meyer zu Selhausen, H. (Erkenntnis, 2004).

[284] Vgl. Frachot, A. et al. (Correlation Problem, 2004), S. 1.

[285] Vgl. hierzu Marshall, C. L. (Measuring, 2001), S. 91.

[286] Vgl. Embrechts, P. et al. (Dependence, 1999), S. 2. Häufig wird in der Literatur für Abhängigkeiten nur der Begriff der Korrelation eingesetzt. Dies ist allerdings zu eng gefasst.

[287] Vgl. hierzu und im folgenden Dobric, J. / Schmid, F. (Copula, 2003).

Das wohl bekannteste skalare Zusammenhangsmaß stellt der bereits genannte **Korrelationskoeffizient nach Bravais-Pearson** dar.

Dieser wird definiert als:[288]

$$\rho(X,Y) = \frac{\text{Cov}[X,Y]}{\sqrt{\sigma^2[X]\sigma^2[Y]}}$$

mit:

X, Y: Zufallsvariablen

Cov [X, Y]: Kovarianz zwischen X und Y = E[X-E(X)]*E[Y-E(Y)][289]

σ^2[X], σ^2[Y]: Varianz von X bzw. von Y

Problematisch bei der Verwendung des Korrelationskoeffizienten nach Bravais-Pearson erscheinen im Zusammenhang mit der Messung von Abhängigkeiten für Operational Risk insbesondere folgende Eigenschaften:

So liegt dem Korrelationskoeffizienten nach Bravais-Pearson die Annahme einer Normalverteilung der betrachteten Variablen X und Y zugrunde.[290] Darüber hinaus muss aber auch die gemeinsame Verteilung der Merkmale eine multivariate Normalverteilung ergeben.[291] Die Normalverteilungsannahme ist aber für Operational Risk aufgrund der spezifischen Eigenschaften dieses Risikos[292] auszuschließen. Problematisch an linearen Korrelationen ist insbesondere auch, dass ein Korrelationskoeffizient von 0 nur aussagt, dass kein linearer Zusammenhang besteht.[293] Es kann allerdings eine starke nichtlineare Abhängigkeit bestehen, die durch den Korrelationskoeffizienten nicht angezeigt wird. Zudem ist es nicht zwingend notwendig, dass der Korrelationskoeffizient überhaupt alle Werte zwischen -1 und +1 annehmen kann.[294] Dies bedeutet, dass perfekt positiv abhängige Variablen vorliegen können, diese aber nicht unbedingt eine Korrelation von +1 annehmen müssen oder dass perfekt negativ abhängige Variablen vorliegen, und diese nicht unbedingt eine Korrelation von -1 haben. Daraus können fehlerhafte Interpretationen der Abhängigkeiten auf Basis des Korrelationskoeffizienten resultieren. Die Werte, die der Korrelationskoeffizient überhaupt annehmen kann, werden dabei von den Verteilungen der Variablen

---

288 Vgl. Embrechts, P. et al. (Dependence, 1999), S. 6.

289 Vgl. Hartung, J. (Statistik, 1995), S. 119.

290 Vgl. Hartung, J. (Statistik, 1995), S. 546.

291 Vgl. Embrechts, P. et al. (Correlation, 1999), S. 2.

292 Vgl. Kap. 2.1.1.3 , S. 13ff.

293 Vgl. hierzu und im folgenden Hartung, J. (Statistik, 1995), S. 78; Embrechts, P. et al. (Dependence, 1999), S. 8.

294 Vgl. hierzu und im folgenden Embrechts, P. et al. (Correlation, 1999), S. 5f.

X und Y beeinflusst.[295] Ferner ist problematisch, dass die lineare Korrelation nur definiert ist, wenn eine endliche Varianz vorliegt.[296] Gerade aber bei Verteilungen mit „heavy tails", also bspw. Verteilungen mit sehr seltenen aber sehr hohen Schadenereignissen, ist es möglich, dass eine unendliche Varianz vorliegt und damit keine lineare Korrelation berechnet werden kann.[297] Einen Kritikpunkt am Korrelationskoeffizienten nach Bravais-Pearson stellt auch die Tatsache dar, dass diese skalare Messung der Abhängigkeit keinerlei Aussage über die Abhängigkeitsstrukturen zwischen Variablen ermöglicht.[298] So können zwei bivariate Verteilungen von X und Y bzw. W und Z mit gleichem Erwartungswert, gleicher Standardabweichung und gleichem Korrelationskoeffizienten durchaus unterschiedliche Eigenschaften bzgl. ihrer Tails aufweisen. Dies ist bei der Messung von Abhängigkeiten für Operational Risk insbesondere deshalb negativ zu sehen, da es gerade von großer Bedeutung ist, in welchem Bereich der Verteilung die Tendenz zu hohen Abhängigkeiten besteht.[299] Ein weiteres Problem bei linearen Korrelationen stellt die Tatsache dar, dass diese nicht unveränderlich sind, wenn nichtlineare, streng monotone Transformationen der zugrunde liegenden Zufallsvariablen vorgenommen werden.[300]

Die Verwendung von **Rangkorrelationskoeffizienten**, wie **Spearman`s rho** oder **Kendall`s tau**, bringt im Vergleich mit den bei linearen Korrelationen auftretenden Problemen im Zusammenhang mit Operational Risk einige Verbesserungen mit sich. Bei diesen Rangkorrelationskoeffizienten wird die Korrelation nicht auf Basis der Werte der betrachteten Variablen ermittelt, sondern den Werten werden Ränge zugeordnet und diese werden auf ihre Korrelationen hin überprüft.[301] Bei Spearman`s

---

[295] Bspw. kann die Korrelation zweier Merkmale, die Lognormalverteilungen F_1 und F_2, mit Erwartungswert für beide Verteilungen = 0 und Standardabweichung für die Verteilung F_1 von 1 und für die Verteilung F_2 von 2 aufweisen, nur Werte zwischen -0,090 und 0,666 annehmen. Vgl. hierzu Embrechts, P. et al. (Correlation, 1999), S. 3f.

[296] Vgl. Embrechts, P. et al. (Dependence, 1999), S. 7f.

[297] Dies ist bspw. bei einer t-Verteilung mit Freiheitsgeraden ≤ 2 der Fall (vgl. Embrechts, P. et al. (Dependence, 1999), S. 7f.). Hier kann keine Varianz berechnet werden (vgl. Hartung, J. (Statistik, 1995), S. 154).

[298] Vgl. hierzu und im folgenden Embrechts, P. et al. (Correlation, 1999), S. 3ff.

[299] So ist aus dem Korrelationskoeffizienten bspw. nicht abzulesen, ob in einer bivariaten Verteilung die Tendenz dazu besteht, dass Abhängigkeiten insbesondere im Bereich extrem hoher oder im Bereich extrem niedriger Ausprägungen von X und Y auftreten. Vgl. Embrechts, P. et al. (Correlation, 1999), S. 3. Dies ist aber bei der Risikomessung für Operational Risk von großer Bedeutung, da insbesondere Abhängigkeiten im Bereich extrem hoher Ausprägungen von Schadenhäufigkeiten bzw. Schadenhöhen besonders große Auswirkungen auf das Risikopotential haben können.

[300] Vgl. Embrechts, P. et al. (Dependence, 1999), S. 8. So haben log (X) und log (Y) nicht dieselbe Korrelation wie X und Y (vgl. Embrechts, P. et al. (Correlation, 1999), S. 6). Das führt dazu, dass bei einem Übergang von einfachen Renditen zu Log-Renditen bei der Portfoliobewertung von Finanztiteln die Korrelationskoeffizienten neu zu berechnen sind, da sich diese durch die Transformation verändern (vgl. Glauser, M. (Copulafunktionen, 2003), S. 51.

[301] Vgl. hierzu und im folgenden Hartung, J. (Statistik, 1995), S. 79f. und 553.

rho werden dabei zunächst die Ausprägungen der Variablen X und Y der Größe nach geordnet und den Werten werden Rangzahlen zugewiesen. Anschließend wird der Korrelationskoeffizient nach Bravais-Pearson für die Rangzahlen ermittelt.

Spearman`s rho ist definiert als:[302]

$$\rho_s(X,Y) = \rho(F_1(X), F_2(Y))$$

mit:

ρ = Korrelationskoeffizient nach Bravais-Pearson

$F_1(X)$: Verteilungsfunktion der Zufallsvariable X

$F_2(Y)$: Verteilungsfunktion der Zufallsvariable Y

F : gemeinsame Verteilungsfunktion von F_1 und F_2

Bei der Berechnung von Kendall`s tau werden den Ausprägungen von X und Y ebenfalls Rangzahlen zugeordnet. Anschließend werden die paarweisen Ausprägungen von X und Y aus der gemeinsamen Verteilungsfunktion F, d. h. $(X_1, Y_1), (X_2, Y_2), \ldots, (X_n, Y_n)$, so geordnet, dass die Rangzahlen von X der Größe nach aufsteigend abgebildet werden. Damit ergibt sich auch eine eindeutige Rangfolge der Rangzahlen von Y.

Der Rangkorrelationskoeffizient nach Kendall kann definiert werden als:[303]

$$\rho_\tau(X,Y) = P\left[(X-\tilde{X})(Y-\tilde{Y}) > 0\right] - P\left[(X-\tilde{X})(Y-\tilde{Y}) < 0\right]$$

mit:

$(X,Y)^T$ = zufälliger Vektor aus X und Y

$(\tilde{X},\tilde{Y})^T$ = unabhängige Kopie von $(X,Y)^T$

Zur Verdeutlichung sei hier der Fall mit nur zwei Beobachtungen von X und Y betrachtet:[304]

$$\rho_\tau(X,Y) = P\left[(X_1 - X_2)(Y_1 - Y_2) > 0\right] - P\left[(X_1 - X_2)(Y_1 - Y_2) < 0\right]$$

mit:

(X_1, Y_1) und (X_2, Y_2): zwei unabhängige Paare der Zufallsvariablen aus F

Wie aus der Formel ersichtlich ist, wird bei der Ermittlung von Kendall`s tau die Wahrscheinlichkeit der Nicht-Übereinstimmung von der Wahrscheinlichkeit der Übereinstimmung der Zufallsvariablen abgezogen.[305]

---

302 Vgl. Embrechts, P. et al. (Dependence, 1999), S. 16.

303 Vgl. Embrechts, P. et al. (Modelling Dependence, 2001), S. 13.

304 Vgl. Embrechts, P. et al. (Dependence, 1999), S. 16.

305 Vgl. Embrechts, P. et al. (Modelling Dependence, 2001), S. 13.

Ein Vorteil der Rangkorrelationskoeffizienten ist darin zu sehen, dass im Vergleich zur linearen Korrelation nicht nur metrische, sondern auch ordinal skalierte Variablen korreliert werden können.[306] Dies könnte für Ansätze zur Messung von Operational Risk, die nicht mit metrischen Werten arbeiten, nützlich sein. Bspw. können verschiedene Indikatoren, die im Rahmen von Indikatoransätzen verwendet werden, nur ordinal skalierte Werte liefern.

Ferner implizieren diese Kennzahlen keine Normalverteilungsannahme der zugrundeliegenden Variablen[307]. Dadurch kommt es nicht zu einer Verzerrung bei der Messung der nicht-normalverteilten Operational Risk. Die Rangkorrelationskoeffizienten sind darüber hinaus in der Lage, auch Zusammenhänge zu erkennen, die nicht streng linear verlaufen.[308] Es reicht aus, wenn die Beobachtungen monoton wachsend sind. Ein weiterer Vorteil der Rangkorrelationskoeffizienten ist, dass sie unveränderlich gegenüber nicht-linearen, streng monotonen Transformationen sind.[309] Auch entfällt die Problematik bzgl. des eingeschränkten Wertebereichs.[310] Dieser liegt bei den Rangkorrelationskoeffizienten, unabhängig von den Verteilungen der Merkmale, immer zwischen -1 und +1. Als problematisch ist jedoch zu sehen, dass es Fälle gibt, in denen die Rangkorrelationskoeffizienten bei 0 liegen und damit eine Unabhängigkeit suggerieren, obwohl Abhängigkeiten vorhanden sind.[311] Auch können auf Basis von Rangkorrelationskoeffizienten keine Aussagen über konkrete Abhängigkeitsstrukturen zwischen den betrachteten Merkmalen getroffen werden.[312] Die Berechnung von Rangkorrelationskoeffizienten basiert nicht auf Momenten der Verteilung, wie dies bei der linearen Korrelation der Fall ist.[313] Dies kann ein Vorteil, aber auch ein Nachteil im Zusammenhang mit Operational Risk darstellen, je nachdem, ob man für die zugrundegelegten Verteilungen die Momente leicht ermitteln kann oder nicht.

---

[306] Vgl. hierzu und im folgenden Hartung, J. (Statistik, 1995), S. 79f. und 553.

[307] Vgl. Hartung, J. (Statistik, 1995), S. 553.

[308] Vgl. Hartung, J. (Statistik, 1995), S. 80.

[309] Vgl. Embrechts, P. et al. (Dependence, 1999), S. 16f.

[310] Vgl. Embrechts, P. et al. (Correlation, 1999), S. 6.

[311] Dies ist bspw. bei einigen sphärischen Verteilungen der Fall. Vgl. Embrechts, P. et al. (Dependence, 1999), S. 17.

[312] Vgl. Embrechts, P. et al. (Correlation, 1999), S. 6.

[313] Vgl. hierzu und im folgenden Embrechts, P. et al. (Dependence, 1999), S. 17.

Eine Möglichkeit, auch die bei den Rangkorrelationskoeffizienten noch verbleibenden Kritikpunkte zu umgehen, ist die Verwendung der **Copula**[314]. Bei dieser Art der Messung von Abhängigkeiten werden diese nicht mehr in Form einer Zahl ausgedrückt, sondern als Funktion.[315] Die Copula bildet die Abhängigkeitsstruktur innerhalb der gemeinsamen Verteilungsfunktion F von X und Y ab. Die Grundidee dahinter ist, dass die gemeinsame Verteilungsfunktion F in zwei Teile geteilt werden kann: der eine beschreibt das Verhalten der Randverteilungen für X und Y und der andere beschreibt die Abhängigkeitsstruktur.[316] Der Teil, der die Abhängigkeitsstruktur beschreibt, wird als Copula bezeichnet.

Die Abhängigkeit zwischen zwei[317] reel-wertigen Zufallsvariablen X und Y wird vollständig beschrieben durch deren gemeinsame Verteilungsfunktion[318]
$F(x,y) = P[X \leq x, Y \leq y]$

Um nun die Abhängigkeitsstruktur aus F zu separieren, werden die stetig verteilten Zufallsvariablen X und Y mittels der zugehörigen (Rand-)Verteilungsfunktionen $F_1(X)$ und $F_2(Y)$ in Zufallsgrößen überführt, die über dem Intervall [0,1] stetig gleichverteilt sind.

$F(x,y) = P[F_1(x) \leq F_1(x), F_2(Y) \leq F_2(y)] = C(F_1(x), F_2(y))$ [319]

mit C: Copula

Die Verteilungsfunktion C der transformierten Variablen ist dann die zugehörige Copula.[320]

---

314 Der Begriff „Copula" stammt aus dem Lateinischen und kann mit „Band, Bindemittel, Verbindung" übersetzt werden (vgl. Glauser, M. (Copulafunktionen, 2003), S. 57f.). Im folgenden wird der Begriff in seiner englischen Form, d. h. mit der Mehrzahl „Copulas", verwendet. Auf eine Übersetzung ins Deutsche wird verzichtet, da der Begriff der „Kopula" in den Sprachwissenschaften belegt ist. Eine ausführliche und grundlegende Quelle zu Copulas ist Nelsen, R. B. (Copulas, 1999).

315 Vgl. Embrechts, P. et al. (Correlation, 1999), S. 6.

316 Vgl. Pfeifer, D. (Schadenmodellierung, 2003), S. 680.

317 An dieser Stelle sei darauf hingewiesen, dass Copulas in ihrer allgemeinen Form für n Variablen dargestellt werden können (vgl. bspw. Embrechts, P. et al. (Dependence, 1999), S. 4). Hier erfolgt eine Beschränkung auf den bivariaten Fall, da dieser Fall ausreicht, um die wesentlichen Aspekte einer Copula zu erläutern, und damit eine unnötige Komplexität vermieden wird.

318 Vgl. hierzu und im folgenden Embrechts, P. et al. (Dependence, 1999), S. 4. Dort werden die Zusammenhänge in allgemeiner Form für n Variablen dargestellt. Zur Erläuterung des bivariaten Falls vgl. Glauser, M. (Copulafunktionen, 2003), S. 58ff.

319 Für den n-variaten Fall wird die Copula folgendermaßen dargestellt:
$F(x_1,\ldots,x_n) = P[F_1(X_1) \leq F_1(x_1),\ldots,F_n(X_n) \leq F_n(x_n)] = C(F_1(x_1),\ldots,F_n(x_n))$ (vgl. Embrechts, P. et al. (Dependence, 1999), S. 4).

320 Vgl. Pfeifer, D. (Schadenmodellierung, 2003), S. 681.

Der Satz von Sklar besagt:[321]

Seien X und Y zwei Zufallsvariablen mit Verteilungsfunktionen F_1 und F_2 und gemeinsamer Verteilungsfunktion F, dann existiert eine Copulafunktion C, so dass für alle x, y $\in$ R gilt:

$$F(x,y) = C(F_1(x), F_2(y))$$

C ist eindeutig, wenn F_1 und F_2 stetig sind, ansonsten existieren mehrere mögliche Copulas.[322]

Aus dem Satz von Sklar lässt sich ableiten, dass es möglich ist, bei Kenntnis der Randverteilungsfunktionen F_1 und F_2 und der gemeinsamen Verteilungsfunktion F eine Copula zu separieren.[323] Für die Anwendung im Rahmen der Aggregation bspw. von Schäden aus unterschiedlichen Operational Risk-Kategorien wird der Zusammenhang umgekehrt verwendet. Dazu ist es notwendig, die Randverteilungen und die Copula zu kennen, um daraus eine gemeinsame Verteilungsfunktion für den „Gesamtschaden" zu ermitteln, in der dann die angenommenen Abhängigkeiten berücksichtigt sind.

Ein Vorteil der Copula ist, dass sie invariant gegenüber allen, auch nichtlinearen Transformationen ist.[324] D. h. es verändern sich zwar die Randverteilungen aufgrund der nichtlinearen Transformationen, die Copulafunktion bleibt aber gleich.[325] Ferner ist es vorteilhaft, dass die Copula im Falle stetiger Randverteilungen die gemeinsame Abhängigkeitsstruktur der Variablen eindeutig charakterisiert.[326]

Einen Nachteil der Copula gegenüber der linearen Korrelation und der Rangkorrelation ist, dass sie wesentlich aufwendiger aus vorhandenen Daten geschätzt werden kann.[327] Auch bei Verwendung dieses Verfahrens zur Messung der Abhängigkeiten innerhalb der Operational Risk muss, wie auch bei der Messung des Operational Risk selbst, gesichert sein, dass Daten in einer ausreichenden Quantität und Qualität vorliegen, um eine sinnvolle Copula für den betrachteten Fall ableiten zu können. Ansonsten können durch falsche Copulaschätzungen falsche Abhängigkeiten geschätzt werden, und daraus können falsche Gesamtergebnisse für das Operational

---

[321] Vgl. hierzu und im folgenden Glauser, M. (Copulafunktionen, 2003), S. 59.

[322] Vgl. Embrechts, P. et al. (Correlation, 1999), S. 7.

[323] Vgl. Embrechts, P. et al. (Modelling Dependence, 2001), S. 4.

[324] Vgl. Pfeifer, D. (Schadenmodellierung, 2003), S. 682.

[325] Für das in FN 300 aufgeführte Beispiel bzgl. Abhängigkeiten von Renditen würde dies bedeuten, dass sich bei einem Übergang von einfachen Renditen zu Log-Renditen zwar die Randverteilungen verändern, nicht jedoch die Copula (vgl. Glauser, M. (Copulafunktionen, 2003), S. 63.).

[326] Vgl. Pfeifer, D. (Schadenmodellierung, 2003), S. 682.

[327] Vgl. Embrechts, P. et al. (Dependence, 1999), S. 34.

Risk resultieren. Ferner könnten die Annahmen bzgl. Eigenschaften der Verteilungen der zu analysierenden Einzelrisiken, wie bspw. die Annahme, dass stetige Randverteilungen vorhanden sein müssen, um eine eindeutige Copula zu generieren, zu Problemen führen.

Es existiert eine Vielzahl von parametrischen „Copulafamilien", d. h. Copulafunktionen, die sich über bestimmte Parameter herleiten lassen.[328] Wenn nicht genügend Daten vorhanden sind, um eine „empirische" Copulafunktion zu generieren, kann auf eine „parametrische" Copulafunktion zurückgegriffen werden, bzw. kann aus einer empirischen Copulafunktion auf eine parametrische übergegangen werden, um die Modellierung zu erleichtern. Bei der Annahme einer solchen parametrischen Copulafunktion ist aber streng darauf zu achten, dass eine „passende" ausgewählt wird, die keinesfalls zu einer Unterschätzung der Abhängigkeiten, aber auch nicht zu einer starken Überschätzung der Abhängigkeiten führt.

Diese „Familien" unterscheiden sich u. a. dadurch, zu welchen Randverteilungen sie passen, aber auch insbesondere in der Art der Formulierung der Abhängigkeit.[329] So modelliert die „Elliptische Copulafamilie", zu der die Normal-Copula und die Student-t-Copula zählen, die Abhängigkeiten symmetrisch, d. h. im oberen und unteren Bereich der Verteilung gleich. Die „Archimedische Copulafamilie" hingegen, die bspw. die Gumbel-Copula, die Kimelsdorf-Sampson-Copula und die Nelsen-Copula umfasst, kann die Abhängigkeiten in den Randbereichen unterschiedlich modellieren. Dabei erfasst bspw. die Gumbel-Copula asymptotische obere Randabhängigkeiten, die Kimelsdorf-Sampson-Copula asymptotische untere Randabhängigkeiten und die Nelsen-Copula sowohl asymptotische untere als auch asymptotische obere Randabhängigkeiten, während die Normal-Copula bspw. keinerlei asymptotische Randabhängigkeiten erfassen kann.[330]

Für Operational Risk ist zu entscheiden, welche dieser Copulas die Abhängigkeiten wohl am besten abbilden kann. Bspw. ist die Eigenschaft einer Gumbel Copula, asymptotische obere Randabhängigkeiten, also im Bereich hoher Verluste, abzubilden als ein Vorteil bei der Modellierung von Abhängigkeiten bei Operational Risk zu sehen.

Insgesamt ist bei der Berechnung von Abhängigkeiten, gleichgültig mit welchem Verfahren, darauf zu achten, dass die betrachteten Merkmale auch in einem sachlogischen Zusammenhang stehen.[331] Es besteht sonst die Möglichkeit von Scheinkorre-

---

[328] Vgl. ausführlich Glauser, M. (Copulafunktionen, 2003), S. 101ff.

[329] Vgl. hierzu und im folgenden Glauser, M. (Copulafunktionen, 2003), S. 126ff.

[330] Vgl. Glauser, M. (Copulafunktionen, 2003), S. 141f.

[331] Vgl. hierzu und im folgenden Hartung, J. (Statistik, 1995), S. 77f. und 545.

lationen.[332] D. h. auch im Bereich der Operational Risk, dass Abhängigkeiten erstmals im Rahmen der Identifikationsphase sachlogisch begründet werden sollten, bevor damit begonnen wird, diese durch Annahme eines Abhängigkeitsmaßes zu operationalisieren. Treten bei der Analyse zweier Risikoursachen oder zwischen zwei Geschäftsbereichen Abhängigkeiten für Operational Risk formal zutage, sollten diese sachlogisch überprüft werden, bevor diese Abhängigkeiten bei der Ermittlung des gesamten Operational Risk-Potentials berücksichtigt werden.

Die bisher betrachteten Maße zur Berücksichtigung von Abhängigkeiten, also die lineare Korrelation, die Rangkorrelationskoeffizienten und die Copulas, eignen sich zur Abbildung von „equal-time dependence". Durch die Berücksichtigung dieser Abhängigkeiten können Diversifikationseffekte in die Risikomessung eingebracht werden. Problematisch ist dabei, dass hier in erster Linie stochastische Zusammenhänge abgebildet werden.[333] Zusätzlich sind die bisher aufgeführten Maße so gestaltet, dass aus ihnen nicht abgelesen werden kann, ob es eine Wirkungsrichtung der Abhängigkeit gibt, d. h. es kann anhand dieser Maße nicht geklärt werden, ob X Y beeinflusst, oder ob Y X beeinflusst, oder ob sich X und Y gegenseitig beeinflussen.[334] Die Maße sind symmetrisch, d. h. der Zusammenhang wird, egal in welche Richtung, gleich hoch geschätzt. Bei einer Korrelation von Schäden an der IT aus „Wasser" und „Feuer" von 0,5 kann dies sowohl heißen, dass es, wenn es brennt, auch verstärkt zu Wasserschäden kommt, aber auch, dass wenn es einen Wasserschaden gibt, es verstärkt zu Brandschäden kommt. Erstere Interpretation erscheint logisch, letztere eher unwahrscheinlich.

Gerade aber bei der Analyse von Operational Risk ist es offensichtlich, dass sich Abhängigkeiten zwischen Schadenereignissen aus verschiedenen Operational Risk-Kategorien oder Geschäftsbereichen auch aufgrund vorhandener Ursache-Wirkungsbeziehungen zwischen Prozessen der einzelnen Kategorien oder Geschäftsbereichen ergeben. Stellenweise werden diese Ursache-Wirkungsbeziehungen bereits bei der Messung der „equal-time dependence" berücksichtigt, bspw. wenn bereits Schäden aus diesen Zusammenhängen eingetreten sind und sich in den historischen Schadendaten wieder finden. Die explizite Berücksichtigung von Abhängigkeiten aus Ursache-Wirkungsbeziehungen zwischen Prozessen erfolgt auf der Basis sog. „sequential dependence". Im Gegensatz zur Berücksichtigung der „equal-time dependence", wo gegenüber der reinen Addition der Einzelergebnisse

---

[332] Vgl. hierzu Kap. 4.1.2.3, S. 47ff.

[333] Vgl. ähnlich Kühn, R. / Neu, P. (Functional correlation, 2003), S. 655; Leippold, M. / Vanini, P. (Quantification, 2003), S. 2.

[334] Vgl. Bortz, J. (Statistik für Sozialwissenschaftler, 1999), S. 226.

eher eine Reduktion des Gesamtrisikos zu erwarten ist, da die Wahrscheinlichkeit, dass alle gemessenen Einzelrisiken auch zeitgleich eintreten, eher als gering einzuschätzen ist, führt die Berücksichtigung einer „sequential dependence" tendenziell zu einer Erhöhung des Gesamtrisikos.[335] Im Prinzip können „sequential dependence" durch bedingte Wahrscheinlichkeiten abgebildet werden.[336] Daneben gibt es auch komplexere Ansätze zur Modellierung von funktionalen Abhängigkeiten in solchen Netzwerken, bspw. abgeleitet aus Erkenntnissen der Physik.[337]

Die Berücksichtigung der „sequential dependence" ist allerdings nur im Rahmen kausaler Netzwerke sinnvoll möglich. Da diese in dieser Arbeit aus den genannten Gründen von der weiteren Betrachtung ausgeschlossen wurden und da sich gerade die weiterführenden Ansätze zur Ermittlung dieser Abhängigkeiten noch in einem frühen Stadium befinden, wird die „sequential dependence" hier nicht weiter vertieft.

3.2.4.4 Formulierung eines Beurteilungskriteriums

Bei Operational Risk besteht insbesondere die Gefahr, dass durch Abhängigkeiten zwischen Risikoereignissen existenzbedrohende Schäden auftreten. Diese Gefahr sollte zumindest im Rahmen von „worst case-Betrachtungen" erfasst werden. Darüber hinaus ist es aber nicht sinnvoll, immer vom „worst case" auszugehen. Deshalb sind Abhängigkeiten für eine „normale" Betrachtung auch in der Weise zu berücksichtigen, dass sie das Risikopotential reduzieren können. Aufgrund der großen Bedeutung von Abhängigkeiten ist die Möglichkeit der Berücksichtigung von Abhängigkeiten als ein wesentliches Kriterium zur Beurteilung von Ansätzen zur Messung des Operational Risk zu sehen.

Im Rahmen der Beurteilung der im folgenden betrachteten Messansätze wird deshalb darauf eingegangen, ob innerhalb der Ansätze die Möglichkeit besteht, Abhängigkeiten zwischen IT-Risikokategorien, Operational Risk-Kategorien und Risikoarten bei der Messung zu berücksichtigen. Ist eine Möglichkeit gegeben, wird aufgezeigt, wie Abhängigkeiten berücksichtigt werden können, und ob die Vorgehensweisen methodisch sinnvoll erscheinen bzw. ob eine ausreichende Datenbasis zur Ermittlung der Abhängigkeiten derzeit zu erwarten ist.

---

[335] Vgl. hierzu ähnlich Döbeli, B. et al. (Excellence, 2003), o. S.

[336] Vgl. Kühn, R. / Neu, P. (Adequate Capital, 2004), S. 280.

[337] Der interessierte Leser sei an dieser Stelle insbesondere auf die Veröffentlichungen von Kühn / Neu hingewiesen. Vgl. hierzu und im folgenden Kühn, R. / Neu, P. (Functional correlation, 2003) und Kühn, R. / Neu, P. (Adequate Capital, 2004). Döbeli / Leippold / Vanini greifen ebenfalls auf den Ansatz von Kühn/Neu zurück und modifizieren diesen leicht (vgl. Döbeli, B. et al. (Excellence, 2003)).

3.2.5 Berücksichtigung der aktuellen Risikosituation

Eine Risikomessung soll es ermöglichen, das aktuelle Risikopotential zu quantifizieren. Dabei ist es wichtig, dass sich Veränderungen in der Risikosituation der Bank auch im Ergebnis der Risikomessung widerspiegeln. Wie bereits im Kap. 3.2.3 angesprochen, ist dazu notwendig, dass ein Zusammenhang zwischen gemessenem Wert und tatsächlich vorhandenem Risiko besteht, d. h. sich Veränderungen im Risikopotential korrekt im gemessenen Risiko ausdrücken.[338] Zusätzlich ist hier aber auch die zeitliche Komponente zu betrachten, d. h. wie schnell schlagen sich Änderungen in der Risikosituation in der Risikomessung nieder. Dies ist insbesondere dann von Bedeutung, wenn die Risikomessung auf Basis historischer Daten durchgeführt wird. [339] Hier müssen aktuelle Risikosteuerungsmaßnahmen bzw. Änderungen in der Risikosituation, z. B. durch Einsatz neuer IT-Systeme, unbedingt im Rahmen der Messung berücksichtigt werden. Dies ist erforderlich, um eine Basis für das Risikomanagement zu bilden, so dass Steuerungsentscheidungen und -maßnahmen aufgrund der aktuellen Risikosituation getroffen werden können. Dies muss insbesondere auch dann gesichert sein, wenn das Risiko aufgrund externer oder interner Umstände stark ansteigt oder sinkt. Eine zeitnahe Erfassung von Änderungen in der Risikosituation ist aber auch erforderlich, um den Erfolg von Risikosteuerungsmaßnahmen korrekt berücksichtigen zu können. Ein mathematisches Modell zur Quantifizierung des IT-Risikos, welches aktive Risikomanagementmaßnahmen nicht einbezieht, wird von Risikomanagern nicht akzeptiert werden.[340]

Im Rahmen der Beurteilung der Ansätze zur Messung von IT-Risiken wird deshalb darauf eingegangen, ob die Messmethoden Veränderungen in der aktuellen Risikosituation zeitnah widerspiegeln können bzw. welche Möglichkeiten es gibt, diesen Aspekt sinnvoll zu berücksichtigen.

3.2.6 Validierbarkeit der Ansätze

So vielfältig die diskutierten Methoden zur Messung von Operational Risk sind, so wenig bemüht man sich in der bisherigen Literatur um Möglichkeiten zur Validierung dieser Methoden, die bei Marktpreisrisiken längst gängige Praxis ist.[341] Validität stellt aber die bedeutendste wissenschaftstheoretische Anforderung an ein Messinstrument dar und ist damit unumgänglich.[342] Zur Validierung eines Messansatzes muss

---

[338] Vgl. hierzu und im folgenden auch Anders, U. (Path, 2003), S. 216.

[339] Vgl. hierzu und im folgenden Jörg, M. / Roßbach, P. (Messung, 2002), S. 89.

[340] Vgl. Nyström, K. / Skoglund, J. (Quantitative, 2002), S. 2.

[341] Vgl. Beeck, H. / Kaiser, T. (Value-at-Risk, 2000), S. 640.

[342] Vgl. hierzu und im folgenden Balderjahn, I. (Validität, 2003), S. 131.

geprüft werden, ob dieser auch tatsächlich misst, was er messen soll und wie genau er es misst. Dazu werden die mittels des Messansatzes ermittelten Werte den tatsächlich realisierten Werten gegenübergestellt. Dabei gibt es die Möglichkeit, die Messansätze einem retrospektiven oder einem prospektiven Test zu unterziehen.[343]

Bei einem retrospektiven Test werden anhand historischer Daten Risikomessungen für einen Zeitpunkt in der Vergangenheit durchgeführt und die Ergebnisse daraus mit zu diesem Zeitpunkt eingetretenen Schadenereignissen verglichen. Dies kann mehrfach durchgeführt werden. Die Varianz der Istwerte der eingetretenen Schäden wird mit der Varianz der Schätzwerte des über den Messansatz ermittelten Wertes verglichen.[344] Daraus ergibt sich der statistische Erklärungsgrad des Modells. Ist dieser hoch, so ist dies ein Indiz für die Validität des Modells. Problematisch ist hierbei,[345] dass bei Vorliegen einer sehr kurzen Datenhistorie und einer eng begrenzten Anzahl an Daten, wie dies bei Operational Risk der Fall ist (vgl. Kap. 3.2.1, S. 40), dieselben Daten für die Validierung herangezogen werden, die bereits zur Entwicklung und Kalibrierung der Modelle genutzt wurden. Diese sog. „In-Sample-Tests" führen damit zwangsläufig zu guten Validierungsergebnissen. Dieses Problem kann dadurch abgeschwächt werden, dass vorhandene Vergangenheitsdaten in zwei Stichproben, nämlich eine Schätz- und eine Teststichprobe, aufgeteilt werden.[346] Anhand der Schätzstichprobe wird dabei der Messansatz entwickelt und kalibriert und anhand der Teststichprobe wird die Validität des Messansatzes überprüft. Ein weiterer Schwachpunkt an der Methode retrospektiver Tests ist die Annahme, dass die Vergangenheitsdaten repräsentativ für die Zukunft sind.

Bei einem prospektiven Test werden Messungen vorgenommen, bevor ein Istwert bekannt ist.[347] Nach bekannt werden des tatsächlich eingetretenen Schadens wird dann der prognostizierte mit dem tatsächlichen Wert verglichen. Auch hier kann dann ein Wert für den Erklärungsgrad berechnet werden. Je näher das prognostizierte Ergebnis am tatsächlichen Ergebnis liegt, desto valider wird der Messansatz eingeschätzt. Damit wird automatisch ein Out-of-Sample-Test durchgeführt, was zur Ver-

---

[343] Vgl. hierzu und im folgenden Hanssmann, F. (Systemforschung, 1993), S. 93ff. und Meyer zu Selhausen, H. (Validierung, 2004), S. 771. Auf die Variante einer Validierung mittels „Rückgriff auf gesichertes Wissen", wie sie von Hanssmann vorgeschlagen wird (vgl. Hanssmann, F. (Systemforschung, 1993), S. 94), wird hier bewusst verzichtet, da gerade im Bereich von Operational Risk alles andere als „gesichertes Wissen" vorhanden ist.

[344] $\tilde{E}$ sei der mittels des Messansatzes ermittelte Wert und E der tatsächlich eingetretene Wert, dann ergibt sich aus der Formel $\alpha = 1 - \mathrm{Var}(E - \tilde{E}) / \mathrm{Var}\,E$ eine Größe für den statistischen Erklärungsgrad des Messansatzes. Vgl. Hanssmann, F. (Systemforschung, 1993), S. 93.

[345] Vgl. zu den Kritikpunkten Meyer zu Selhausen, H. (Validierung, 2004), S. 771.

[346] Vgl. zu dieser Vorgehensweise bspw. Meyer zu Selhausen, H. (Validierung, 2004).

[347] Vgl. hierzu und im folgenden Hanssmann, F. (Systemforschung, 1993), S. 94f. und Meyer zu Selhausen, H. (Validierung, 2004), S. 771.

meidung von Verzerrungen durch Abhängigkeiten von Modellerstellung und -validierung führt. Ein Nachteil könnte jedoch sein, dass mittels dieser Methode nur sehr wenige Tests, abhängig von der Länge des betrachteten Zeitraums[348], durchgeführt werden können. Im Bereich von Marktpreis- und Kreditrisiken wird ein prospektiv durchgeführter Test von Risikomessmodellen als „Backtesting" bezeichnet.

Beide Varianten der Validierung führen allerdings zu keinem befriedigenden Ergebnis, wenn die Annahme der Stationarität, also die Annahme, dass die historischen Daten repräsentativ für die Zukunft sind, nicht erfüllt ist.[349] Dann kann eine Validierung nicht mehr anhand statistischer Methoden, sondern nur noch anhand „logischer Begründungen" durchgeführt werden, was im Zusammenhang mit der Messung von Operational Risk nicht als sinnvoll zu erachten ist.

Im Rahmen der Validierung kann unterschieden werden, ob Abweichungen der gemessenen von den tatsächlich eintretenden Ergebnissen durch systematische oder durch zufällige Fehler entstehen.[350] Betrachtet man die zufälligen Fehler separat, so überprüft man die Reliabilität der Messung. Im Rahmen der Überprüfung der Validität eines Messinstruments ist jedoch davon auszugehen, dass sich bei mehrmaligen Tests ein Erwartungswert von Null für den zufälligen Fehler einstellt. Bei Validitätsprüfungen werden damit zwar beide Fehlerarten berücksichtigt, durch mehrmalige Tests wird jedoch der zufällige Fehler nicht weiter betrachtet und die Betrachtung auf den systematischen Fehler konzentriert.

Zum Begriff der Validierung bzw. Validität ist darauf hinzuweisen, dass zwar im Rahmen dieser Arbeit der eingeführte Begriff der „Validität" verwendet wird, jedoch davon ausgegangen wird, dass die Validität eines Modells nicht bewiesen werden kann. Diese Ansicht fußt auf der wissenschaftstheoretischen Grundauffassung des kritischen Rationalismus[351], die besagt, dass ein Forscher im Rahmen des Erkenntnisprozesses niemals die Richtigkeit einer Hypothese beweisen, sondern diese nur auf ihre Richtigkeit testen kann.[352] Je öfter eine Hypothese getestet, aber nicht als falsch verworfen wird, desto höher ist ihr Bewährungsgrad. Es ist also keine „Verifizierung" einer Hypothese möglich, sondern nur deren „Falsifizierung"[353], was dazu führt, dass eigentlich von „misslungenen Falsifizierungsversuchen" und nicht von Va-

---

[348] Bei Berechnung eines Operational Value-at-Risk ist hier die Haltedauer von Bedeutung.

[349] Vgl. hierzu und im folgenden Hanssmann, F. (Systemforschung, 1993), S. 95.

[350] Vgl. hierzu und im folgenden Balderjahn, I. (Validität, 2003), S. 131.

[351] Vgl. hierzu bspw. Popper, K. (Logik, 2002), zu den hier im folgenden aufgeführten Aspekten insbesondere S. 8 und S. 14ff.

[352] Vgl. hierzu und im folgenden Meyer zu Selhausen, H. (Validierung, 2004), S. 770f.

[353] Vgl. bspw. Kromrey, H. (Sozialforschung, 2000), S. 36ff.

lidierung gesprochen werden müsste.[354] Diese Überlegung ist auch auf die hier zu beurteilenden Messansätze zu übertragen. Der Test der Messmethoden ist unbedingt notwendig und je öfter eine Methode diese Tests besteht, desto wahrscheinlicher ist es, dass diese Methode valide ist. Es kann allerdings immer Umstände geben, die dazu führen, dass die Methode zu großen Messfehlern führt. Gerade im Bereich der Operational Risk können außergewöhnliche Ereignisse auftreten, die dazu führen, dass als valide angenommene Messansätze die Schäden daraus nur unter großen Fehlern voraussagen können.[355]

Im Rahmen der Beurteilung eines Messansatzes bzgl. des Kriteriums „Validierbarkeit" in Kap. 4 werden zunächst Maximalanforderungen aufgestellt, indem eine „Konzeption einer idealtypischen Vorgehensweise" zur Validierung vorgenommen wird. Es wird gezeigt, ob, unter welchen Gegebenheiten und in welcher Form eine Validierung der Ansätze prinzipiell möglich ist. In einem zweiten Schritt wird beurteilt, ob diese Anforderungen derzeit in der Praxis erfüllbar sind.

---

[354] Vgl. Hanssmann, F. (Systemforschung, 1993), S. 93.

[355] Vgl. zur Problematik von Ausreißern bei der Quantifizierung von Operational Risk bspw. Rowe, D. (Black Swans, 2004), S. 114.

3.3 Datenbasis als Ausgangspunkt für eine Messung

Bezug nehmend auf das in Kap. 3.2.1 aufgeführte Beurteilungskriterium „Datenverfügbarkeit und Datenqualität", ist die Datenbasis derzeit noch als das Kernproblem im Zusammenhang mit der Messung von Operational Risk zu sehen und wird deshalb an dieser Stelle deutlich ausführlicher als die anderen in Kap. 3.2 erarbeiteten Beurteilungskriterien beleuchtet. So ergab eine Studie des IBM Institute for Business Value, dass 96% der befragten Unternehmen den Bereich des Datenmanagement als größte Herausforderung bei der Implementierung von Basel II sahen.[356] Aufgrund dieser wesentlichen Bedeutung der Daten ist es sinnvoll, bereits an dieser Stelle der Arbeit Daten nach ihrer Herkunft, nach ihrer Beschaffenheit und nach inhaltlichen Kategorien abzugrenzen und vorzustellen, sowie Einsatzmöglichkeiten und Schwachstellen für diese herauszuarbeiten. Im Rahmen der Beurteilung der Messansätze in Kap. 4 wird auf die folgenden Ausführungen zurückgegriffen und spezifische Anforderungen und Probleme der einzelnen Messansätze aufgezeigt. Dadurch können ansonsten auftretende Redundanzen vermieden werden.

3.3.1 Arten an benötigten Daten und mögliche Datenquellen

Die inhaltlichen Kategorien an zu sammelnden Daten für die Messung des Operational Risk sind abhängig vom anzuwendenden Messverfahren und können bspw. Verlustdaten, Daten zu Indikatoren und sog. „Near Misses" sein.[357]

Verlustdaten stellen Daten zu bereits eingetretenen Verlusten dar. Neben der Schadenhöhe sollten dabei noch weitere Informationen erfasst werden, die den Schadenfall konkretisieren.[358] In Frage kommen bei der Sammlung von IT-Verlustdaten Informationen wie:

- der Zeitpunkt der Schadenursache bzw. des Schadeneintritts,
- mögliche Risikoursachen,
- Werte von bereits identifizierten Risikoindikatoren, wie bspw. die CPU-Auslastung oder die CPU-Temperatur,
- der Unternehmensbereich, in dem der Schaden verursacht wurde und / oder eingetreten ist,
- betroffene Systeme und Prozesse,
- weitere betroffene Risikokategorien,

---

356 Vgl. hierzu Gaulke, M. (Auswirkungen von Basel II, 2005), S. 443.

357 Vgl. bspw. Cruz, M. G. (Modeling, 2002), S. 15ff., Röckle, S. (Schadensdatenbanken, 2002), S. 73.

358 Vgl. hierzu und im folgenden Röckle, S. (Schadensdatenbanken, 2002), S. 76ff. und S. 135.

- direkte und indirekte Schadenwirkungen.

Bereits bei der Sammlung der Verlustdaten ist es zweckmäßig, ***Daten zu Indikatoren*** mitzuerfassen[359], um so mögliche Zusammenhänge zwischen den Werten der Indikatoren und den eingetretenen Risiken herzustellen. Darüber hinaus sollten, wenn ein Indikatoransatz verwendet wird, die Werte der herangezogenen Indikatoren über einen längeren Zeitraum kontinuierlich erfasst werden. Es ist wesentlich, dass die Indikatoren laufend erfasst werden können,[360] möglichst in quantitativer Form. Dabei sind auch für Indikatoren Zusatzinformationen zu erfassen. Einmalig muss geklärt werden, wie der Indikator definiert wird, ob es sich um einen vorlaufenden oder nachlaufenden Indikator handelt, ob er sich aus mehreren anderen Indikatoren zusammensetzt, welche Risikokategorie an Operational Risk der Indikator misst, etc.[361] Laufend sollte der Indikator mit seinem Wert und dem genauen Erfassungszeitpunkt versehen werden, um mehrere Indikatoren zu einem Zeitpunkt gemeinsam analysieren zu können.

Daneben wird in der Literatur vorgeschlagen[362], auch Daten von Ereignissen zu sammeln, die zwar zu keinem expliziten finanziellen Verlust geführt haben, die aber das Potential dazu gehabt hätten. So genannte ***„Near Misses"***[363] sind Ereignisse, die aus potentiellen Risiken entstanden sind, aber nicht zu einem direkten finanziellen Schaden geführt haben. Ein Beispiel wäre, wenn ein Wurm in das IT-System der Bank eindringt, aber rechtzeitig erkannt und eliminiert werden kann. Ein anderes Beispiel ist, wenn Daten verloren gehen, aber aufgrund einer regelmäßigen Sicherung ersetzt werden können. In diesen Fällen entsteht zwar kein direkter finanzieller Verlust, bei einem Nicht-Erkennen der Bedrohung oder bei einem Nicht-Greifen der Sicherungseinrichtungen könnten diese Ereignisse aber durchaus zu hohen finanziellen Verlusten führen. Um diese Daten sinnvoll zu verwenden, sollten sie genauso strukturiert werden wie die Verlustdaten, und um eine Schätzung des potentiell möglichen Verlustes ergänzt werden. Damit können solche „Near Misses" als Erweite-

---

[359] Vgl. bspw. Cruz, M. G. (Modeling, 2002), S. 17f.; Beeck, H. / Kaiser, T. (Value-at-Risk, 2000), S. 648.

[360] Vgl. hierzu bspw. Brink, G. J. van den / Romeike, F. (Corporate Governance, 2005), S. 117.

[361] Vgl. hierzu Taylor, C. (KRI Part II News # 4, 2004), S. 2.

[362] Vgl. hierzu und im folgenden bspw. Muermann, A. / Oktem, U. (Near-Miss Management, 2002) und Röckle, S. (Schadensdatenbanken, 2002), S. 73.

[363] Muermann / Oktem definieren "Near Misses" als: "...is an event, a sequence of events, or an observation of unusual occurrences that possesses the potential of improving a system's operability by reducing the risk of upsets some of which could eventually cause serious damage." Muermann, A. / Oktem, U. (Near-Miss Management, 2002), S. 12.

rung einer evtl. zu geringen Datenbasis aus historischen Verlusten dienen.[364] Zudem können diese Daten nützlich für die Risikosteuerung sein, da sie anzeigen können, dass vorhandene Sicherungsmechanismen funktionieren oder Hinweise geben können, ob und an welcher Stelle ein Bedarf an institutionalisierten Sicherungseinrichtungen besteht.[365]

Eine weitere Unterscheidungsmöglichkeit bzgl. der Beschaffenheit der Daten ist, ob es sich um Daten von tatsächlich eingetretenen Ereignissen und Werten, also um **„reale" historische Daten**, handelt oder ob die Daten generiert werden. Hierbei kann man von **„synthetischen" Daten** sprechen.[366] Diese können einerseits die vergangenheitsbezogenen Daten ergänzen, um ausreichend Daten für statistische Methoden zur Verfügung zu haben bzw. um Datenpunkte für Bereiche zu erhalten, für die (noch) keine Daten existieren, andererseits auch zukunftsbezogen generiert werden. Letzteres geschieht häufig im Rahmen von Szenarioanalysen oder Expertenbefragungen.

Zusätzlich kann ein Kreditinstitut die zur Messung verwendeten Daten nach ihrer Herkunft in interne und externe Daten unterscheiden.

Die Basis jeder Quantifizierung von Operational Risk stellen **interne Daten** dar, d. h. Daten, die aus dem Kreditinstitut selbst stammen. Da Operational Risk aus den spezifischen Charakteristika der einzelnen Kreditinstitute resultieren,[367] ist es einleuchtend, dass das individuelle Operational Risk am besten auf der Grundlage interner Daten abgebildet werden kann.[368] Deshalb sollte der Großteil der bei einer Messung verwendeten Daten auch aus internen Daten bestehen.[369] Insbesondere zur Schätzung der Schadenhäufigkeitsverteilung von Operational Risk sind diese Daten sehr wertvoll, da diese besonders sensitiv bzgl. der Charakteristika der einzelnen Kreditinstitute ist.

Interne Daten sind dabei *Ergebnisse des Risikoidentifikationsprozesses*, bspw. anhand der in Kap. 2.2.2 kurz aufgezeigten Verfahren. Viele dieser Verfahren ermögli-

---

[364] Bei ORX werden aber bspw. „Near Misses" explizit aus der Datenbasis ausgeschlossen. Vgl. ORX (Reporting Standards, 2004), S. 5.

[365] Diese Auffassung spiegelt sich auch konkret in der Definition von Muermann / Oktem wieder (vgl. FN 363). Hier wird der Aspekt der Verbesserung der Funktionsfähigkeit eines Systems durch die Erfassung und Berücksichtigung von „Near Misses" hervorgehoben.

[366] Vgl. auch Röckle, S. (Schadensdatenbanken, 2002), S. 79f.; Beeck, H. / Kaiser, T. (Value-at-Risk, 2000), S. 649. An dieser Stelle sei bereits darauf hingewiesen, dass in dieser Arbeit rein „erfundene" Daten nicht als fundierte Basis für eine Risikomessung gesehen werden. Da in der Praxis aber tatsächlich häufig Daten aus subjektiven Schätzungen verwendet werden, werden diese in die Betrachtung der Datenproblematik miteinbezogen und auf deren Schwächen verwiesen.

[367] Vgl. Röckle, S. (Schadensdatenbanken, 2002), S. 19.

[368] Vgl. Levine, M. / Hoffman, D. G. (Risk Profiling, 2000) S. 27.

[369] Vgl. hierzu und im folgenden Ceske, R. / Hernández, J. (Practice, 1999), S. 17.

chen es, neben der reinen Identifikation der Operational Risk gleich eine Risikobewertung mit einzubeziehen. Z. B. kann im Rahmen eines Experteninterviews gefragt werden, wie hoch der zu erwartende Schaden eines Risikoereignisses ist und wie häufig dieses eintritt. Zudem können auf Basis der Identifikationsergebnisse gezielt Schaden- und Indikatorendaten zu den einzelnen Risikokategorien gesammelt werden, die dann die Basis der Risikobewertung bilden. Zusätzlich dienen im Kreditinstitut für andere Zwecke erstellte Berichte zur Ermittlung von internen Daten für die Messung des IT-Risikos. Für Schadendaten dienen als Hauptdatenquelle Aufwandskonten.[370] Daneben können bspw. Revisionsberichte sämtliche inhaltlichen Kategorien an Daten enthalten, aber auch Controlling-Daten oder Unterlagen der Rechtsabteilung. Zusätzlich können für unterschiedliche Operational Risk-Kategorien spezifische interne Datenquellen herangezogen werden, wie EDV-Statistiken bzgl. Ausfallzeiten, Wartungs- und Reparaturkosten etc. Speziell für die Bezifferung eines (potentiellen) Schadens, der auch über den reinen Aufwand hinaus Schadenkomponenten berücksichtigt, fehlen häufig monetäre Werte, was dazu führt, dass diese geschätzt werden müssen. Dabei wird hauptsächlich auf synthetische Daten, also bspw. Schätzungen interner Experten, oder auch auf externe Datenquellen, wie vergleichbare Schätzungen von Aufsichtsbehörden, Unternehmensberatungen oder Konkurrenten, zurückgegriffen. Insgesamt ist darauf zu achten, dass es bei der Erfassung von Daten aus mehreren verschiedenen Datenquellen zu keinen Doppelerfassungen der Ereignisse kommt bzw. Ereignisse zumindest mit einem einheitlichen Wert erfasst werden.

Die Möglichkeit, auf interne Daten anderer Kreditinstitute zurückzugreifen, kann zweckmäßig sein, um eine ausreichende Anzahl an Daten zu erhalten, damit statistische Anforderungen an die Messmethoden eingehalten werden können. Ferner können diese Daten dazu dienen, die internen Daten des Kreditinstituts auf ihre Plausibilität zu überprüfen.[371] Diese Form an „internen" Daten anderer Kreditinstitute werden in dieser Arbeit, entgegen bspw. der Einteilung von Ceske / Hernández, als **externe Daten** bezeichnet, da sie zwar ursprünglich interne Daten im erhebenden Kreditinstitut waren, aber von außerhalb des messenden Kreditinstituts stammen.[372]

Der Austausch solcher Daten erfolgt in der Regel nicht direkt zwischen zwei Kreditinstituten, sondern im Rahmen von *Datenpools*. Diese Datenpools können auf den unterschiedlichsten Ebenen bestehen. In Deutschland bietet es sich an, dass Sparkassen und Genossenschaftsbanken in ihrem Verbund gemeinsam Daten sammeln.[373]

---

[370] Vgl. hierzu und im folgenden Röckle, S. (Schadensdatenbanken, 2002), S. 66ff.

[371] Vgl. Röckle, S. (Schadensdatenbanken, 2002), S. 87.

[372] Vgl. zu dieser Auffassung bspw. auch Röckle, S. (Schadensdatenbanken, 2002), S. 84.

[373] Vgl. Rünger, P. / Walther, U. (Behandlung, 2004), S. 25.

Ein Vorteil ist hier insbesondere die anzunehmende Ähnlichkeit der beteiligten Institute. Daneben existieren auch Initiativen zwischen den großen deutschen Geschäftsbanken. Zusätzlich gibt es internationale Datenkonsortien[374], wie bspw. ORX (Operational Riskdata eXchange Association).[375] In diesem Konsortium haben sich neben einigen großen deutschen Banken, wie die Commerzbank, die Deutsche Bank und die WestLB, große europäische Banken, wie die ABN-Amro, die Banco Bilbao, die Bank Austria Creditanstalt, die BNP Paribas, sowie nordamerikanische Banken, wie die Bank of America und JP Morgan Chase, zusammengeschlossen. Insgesamt hat ORX derzeit 18 Mitglieder, die Informationen zu Verlustereignissen austauschen. Administrator der Datenbank ist PriceWaterhouseCoopers.

Daneben existiert bspw. auch für die Sammlung von Indikatoren eine Initiative unter der Leitung der Risk Management Association (RMA) und RiskBusiness International Limited.[376] Beteiligt sind derzeit ca. 50 Kreditinstitute, darunter bspw. die Deutsche Bank, die Commerzbank, die Dresdner Kleinwort Wasserstein, die Citigroup, BNP Paribas, JP Morgan Chase, Bank Austria Creditanstalt etc.[377] Es wurden zunächst sog. „Key Risk Indicators" in Workshops identifiziert. Dabei wurden ca. 1800 KRI zusammengetragen[378], die in eine „Library" eingestellt wurden, zu der nun die beteiligten Kreditinstitute Zugang haben. Die Kreditinstitute wurden aufgefordert, die gesammelten KRIs danach zu bewerten, wie wahrscheinlich es ist, dass sie diese verwenden werden. Als nächster Schritt ist nun geplant, tatsächliche Werte für einige ausgewählte KRIs bei den teilnehmenden Banken zu ermitteln und zu poolen, um anhand dieser Informationen ein Benchmarking der KRIs der einzelnen Kreditinstitute mit einem Branchenwert zu ermöglichen.[379]

Zu den externen Daten zählen neben den internen Daten anderer Kreditinstitute noch Daten aus öffentlich zugänglichen Quellen,[380] wie bspw. Veröffentlichungen in

---

[374] Die Datenkonsortien sind erst in ihrer Entwicklung, so dass die hier aufgeführten Datenbanken nur eine Momentaufnahme darstellen können.

[375] Vgl. hierzu und im folgenden ausführlich http://www.orx.org/.

[376] Nähere Informationen zu dieser Initiative finden sich unter http://www.kriex.org.

[377] Vgl. hierzu RMA/RiskBusiness (KRI Study, 2005).

[378] Vgl. hierzu und im folgenden o. V. (KRI project, 2005).

[379] Für die Teilnahme an dieser Initiative gibt es Preise, die danach gestaffelt sind, ob das Unternehmen eine Bank bzw. ein Versicherer oder eine Banken-Versicherungsgruppe ist, ob ein kleines oder ein großes Unternehmen vorliegt und ob die Unternehmen Mitglieder in der RMA sind. Darüber hinaus ist der Preis gestaffelt nach den Services, d. h. die „Library Services" und die „Benchmarking Services" können zusammen, aber auch einzeln gebucht werden. Der Einstiegspreis im ersten Jahr für beides Services gemeinsam beträgt (Stand Juni 2005) bspw. für eine große Bank 55.000 USD, für eine kleine Bank 40.000 USD und für eine gemischte Bank-Versicherungsgruppe 80.000 USD. Soll die Mitgliedschaft über das erste Jahr hinaus weiter bestehen, so fallen jährlich 32.000 bzw. 24.000 bzw. 55.000 USD an. Vgl. hierzu ausführlich RMA / RiskBusiness (Information Pack, 2005), S. 13.

[380] Vgl. Ceske, R. / Hernández, J. (Practice, 1999), S. 18.

der Wirtschafts- und Fachpresse, Studien von Unternehmensberatungen, Untersuchungen von Verbänden im Bankenbereich, Gerichtsdokumente und Veröffentlichungen von bankenaufsichtsrechtlicher Seite.[381] Externe Daten aus öffentlich zugänglichen Quellen werden insbesondere deshalb benötigt, da bei der Sammlung interner Daten größtenteils High Frequency / Low Impact-Daten erfasst werden und damit häufig Daten zu sehr seltenen Ereignissen mit hohen Schäden fehlen.[382] Dies kann dadurch ausgeglichen werden, dass externe Daten aus veröffentlichten Quellen herangezogen werden, da diese wiederum eher einen Bias in Richtung Low Frequency / High Impact aufweisen und Lücken in diesem Bereich ausgleichen können. Damit dienen diese Daten häufig insbesondere zur Modellierung des rechten Tails einer Verlustverteilung.[383] Zusätzlich können aus externen öffentlichen Daten Informationen bzgl. externer Risikoursachen gezogen werden[384], bspw. Eintrittswahrscheinlichkeiten für IT-Risiken aus Statistiken über Hackerangriffe, Viren- und Würmerverbreitung, Erdbeben, Feuer, Stromausfälle etc

Ein Beispiel für eine kommerzielle Datenbank mit externen Daten stellt die „Algo OpVantage FIRST Database" dar.[385] FIRST steht dabei für „Financial Institutions Risk Scenario Trend Database". Diese Datenbank enthält Informationen zu Verlustfällen aus öffentlich zugänglichen Quellen und ermöglicht dem Kreditinstitut, auf Basis dieser Daten Szenarioanalysen durchzuführen. Daneben bietet SAS mit der „SAS OpRisk Global Data" ebenfalls eine Datenbank an, in der über 10.000 öffentlich bekannt gewordene Schadenfälle mit einem Volumen von jeweils über 1 Mio. USD gesammelt wurden.[386]

Laut dem Basler Ausschuss müssen Banken bei der Verwendung fortgeschrittener Messansätze interne Daten, externe Daten, Daten aus Szenarioanalysen und Daten zum Geschäftsumfeld und zu internen Kontrollfaktoren in die Messung einbeziehen.[387] Diese Einteilung ist allerdings nicht überschneidungsfrei, da Daten zum Geschäftsumfeld als externe Daten zu sehen sind und interne Kontrollfaktoren den In-

---

[381] Vgl. Röckle, S. (Schadensdatenbanken, 2002), S. 85 und Hoffman, D. G. (Managing, 2002), S. 223.

[382] Vgl. hierzu und im folgenden Hoffman, D. G. (Managing, 2002), S. 222.

[383] Vgl. Ceske, R. / Hernández, J. (Practice, 1999), S. 18.

[384] Vgl. Marshall, C. L. (Measuring, 2001), S. 194.

[385] Vgl. hierzu ausführlich http://www.algorithmics.com/solutions/opvantage/docs/FIRSTfact-sheet.pdf. Ursprünglich waren dies zwei Datenbanken: die OpVantage und die Zurich IC Squared First Database. Letztere entstand wiederum ursprünglich aus einer externen Datenbank von Bankers Trust. Erstere entstand aus einer Kooperation von NetRisk und PriceWaterhouseCoopers. Vgl. hierzu ausführlich Hoffman D. G. (Managing, 2002), S. 223. Durch zahlreiche Zusammenschlüsse der Datenbanken und von Unternehmen entstand die derzeitige Version der Datenbank.

[386] Vgl. hierzu ausführlich http://www.sas.com/industry/fsi/oprisk/.

[387] Vgl. Basle Committee on Banking Supervision (Convergence, 2004), Punkt 670-676, S. 145-147.

ternen Daten zugeordnet werden können. Szenarioanalysen können sowohl intern als auch extern durchgeführt werden. Folgende Abbildung gibt einen Überblick über die in dieser Arbeit getroffene Klassifizierung der Daten:

Herkunft der Daten	Interne Daten		Externe Daten
Beschaffenheit der Daten	„reale" historische Daten		„synthetische" Daten
Inhaltliche Kategorien an Daten	Verlustdaten	Near Misses	Indikatoren

Abbildung 6: Überblick über die vorgenommenen Klassifizierungen der Daten zur Messung von Operational Risk

Ingesamt ist es für die **Qualität der Daten** von Bedeutung, dass sie gewisse Anforderungen erfüllen. Diese werden in der vorliegenden Arbeit durch die folgenden Kriterien präzisiert:[388]

- Vollständigkeit,
  d. h. es sollten möglichst alle Verlustdaten, „Near Misses" und Werte für Indikatoren erfasst werden.
- Unverzerrtheit,
  d. h. es werden alle Verluste erfasst, egal welche Höhe sie haben und welche Auswirkungen die Erfassung aufgrund der Sensibilität der Daten haben könnte.
- Objektivität,
  d. h. die Daten sollten möglichst objektiv nachvollziehbar sein und nicht aus einer reinen subjektiven Einschätzung resultieren.
- Zuordenbarkeit,
  d. h. der verursachende / betroffene Geschäftsbereich und die verursachende / betroffene Risikokategorie sollten bestimmbar sein.
- Genauigkeit / Klarheit / Transparenz,
  d. h. es sollten möglichst genaue Aussagen getroffen werden, bspw. bzgl. der Schadenhöhen, und diese transparent dokumentiert werden.
- Ausreichende Historie,
  d. h. die Daten sollten bereits über einen bestimmten Zeitraum erfasst werden.

---

[388] Vgl. hierzu und im folgenden Röckle, S. (Schadensdatenbanken, 2002), S. 68ff.; Beeck, H. / Kaiser, T. (Value-at-Risk, 2000), S. 648; Romeike, F. (Gesamtrisikosteuerung, 2004), S. 48f.

- Redundanzfreiheit,
  d. h. die Daten sollten in einer einheitlichen Datenbank gespeichert und nicht mehrfach erfasst werden. Sollte doch eine redundante Speicherung der Daten vorgenommen werden, so ist unbedingt auf die Konsistenz der Daten zu achten, d. h. dass für die redundanten Daten einheitliche Werte berücksichtigt werden. Ferner sollte die Übergewichtung einzelner Ereignisse durch mehrfaches Auftreten in einer Stichprobe vermieden werden.
- Kontextbezogenheit,
  d. h. zu den Daten sollten auch spezifische, evtl. sogar die Ereignisse beeinflussende, Begleitumstände mitgespeichert werden. Dies ermöglicht eine kontextbezogene Interpretation der Daten.
- Relevanz,
  d. h. die erfassten Daten sollten einen möglichst direkten Bezug zur beobachteten Risikokategorie haben.

Im folgenden Kapitel werden nun Probleme der Daten und des Datensammlungsprozesses aufgezeigt, die unter anderem dazu führen können, dass die soeben aufgezeigten Anforderungen an die Daten nicht erfüllt werden können und somit die Qualität der Daten eingeschränkt ist.

3.3.2 Probleme der Daten und des Datensammlungsprozesses

3.3.2.1 Anzahl und Qualität interner Daten

3.3.2.1.1 Quantitative Datenproblematik

Ein grundlegendes Problem der Datensammlung liegt darin, dass die Daten zu Operational Risk sensible Daten sind.[389] Dies wiegt insbesondere bei der Sammlung interner Verlustdaten schwer. Die Sensibilität der Verlustdaten führt dazu, dass Kreditinstitute, zumindest in der Vergangenheit, stark dazu tendiert haben, operationelle Verluste eher zu vernachlässigen, als diese auch noch aktiv zu dokumentieren.[390] Hier musste zunächst ein Umdenken im Management der Kreditinstitute stattfinden. Das Problem wird dadurch verstärkt, dass der Großteil der Daten, insbesondere die Verlustdaten, *nicht automatisiert gesammelt werden können*,[391] d. h. dass Mitarbeiter und Führungskräfte ihre selbst verursachten oder zumindest nicht verhinderten Fehler dokumentieren müssen. Dies führt dazu, dass gerade in Bereichen, in denen die

---

[389] Vgl. hierzu und im folgenden Marshall, C. L. (Measuring, 2001), S. 181.

[390] Vgl. hierzu Levine M. / Hoffman, D. G. (Risk Profiling, 2002), S. 27.

[391] Vgl. hierzu und im folgenden Haas, M. / Kaiser, T. (Insufficiency, 2004), S. 14.

Mitarbeiter stark an den Operational Risk beteiligt sind bzw. deren Ursache darstellen, wie im Bereich „Internal Fraud“ oder „Employment Practices“, nicht genügend Verlustdaten vorhanden sind.

Neben dieser Problematik entsteht ein Mangel an Daten derzeit hauptsächlich auch dadurch, dass die Datensammlungsbemühungen der meisten Kreditinstitute erst relativ jung sind. Erste Überlegungen zu einer Datensammlung wurden bei den meisten Kreditinstituten durch die Veröffentlichung des ersten Entwurfs der neuen Eigenkapitalvereinbarung durch den Basler Ausschuss in 2001 ausgelöst, eine tatsächliche strukturierte Verlustdatensammlung existiert bei den meisten Kreditinstituten aber noch wesentlich kürzer. Insbesondere bei Verlustdaten aus internen Quellen stellt sich deshalb das schwerwiegende Problem, dass *diese nicht in einem für statistische Auswertungen hinreichenden Umfang zur Verfügung stehen,* sodass die Messung des Operational Risk unmöglich bzw. die Validität und Stabilität der Ansätze stark eingeschränkt wird.[392] Ein Versuch, diese Problematik zu entschärfen, ist die Beimischung von externen zu den internen Daten. Ein weiterer Vorschlag ist die Verwendung der „Credibility Theory“[393], um Datenlücken zu schließen.[394] Im Prinzip wird hierbei versucht, Datenfelder (bspw. aus der Matrix aus Geschäftsbereichen und Loss Events) mit sehr wenigen Daten durch den Vergleich mit den Risiken der benachbarten Felder auf ihre Korrektheit zu überprüfen bzw. anzupassen. Fehlen bspw. Daten für den Loss Event „Business Disruption and System Failures“ im Geschäftsfeld „Asset Management“, so kann versucht werden, einen Rückschluss für das Risiko in diesem Geschäftbereich aus dem Risiko dieses Loss Events in der Gesamtheit der Geschäftsbereiche[395] zu ziehen, wofür i. d. R. mehr Daten vorhanden sind. Es wird also bei Datenfeldern mit wenigen Daten auf die allgemeinere Struktur des Risikos Bezug genommen und die Daten damit verglichen und angepasst.[396] Im

---

392 Vgl. hierzu auch Röckle, S. (Schadensdatenbanken, 2002), S. 86; Haas, M. / Kaiser, T. (Insufficiency, 2004), S. 20.

393 Die Credibility Theorie stammt aus der Versicherungswirtschaft und wird dort in der Prämienkalkulation eingesetzt. Konkret stellt die Credibility Theorie mathematische Modelle und Methoden bereit, die eingesetzt werden können, um risikogerechte Prämien aufgrund des individuellen Schadenverlaufs unter Berücksichtigung einer im Kollektiv gewonnenen Schadenerfahrung zu ermitteln (vgl. Schaaffhausen, A. v. (Grundlagen der Credibility-Theorie, 1989), S. 14). Dahinter steht die Annahme, dass die Schadengeschichte anderer Risiken im Kollektiv Informationen über den individuellen erwarteten Schaden enthalten. Vgl. Boos, A. (Anwendung der Credibility-Theorie, 1989), S. 61f.

394 Vgl. hierzu und im folgenden Haas, M. / Kaiser, T. (Insufficiency, 2004), S. 22f.

395 Haas/Kaiser schlagen auch vor, Rückschlusse nicht abhängig vom Loss Event, sondern aus der Gesamtheit des Operational Risk in einem Geschäftsbereich zu ziehen. Dies kann zur ergänzenden Korrektur der Daten sinnvoll sein, zweckmäßiger erscheint es aber, von den Loss Events auszugehen, da hier zumindest von einer Strukturähnlichkeit ausgegangen werden kann und die Credibility Theorie als Basis ein zumindest in Bezug auf einige Risikofaktoren homogenes Kollektiv fordert (vgl. Boos, A. (Bonus-Malus-Systeme, 1991), S. 5).

396 Vgl. Gustafsson, J. et al. (Credibility, 2004), S. 5ff.

Zeitablauf muss aber das konkrete Risikoprofil der betrachteten Geschäftsfeld- / Verlustereigniskombination durch Sammlung von Verlustereignissen eine eigene Schadengeschichte erhalten, um die Einflüsse des „Kollektivs" immer weiter zugunsten des individuellen Schadenverlaufs abzubauen.

Der Nachteil einer kurzen Datenhistorie und dem daraus folgenden Mangel an relevanten Daten kann aber auch als ein Vorteil betrachtet werden. Die Sammlung historischer Daten erscheint nur dann sinnvoll, wenn von einer gewissen Stationarität der Daten ausgegangen werden kann. Sind aber die Indikatorwerte und Verlustverteilungsparameter im Zeitablauf nicht stationär, so ist die Konsequenz daraus, dass die Relevanz der historischen Daten für die aktuelle Risikosituation fragwürdig erscheint und lange Datenhistorien zu Verzerrungen führen.[397] Grundsätzlich wird aber eine möglichst lange Datenhistorie positiv gesehen.[398] Dies ist insbesondere damit zu begründen, dass mit der Länge der Datenhistorie auch die Anzahl der Datenpunkte steigt, und damit aus statistischen Gesichtspunkten fundiertere Aussagen mit den Modellen getroffen werden können. Andererseits ist gerade bei den Operational Risk zu beachten, dass sich die Risikosituation eigentlich laufend ändert und damit die Stationarität der Daten anzuzweifeln ist.[399] Deshalb ist zu bedenken, dass zu alte Daten die aktuelle Risikosituation nicht korrekt wiedergeben können und besser auf eine kürzere Datenhistorie, bspw. 3 bis 5 Jahre, zurückgegriffen werden sollte, was aber wiederum mit einer Einschränkung der Datenmenge einhergeht.

Zu den genannten Problemen der Sensibilität und der erst kurzen Datensammlungshistorie kommt noch hinzu, dass Wirtschaftlichkeitsüberlegungen die Anzahl der gesammelten Daten einschränken. Aus Kostengesichtspunkten ist es zweckmäßig, nicht jedes Verlustereignis oder jeden Indikatorwert, mit allen notwendigen Zusatzinformationen, zu erfassen.[400] Dies könnte ansonsten dazu führen, dass die Kosten für die Erfassung höher liegen, als der Schaden selbst. Deshalb wird häufig für die Sammlung ein Schwellenwert, ein so genannter „Threshold", eingeführt. Aufgrund der Eigenschaften der Operational Risk gibt es eine große Anzahl an kleinen Schadenereignissen und eine kleine Anzahl an großen Schadenereignissen, wobei insbesondere die seltenen großen Schadenereignisse eine Bedrohung für das Kreditinstitut darstellen. Deshalb ist es folgerichtig, für die Verlustdatensammlung einen unteren Threshold einzuführen, also Schadenereignisse erst ab einem Wert von z. B. 10.000 Euro zu sammeln. Mit linear fallendem Threshold steigen die Kosten für die

---

[397] Vgl. Meyer zu Selhausen, H. (Datenbasis, 2004), S. 442.

[398] Vgl. bspw. Beeck, H. / Kaiser, T. (Value-at-Risk, 2001), S. 647.

[399] Vgl. bspw. auch Wiedemann, A. (Risikotriade, 2004), S. 237.

[400] Vgl. hierzu und im folgenden Röckle, S. (Schadensdatenbanken, 2002), S. 78; Haas, M. / Kaiser, T. (Insufficiency, 2004), S. 15.

Sammlung der Verlustdaten exponentiell an.[401] Je höher der Threshold liegt, desto weniger Daten werden gesammelt, wobei dann noch nicht einmal bekannt ist, wie hoch die Anzahl der ausgeschlossenen Ereignisse ist. Auch für die Sammlung aus Daten zu Indikatoren kann ein Threshold sinnvoll sein. Hier bietet sich für einige Indikatorwerte ein unterer und / oder oberer Threshold an, sodass erst bei Über- oder Unterschreitung eines festgelegten Wertbereichs eine strukturierte und vollständige Indikatordokumentation einsetzt.[402] Die Einführung eines Thresholds ist also aus Wirtschaftlichkeitsgesichtspunkten notwendig, führt aber zu einer für statistische Zwecke unerwünschten Verkleinerung der Datenbasis.

3.3.2.1.2 Qualitative Datenproblematik

3.3.2.1.2.1 Verzerrungen bei historischen internen Daten

Der beschriebene Threshold bei der Datensammlung hat nicht nur eine Auswirkung auf die Quantität der Daten, sondern führt auch zu einer qualitativen Verzerrung der Daten. *Diese Verzerrung resultiert daraus, dass durch den Threshold nur gleichartige Ereignisse ausgeschlossen werden*, nämlich solche, die außerhalb des Datensammlungsbereichs liegen. Die Sammlung von Verlustdaten erst ab einem bestimmten Threshold hat damit Auswirkungen auf die Verlustverteilung, da diese dadurch am linken Tail trunkiert wird.[403] Bei der Verwendung eines Thresholds ist noch mehr darauf zu achten, dass Schäden aus verbundenen Ereignissen aufaddiert werden. Viele kleine Schäden, deren Wert unter dem Threshold liegt, können zusammen zu einem erheblichen Schaden führen, der bei Nicht-Berücksichtigung der Zusammenhänge nicht erfasst wird.[404] Eine Nichtbeachtung solcher Schäden führt zu einer noch weitergehenden Verzerrung der Daten.

Ein grundlegendes Problem im Zusammenhang mit der Datenqualität stellt eine *ungenaue oder fehlende Festlegung dar, was überhaupt konkret als Schaden, Near Miss oder auch als Indikator zu erfassen ist.*

Für die Indikatoren ist genau festzulegen, wie sie definiert sind und in welchen Messeinheiten sie erfasst werden sollen. Bei der Verlustdatensammlung ist zu klären, was konkret als ein „Schaden" definiert wird. Intuitiv erscheint es einleuchtend,

---

[401] Vgl. Haas, M. / Kaiser, T. (Insufficiency, 2004), S. 18.

[402] Eine regelmäßige Beobachtung der Indikatorwerte lässt sich allerdings nicht vermeiden, da ansonsten kritische Veränderungen nicht erkannt werden könnten. Hier wird eher damit gearbeitet, Indikatoren insgesamt aus der Beobachtung zu nehmen oder die Zeitabstände der Erfassung zu erhöhen, was ebenfalls zu einer Reduzierung der Datenbasis führt.

[403] Einen Vorschlag zur Lösung dieser Problematik zeigt Alvarez, G. (Quantification, 2001).

[404] Vgl. hierzu und im folgenden Wiedemann, A. (Risikotriade, 2004), S. 243.

dass direkte Wirkungen der betrachteten Ereignisse auf die Gewinn- und Verlustrechnung (GuV) des Kreditinstituts erfasst werden.[405] Alleine dies gestaltet sich aber schon schwierig, da die Zuordnung von Aufwendungen zu einem konkreten Ereignis nicht immer eindeutig möglich ist und darüber hinaus darauf zu achten ist, Effekte auf verschiedene Aufwandspositionen zu berücksichtigen. Sind Ursache-Wirkungsketten bei den Verlustereignissen bekannt, so sind alle damit im Zusammenhang stehenden Schäden zu addieren, um die Schadenhöhen korrekt zu erfassen. Schäden manifestieren sich zusätzlich nicht immer sofort als Aufwand in der GuV, sondern treten erst mit einer zeitlichen Verzögerung auf, was bei der Erfassung zu berücksichtigen ist, da sonst ein zu niedriger Wert für den Schaden erfasst wird. Die Verluste können sich auch in einzelnen Bilanzpositionen widerspiegeln.[406] Über diese zumindest noch einigermaßen quantifizierbaren Ansatzpunkte hinaus, könnte als Schaden zusätzlich ein negativer Effekt auf die Reputation des Kreditinstituts erfasst werden,[407] der sich langfristig auch negativ auf die Geschäftstätigkeit des KI mit aktuellen und potentiellen Kunden niederschlägt und in einer Verschlechterung der Ertragslage resultiert. Solche Schäden können erheblich sein, werden aber so gut wie gar nicht fundiert erfasst und sind auch nur sehr schwer quantifizierbar. Zu möglichen Schäden aus Verlustereignissen sind auch Opportunitätskosten zu zählen.[408] So können während eines Systemsausfalls keine Kundenaufträge ausgeführt werden, was zu entgangenen Geschäften führt. Die Quantifizierung solcher Schäden ist ebenfalls nicht trivial. Insgesamt ist festzuhalten, dass es große Unterschiede in der Höhe der Verluste gibt, abhängig davon was alles als Verlust gezählt wird. Eine einheitliche Festlegung ist evtl. zu starr, sondern es gilt, möglichst alles mitzuerfassen, was aus betriebswirtschaftlicher Sicht sinnvoll zu erfassen bzw. schätzen ist. Reine Spekulationen, wie Verluste aus Reputationsschäden, sollten hingegen einheitlich nicht einbezogen werden. Noch weiter geht hier der Basler Ausschuss für Bankenaufsicht. In der Definition von Operational Risk wurden im ersten Konsultationspapier von 2001 noch direkte und indirekte Verluste eingeschlossen.[409] Direkte Verluste sind dabei die Verluste, die sich in der GuV niederschlagen. Diese Unterteilung findet sich nicht mehr in den folgenden Konsultationspapieren, da es aus Sicht der Bankenaufsicht nicht zielführend erscheint, indirekte Verluste mit Eigenkapital zu unterlegen. Speziell das Reputationsrisiko wurde aus der Definition des Operational Risk ausgeschlossen.

---

[405] Vgl. Marshall, C. L. (Measuring, 2002), S. 198f.

[406] Vgl. zu diesem Gedanken Marshall, C. L. (Measuring, 2002), S. 198f.

[407] Vgl. hierzu Marshall, C. L. (Measuring, 2002), S. 199.

[408] Vgl. hierzu und im folgenden Marshall, C. L. (Measuring, 2002), S. 198.

[409] Vgl. hierzu und im folgenden ausführlich Fußnote 53, S. 10.

Werden neben den Verlustdaten auch noch „Near Misses" gesammelt, so ist hier insbesondere problematisch, mit welcher Schadenhöhe diese erfasst werden. Einerseits kann hier der Gedanke verfolgt werden, potentielle Schäden zu notieren, die bei einem Schlagendwerden des Risikos zu erwarten gewesen wären. Hierbei kann auf Erfahrungen aus bereits tatsächlich eingetretenen Verlusten zurückgegriffen werden. Allerdings befindet man sich hier im Bereich der Spekulation. Andererseits kann der Gedanke verfolgt werden, dass auch „Near Misses" Schäden verursachen, wenn auch geringere, als wenn das Ereignis im vollen Umfang schlagend geworden wäre. So können Kosten für Mitarbeiterkapazitäten angeführt werden, die notwendig waren, um entdeckte Fehler zu korrigieren, bevor sie sich in einem direkten finanziellen Verlust niedergeschlagen haben.[410] Eine Addition von potentiellen Schäden und tatsächlich verursachten Kosten ist an dieser Stelle nicht sinnvoll, da hier zwei verschiedene Sichtweisen vermischt würden. Entweder man interpretiert das Ereignis als „Near Miss" und weist ihm einen potentiellen Schaden zu, oder man sieht das Ereignis als Verlustereignis, das einen Verlust, wenn auch einen geringeren als im Falle des Nicht-Erkennens / -Eingreifens, generiert hat.

Im vorherigen Kapitel wurde bereits aufgezeigt, dass die Sensibilität, gerade der Verlustdaten, dazu führen kann, dass Mitarbeiter und Führungskräfte die Verluste nicht zuverlässig dokumentieren. Aber selbst wenn die Mitarbeiter Ereignisse dokumentieren, besteht immer noch die Gefahr, dass *Fehler im Datenreporting* vorhanden sind.[411] Dies betrifft alle inhaltlichen Arten an Daten. Werden Indikatoren fehlerhaft erfasst, kann das zu falschen Schlussfolgerungen führen. Bei den Verlustdaten ist insbesondere die Abgrenzung der Risikoursache als problematisch zu sehen. Wie bereits aufgezeigt wurde, gibt es zahlreiche Überschneidungen zwischen den einzelnen Operational Risk-Kategorien, was besonders durch Ursache-Wirkungsketten noch verstärkt wird. Hierbei ist es wichtig, die dokumentierten Schäden den richtigen Ursachen zuzuordnen, was aber nicht immer eindeutig möglich ist. Daneben existieren auch Überschneidungen mit Marktpreis- und Kreditrisiken. Hier sollte ebenfalls eine richtige Zuordnung von Verlustereignissen nach der Risikoursache stattfinden. Insgesamt sollten Doppelerfassungen von Schäden vermieden werden, da sonst das Risikopotential zu hoch eingeschätzt wird. Wird ein Ereignis mehreren Risikoursachen zugeordnet kann die Schadenhöhe gesplittet werden. Problematisch bei dieser Vorgehensweise ist allerdings, dass nur die Schadenhöhen, nicht aber die

---

[410] Vgl. Röckle, S. (Schadensdatenbanken, 2002), S. 73.

[411] Vgl. hierzu und im folgenden Haas, M. / Kaiser, T. (Insufficiency, 2004), S. 14f.

–häufigkeiten[412] geteilt werden und dadurch Verzerrungen in der Gesamtverlustverteilung entstehen.

Bei der Sammlung von internen, historischen Schadendaten, tritt eine grundsätzliche Verzerrung *in Richtung High Frequency / Low Impact-Ereignisse* auf.[413] Dies resultiert daraus, dass die Anzahl möglicher Schadenereignisse in einem Kreditinstitut an sich schon begrenzt ist, was zusätzlich durch das Problem der noch kurzen Datenhistorie[414] verstärkt wird. Da Ereignisse mit sehr hohen Verlusten eher selten auftreten, wird in einer relativ eingeschränkten Datenmenge auch keine große Anzahl dieser Ereignisse vorkommen. Dies führt einerseits zu einer Unterschätzung der mit einer bestimmten Wahrscheinlichkeit eintretenden maximalen Schadenhöhe, aber auch zu einer tendenziellen Unterschätzung der Eintrittswahrscheinlichkeit[415]. Selbst wenn ein Kreditinstitut einmalig einen sehr hohen Schaden erlitten hat und sich dieser auch in der Datenhistorie findet, so reicht dies noch lange nicht aus, um das existenzbedrohende Risiko sehr hoher Schäden daraus abzuleiten.

Dies steht im engen Zusammenhang mit der Problematik, dass die intern gesammelten Daten *nur die eigenen Erfahrungen des sammelnden Kreditinstituts widerspiegeln* und damit nur ein sehr beschränktes Bild der Operational Risk geben.[416] Neben fehlenden seltenen Ereignissen mit großen Schäden, fehlen auch Daten, die Änderungen im Kreditinstitut abbilden können. Schafft das Kreditinstitut bspw. ein neues IT-System an, so fehlen hierzu zunächst jegliche interne Daten. Auch für nicht so drastische Einschnitte, wie eine Änderung des Geschäftsvolumens oder der Einführung eines neuen Sicherungssystems, fehlen relevante Daten. Solche Änderungen müssten theoretisch bei der Messung der Operational Risk berücksichtigt werden, z. B. durch eine Skalierung der Daten nach dem Aktivitätsniveau des Kreditinstituts.[417]

Ein weiterer Punkt, der die Datenqualität beeinflusst, ist die *Zeitnähe der Erfassung der Daten*. Diese spielt eine wesentliche Rolle bei Indikatoren. Da zur Risikomessung und –steuerung hauptsächlich vorlaufende Indikatoren von Bedeutung sind,[418] ist es notwendig, diese möglichst zeitnah zu erfassen, um daraus überhaupt noch relevante Schlüsse auf das Risiko ziehen zu können. Aber auch für die Verlustdaten spielt

---

[412] Eine Splittung der Häufigkeiten auf die verschiedenen Risikoursachen wäre zwar zweckmäßig, allerdings ergeben sich dadurch Probleme mit den versicherungsmathematischen Methoden, da diese nur natürliche Zahlen für Häufigkeiten vorsehen. Vgl. Haas, M. / Kaiser, T. (Insufficiency, 2004), S. 15.

[413] Vgl. hierzu und im folgenden Ceske, R. et al. (Event Risk, 2000), S. 7.

[414] Vgl. hierzu bspw. Baud, N. et al. (Over-estimating, 2002), S. 2.

[415] Vgl. Haas, M. / Kaiser, T. (Insufficiency, 2004), S. 17.

[416] Vgl. Röckle, S. (Schadensdatenbanken, 2002), S. 86.

[417] Vgl. Ceske, R. et al. (Event Risk, 2000), S. 7.

[418] Vgl. hierzu ausführlich Kap. 4.2.1, S. 103ff.

die Zeitnähe der Erfassung eine Rolle. Hierbei kann das Problem auftreten, dass *Schäden erst mit einer zeitlichen Verzögerung entdeckt* werden.[419] Zwischen Eintritt der Risikoursache und Eintritt eines tatsächlichen finanziellen Schadens kann schon eine größere Zeitspanne liegen. Zwischen Eintritt des Schadens und dessen Erkennung und Zuordnung zu einem Operational Risk-Ereignis können wiederum Monate oder sogar Jahre vergehen. Dies führt letztlich dazu, dass sich die historische Datenbasis für einen festgelegten Zeitraum nachträglich noch verändern kann und damit auch andere Schlussfolgerungen bzgl. kausalen Zusammenhängen oder Korrelationen gezogen werden sollten. Werden die Daten für regulatorische Zwecke benötigt, so ist es besonders problematisch, wenn sich die Datengrundlage nachträglich ändert, da die Aufsicht eine gewisse Stabilität der Messansätze fordert.

Sind die erfassten *Daten „zu alt"*, wirkt sich dies ebenfalls auf ihre Qualität aus, da die Daten dann nicht mehr die aktuelle Situation des Kreditinstituts und des Umfelds abbilden. Deshalb wird häufig zur Verbesserung der Qualität eine Skalierung alter Daten auf das aktuelle Risikoniveau des Kreditinstituts und aktuelle externe Faktoren, wie den Konjunkturverlauf, vorgeschlagen.[420] Zusätzlich wird für eine Anpassung der historischen Daten auf die Gegenwart der Vorschlag gemacht, monetäre Werte aufzuzinsen, um eine inflationsbereinigte Bewertung zu erhalten.[421] Die Skalierung alter Daten stellt aber wiederum eine Fehlerquelle dar, die die Daten in eine falsche Richtung verzerren kann.

Insgesamt können die derzeitigen Probleme der Daten und des Datensammlungsprozesses also zu Verzerrungen in der Datenbasis führen.[422] Dabei können grundsätzliche, stabile Verzerrungen entstehen, z. B. durch nicht erkannte Fehler im Datenreporting. Das nicht sofortige Erkennen aller Schadenereignisse im Zeitablauf führt zu temporären Verzerrungen.

Eine *Standardisierung des Datensammlungsprozesses*, indem z. B. Kategorien an Ereignissen und eine Erhebungshäufigkeit vorgegeben werden, kann helfen, einige der Verzerrungen zu vermeiden und damit die Qualität der Daten zu erhöhen.[423] Allerdings birgt eine Standardisierung wiederum das Problem, dass die Flexibilität aus dem Datensammlungsprozess genommen wird, die gerade bei Operational Risk be-

---

[419] Vgl. hierzu und im folgenden Haas, M. / Kaiser, T. (Insufficiency, 2004), S. 15.

[420] Vgl. Ceske, R. et al. (Event Risk, 2000), S. 7.

[421] Vgl. bspw. Beeck, H. / Kaiser, T. (Value-at-Risk, 2001), S. 649; Wiedemann, A. (Risikotriade, 2004), S. 242. Marshall schlägt dabei vor, nur die aggregierten Schadenhöhen einer Inflationsbereinigung zu unterziehen, nicht aber die Schadenhöhen der einzelnen Events (vgl. Marshall, C. L. (Measuring, 2001), S. 2002).

[422] Vgl. hierzu und im folgenden Haas, M. / Kaiser, T. (Insufficiency, 2004), S. 17f.

[423] Vgl. hierzu und im folgenden ähnlich Röckle, S. (Schadensdatenbanken, 2002), S. 72.

nötigt wird, um neuartige Risiken abzubilden oder speziellen Besonderheiten von Geschäftsbereichen gerecht zu werden.

3.3.2.1.2.2 Verzerrungen bei synthetischen internen Daten

Im Zusammenhang mit der Verwendung *synthetischer Daten*, die aus Expertenbefragungen stammen, ist besonders auf die Qualität der Daten zu achten. Dabei ist insbesondere die Subjektivität dieser Daten zu berücksichtigen. Neben den Verzerrungen, die bei Befragungen zur Identifikation von Operational Risk auftreten können[424], treten bei der Bewertung von Risiken noch zusätzliche Quellen an Verzerrungen auf, da hier vom Befragten ein Urteil bzgl. Häufigkeit und / oder Schadenhöhe von Ereignissen gefordert wird. Dieses sollte möglichst quantitativ sein.[425] Hierbei ist es wahrscheinlich, dass die Befragten sog. Urteilsheuristiken verwenden.[426] Da bei der Bewertung von Operational Risk in einer Bank davon ausgegangen werden kann, dass eine Vielzahl an Informationen zur Verfügung steht, anhand derer der Befragte sein Urteil treffen könnte, teilweise aber auch Informationen ganz fehlen, ist die Anwendung von Urteilsheuristiken an dieser Stelle zu unterstellen. Urteilsheuristiken führen zu Verzerrungen bei der Urteilsbildung[427] und damit auch zur Verzerrung von aus Befragungen generierten synthetischen Daten bzgl. Operational Risk. Die bekanntesten Urteilsheurisiken sind die Repräsentativitätsheuristik, die Verfügbarkeitsheuristik, sowie die Verankerungs- oder Anpassungsheuristik.[428]

Bei der *Repräsentativitätsheuristik* wird davon ausgegangen, dass Menschen bei der Bewertung unsicherer Ereignisse das Ereignis für wahrscheinlicher halten, dass sie

---

[424] In der empirischen Sozialforschung sind Verzerrungen bei Befragungen ein viel diskutiertes Thema. Ein Interviewergebnis hängt bspw. stark vom Interviewten, vom Interviewer, aber auch von der Fragestellung und der Interviewsituation ab. So kann es z. B. beim Interviewten durch die Antizipation möglicher negativer Konsequenzen der Antworten oder Tendenzen zur Selbstdarstellung zu Verzerrungen kommen. Vgl. zu Verzerrungen bei Befragungen bspw. Konrad, K. (Befragungen, 2001), S. 43ff.

[425] Vgl. Ceske, R. / Hernández, J. (Practice, 1999), S. 18.

[426] Vgl. zu einem ähnlichen Gedankengang Döbeli, B. et al. (Excellence, 2003), o. S. Urteilsheuristiken werden eingesetzt, wenn ein Mensch bei der Informationsverarbeitung aus irgendeinem Grund überfordert ist. Solche Heuristiken ermöglichen es dem Befragten, Schätzungen für die Wahrscheinlichkeit eines unsicheren Ereignisses oder für den Wert einer unbestimmten Größe auf der Basis einfacherer wertender Abläufe durchzuführen, als dies die komplexe Aufgabe eigentlich erfordern würde (vgl. Tversky, A. / Kahneman, D. (Heuristics, 1974), S. 1124).

[427] Vgl. hierzu und im folgenden Strack, F. (Urteilsheuristiken, 1985) und Bofinger, P. / Schmidt, R. (Nobelpreis, 2003), S. 108.

[428] Synthetische Daten spielen derzeit, insbesondere aufgrund des Mangels an historischen Daten eine wesentliche Rolle bei der Messung von Operational Risk, wobei bisher aber deren Verzerrung aufgrund von Urteilsheuristiken in der Literatur weitgehend unbeachtet bleibt.

als „repräsentativ" ansehen.[429] Übertragen auf die Schätzung von Eintrittswahrscheinlichkeiten von Schadenereignissen aus Operational Risk könnte dies bedeuten, dass die Wahrscheinlichkeit, dass ein gleiches Ereignis, wie bspw. ein Serverausfall, mehrmals hintereinander auftritt als unwahrscheinlicher angesehen wird, als dies tatsächlich der Fall sein könnte. Ist ein Ereignis bereits sehr häufig eingetreten, wird darauf spekuliert, dass es in nächster Zeit wohl nicht mehr eintreten wird.[430]

Zudem besteht im Rahmen der Repräsentativitätsheuristiken die Gefahr einer sog. „conjunction fallacy".[431] Diese beschreibt das Phänomen, dass Menschen konjunktiv verknüpfte Ereignisse für wahrscheinlicher halten, als die Einzelereignisse selbst. Dies steht aber im Widerspruch zur Wahrscheinlichkeitstheorie. Bei einem Würfelspiel ist bspw. die Wahrscheinlichkeit im nächsten Wurf eine 6 zu werfen gleich 1/6. Die Wahrscheinlichkeit im nächsten und übernächsten Wurf eine 6 zu werfen ist gleich 1/36. Dies resultiert daraus, dass sich die Wahrscheinlichkeit, dass die unabhängigen Ereignisse A und B gleichzeitig eintreten[432] $P(A \cap B)$ aus der Multiplikation der Einzelwahrscheinlichkeiten $P(A) * P(B)$ ermittelt.[433] Werden nun den Befragten mehrere Szenarien für Ereignisse vorgegeben, wobei eines der Szenarien aus einer Kombination von in den anderen Szenarien genannten Einzelereignissen besteht, so schätzen die Befragten häufig das zusammengesetzte Szenario als wahrscheinlicher ein als manche Einzelereignisse, da die zusammengesetzte Variante repräsentativer erscheint.[434] Übertragen auf die Überlegungen bzgl. der Bewertung von Eintrittswahrscheinlichkeiten für Operational Risk durch Experten bedeutet dies, dass auch

---

[429] Vgl. hierzu und im folgenden Tversky, A. / Kahneman, D. (Heuristics, 1974), S. 1124f.; Kahneman, D. / Tversky, A. (Representativeness, 1972), S. 430ff.

[430] Wenn natürlich in der Zwischenzeit seit mehrmaligen Eintreten des Ereignisses neue Sicherungsmaßnahmen im Rahmen der Risikosteuerung getroffen wurden, kann es tatsächlich sein, dass ein erneuter Eintritt genau dieses Ereignisses unwahrscheinlicher wird. Die geringere Wahrscheinlichkeit resultiert dann aber aus den Sicherungsmaßnahmen und nicht aus der Tatsache, dass das Ereignis bereits mehrmals eingetreten ist.

[431] Vgl. hierzu und im folgenden Strack, F. (Urteilsheuristiken, 1985), S. 260f.

[432] Der Fall eines gemeinsamen Eintretens zweier Ereignisse ist an dieser Stelle abzugrenzen von den in Kap. 3.2.4.3, S. 59ff. dargestellten bedingten Wahrscheinlichkeiten. Im oben aufgeführten Beispiel werden keine Abhängigkeiten irgendeiner Art berücksichtigt. Die Ereignisse können entweder „equal time" oder auch „sequential" auftreten. Bei bedingten Wahrscheinlichkeiten treten die Ereignisse sequentiell ein, d. h. es wird die Wahrscheinlichkeit berechnet, dass ein Ereignis B eintritt, gegeben ein Ereignis A ist bereits eingetreten, also bspw. die Wahrscheinlichkeit, dass eine gerade Zahl gewürfelt wird, wenn im vorherigen Wurf eine ungerade Zahl gewürfelt wurde (vgl. hierzu Fahrmeir, L. et al. (Statistik, 2001), S. 199ff.). Dadurch kann es durchaus dazu kommen, dass sich die Eintrittswahrscheinlichkeit eines Ereignisses erhöht, gegeben ein anderes Ereignis ist bereits eingetreten. Die gemeinsame Wahrscheinlichkeit für das sequentielle Auftreten von Ereignis A und B errechnet sich dann über $P(A \cap B) = P(B|A) * P(A)$. Auch diese Wahrscheinlichkeit kann aber nicht höher werden als die (bedingten) Einzelwahrscheinlichkeiten. Die Aussagen im Text können also analog auch für den Fall sequentieller, abhängiger Ereignisse angewendet werden.

[433] Vgl. Fahrmeier, L. et al. (Statistik, 2001), S. 203f.

[434] Vgl. hierzu und im folgenden Bofinger, P. / Schmidt, R. (Nobelpreis, 2003), S. 108.

hier Wahrscheinlichkeiten in verzerrten Relationen zueinander stehen können. So könnte es für wahrscheinlicher gehalten werden, dass ein Erdbeben und ein Serverausfall gleichzeitig auftreten, als nur die Tatsache, dass ein Erdbeben auftritt. Es scheint im ersten Moment repräsentativ, dass ein Server ausfällt, insbesondere da hier eine Ursache-Wirkungskette zwischen Erdbeben und Serverausfall vermutet werden kann. Dennoch kann die Wahrscheinlichkeit für ein Eintreten beider Ereignisse gleichzeitig aber nicht höher sein, als die Wahrscheinlichkeit, dass ein Erdbeben eintritt. Dadurch können Verzerrungen, gerade in der Bewertung verschiedener Szenarien für Operational Risk, auftreten.

Das eben aufgezeigte Phänomen an Urteilsverzerrung kann auch auf Basis der *Verfügbarkeitsheuristik* erklärt werden.[435] Bei Anwendung der Verfügbarkeitsheuristik kann es zu Verzerrungen bei der Schätzung von Häufigkeiten oder der Wahrscheinlichkeiten kommen, die beeinflusst werden von der Verfügbarkeit von Ereignissen im Gedächtnis des Beurteilenden.[436] Je leichter dabei ein Beispiel für ein Ereignis oder eine Assoziation aus dem Gedächtnis des Beurteilenden abrufbar ist, desto höher schätzt er die Wahrscheinlichkeit bzw. die Häufigkeit eines Ereignisses ein. Bei der Bewertung von Operational Risk bedeutet dies, dass Ereignisse, die der Befragte selbst erlebt hat, wie z. B. ein Brand im Serverraum, von ihm als wahrscheinlicher eingeschätzt werden, als von anderen Befragten, die ein solches Erlebnis noch nicht hatten. Ebenfalls spielen hier vor kurzem erlebte Ereignisse eine noch größere Rolle als Ereignisse aus der weiteren Vergangenheit.

Weiterhin können Verzerrungen bei Anwendung der Verfügbarkeitsheuristik aus der Vorstellbarkeit von Ereignissen resultieren.[437] Dies ist sehr deutlich auf die Bewertung von Operational Risk zu übertragen. Fallen dem Befragten bei der Identifikation möglicher Operational Risk sehr viele oder eben sehr wenige Bedrohungen und Schwachstellen ein, so kann dies in der Phase der Bewertung zu einer deutlichen Über- oder Unterschätzung der Risiken führen.

Bei Anwendung einer *Verankerungs- oder Anpassungsheuristik* orientieren sich Menschen bei quantitativen Urteilen unbewusst an Anker- oder Ausgangswerten,[438] d. h. sie treffen eine Schätzung, indem sie von einem Ausgangswert starten, der letztlich dann das Endergebnis beeinflusst.[439] Diese Ausgangswerte können schon in irgendeiner Form in der Fragestellung vorgegeben sein, oder aus einer ersten über-

---

[435] Vgl. Kahneman, D. / Tversky, A. (Illusions, 1996), S. 585.

[436] Vgl. hierzu und im folgenden Strack, F. (Urteilsheuristiken, 1985), S. 243.

[437] Vgl. hierzu und im folgenden Tversky, A. / Kahneman, D. (Heuristics, 1974), S. 1127f.

[438] Vgl. Bofinger, P. / Schmidt, R. (Nobelpreis, 2003), S. 108.

[439] Vgl. hierzu und im folgenden Tversky, A. / Kahneman, D. (Heuristics, 1974), S. 1128.

schlägigen Einschätzung resultieren. Für die Bewertung von Operational Risk erscheint diese Verankerungs- und Anpassungsheuristik von großer Bedeutung. Auch hier können in der Fragestellung bereits Schätzwerte für Schadenhöhen vorgegeben werden, indem bspw. ein Experte gefragt wird, ob er einen Schaden aus einem Serverausfall für länger als fünf Stunden über oder unter 1 Mio. Euro schätzen würde. Eine Bewertung von Operational Risk findet zudem häufig in Form von Self Assessments statt, bei denen meist in Gruppen gearbeitet wird. Gibt nun ein Mitglied der Gruppe eine erste Schätzung für die Schadenhöhe eines Ereignisses wie einen Serverausfall, ab, so ist nicht auszuschließen, dass die anderen Gruppenmitglieder diesen Wert als Anker für ihre eigene Schätzung heranziehen und damit die Schätzungen insgesamt nicht mehr weit von diesem Wert abweichen.

Eine weitere Verzerrung, die ebenfalls der Verankerungs- und Anpassungsheuristik zuzurechnen ist, ist die Verzerrung bei der Bewertung konjunkter und disjunkter[440] Ereignisse.[441] Wie bereits erläutert errechnet sich die gemeinsame Wahrscheinlichkeit konjunkter Ereignisse aus der Multiplikation der Einzelwahrscheinlichkeiten, die gemeinsame Wahrscheinlichkeit disjunkter Ereignisse errechnet sich aus der Addition der Einzelwahrscheinlichkeiten.[442] Eine Addition führt dazu, dass die gemeinsame Wahrscheinlichkeit der beiden disjunkten Ereignisse größer ist als die Einzelwahrscheinlichkeiten. Die Nicht-Berücksichtigung dieser statistischen Regel führt dazu, dass Menschen die Eintrittswahrscheinlichkeit konjunkter Ereignisse überbewerten, die disjunkter Ereignisse hingegen unterbewerten. Als Anker dienen dabei die einzelnen Eintrittswahrscheinlichkeiten, die bei disjunkten Ereignissen durchaus kleiner sein können, als bei den konjunkten. Die Schätzung der gemeinsamen Wahrscheinlichkeit wird dann in Richtung dieses Ankers verzerrt. Dabei bezieht sich die Verzerrung nun auf die tatsächliche Höhe der Wahrscheinlichkeiten und nicht nur auf die Relationen der Wahrscheinlichkeiten mehrerer Ereignisse untereinander, wie dies bei der „conjunction fallacy" der Fall war. Für die Bewertung von Operational Risk bedeutet dies, dass die Wahrscheinlichkeit des gemeinsamen Eintretens zweier Ereignisse, wie einem Serverausfall und einem Erdbeben, auch absolut überschätzt wird. Die Verzerrung durch die Unterschätzung von Wahrscheinlichkeiten disjunkter Ereignisse ist gerade für die Risikoeinschätzung von großer Bedeutung. In einem komplexen System, wie bspw. dem IT-System einer Bank, gibt es wesentliche Komponenten, deren Ausfall zum Gesamtausfall des Systems führen kann. Um nun die Gesamtwahrscheinlichkeit für den Ausfall des gesamten Systems zu ermitteln, müssen die,

---

440 Konjunkte Ereignisse treten gemeinsam auf, wie bereits bei der „conjunction fallacy" erläutert, disjunkte Ereignisse treten alternativ auf.

441 Vgl. hierzu und im folgenden Tversky, A. / Kahneman, D. (Heuristics, 1974), S. 1128f.

442 Sei A ein Ereignis und $\bar{A}$ ein dazu disjunktes Ereignis, so ergibt sich die gemeinsame Wahrscheinlichkeit $P (A \cup \bar{A}) = P (A) + P (\bar{A})$. Vgl. Poddig, T. et al. (Ökonometrie, 2003), S. 17.

wahrscheinlich an sich eher geringen, Ausfallwahrscheinlichkeiten dieser einzelnen Komponenten aufaddiert werden. Tritt hier die oben beschriebene Verzerrung auf, besteht die Gefahr, dass die Gesamtwahrscheinlichkeit eines Ausfalls des Systems unterschätzt wird. Müssen hingegen mehrere Komponenten gleichzeitig oder direkt nacheinander ausfallen, um einen Gesamtausfall auszulösen, so müssten die (bedingten) Einzelwahrscheinlichkeiten multipliziert werden, was die Gesamtwahrscheinlichkeit unter die Einzelwahrscheinlichkeiten sinken lässt und tendenziell wiederum zu einer Überschätzung der Gesamtwahrscheinlichkeit durch Experten führt.

Die hier aufgezeigten Urteilsheuristiken sind an sich nicht unumstritten.[443] Dennoch sind die aufgezeigten Verzerrungen bei der Urteilsbildung in der Realität nicht gänzlich zu verneinen und sollten bei der Verwendung synthetischer Daten zur Messung von Operational Risk zumindest im Bewusstsein der Modellanwender sein. Verzerrungen können dabei wie gezeigt sowohl bei der Schätzung von Eintrittswahrscheinlichkeiten, als auch bei der Schätzung von Schadenhöhen auftreten. Dies erscheint insbesondere wichtig, da die zur Generierung von synthetischen Daten Befragten i. d. R. IT-Experten sind und nicht zwingend über eine fundierte statistische Ausbildung verfügen.

3.3.2.2 Probleme externer Daten sowie aus der Kombination verschiedener Datenquellen

Stellenweise können die Schwachpunkte interner Daten durch die Verwendung externer Daten ausgeglichen werden. So kann dadurch die Anzahl an Daten erhöht und insbesondere auch um neuartige Ereignisse und Ereignisse mit hohen Schäden ergänzt werden.[444] Aber auch externe Daten sind mit Problemen behaftet. Hier spielen allerdings weniger quantitative Aspekte eine Rolle, als mehr die Qualität dieser Daten.

Bei den Datenpools aus internen Daten von Kreditinstituten ist zunächst eine grundlegende Problematik zu klären. Da Operational Risk größtenteils stark von den spezifischen Charakteristika der einzelnen Kreditinstitute abhängen, ist es möglich, dass die *Definition von Operational Risk* in den einzelnen Kreditinstituten differiert. Dies ist sogar von aufsichtsrechtlicher Seite zulässig, wenn die individuellen Definitionen die wesentlichen Risiken, die die aufsichtsrechtliche Definition vorsieht, erfassen.[445] Basieren die Datensammlungen der einzelnen Kreditinstitute aber auf unterschiedlichen

---

[443] Vgl. bspw. als Kritiker an den Arbeiten von Kahneman / Tversky Gigerenzer, G. (Rebuttal, 1996), S. 592-596; die Antwort von Kahneman, D. / Tversky, A. (Illusions, 1996), S. 582-591.

[444] Vgl. ähnlich Wiedemann, A. (Risikotriade, 2004), S. 240f.

[445] Vgl. Basel Committee on Banking Supervision (Sound Practices, 2003), S. 2.

Definitionen, so wird die Vergleichbarkeit der Daten schon auf dieser sehr grundlegenden Ebene stark eingeschränkt.[446] Das Problem verstärkt sich, da trotz einer zumindest im Groben einheitlichen Definition von Operational Risk, abweichende Kategorisierungen bzgl. Ursachen oder Geschäftsbereichen durch die einzelnen Kreditinstitute als sehr wahrscheinlich anzusehen sind. Daraus können Verzerrungen bei Verwendung solcher Daten entstehen. Eine Einigung auf grobe Kategorien in Datenkonsortien ist deshalb notwendig. ORX schlägt bspw. eine Ereigniskategorisierung sowie eine Aufteilung in Geschäftsbereiche vor, die stark an die Vorgaben aus Basel II angelehnt sind.[447] Auch im Bereich der Sammlung von Indikatoren ist eine Standardisierung notwendig, da meist rein durch die Bezeichnung eines Indikators noch nicht deutlich wird, was dahinter steckt. So werden bspw. in der KRI Library auch detaillierte Spezifizierungen der einzelnen Indikatoren vorgegeben.[448] Die Problematik verschärft sich noch, wenn man Datenpools aus öffentlichen Daten betrachtet. Hier werden keine Vereinbarungen zwischen Mitgliedern eines Datenpools getroffen. Im Prinzip legt das sammelnde Unternehmen eine Definition und Klassifikation fest, in die es die extern vermerkten Ereignisse einzuteilen versucht. Dabei ist noch nicht einmal gesichert, dass diese Definition und Klassifikation auch explizit offengelegt wird.

Zusätzlich ist zur Sicherung der Qualität externer Daten zu klären, *was in einem Datenpool als „Schaden" zu erfassen ist*. Die Schadenhöhen können ansonsten stark voneinander abweichen. ORX erfasst bspw. nur negative Effekte auf die Ertragslage der Bank oder deren Aktienkurs, wobei hier sehr fraglich erscheint, wie sinkenden Aktienkursen konkret Operational Risk-Ereignisse zugeordnet werden können.[449] „Near Misses" und Opportunitätskosten werden gar nicht erfasst. Hat nun aber eine der teilnehmenden Banken eine andere interne Festlegung für sich getroffen, so kann dies zu deutlichen Problemen führen, da die Anpassung der Daten an die Definition des Konsortiums wiederum Fehlerpotential aufweist. Hinzu kommen unterschiedliche Thresholds in der Datensammlung, die ebenfalls zu Anpassungsproblemen führen können.

---

[446] Vgl. hierzu und im folgenden zur grundlegenden Idee Röckle, S. (Schadensdatenbanken, 2002), S. 89.

[447] Vgl. ORX (Reporting Standards, 2004), S. 18ff. Bspw. fügt ORX die Eventkategorie "Malicious Damage" hinzu, unter der Schäden aus böswilligen und terroristischen Angriffen ohne Profitabsichten zusammengefasst werden (vgl. ebd. S. 21f.). Darunter werden bspw. auch Angriffe mit Viren und Würmern auf das IT-System einer Bank gezählt. Bei den Geschäftsbereichen wurde bspw. eine Kategorie eingefügt, die Ereignisse abdecken soll, die rein die Ebene der Gesamtbank betreffen, wie bspw. die Entführung des Vorstandsvorsitzenden (vgl. ebd. S. 27).

[448] Vgl. hierzu RMA/Risk Business unter http://www.kriex.org/Default.aspx?MainPage=TenReasonsToSubscribe.aspx&PageTitle=Ten%20Reasons%20To%20Subscribe&Footer=1.

[449] Vgl. ORX (Reporting Standards, 2004), S. 5 und Anhang 3, S. 228.

Es ist zu erwarten, dass sich in Datenpools von Kreditinstituten zu Verlusten aus Operational Risk ein *„Selection Bias"* findet.[450] Dieser resultiert daraus, dass die beteiligten Kreditinstitute gezielt Schadenereignisse nicht oder mit einer bewusst falschen Schadenhöhe melden, da diese entweder ein negatives Licht auf das Kreditinstitut werfen oder einen zu tiefen Einblick in das Unternehmen gewähren könnten. Demzufolge ist hier eine Verzerrung in Richtung High Frequency / Low Impact-Ereignissen zu erwarten. Für Daten aus öffentlich zugänglichen Quellen ist hingegen eine deutliche Verzerrung genau in den anderen Bereich der Verlustverteilung zu erwarten, nämlich in Richtung Low Frequency- / High Impact-Ereignisse.[451] Dies resultiert daraus, dass die Wahrscheinlichkeit eines öffentlichen Reportings mit steigender Verlusthöhe zunimmt. Neben einer Verzerrung der Höhe der Verluste entsteht auch ein Selection Bias bei den verschiedenen Loss Events, da nur bestimmte Verluste überhaupt publik werden.[452] So werden Verluste aus Fehlern im IT-System der Bank eher selten, Zahlungen im Zusammenhang mit Gerichtsverfahren hingegen häufiger in der Öffentlichkeit bekannt. So stellten auch Fontnouvelle et al. bei einer Analyse externer Datenbanken fest, dass in diesen hauptsächlich Verluste aus „Internal Fraud" und „Clients, Products, and Business Practices" erfasst wurden, während am wenigsten Verlustdaten zu „Damage to Physical Assets and System Failures" zu finden waren.[453] Die Erklärung dafür könnte einerseits lauten, dass diese Verlustereignisse tatsächlich seltener auftreten, es könnte aber andererseits sein, dass hier Verzerrungen im Reporting dieser Ereignisse auftreten, da diese entweder nicht bekannt werden oder falschen Kategorien zugeordnet werden.

Ein weiterer Konflikt, der zur Minderung der Datenqualität beitragen kann, ergibt sich durch die *unterschiedlichen Interessen*, die ein Kreditinstitut bei der Teilnahme an einem Datenkonsortium hat. Einerseits möchte es als „meldendes" Institut gesichert sehen, dass aus den Verlusten und Indikatoren keine Rückschlüsse auf das Unternehmen gezogen werden können, also die *Anonymität der Daten* sichergestellt wird.[454] Häufig werden deshalb die Datenbanken in den Konsortien von unabhängigen Dritten aufgebaut und betreut, wobei eine wesentliche Aufgabe in der Anonymisierung der Daten liegt.[455] Andererseits benötigt ein Kreditinstitut als „verwertendes" Institut aber Informationen, die es ermöglichen, die *Daten auf ihre individuelle Situa-*

---

[450] Vgl. hierzu und im folgenden Güllich, H.-P. et al. (Verlustdaten, 2001), o. S.; Cruz, M. G. (Modeling, 2002), S. 32.

[451] Vgl. Fontnouvelle, P. de et al. (Loss Data, 2003), S. 3.

[452] Vgl. hierzu und im folgenden Güllich, H.-P. et al. (Verlustdaten, 2001), o. S.

[453] Vgl. hierzu und im folgenden Fontnouvelle, P. de et al. (Loss Data, 2003), S. 9.

[454] Vgl. Röckle, S. (Schadensdatenbanken, 2002), S. 88f.; Ceske, R. et al. (Event Risk, 2000), S. 8f.

[455] Vgl. Wiedemann, A. (Risikotriade, 2004), S. 241. Für ORX wird die Datenbank bspw. von PricewaterhouseCoopers verwaltet (vgl. ORX (Press Release, 2003)).

tion anzupassen. Solche Daten stehen aber im engen Zusammenhang mit der Struktur und der Aktivität des meldenden Kreditinstituts. Eine Anpassung ist allerdings unbedingt notwendig, da die gemeldeten Daten jeweils nur dem ganz spezifischen Kontext des meldenden Kreditinstituts entsprechen.[456] Bekommt bspw. eine kleinere Sparkasse als externes Datum den Verlust der Barings Bank von über 1 Mrd. US-Dollar gemeldet, so ist es nicht sinnvoll, diesen unreflektiert zu übernehmen, da aufgrund der Größe der Sparkasse und deren Handelsmöglichkeiten ein solcher Verlust gar nicht entstehen könnte.[457]

Zur Lösung dieses Problems wird eine *Anpassung der Daten aus Datenpools* von internen Daten anderer Kreditinstitute in mehreren Schritten vorgeschlagen. Zunächst ist eine Filterung der Daten vorzunehmen,[458] d. h. es muss für jeden Datenpunkt, vor allem für Datenpunkte mit hohen Verlusten[459], überprüft werden, ob der Verlustfall innerhalb der Strukturen des eigenen Kreditinstituts überhaupt auftreten kann.[460] Bspw. kann ein Experte befragt werden, für wie wahrscheinlich er den gezeichneten Ablauf eines Verlustszenarios im verwendenden Kreditinstitut hält, gegeben der auslösende Risikofaktor tritt dort auf. Fraglich ist hierbei allerdings, ob dadurch nicht gerade wieder Ereignisse ausgeschlossen werden, die das Kreditinstitut derzeit nicht für möglich hält, die aber durchaus eintreten können. Solche internen Datenlücken sollen gerade durch externe Daten geschlossen werden. Deshalb ist bei dieser ersten Filterung sehr sorgfältig vorzugehen und möglichst wenig auszuschließen. Bei Datenpools zu Risikoindikatoren sind zunächst nur solche auszuwählen, die auch im eigenen Kreditinstitut vorkommen. Ist diese erste Überprüfung abgeschlossen, so erfolgt in einem zweiten Schritt die Skalierung[461] der externen Daten[462] auf die Charakteristika des eigenen Kreditinstituts, wie die Größe, die Zusammensetzung

---

[456] Vgl. Röckle, S. (Schadensdatenbanken, 2002), S. 89.

[457] Vgl. Wiedemann, A. (Risikotriade, 2004), S. 241.

[458] Die von Ceske / Hernández / Sánchez für Datenpools aus öffentlichen Quellen vorgeschlagene Filterung der Daten wird hier auch für Datenpools aus internen Daten als zweckmäßig erachtet. Vgl. Ceske, R. et al. (Event Risk, 2000), S. 7.

[459] Bei kleineren, sehr häufig auftretenden Verlusten, ist der Aufwand hierfür nicht zu rechtfertigen, sodass eine Beschränkung auf größere Verluste, abhängig von der Größe der analysierenden Bank, notwendig ist.

[460] Vgl. Güllich, H.-P. et al. (Verlustdaten, 2001), o. S.

[461] Der Begriff der Skalierung wird hier und im weiteren Verlauf der Arbeit nicht in seiner statistischen Interpretation, d. h. im Sinne der Transformation einer Größe von einem in ein anderes Skalenniveau, sondern in seiner mathematischen Interpretation, d. h. im Sinne der Änderung der Größe eines Wertes durch Multiplikation mit einem Skalierungsfaktor, verwendet.

[462] Zur Problematik der Skalierung externer Daten aus Datenpools verschiedener Kreditinstitute im Bereich des Kreditportfoliorisikomanagements vgl. Meyer zu Selhausen, H. (Validierung, 2004), S. 777.

der Geschäftsbereiche, das Aktivitätsniveau, länderspezifische Gegebenheiten[463], die Leistungsfähigkeit interner Kontrollsysteme etc.[464] Als sehr kritisch ist bei der Skalierung zu sehen, dass die Voraussetzung dafür ist, dass ein nachweisbarer und konkretisierbarer Zusammenhang zwischen Proxygröße und dem Operational Risk besteht. So konnte bisher kein linearer Zusammenhang zwischen Unternehmensgröße und Operational Risk oder auch kein signifikanter Zusammenhang zwischen Ertragshöhe und Ausmaß des Operational Risk nachgewiesen werden.[465] Die Skalierung der Daten ist also einerseits notwendig, um die Daten überhaupt verwendbar zu machen, stellt aber andererseits wieder eine Quelle der subjektiven Verzerrung und der Ungenauigkeit dar[466]. Auch Werte zu Indikatoren aus Datenpools für Risikoindikatoren müssen an die Größe und das Aktivitätsniveau des eigenen Kreditinstituts angepasst werden. Dies kann ebenfalls anhand von Größenproxies wie der Bilanzsumme geschehen, wobei hier jeweils für einzelne Indikatoren auch spezifische Skalierungsparameter zu suchen sind, bspw. solche die bereits in der Definition der Indikatoren berücksichtigt sind.[467] Bei externen Daten aus öffentlich zugänglichen Quellen wird eine Anpassung der Daten insbesondere dadurch erschwert, dass zu den veröffentlichten Ereignissen noch wesentlich weniger Zusatzinformationen neben der Schadenhöhe erhältlich sind, als bei den Datenpools der Kreditinstitute. Die Veröffentlichung einer konkreten Risikoursache sowie von Indikatoren, welche die Begleitumstände sowie die Spezifika des betroffenen Kreditinstituts abbilden, erscheint nur in sehr eingeschränktem Maße gegeben. Dennoch ist auch bei diesen externen Daten eine Skalierung vorzunehmen, die aus den genannten Gründen aber auf einem noch viel unsichereren Fundament steht, als dies bei den externen Daten von Datenkonsortien der Fall ist.

Nach einer allgemeinen Anpassung der Daten an die Eigenschaften des betrachteten Kreditinstituts, kann in einem zweiten Skalierungsschritt eine Anpassung der Schadenhöhe an ganz spezifische Eigenschaften des Kreditinstituts erfolgen.[468] Wird ein Schadenfall zwar prinzipiell als möglich angesehen und kommt er damit durch die erste Filterung, kann es dennoch der Fall sein, dass aufgrund spezifischer Sicherungen der maximale Schaden als geringer eingeschätzt wird. Wiederum müssen also

---

[463] Bspw. haben Schadenersatzzahlungen in USA und Japan ein ganz anderes Niveau als in Deutschland (vgl. Güllich, H.-P. et al. (Verlustdaten, 2001), o. S.).

[464] Vgl. Ceske, R. et al. (Event Risk, 2000), S. 7.

[465] Vgl. Boos, K.-H. / Schulte-Mattler, H. (Methoden, 2001), S. 550; Haas, M. / Kaiser, T. (Insufficiency, 2004), S. 16.

[466] Vgl. Locark-Junge, H. / Hengmith, L. (Quadratur, 2004), S. 238.

[467] Vgl. hierzu ausführlich Kap. 4.1.1, S. 103ff.

[468] Vgl. zu diesem Gedanken und zum folgenden Wiedemann, A. (Risikotriade, 2004), S. 241f.

Experten überprüfen, ob sie nur einen Bruchteil des Schadens ansetzen möchten oder diesen sogar noch höher einschätzen würden.

An dieser Stelle ist anzumerken, dass eine Anpassung auf Spezifika der Bank, die die Daten anderer Banken verwenden möchte, in einem gewissen Rahmen notwendig erscheint. Werden nämlich Modelle für die Messung von Operational Risk auf der Basis unpassender Datenstichproben kalibriert, so entstehen hieraus völlig unkontrollierbare Verzerrungen.[469] Nimmt diese „Anpassung" aber überhand, so werden aus den zunächst zumindest einigermaßen objektiven Daten (wobei diese bereits durch die aufgezeigten Probleme der internen Daten und des Datensammlungsprozesses verfälscht sind) rein subjektive Daten. Im schlimmsten Fall führen die verschiedenen Anpassungsmechanismen zu gezielten Datenmanipulationen. Solche Verfälschungen werden noch dadurch forciert, dass sich Unternehmen meistens als „über dem Durchschnitt" einschätzen, und deshalb die Schadenhöhen herunterkorrigieren bzw. externe Daten als nicht relevant für ihr Unternehmen ansehen.[470]

Insgesamt werden bisher noch *nicht genügend Zusatzinformationen*, bspw. zu Risikofaktoren im Zusammenhang mit Verlustdaten, in den Datenpools erfasst.[471] Grund dafür ist, dass die Banken diese selbst noch nicht in ausreichendem Umfang und Qualität sammeln und sie auch ungern preisgeben möchten. Derzeit werden in den Schadendatenbanken also hauptsächlich Schadenhöhen und –häufigkeiten erfasst. Hingegen werden Indikatoren nur in geringer Anzahl und nur zur Skalierung der Daten, nicht aber zu deren Konkretisierung, zur Verfügung gestellt. Diese Informationen reichen noch nicht für eine valide Messung und darauf aufbauend für eine angemessen Risikosteuerung aus. Im Bereich der Versicherungswirtschaft finden sich schon viel umfassendere Datenpools verschiedener Versicherungsunternehmen.[472] So existieren im Bereich der Autoversicherung Datenbanken mit Daten zu Autounfällen, die neben dem Schaden auch zusätzliche Informationen wie Alter und Geschlecht des Fahrers, Automodell und Alter, Wetter zum Zeitpunkt des Unfalls etc. enthalten. Bei den Datenbanken zu Indikatoren im Bereich der Operational Risk fehlen hingegen noch Werte zu Verlusten aus Operational Risk, was die notwendige Kombination der Risikoindikatoren mit Verlusten unmöglich macht.

Ingesamt kommt es also auch bei externen Daten zu erheblichen Verzerrungen durch eine mangelnde Datenqualität. Erschwerend kommt hier im Vergleich zu den Verzerrungen der internen Daten noch hinzu, dass das Kreditinstitut, das die exter-

---

[469] Vgl. zu dieser Überlegung im Bereich der Messung von Kreditportfoliorisiken Meyer zu Selhausen, H. (Datenbasis, 2004), S. 442.

[470] Vgl. Marshall, C. L. (Measuring, 2001), S. 182.

[471] Vgl. hierzu und im folgenden Cruz, M. G. (Modeling, 2002), S. 33.

[472] Vgl. hierzu und im folgenden Cruz, M. G. (Modeling, 2002), S. 33.

nen Daten verwenden möchte, die Datenqualität noch viel weniger einschätzen kann, als bei seinen eigenen Daten. Die Gefahr, dass an Datenpools beteiligte Kreditinstitute bewusst oder unbewusst qualitativ minderwertige Daten liefern ist nicht zu unterschätzen.

Eine Verwendung externer Daten ist sinnvoll, um einen Abgleich der internen Daten und daraus entwickelter Szenarien mit der Branche vorzunehmen. Der Hauptgrund für die Verwendung externer Daten ist derzeit aber noch, damit die noch recht dünne interne Datenbasis aufzufüttern. Hieraus entstehen wiederum Probleme durch die *Mischung von Daten aus unterschiedlichen Datenquellen*. Werden externe Daten direkt mit der internen Datenbanken vereinigt, so führt dies zu völlig fehlerhaften Ergebnissen.[473] Das Problem liegt einerseits bei den bereits erwähnten unterschiedlichen Definitionen, Kategorisierungen und Festlegungen, bspw. was in die Schadenhöhe mit einbezogen wird, andererseits aber auch bei den unterschiedlichen Thresholds, die bei der Sammlung der Daten verwendet werden. Daraus resultiert eine Trunkierung der Daten mit unterschiedlichen Werten. Schon innerhalb eines Kreditinstituts können für einzelne Geschäftsbereiche oder Loss Events unterschiedliche Thresholds vorgegeben werden. Thresholds von Datenpools der Kreditinstitute liegen voraussichtlich höher als interne Thresholds, da hierbei ein gemeinsamer Nenner gefunden werden muss. Die Daten aus öffentlichen Quellen werden voraussichtlich einen noch höheren Threshold aufweisen, da Schadenfälle erst ab einer gewissen Höhe überhaupt Interesse in der Öffentlichkeit finden. Bei den Datenbanken aus öffentlichen Quellen ist von vornherein auszuschließen, dass alle bekannt gewordenen Ereignisse über einem gewissen Threshold auch tatsächlich gesammelt wurden. Damit existiert nicht nur eine Verzerrung aus unterschiedlichen genannten Thresholds, sondern zusätzlich auch noch eine Verzerrung aus unterschiedlichen tatsächlichen Thresholds, die unbekannt sind.[474]

---

[473] Vgl. hierzu und im folgenden Baud, N. et al. (Over-estimating, 2002), S. 2.

[474] Baud, N. et al. (Over-estimating, 2002) präsentieren einen Vorschlag, wie diese unterschiedlichen Thresholds bei der Mischung von Daten aus unterschiedlichen Quellen und Verwendung eines Verlustverteilungsansatzes zur Messung berücksichtigt werden können, um damit große Verzerrungen zu vermeiden.

3.3.2.3 Zusammenfassende Beurteilung der Datenproblematik im Zusammenhang mit Operational Risk

Die zusammenfassende Beurteilung der Daten lässt sich an der derzeit anzunehmenden Erfüllung der in Kap. 3.3.1 aufgestellten Qualitätskriterien zeigen:

- Vollständigkeit

Es wurde aufgezeigt, dass hier ein Konflikt zwischen Wirtschaftlichkeit der Datenerfassung und Vollständigkeit der Daten besteht, sodass eine Vollständigkeit der Daten, egal welcher inhaltlicher Kategorie, ausgeschlossen werden kann. Darüber hinaus werden auch innerhalb des festgelegten Erfassungsbereichs der Daten immer wieder Ereignisse nicht erkannt oder nicht erfasst werden, was die Vollständigkeit zusätzlich negativ beeinflusst.

- Unverzerrtheit

Die Unverzerrtheit der Daten ist ebenfalls auszuschließen, da sowohl durch die Trunkierung der Daten bei der Sammlung, als auch durch anderweitige aufgezeigte Verzerrungen, wie ein Selection Bias oder auch die Verzerrungen durch die Anwendung von Urteilsheuristiken bei synthetischen Daten, die Daten teilweise erheblich verzerrt werden.

- Objektivität

Die Objektivität der Daten ist teilweise stark eingeschränkt durch die Erfassung der Daten durch Menschen und die damit verbundenen Fehlermöglichkeiten, durch Verzerrungen aufgrund von Anpassungen externer Daten an die eigene Risikosituation, aber auch von internen Daten an die aktuelle Situation. Besonders schwerwiegend sind die Einschränkungen der Objektivität bei den synthetischen Daten zu bewerten.

- Zuordenbarkeit

Die Zuordenbarkeit wird insbesondere dadurch erschwert, dass sich Ereignisse meist eben nicht eindeutig zuordnen lassen. Insbesondere aufgrund vielfältiger Ursache-Wirkungsketten und Überschneidungen mit anderen Risikoarten bzw. zwischen den Operational Risk-Kategorien (bspw. Mitarbeiter und IT) ist eine klare Zuordnung nicht immer möglich.

- Genauigkeit / Klarheit / Transparenz

Da häufig konkrete Schadenhöhen nicht ermittelbar sind bzw. zusätzliche Informationen häufig noch nicht strukturiert erfasst werden, ist davon auszugehen, dass derzeit noch ein Teil der Daten Spekulationen und Schätzungen unterliegt, und damit die Genauigkeit leidet. Zudem ist auch zu befürchten, dass konkrete Aussagen teilweise nicht möglich sind.

- Ausreichende Historie

Prinzipiell ist die Datenhistorie derzeit größtenteils noch sehr ungenügend, da erst seit wenigen Jahren konkrete und strukturierte Datensammlungsbemühungen für Operational Risk anzutreffen sind. Ferner besteht ein Konflikt zwischen statistischen Anforderungen und Überlegungen bzgl. der Gültigkeit der historischen Daten für die aktuelle Risikosituation.

- Redundanzfreiheit

Es ist davon auszugehen, dass einige, insbesondere große Kreditinstitute, bereits standardisierte Schadendatenbanken eingeführt haben und eine zentrale Speicherung der Daten forcieren. Bei allen anderen ist eine Redundanzfreiheit der Speicherung der Daten allerdings nicht zu erwarten. Tauchen bspw. Daten zu einem Schadenereignis in mehreren internen oder externen Quellen auf, so ist auch zu erwarten, dass z. B. die Schadenhöhen durchaus voneinander abweichen können.

- Kontextbezogenheit

Wie bereits erwähnt wurde, sind die meisten Datenbanken, sowohl interne, aber noch stärker die externen, noch viel zu einfach und mit viel zu wenigen Zusatzinformationen ausgestattet, die die Messung und Steuerung des Operational Risk erheblich verbessern könnten.

- Relevanz

Die Relevanz der historischen Daten für die aktuelle Risikosituation ist aufgrund der Kritik an der Annahme der Stationarität zumindest anzuzweifeln, wenn auch nicht vollständig auszuschließen. Die Relevanz externer Daten für die spezifische Risikosituation eines Kreditinstituts ist aufgrund der bereits genannten Kritikpunkte ebenfalls als fraglich zu erachten, insbesondere wenn nicht entsprechende Anpassungen vorgenommen werden, die allerdings wiederum die Objektivität und die Unverzerrtheit der Daten einschränken können.

Zusammenfassend kann also festgestellt werden, dass sowohl die Datenqualität als auch die Datenquantität derzeit noch erheblichen Einschränkungen, bspw. aufgrund von Fehlklassifizierungen, der Trunkierung der Daten, einer noch sehr kurzen Historie und einer noch fehlenden Risikokultur im Bereich der Operational Risk, fehlerhaften Skalierungsversuchen bei externen Daten etc.,[475] unterliegen, die schwerwiegende Auswirkungen auf die Ergebnisse der Messung und die Steuerung der Operational Risk haben können. Dennoch ist eine Sammlung der Daten für ein sinnvolles Management dieser Risiken unbedingt notwendig. Allerdings sollten die derzeit noch vorhandenen Schwächen der Daten bei deren Verwendung unbedingt berücksichtigt

---

[475] Vgl. auch Haas, M. / Kaiser, T. (Insufficiency, 2004), S. 20.

werden und insbesondere auch gezielte Manipulationen, bspw. unter dem Deckmantel der Anpassung externer Daten an die eigene Risikosituation oder historischer Daten an die aktuelle Risikolage, soweit wie möglich unterlassen werden. Insgesamt herrscht derzeit eine gewisse Pragmatik in der Praxis, die für einen Fortschritt im Bereich der Messung und Steuerung von Operational Risk auch unbedingt notwendig ist, die aber nicht dazu führen darf, dass eine falsche Korrektheit der Ergebnisse vorgetäuscht wird, die derzeit noch nicht erzielbar ist.

4. Darstellung und methodenkritische Beurteilung von Indikatoransätzen und statistischen / versicherungsmathematischen Ansätzen

4.1 Darstellung und methodenkritische Beurteilung von Indikatoransätzen

4.1.1 Grundprinzip und Kategorisierung der Indikatoransätze

Indikatoren können im Zusammenhang mit Operational Risk prinzipiell sowohl zur Messung, als auch zur Steuerung des Operational Risk herangezogen werden.[476] Sie stellen ein wesentliches Instrument zum Management von Operational Risk dar. In einer Studie von Cap Gemini Ernst & Young 2002 gaben 36 von 60 Kreditinstituten an, dass sie bereits mit Risikoindikatoren arbeiten oder dies in nächster Zeit planen.[477] Dabei variierte die Anzahl der eingesetzten Indikatoren bei den 16 Banken, die bereits Risikoindikatoren verwendeten, zwischen 5 und 100.[478] Die meisten Indikatoren wurden dabei im Bereich „Technologie" und „interne Verfahren" eingesetzt, was darauf hindeutet, dass Indikatoren gerade im Management von IT-Risiken sinnvoll einsetzbar sind.

Bei der Messung werden Indikatoren so eingesetzt, dass sie als Schlüsselvariablen für die Abschätzung des Operational Risk-Potentials dienen, d. h. mittels der Entwicklung der für das Unternehmen risikorelevanten Indikatoren wird versucht, einen Rückschluss auf das Ausmaß und Veränderungen der vorhanden Risiken zu ziehen. Auf der Basis von historischen Werten der Indikatoren werden Modelle zur Messung erstellt, bspw. in Form einer Regressionsgleichung, die Aussagen über das aktuelle Risikopotential zulassen. Zur Quantifizierung des IT-Risikos auf Basis eines solchen Modells werden entweder bereits realisierte Werte für Indikatoren in das Modell eingesetzt, oder Prognosen zu den Indikatoren abgegeben und im Modell verwendet, d. h. in den Indikatoransätzen findet sich die Annahme der Stationarität bei der Modellierung der Zusammenhänge zwischen Indikatoren und dem Risikopotential wieder. Die Messung selbst kann auf der Basis aktueller Daten oder auch auf Basis historischer Daten, wie beim BIA und STA, erfolgen, wobei dann auch eine Stationarität der Messdaten angenommen wird.

Vor einer Kategorisierung von Indikatoren ist zu klären, ob ***Risikoindikatoren*** insgesamt in einem ***kausalen Zusammenhang*** mit dem Operational Risk stehen müssen,

---

[476] Vgl. hierzu und im folgenden Hoffman, D. G. (Managing, 2002), S. 239 und Münchbach, D. (Private Banking, 2001), S. 146.

[477] Vgl. Cap Gemini Ernst & Young (Trends, 2002), S. 18.

[478] Vgl. Cap Gemini Ernst & Young (Trends, 2002), S. 23.

wie dies bspw. Minz voraussetzt.[479] Ein kausaler Zusammenhang zwischen Risikoindikator und Risiko wäre sicherlich der erstrebenswerteste Zustand.[480] Da allerdings die Kausalität im strengen wissenschaftlichen Sinne nicht nachweisbar ist, ist fraglich, wie diese Forderung praktisch umzusetzen ist. Intuitiv erscheint es am wichtigsten, dass Indikator und Messgröße zumindest in irgendeinem nachweisbaren und nachvollziehbaren Zusammenhang stehen. Ob dieser dann tatsächlich als kausal anzusehen ist, erscheint eher vernachlässigbar. Deshalb wird im folgenden auch dann von einem Risikoindikator gesprochen, wenn dieser nicht unbedingt als kausal einzuschätzen ist.

Im Bereich der Konjunkturprognose werden häufig Indikatoren eingesetzt.[481] Man unterscheidet hier zwischen ***vorlaufenden, gleichlaufenden und nachlaufenden Indikatoren***.[482] Vorlaufende Indikatoren deuten dabei schon im Vorfeld durch ihre Ausprägung auf eine bestimmte Entwicklung der Konjunktur hin.[483] Gleichlaufende Indikatoren hingegen ändern sich zeitgleich mit der konjunkturellen Lage. Nachlaufende Indikatoren weisen erst eine Zeit nach dem Eintreten einer Veränderung der Konjunktur Änderungen in ihrer Ausprägung auf und reflektieren damit bereits eingetretene Ereignisse.[484]

Diese Überlegungen können auch auf die Indikatoren zur Messung des Operational Risk übertragen werden, d. h. die Indikatoren können sowohl verwendet werden, um Risiken vorauszusehen, aber auch um eingetretene Risiken zu erkennen und deren Verlauf ex post zu betrachten. Im besten Fall stehen vorlaufende Risikoindikatoren zur Verfügung, die bereits frühzeitig den Eintritt eines Risikoereignisses ankündigen.[485] Anhand solcher Indikatoren kann eine Prognose des zukünftigen Risikopotentials vorgenommen werden. Vorlaufende Risikoindikatoren sind insbesondere zur Risikosteuerung einsetzbar, da sie frühzeitig auf ein Risiko hinweisen und darauf

---

[479] Vgl. Minz, K.-A. (Operationelle Risiken, 2004), S. 62.

[480] Vgl. hierzu und im folgenden auch Kap. 3.2.3, S. 47ff.

[481] Vgl. zu Methoden der Konjunkturprognose und insbesondere auch zum Indikatoransatz Nierhaus, W. / Sturm, J.-E. (Konjunkturprognose, 2003).

[482] Vgl. hierzu Hinze, J. (Frühindikatoren, 2003), S. 2 und DIT (Ökonomische Indikatoren, 2002), S. 3ff. Beispiele wären für einen vorlaufenden Konjunkturindikator der ifo Geschäftsklimaindex oder das Verbrauchervertrauen, für einen gleichlaufenden Konjunkturindikator der Einzelhandelsumsatz oder die Nettoproduktion, für einen nachlaufenden Konjunkturindikator die Arbeitslosenquote oder die Konkursquote.

[483] Die vorlaufenden Indikatoren werden auch als Frühindikatoren bezeichnet. Häufig sind dies bei der Konjunkturprognose Indikatoren, die Urteile und Erwartungen widerspiegeln. Vgl. Nierhaus, W. / Sturm, J.-E. (Konjunkturprognose, 2003), S. 15ff.

[484] Vgl. hierzu im Bereich der Risikoindikatoren für operationelle Risiken Romeike, F. (Gesamtrisikosteuerung, 2004), S. 48.

[485] Vgl. Hoffman, D. G. (Managing, 2002), S. 240f.

aufbauend Maßnahmen der Risikosteuerung ergriffen werden können.[486] Nachlaufende Indikatoren können zwar keine Risikosteuerungsimpulse geben, aber als Anhaltspunkt für eingetretene Schäden dienen, weshalb hier der Begriff „Schadenindikator" passend erscheint. Diese Indikatoren können dazu beitragen, das vergangene Schadenausmaß zu quantifizieren. Aufbauend auf der bei der Risikomessung häufig anzutreffenden Annahme der Stationarität kann darüber hinaus versucht werden, auf der Basis von Vergangenheitsdaten zu Indikatoren Rückschlüsse auf die aktuelle Risikolage zu ziehen.[487] Es ist zu konstatieren, dass vorlaufende Indikatoren im besten Fall Indikatoren für Risikoursachen darstellen,[488] während nachlaufende Indikatoren eher die Wirkungen des Risikos abbilden. Gleichlaufende Indikatoren sind eine Möglichkeit, die aktuelle Risikolage abzubilden[489]. Die konkrete Unterscheidung ob ein Indikator vor-, gleich- oder nachlaufend ist, ist dann schwierig, wenn die Zeit zwischen Indikatorveränderung und Ereigniseintritt oder umgekehrt eher klein ist. Gerade die Unterscheidung, ob ein Indikator gleichlaufend oder doch leicht vor- oder nachlaufend ist, erscheint fast unmöglich. Deshalb wird im folgenden auch nur zwischen vor- und nachlaufenden Indikatoren unterschieden, da die Zuordnung in diese beiden Klassen fundiert möglich erscheint. Wird ein vorlaufender Indikator zur Steuerung eingesetzt, so sollte zwischen der Veränderung des Indikators und dem Schadeneintritt noch Zeit für Gegenmaßnahmen bestehen.[490] Dabei spielt insbesondere die Häufigkeit der Messung der Indikatoren eine Rolle. Wenn ein gleichlaufender Indikator bspw. täglich nur einmal gemessen wird, so können die Entwicklungen im Risikopotential erst zu spät erkannt werden. Insgesamt ist davon auszugehen, dass im Bereich der Messung und Steuerung von Operational Risk mehr nachlaufende als vorlaufende Indikatoren zu identifizieren sind.[491]

---

[486] Bspw. gibt es vom Basler Ausschuss in seinen Praxisempfehlungen zum Management operationeller Risiken (vgl. Basler Ausschuss für Bankenaufsicht (Praxisempfehlungen, 2003, Punkt 27, S. 9) auch die Empfehlung, Indikatoren zur Früherkennung von gestiegenen Verlustrisiken zu identifizieren und laufend zu überwachen.

[487] Bspw. wird vom Basler Ausschuss im Basisindikator- und im Standardansatz als Indikator für das Operational Risk ein Durchschnittswert des Bruttoertrags der letzten drei Jahre herangezogen. Auf Basis dieser Vergangenheitswerte wird versucht, auf das aktuelle Risikopotential der Bank zu schließen. Vgl. Basel Committee on Banking Supervision (Convergence, 2004), Punkt 649, S. 137 und Punkt 654, S. 140.

[488] Die hier vorgenommene Einschränkung beruft sich auf die angesprochene Tatsache, dass nicht immer von einem kausalen Zusammenhang zwischen Indikator und Risiko ausgegangen werden kann und es damit auch evtl. Indikatoren geben kann, die Hinweise auf eintretenden Risiken geben können, ohne tatsächlich für diese ursächlich zu sein.

[489] Vgl. Hoffman, D. G. (Managing, 2002), S. 263.

[490] Vgl. hierzu und zum folgenden ähnlich Brink, G. J. van den (Risiko-Indikatoren, 2004), S. 39f.

[491] Vgl. hierzu ähnlich Hoffman, D. G. (Managing, 2002), S. 240.

Neben vor- und nachlaufenden Indikatoren kann unterschieden werden zwischen ***quantitativen und qualitativen Indikatoren.***[492] Erstere sind eindeutig quantifizierbar und werden häufig schon im Unternehmen gemessen, da sie bspw. im Controlling oder im Rahmen von Managementinformationssystemen bereits eingesetzt werden. Qualitative Indikatoren hingegen sind nicht quantifizierbar und damit ggf. subjektiv. Häufig werden vorlaufende Indikatoren in Form von Erwartungen ermittelt, was dazu führt, dass diese Indikatoren zunächst qualitativ sind. Sollen die Indikatoren in einem System zusammengeführt werden, sollten die qualitativen Indikatoren bspw. mittels eines Scoringsystems in quantitative Werte überführt werden. Ein Beispiel für einen quantitativen Indikator ist das Alter eines IT-Systems, ein Beispiel für einen qualitativen Indikator ist das Know-How der Mitarbeiter in der IT-Abteilung.

Weitere Kategorisierungen von Risikoindikatoren können vorgenommen werden ***nach Indikatortyp, nach Risikokategorien und nach Breite der Anwendbarkeit.***[493] Die *Breite der Anwendbarkeit* deutet darauf hin, ob Indikatoren nur für einen bestimmten Geschäftsbereich oder auf Gesamtbankebene eingesetzt werden.[494] Nicht alle Indikatoren können auch sinnvoll in allen Geschäftsbereichen eingesetzt werden oder müssen zumindest modifiziert werden. Eine Einteilung nach *Risikokategorien* bedeutet, dass es im Bereich der Operational Risk unbedingt notwendig ist, für die einzelnen Kategorien eigene Risikoindikatoren zu finden, d. h. also Indikatoren für Mitarbeiter, für Systeme, für Prozesse und für externe Risiken.[495] Innerhalb dieser Kategorien macht eine weitere Differenzierung Sinn, d. h. spezielle Indikatoren für die unterschiedlichen Schwachstellen im Bereich der Systeme oder für die unterschiedlichen Bedrohungen sollten definiert werden.[496]

Eine einheitliche Kategorisierung nach dem *Indikatortyp* liegt noch nicht vor. Prinzipiell ist das Gebiet der Indikatoren zur Risikomessung für Operational Risk noch we-

---

[492] Vgl. hierzu und im folgenden Münchbach, D. (Private Banking, 2001), S. 148f. und Minz, K.-A. (Operationelle Risiken, 2004), S. 64, wobei Minz eine Unterscheidung in objektive und subjektive Indikatoren vornimmt.

[493] Vgl. hierzu und im folgenden Hoffman, D. G. (Managing, 2002), S. 241ff.

[494] Vgl. auch Münchbach, D. (Private Banking, 2001), S. 149.

[495] Vgl. hierzu bspw. auch Minz, K.-A. (Operationelle Risken, 2004), S. 63 und Münchbach, D. (Private Banking, 2001), S. 147.

[496] Konkrete Beispiele hierfür werden bei der Darstellung von Nonfinancial Risk Indicators aufgeführt. Vgl. Kap. 4.1.3.1, S. 138ff.

nig bearbeitet.[497] In den vorhandenen Literaturquellen sind keine einheitlichen Definitionen bzgl. verschiedener Typen an Indikatoren zu finden.

In den einzelnen Quellen werden für die Indikatortypen darüber hinaus unterschiedliche Bezeichnungen verwendet, ohne dass diese wirklich konkret und nachvollziehbar voneinander abgegrenzt werden. Eine Einteilung ist bspw. die in „Key Performance Indicator" (KPI), „Key Control Indicator" (KCI) oder „Key Risk Indicator" (KRI).[498] Unter KPIs werden Indikatoren verstanden, welche die operationelle Effizienz[499] überprüfen, unter KCIs Indikatoren, welche die Effektivität von Kontrollen widerspiegeln. KRIs sind bei diesen Autoren eine „sinnvolle Kombination" aus KPIs und KCIs. Eine andere Einteilung ist die in „Control Environment Factors", „Key Risk / Performance Indicators" und „Business Units and their Risk Profiles"[500] oder auch in „Inherent Risk or Exposure Indicators", „Individual Management Control Risk Indicators" und „Composite Risk Indicators"[501].

Eine etwas andere Interpretation der Unterscheidung von KRIs und KPIs als die von Pagett / Karow / Duncan ist die nach dem Zeitbezug, wobei KRIs als zukunftsbezogen, also vorlaufend, zu sehen sind und KPIs vergangene „Erfolge" abbilden, d. h. nachlaufend sind.[502] Diese Abgrenzung stimmt auch mit der von Kaiser / Köhne überein, die unter KRI nur solche Indikatoren zählen, die eine ex-ante Informationen bzgl. Operational Risk liefern, und unter KPIs solche Indikatoren verstehen, die expost Informationen über eingetretene Ereignisse geben.[503]

---

497 Während zu den statistischen / versicherungsmathematischen Methoden bereits zahlreiche detaillierte Veröffentlichungen vorliegen, finden sich zu den Indikatoransätzen, die über die Vorschläge in Basel II hinaus gehen, nur wenige spezifische Quellen (vgl. Taylor, D. / Hoffman, D. G. (Signal Failure, 1999); Cruz, M. G. (Modeling, 2002), S. 135ff.) und einige Erwähnungen dieser Möglichkeit in den einschlägigen Standardquellen zu Operational Risk.

498 Vgl. zu dieser Begriffseinteilung bspw. Pagett, T. et al. (Top Down, 2000), S. 17 oder Piaz, J.-M. (Operational Risk, 2002), S. 125f.

499 Was Pagett et al. unter „operationeller Effizienz" verstehen, wird von ihnen nicht weiter erläutert. Bei Kaiser / Köhne findet sich eine Konkretisierung in der Form, dass KPIs ex-post Größen bzgl. Prozessen, bspw. bzgl. Auslastung, Fehlerquoten etc., darstellen (vgl. Kaiser, T. / Köhne, M. F. (Finanzinstitute, 2004), S. 104f.).

500 Vgl. zu dieser Begriffseinteilung Cruz, M. G. (Modeling, 2002), S. 17f. Die „Control Environment Factors" entsprechen in etwa den KCIs in der Einteilung von Pagett et al. KRIs und KPIs werden von Cruz nicht getrennt. Die Bezeichnung „Business Units and their Risk Profiles" soll bei Cruz widerspiegeln, dass eine Differenzierung der Indikatoren nach unterschiedlichen Geschäftsbereichen notwendig ist. Dies wurde bereits früher in diesem Kapitel im Zusammenhang mit der „Breite der Anwendung" von Indikatoren angesprochen.

501 Vgl. zu dieser Begriffeinteilung Hoffman, D. G. (Managing, 2002), S. 242ff. Unter „Inherent Risk or Exporsure Indicators" sind am ehesten KRIs / KPIs zu subsumieren. Die „Individual Management Control Risk Indicators" sind am ehesten mit den KCIs gleichzusetzen. „Composite Risk Indicators" sind nichts anderes als aus mehreren einzelnen Indikatoren zusammengesetzte Indizes, die in dieser Arbeit in Kap. 4.1.4, S. 158ff. besprochen werden.

502 Vgl. hierzu Taylor, C. (KRI Part II News, 2004), S. 3.

503 Vgl. Kaiser, T. / Köhne, M. F. (Finanzinstitute, 2004), S. 104f.

Prinzipiell lässt sich also als Muster erkennen, dass eine Unterscheidung zwischen Indikatoren vorgenommen wird, die einerseits die Geschäftstätigkeit des Kreditinstituts abbilden und andererseits das Kontrollumfeld. Dies erscheint prinzipiell auch sinnvoll, da das Operational Risk durch die Geschäftstätigkeit ausgelöst wird, und das Kontrollumfeld das Ziel hat, Risiken zu vermeiden bzw. deren Auswirkungen einzuschränken. Es ist aber sehr schwierig, Indikatoren eindeutig in eine dieser beiden Gruppen einzuteilen.

Der Vorsatz „Key" vor die Begriffe „Risk Indicator", „Performance Indicator" und „Control Indicator" bedeutet an dieser Stelle nichts anderes, als dass hier „Haupt"-Indikatoren gesucht werden, also Indikatoren, denen eine große Bedeutung zugemessen werden kann. Da die tatsächliche Bedeutung erst ex-post festgestellt werden kann, sind zunächst einmal alle plausibel erscheinenden Indikatoren hier einzuordnen. Dass aus dieser zu erwartenden Vielzahl an Risikoindikatoren[504] dann nur die wesentlichsten tatsächlich zur Risikomessung eingesetzt werden, ist unumgänglich, um die Praktikabilität des Systems sicherzustellen. Verschiedene Indikatoren können in verschiedenen Messkontexten eine unterschiedliche Bedeutung aufweisen. So ist zu erwarten, dass für Mitarbeiterrisiken andere Indikatoren eine Schlüsselrolle spielen, als für IT-Risiken. Neben diesen zur Messung wesentlichen Indikatoren, können zur konkreten Risikosteuerung wiederum andere Indikatoren bedeutend sein. Deshalb, und da der Begriff des „Key Risk Indicators", wie bereits beschrieben, in der Literatur größtenteils besetzt ist durch „vorlaufende Risikoindikatoren[505]", wird im Rahmen dieser Arbeit auf das Präfix „Key" verzichtet.

Damit werden alle Indikatoren, die sinnvoll zur Risikomessung (und auch zur Risikosteuerung) eingesetzt werden können, als **„Risk Indicators" (RI)** bezeichnet. Darunter fallen KRIs, KPIs und KCIs.[506] Die konkrete Unterscheidung der Indikatoren nach ihrem Zeitbezug bereits in ihrer Benennung erscheint bei der Risikomessung von geringerer Bedeutung als bei der Risikosteuerung, sodass diese Unterscheidung hier bei Bedarf durch den Zusatz der Adjektive **„vorlaufend" oder „nachlaufend"** zu dem Begriff „Risk Indicator" ausreichend erscheint. Sollte es von Bedeutung sein, ob

---

[504] Bspw. wurden im Rahmen des bereits genannten Konsortiums zur Sammlung von Risikoindikatoren ca. 1800 KRIs gesammelt, die dann anschließend von den teilnehmenden Kreditinstituten bzgl. ihrer Bedeutung bewertet wurden (vgl. o. V. (KRI project, 2005)). Letztlich schlägt der Direktor dieses Konsortiums, Charles Taylor, aber vor, aus diesen Indikatoren fünf bis zehn auszuwählen, meist in Form von kombinierten Indizes, die das Operational Risk auf der Gesamtbankebene am besten abbilden können (vgl. Taylor, C. (KRI Part II News #5, 2004), S. 1ff.).

[505] Vgl. bspw. auch Brink, G. J. van den / Romeike, F. (Corporate Governance, 2005), S. 116.

[506] Diese Sichtweise ist kompatibel mit der von Pagett et al. Im Unterschied zur dort getroffenen Einteilung stellen KRIs aber nicht unbedingt eine Kombination von KPIs und KCIs dar, sondern auch einzelne KPIs bzw. KCIs werden als Risk Indicator bezeichnet. Bspw. wird von der Initiative zur Sammlung von Risikoindikatoren durch die RMA und RiskBusiness auch keine derartige Unterscheidung vorgenommen, sondern alle Indikatoren werden als KRI bezeichnet.

die Indikatoren speziell die Geschäftstätigkeit oder das Kontrollumfeld des Kreditinstituts nachzeichnen, wird darauf hingewiesen.

Eine für die Messung von Operational Risk nützliche zusätzliche Kategorisierung erscheint die in Indikatoren, die als „activity-based" zu sehen sind, und solche, die „value-based" sind.[507] ***Activity-based Indicators*** sind dabei Stromgrößen, die das Aktivitätsniveau des Kreditinstituts widerspiegeln, während ***value-based Indicators*** Bestandsgrößen abbilden, die ebenfalls einen Einfluss auf die Höhe des Operational Risk haben können. D. h. die activity-based Indicators sind solche, deren absoluter Wert sinnvollerweise in ein Verhältnis gesetzt wird, primär zu einer Zeiteinheit, während Bestandsgrößen zu einem Zeitpunkt bestimmt werden.[508] Folgende Abbildung gibt Beispiele für die Gesamtbank und speziell für den Bereich der Messung des IT-Risikos.

	Activity-based Indicators	**Value-based Indicators**
Gesamtbank	▪ Mitarbeiterfluktuation ▪ Bruttoertrag	▪ Mitarbeiteranzahl ▪ Eigenkapital ▪ Wert der Grundstücke und Gebäude
IT	▪ Ausfallzeit ▪ Anzahl an Systemanfragen ▪ Fehleingaben ins System	▪ Wert der IT-Systeme ▪ Anzahl der Schnittstellen ▪ Anzahl der Mitarbeiter in der IT-Abteilung

Abbildung 7: Beispiele für activity-based und value-based Indicators für die Gesamtbank und für die IT

Die value-based Indicators werden jeweils zu einem Stichtag bestimmt, alle activity-based Größen müssen zunächst einmal für einen Zeitraum abgegrenzt werden, also z. B. ein Jahr, ein Monat, ein Tag. Aber gerade activity-based Risikoindikatoren haben häufig als absolute Größe keine Aussagekraft, sondern gewinnen diese erst, wenn sie ins Verhältnis zu anderen Größen gesetzt werden.[509] Bspw. wird die Aussagekraft des Indikators „Anzahl der vom IT-System fehlerhaft durchgeführten Aktionen" erhöht, wenn diese Zahl ins Verhältnis zu der „Anzahl der insgesamt ausgeführten Aktionen" gesetzt wird, d. h. anstelle einer absoluten Zahl eine Prozentzahl angegeben wird, die besser zu interpretieren ist.

---

[507] Diese Begriffe tauchen zwar bei Cruz auf, werden aber nicht erläutert (vgl. Cruz, M. G. (Modeling, 2002), S. 163. Ceske et al. verwenden den Begriff „activity-based" als Bezeichnung für einen Messansatz, allerdings taucht der Begriff „value-based" hier nicht als Gegenstück auf (vgl. Ceske, R. et al. (Event Risk, 2000), S. 2.

[508] Vgl. hierzu ähnlich Brühl, R. (Dimensionsanalyse, 2003), S. 4ff.

[509] Vgl. Münchbach, D. (Private Banking, 2001), S. 146.

Für die Messung des Operational Risk erscheinen insbesondere die activity-based Indicators von besonders großer Bedeutung zu sein, da das Operational Risk stark vom Aktivitätsniveau der Bank abhängt und damit über diese Art an Indikatoren besonders gut abgebildet werden kann. Die value-based Indicators scheinen hingegen eher das grundlegende Risikopotential widerzuspiegeln. So hängt z. B. das Ausgangsrisikopotential eines Kreditinstituts zu einem Zeitpunkt stark davon ab, welche IT-Systeme vorhanden sind, wie viele Schnittstellen es im System gibt, wie viele Mitarbeiter mit dem System arbeiten etc. Ob und in welcher Höhe dann im laufenden Geschäft ein Risiko, bspw. der Ausfall des IT-Systems, tatsächlich eintritt, hängt offensichtlich eher von Größen wie der Auslastung und Temperaturänderungen des Systems, Fehlern an den Systemschnittstellen und Fehleingaben der Mitarbeiter ab. Veränderungen in den value-based Indicators zeigen längerfristig Änderungen im Risikopotential der Bank an, während activity-based Indikatoren eher kurzfristig Änderungen der Risikosituation anzeigen. Änderungen in den Bestandsgrößen spiegeln sich durch Änderungen in den Stromgrößen wider.[510] Beide Indikatoren können dabei Aussagen zu Schadenhäufigkeiten und Schadenhöhen zulassen, wobei die value-based Indicators eher dazu geeignet erscheinen, Schlüsse auf die Schadenhöhen zu ziehen,[511] während die activity-based Indicators eher Aussagen zur Schadenhäufigkeit zulassen.[512] Es ist also festzustellen, dass die activity-based Indicators besonders zur laufenden Quantifizierung des Operational Risk geeignet erscheinen. Die value-based Indicators hingegen sind besonders wichtig, um einerseits als Bezugsgröße für die activity-based Indicators zu dienen und andererseits einen wesentlichen Beitrag als Anker für das Risiko zu liefern, bspw. indem das Risiko unter Berücksichtigung der Anzahl von Schnittstellen als Ausgangspunkt geschätzt wird, dann aber das laufende Risiko konkret bspw. durch Transaktionen an den Schnittstellen pro Tag abgebildet wird.

In der Literatur zur Messung von Operational Risk finden sich einige wenige konkrete Vorschläge, anhand welcher Indikatoren das Risiko gemessen werden kann. Genannt werden bspw. ***der Aufwands- / bzw. Ertragsansatz, der CAPM-Ansatz und die Key-Risk-Indicator-Ansätze***.[513] Daneben zählen die Vorschläge des Basler

---

[510] Vgl. hierzu ähnlich Brühl, R. (Dimensionsanalyse, 2003), S. 5.

[511] Der Schaden bspw. bei einem Komplettausfall hängt offensichtlich insbesondere zusammen mit Bestandsgrößen wie dem Wert des IT-Systems, der Kundenanzahl etc. Dennoch haben auch Bestandsgrößen einen Einfluss auf die Häufigkeit der Schadenereignisse. Bspw. erhöht sich die Wahrscheinlichkeit eines Fehlers mit steigender Anzahl an Schnittstellen oder Mitarbeitern.

[512] Activity-based Größen, wie bspw. das Handelsvolumen an einem Tag, beeinflussen zwar auch die mögliche Schadenhöhe eines Ausfallereignisses, die grundlegende Aussage geht aber eher in die Richtung, dass eine erhöhte Aktivität der Bank zu einer erhöhten Fehleranfälligkeit, und damit zu häufiger eintretenden Risikoereignissen führen kann.

[513] Vgl. bspw. Piaz, J.-M. (Banken, 2002), S. 107; Faisst, U. / Kovacs, M. (Methodenvergleich, 2003), S. 343; Ceske, R. et al. (Event Risk, 2000), S. 2f.

Ausschusses zur Messung des Operational Risk ebenfalls größtenteils zu den Indikatoransätzen, konkret der ***Basisindikatoransatz (BIA), der Standardansatz (STA) und der Scorecard-Ansatz (SCA)***. BIA und STA werden im nachfolgenden Kapitel 4.1.2 noch ausführlich dargestellt und beurteilt, der SCA wird im Rahmen der Erläuterungen zur Kombination von Indikatoren in Kap. 4.1.4 behandelt.

Beim *Aufwands- / Ertrags-Ansatz* handelt es sich um einen Ansatz, bei dem finanzwirtschaftliche Größen, die im Rahmen des Rechnungswesens des Kreditinstituts ohnehin ermittelt werden, zur Risikomessung eingesetzt werden. Risikoindikatoren, die auf derartigen Größen basieren, werden im folgenden als **Financial Risk Indicators** bezeichnet.[514] Konkret werden beim Aufwands- / Ertragsansatz die activity-based Indicators Aufwand bzw. Ertrag, welche die Geschäftstätigkeit des Kreditinstituts widerspiegeln sollen, über den Zeitablauf betrachtet. Aus Schwankungen in diesen Größen werden, nach Bereinigung um Einflüsse, die nicht dem Operational Risk zuzuschreiben sind, Rückschlüsse auf Änderungen in der Höhe des Operational Risk-Potentials gezogen. Konkret bedeuten dabei steigende Aufwendungen bzw. sinkende Erträge ein steigendes Operational Risk-Potential. Es wird auf den ersten Blick deutlich, dass dieser Ansatz zu pauschal und insbesondere die Bereinigung der Größen um alle Einflüsse, die nicht dem Operational Risk zuzurechnen sind, nicht durchführbar ist.

Der BIA und der STA des Basler Ausschusses sind als eine Variante des Ertrags-Ansatzes zu sehen, allerdings mit einer anderen Interpretation des Zusammenhangs zwischen Risiko und dem Indikator „Ertrag", worauf im folgenden genauer eingegangen wird. Es wird darüber hinaus im folgenden Kapitel versucht, aufbauend auf der Verwendung buchhalterischer / finanzwirtschaftlicher Größen, sinnvollere Financial Indicators für die Messung des Operational Risk zu finden.

Die Funktionsweise des *CAPM-basierten Ansatzes* ist ähnlich der des Aufwands- / Ertragsansatzes, nur dass hier der Aktienkurs des Kreditinstituts als Indikator herangezogen wird.[515] Aufbauend auf dem Capital Asset Pricing Model (CAPM)[516] von Sharpe, Lintner und Mossin wird versucht, das Operational Risk aus den Schwankungen des Aktienkurses des Kreditinstituts abzuleiten. Dieser Ansatz wird im fol-

---

[514] Der Begriff ist hier abgeleitet aus dem eingeführten Begriff der „Financial Performance Indicators", die im Bereich der Unternehmensbewertung Anwendung finden. Diese sind definiert als Indikatoren, die auf Rechnungswesenstandards basieren (vgl. Graf, P. (Non-Financial Performance Indicators, 2002), S. 4). Hier wird der Begriff noch etwas weiter gefasst und es werden bspw. auch monetäre Werte aus internen Kostenrechnungen miteinbezogen. Der Schluss von Performance auf Risk Indicators ist aufgrund der o. g. Ausführungen möglich.

[515] Vgl. hierzu und zum folgenden bspw. Ceske, R. et al. (Event Risk, 2000), S. 3; Beeck, H. / Kaiser, T. (Value-at-Risk, 2000), S. 640f.

[516] Vgl. hierzu bspw. Perridon, L. / Steiner, M. (Finanzwirtschaft, 2003), S. 269ff. und Schmidt, R. H. / Terberger, E. (Investitions- und Finanzierungstheorie, 1996), S. 341ff.

genden bewusst nicht weiter verfolgt. Die hauptsächliche Begründung hierfür ist, dass nicht davon auszugehen ist, dass in der Realität die Annahmen des CAPM erfüllt werden können, und damit der zugrunde liegende Mechanismus, nämlich dass alle Investoren alle Risiken richtig einschätzen können, nicht funktioniert.

Aufbauend auf der in diesem Kapitel dargestellten Kategorisierung der Indikatoren wird im folgenden Kapitel 4.1.2 zunächst einmal eine nähere Betrachtung der doch sehr populären **„Financial Risk Indicators“**, speziell der durch den Basler Ausschuss publizierten Ansätze BIA und STA, vorgenommen. Die ausführliche Darstellung und Beurteilung des BIA und STA resultiert insbesondere aus der großen Bedeutung, die ihnen aufgrund der geplanten Verwendung bei Banken in Deutschland zukommt. Neben dem BIA und dem STA können sich die Banken noch für (selbst entwickelte) ambitionierte Ansätze, die Advanced Measurement Approaches (AMA), zur Quantifizierung der aufsichtsrechtlichen Eigenkapitalanforderung entscheiden. Laut einer Umfrage der Bundesanstalt für Finanzdienstleistungsaufsicht (BaFin), planten im Juli 2003 86% der Banken, den Basisindikatoransatz bei der geplanten Einführung von Basel II Ende 2006 anzuwenden, 7% den Standardansatz und nur 4% ambitionierte Messansätze. Für diese Umfrage wurden 2400 Banken in Deutschland angeschrieben. Der Rücklauf betrug 1476 (61,5%). Davon waren 4 private Großbanken, 437 Sparkassen und 811 Genossenschaftsbanken.[517]

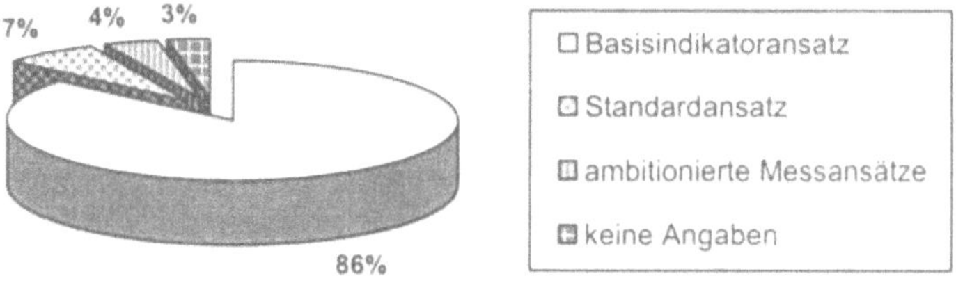

Abbildung 8: Von den Banken angestrebte aufsichtsrechtliche Ansätze zur Messung des Operational Risk (zum 31.12.2006)[518]

[517] Darüber hinaus beteiligten sich auch noch einige wenige Kreditbanken, Realkreditinstitute, Bausparkassen, KAGs etc. an der Umfrage.

[518] Vgl. hierzu und im folgenden Bundesanstalt für Finanzdienstleistungsaufsicht (Ergebnisse, 2003).

Nur die vier privaten Großbanken in Deutschland planten mehrheitlich, d. h. drei der vier, die ambitionierten Ansätze einzusetzen.

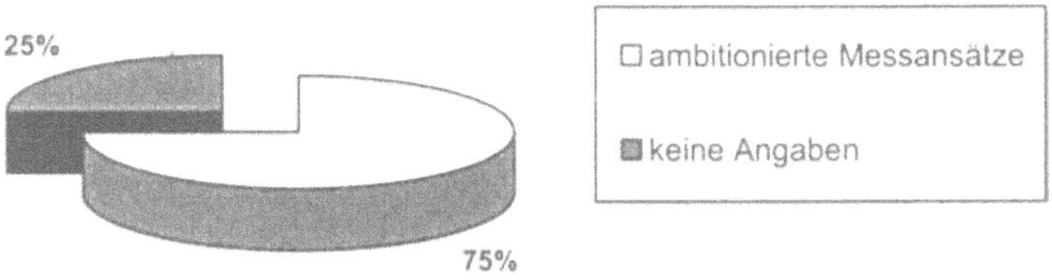

Abbildung 9: Von den privaten Großbanken angestrebte Ansätze

Damit wird deutlich, dass der BIA und der STA zukünftig die größte Bedeutung bei der Quantifizierung des Operational Risk in Kreditinstituten, zumindest für die aufsichtsrechtliche Seite, haben werden.

Im Kap. 4.1.3 werden **„Nonfinancial Risk Indicators“**[519] betrachtet. Diese haben den grundlegenden Nachteil, dass sie im Gegensatz zu den zumeist durch das Rechnungswesen und Controlling bereits vorhandenen Financial Risk Indicators gezielt erfasst werden müssen, lassen aber gerade im Bereich der IT einen besseren Risikobezug erwarten als die Financial Risk Indicators.

---

519 Auch dieser Begriff wird in Analogie zum Begriff „Nonfinancial Performance Indicators“ in der Unternehmensbewertung verwendet. Dort bezeichnet er nichtmonetäre Größen, die aber einen starken Einfluss auf den Unternehmenswert haben können, und insbesondere auch dazu dienen, die Financial Performance Indicators zu bestätigen oder zu korrigieren. Vgl. Graf, P. (Non-Financial Performance Indicators, 2002), S. 5.

4.1.2 Darstellung und Beurteilung von Financial Risk Indicator-Ansätzen - insbesondere Basisindikatoransatz und Standardansatz des Basler Ausschusses für Bankenaufsicht

4.1.2.1 Darstellung von Financial Risk Indicator-Ansätzen

In diesem Kapitel werden Ansätze zur Messung des Operational Risk dargestellt, die auf den in Kap. 4.1.1 bereits erläuterten Financial Risk Indicators aufbauen, und anhand der in Kap. 3.2 aufgestellten Kriterien beurteilt. Bei den Financial Risk Indicators handelt es sich um Indikatoren, die in einem anderen Zusammenhang bereits im Rechnungswesen oder Controlling des Kreditinstituts erhoben werden und einen monetären Wert ausweisen. Beispiele sind Aufwendungen und Erträge, Kosten und Erlöse, Einnahmen und Ausgaben, Gewinn und Verlust, Wert des Eigenkapitals, etc. Für die Messung bestimmter Risikokategorien können diese sehr allgemeinen Indikatoren noch detailliert und bspw. Aufwendungen für die Instandhaltung der IT ermittelt werden. Die zwei prominentesten Ansätze, die auf einem Financial Risk Indicator basieren, sind der Basisindikatoransatz und der Standardansatz des Basler Ausschusses für Bankenaufsicht, der diese beiden Varianten als grundlegende Ansätze zur Quantifizierung des Operational Risk im Zusammenhang mit der geforderten Eigenkapitalunterlegung vorsieht. Vorwegzuschicken ist, dass der Basler Ausschuss insgesamt keine getrennte Ermittlung für einzelne Risikokategorien vorsieht. Die Darstellung und grundlegende Beurteilung bezieht sich deshalb zunächst auf die Messung des Operational Risk im Gesamten, bevor dann bei der Beurteilung der Ansätze und bei den Verbesserungsvorschlägen konkret auf die Anwendbarkeit im Zusammenhang mit dem IT-Risiko eingegangen wird.

4.1.2.1.1 Basisindikatoransatz

Der Basisindikatoransatz quantifiziert das Operational Risk als Grundlage für die Eigenkapitalunterlegung mit Hilfe des Indikators „Bruttoertrag".[520] Der Bruttoertrag ist dabei definiert als Zinsergebnis[521] plus zinsunabhängiger Ertrag[522]. Diese Werte

---

[520] Vgl. hierzu und im folgenden ausführlich Basel Committee on Banking Supervision (Convergence, 2004), Punkte 649 bis 651, S. 137f.

[521] Das "Zinsergebnis" setzt sich in der GuV aus "Zinserträgen" und "Zinsaufwendungen" zusammen. Zinserträge entstehen bspw. aus Kredit- und Geldmarktgeschäften mit Kunden oder anderen Kreditinstituten, oder durch festverzinsliche Wertpapiere und Schuldbuchforderungen. Zinsaufwendungen entstehen bspw. aus Verbindlichkeiten gegenüber Kunden oder Kreditinstituten. Vgl. dazu ausführlich Bieg, H. (Rechnungslegung, 1998), S. 330ff.

werden dabei vor Wertberichtigungen, z. B. für nicht gezahlte Zinsen, ermittelt.[523] Nicht berücksichtigt werden betriebliche Aufwendungen, inklusive Gebühren an Unternehmen, an die Leistungen ausgelagert wurden[524]. Ausgeschlossen sind auch realisierte Gewinne oder Verluste aus Wertpapieren des Anlagebuchs[525], außerordentliche und periodenfremde Erträge, sowie Erträge aus Versicherungsgeschäften. Wie die einzelnen Begriffe konkret zu definieren sind, richtet sich nach den nationalen Rechnungslegungsvorschriften sowie nach dem Ermessen der nationalen Aufsichtsbehörde.

Zur Ermittlung der Eigenkapitalunterlegung wird nun der Durchschnittswert der Bruttoerträge der vorangegangenen drei Jahre ermittelt und mit einem von der Aufsicht vorgegebenen Prozentwert, bezeichnet als α, multipliziert.

$$K_{BIA} = \left[\sum_{t=1}^{n} (BE_t * \alpha) \right] / n$$

mit:

K_{BIA} = Eigenkapitalanforderung nach dem Basisindikatoransatz

BE_t = jährlicher Bruttoertrag, wenn positiv, maximal über die vorangegangenen drei Jahre

n = Anzahl der drei vorangegangenen Jahre, in denen der Bruttoertrag positiv war

α = von der Aufsicht vorgegebener Prozentwert, derzeit bei 15%

Sind ein oder mehrere Werte des Bruttoertrags der vergangenen drei Jahre negativ, so wird dieses Jahr in der gesamten Berechnung eliminiert, d. h. der Bruttoertrag wird im Zähler nicht mit addiert und das Jahr wird im Nenner von der Zahl n abgezogen. Sind mehrere oder gar alle Bruttoerträge negativ und wird damit das Ergebnis der Eigenkapitalanforderung stark verschoben, so behält sich die Aufsicht vor, Ein-

---

522 Der „zinsunabhängige" Ertrag ist in der abschließenden Version von Basel II nicht mehr definiert. Im ersten Konsultationspapier zu Basel II 2001 findet sich noch eine Aufzählung, in der vom „Provisionsergebnis", also Provisionserträge abzgl. Provisionsaufwendungen (vgl. Bieg, H. (Rechnungslegung, 1998), S. 338ff.), vom „Nettoergebnis aus Finanzgeschäften", also das Eigenhandelsergebnis (vgl. Bieg, H. (Rechnungslegung, 1998), S. 338ff.), sowie von „sonstigen Bruttoerträgen" die Rede ist. Der Begriff „sonstige Bruttoerträge" bleibt in diesem Zusammenhang inhaltslos, wird aber häufig mit „sonstigen betrieblichen Erträgen" übersetzt. Vgl. Basel Committee on Banking Supervision (Operational Risk, 2001), FN 5, S. 6. Vgl. zu dieser Definition des „non-interest income" auch OECD (Financial Statements of Banks, o. J.), S. 1.

523 Vgl. hierzu konkret Basel Committee on Banking Supervision (Convergence, 2004), Punkt 650, S. 138.

524 Gebühren, die das Kreditinstitut für die Erstellung von Leistungen erhält, die ein anderes Unternehmen an sie ausgelagert hat, werden hingegen in den Bruttoertrag eingerechnet. Vgl. Basel Committee on Banking Supervision (Convergence, 2004), FN 94, S. 138.

525 Konkret ausgeschlossen werden zudem realisierte Gewinne und Verluste aus Wertpapieren, die nach dem IAS 39 als „held to maturity" (Wertpapiere, die bis zur Endfälligkeit gehalten werden) oder „available for sale" (Wertpapiere, die zur Veräußerung verfügbar sind) klassifiziert werden. Vgl. hierzu KMPG (IFRS aktuell, 2004), S. 305f.

griffe im Rahmen der zweiten Säule von Basel II, des bankaufsichtlichen Überprüfungsverfahrens, vorzunehmen. Der Wert α wird von der Bankenaufsicht vorgegeben. Dieser wurde so kalibriert, dass sich die Eigenkapitalanforderung für das Operational Risk im Branchendurchschnitt auf 12% der gesamten Mindesteigenkapitalanforderung beläuft.[526] Die Mindesteigenkapitalanforderung sollte dabei in etwa gleich hoch bleiben wie unter den derzeitigen Eigenkapitalanforderungen nach Basel I, in Deutschland also unter der derzeit gültigen Umsetzung im Rahmen des Grundsatz I. Berechnet wurde α, indem die bisher für die Branche geltenden Mindesteigenkapitalanforderungen ins Verhältnis gesetzt wurden zu der branchenweiten Höhe des Risikoindikators, also des Bruttoertrags.[527]

4.1.2.1.2 Standardansatz

Auch beim Standardansatz basiert die Risikomessung zur Ermittlung der notwendigen Eigenkapitalunterlegung zuerst einmal nur auf einem einzigen Indikator: dem Bruttoertrag. Anders als beim BIA wird beim STA eine Differenzierung nach Geschäftsfeldern vorgenommen, d. h. es wird sowohl der Bruttoertrag getrennt nach Geschäftsfeldern ermittelt, als auch geschäftsfeldspezifische „α", im BIA als β bezeichnet, eingeführt.[528]

Vom Basler Ausschuss werden acht Geschäftsfelder vorgegeben, in die die Kreditinstitute ihre Geschäftsaktivitäten einzuordnen haben. Diesen einzelnen Geschäftsfeldern müssen die Bruttoerträge der Bank eindeutig zugeordnet werden.[529] Ist das nicht möglich, so darf auch eine Schlüsselung des gesamten Bruttoertrags auf einzelne Geschäftsfelder erfolgen, solange die Gesamtsumme der geschlüsselten Bruttoerträge wieder den gesamten Bruttoertrag ergibt. Für die einzelnen Geschäftsfelder werden β-Faktoren festgelegt, die Werte von 12%, 15% und 18% annehmen:

---

[526] Vgl. Basel Committee on Banking Supervision (Working Paper, 2001), S. 3f. Zur genauen Berechnung des α vgl. ebd. S. 26f.

[527] Vgl. hierzu Basel Committee on Banking Supervision (Convergence, 2004), Punkt 649, S. 138 und Rünger, P. / Walther, U. (Behandlung, 2004), S. 18.

[528] Vgl. hierzu und im folgenden Basel Committee on Banking Supervision (Convergence, 2004), Punkte 652 bis 654, S. 139f.

[529] Vgl. hierzu und im folgenden Basel Committee on Banking Supervision (Convergence, 2004), Annex 6, S. 222f. Hier werden auch Beispiele vom Ausschuss genannt, wie die Banken ihre Bruttoerträge aufteilen könnten.

Geschäftsfeld	Beta-Faktoren
Corporate Finance	18%
Handel	18%
Privatkundengeschäft	12%
Firmenkundengeschäft	15%
Zahlungsverkehr und Wertpapierabwicklung	18%
Depot- und Treuhandservice	15%
Vermögensverwaltung	12%
Wertpapierprovisionsgeschäft	12%

Abbildung 10: Werte der Beta-Faktoren für die einzelnen Geschäftsfelder im Standardansatz[530]

Mittels der unterschiedlichen β-Faktoren wird versucht, das unterschiedliche Risikoniveau der einzelnen Geschäftsfelder im Bereich des Operational Risk in die Bewertung einfließen zu lassen. So wird bei der derzeitigen Bewertung bspw. davon ausgegangen, dass in der Vermögensverwaltung (β = 12%) ein niedrigeres Operational Risk anzunehmen ist, als im Handelsbereich (β = 18%). Zwei Banken, die für diese beiden Geschäftsfelder zusammen einen identischen Bruttoertrag erwirtschaften, die eine (Bank A) aber den Großteil im Handelsbereich und die andere (Bank B) den Großteil in der Vermögensverwaltung, werden nach dem STA zwei unterschiedliche Eigenkapitalanforderungen haben, und zwar Bank A eine höhere Anforderung als Bank B. Die Werte der β-Faktoren wurden dabei grundsätzlich genauso wie beim BIA festgelegt, nur eben differenziert nach Geschäftsfeldern. D. h. es wurden, ausgehend von der gesamten derzeitigen Eigenkapitalanforderung an die Banken, die Eigenkapitalanforderungen pro Geschäftsfeld ins Verhältnis zu den Bruttoerträgen pro Geschäftsfeld im Branchendurchschnitt gesetzt.[531]

Die Eigenkapitalanforderung für das Operational Risk aus dem STA ergibt sich, indem für jedes einzelne Geschäftsfeld pro Jahr der Bruttoertrag des Geschäftsfelds mit dem jeweilig geltenden β-Faktor multipliziert wird. Für ein Jahr werden dann die Eigenkapitalanforderungen über die acht Geschäftsfelder addiert. Ergeben sich dabei negative Eigenkapitalanforderungen aufgrund negativer Bruttoerträge in einzelnen Geschäftsfeldern, so dürfen diese mit positiven Eigenkapitalanforderungen aus ande-

---

[530] Vgl. Basel Committee on Banking Supervision (Convergence, 2004), Punkt 654, S. 140.

[531] Vgl. Basel Committee on Banking Supervision (Convergence, 2004), Punkt 654, S. 140 und Rünger, P. / Walther, U. (Behandlung, 2004), S. 20. Konkret wurden zur Kalibrierung der β-Faktoren aus öffentlich zugänglichen Daten zu Verlusten aus Operational Risk sowie aus internen Daten einiger weniger Banken vom Basler Ausschuss Bandbreiten für den Anteil des Operational Risk eines Geschäftsfeldes am gesamten Operational Risk eines Kreditinstituts festgelegt. Die Mittelwerte dieser Bandbreiten wurden dann mit dem Dollar-Betrag der gesamten bisherigen Mindesteigenkapitalanforderung an die Beispielbanken multipliziert und das Ergebnis durch den Dollar-Betrag des herangezogenen Indikators bei allen Beispielbanken dividiert. Vgl. Basel Committee on Banking Supervision (Operational Risk, 2001), S. 20f.

ren Geschäftsfeldern verrechnet werden. Allerdings kann die gesamte Eigenkapitalanforderung eines Jahres nicht negativ werden; wäre dies der Fall, so würde die Eigenkapitalanforderung für dieses Jahr in den weiteren Berechnungen mit Null angesetzt. Das Jahr bleibt aber weiterhin in der Berechnung und wird nicht wie beim BIA aus der Berechnung ausgeschlossen. Die positiven gesamten Eigenkapitalanforderungen werden jeweils für die drei vorangegangenen Jahre berechnet, addiert, und durch die Anzahl der Jahre, also durch drei, geteilt.[532] Daraus ergibt sich die Eigenkapitalanforderung für die Gesamtbank für das aktuelle Jahr. Formal kann die Ermittlung der aktuellen Eigenkapitalanforderung folgendermaßen ausgedrückt werden:

$$K_{STA} = \left\{ \sum_{t=1}^{3} \max\left[\sum_{i=1}^{8} \left(BE_{i,t} x \beta_i, 0 \right) \right] \right\} / 3$$

mit:

K_{STA} = Eigenkapitalanforderung nach dem Standardansatz

$BE_{i,t}$ = Bruttoertrag im Jahr t für das Geschäftsfeld i

β_i = von der Aufsicht vorgegebener Faktor für die Geschäftsfelder i=1-8

Ursprünglich war geplant, für die einzelnen Geschäftsfelder unterschiedliche Indikatoren festzulegen, die das Operational Risk des jeweiligen Geschäftsbereichs am besten widerspiegeln können. Bspw. war für das Geschäftsfeld der Privatkunden die Bilanzsumme und für das Geschäftsfeld Vermögensverwaltung das Volumen des verwalteten Geschäftsvermögens als Risikoindikator im Gespräch.[533] Gleich nach dem ersten Entwurf, und nun auch in der abschließenden Fassung, wurde aber einheitlich für alle Geschäftsfelder der Bruttoertrag als Risikoindikator festgelegt. Begründet wird dies vom Basler Ausschuss mit dem mangelnden Nachweis einer größeren Risikosensitivität anderer Indikatoren und den Vorteilen des Bruttoertrags, speziell dessen einfacher Ermittlung und der bankinternen Vergleichbarkeit unter den einzelnen Geschäftsfeldern sowie auch einer bankübergreifenden Vergleichbarkeit.[534] Rückstände der Idee, für unterschiedliche Geschäftsfelder unterschiedliche Indikatoren zu verwenden, finden sich im sog. „Alternativen Standardansatz" (ASA).[535] Der ASA kann von Banken alternativ zum Standardansatz angewendet werden, wenn diese der nationalen Aufsicht nachweisen können, dass dieser Ansatz

[532] Da auch Jahre mit einem negativen Bruttoertrag in der Rechnung mit einem Wert der Eigenkapitalanforderung in Höhe von Null berücksichtigt werden, bleibt der Nenner beim STA immer bei drei und ist nicht abhängig davon, ob der Bruttoertrag in diesen Jahren positiv oder negativ war, wie dies beim BIA der Fall ist.

[533] Vgl. Basel Committee on Banking Supervision (Capital Accord, 2001) Punkt 553, S. 95.

[534] Vgl. hierzu Buchmüller, P. (Stand, 2002), S. 389 und Rünger, P. / Walther, U. (Behandlung, 2004), S. 20.

[535] Vgl. hierzu und im folgenden Basel Committee on Banking Supervision (Convergence, 2004), FN 97, S. 139.

zu Verbesserungen in der Beurteilung der Operational Risk-Situation beiträgt, indem bspw. eine Doppelerfassung von Risiken vermieden werden kann. Die Berechnung der Eigenkapitalanforderungen mittels des ASA verläuft wie beim STA. Eine Ausnahme stellen die zwei Geschäftsfelder „Privatkundengeschäft" und „Firmenkundengeschäft" dar. Hier wird nicht der Bruttoertrag als Indikator herangezogen, sondern der Wert ausgegebener „Darlehen und Kredite"[536]. Dieser wird noch mit einem Faktor „m" multipliziert, der derzeit bei 0,035 festgelegt wurde. Die Werte der β-Faktoren für die Geschäftsfelder bleiben unverändert. Es ergibt sich also bspw. für das Geschäftsfeld „Privatkundengeschäft" folgende Eigenkapitalanforderung (analog für das Geschäftsfeld „Firmenkundengeschäft", β = 15%):

$$K_{PK} = \beta_{PK} \times m \times DK_{PK}$$

mit:

K_{PK} = Eigenkapitalanforderung für das Geschäftsfeld „Privatkundengeschäft"

β_{PK} = Beta-Faktor für das Geschäftsfeld „Privatkundengeschäft", derzeit 12%

m = von der Aufsicht vorgegebener Skalierungsfaktor für den Wert ausgegebener Darlehen und Kredite, derzeit 0,035

DK_{PK} = der totale ausstehende Betrag an Darlehen und Krediten im Privatkundengeschäft, nicht risikogewichtet und ohne Wertberichtigungen, im Durchschnitt der letzten drei Jahre.

Die Gesamteigenkapitalanforderung für alle Geschäftsfelder wird wiederum durch die Addition der einzelnen Anforderungen ermittelt.

Eine weitere Erleichterung stellt die Möglichkeit dar, die Geschäftsfelder „Privatkundengeschäft" und „Firmenkundengeschäft" zusammenzufassen, d. h. einen gemeinsamen Wert für „Darlehen und Kredite" zu ermitteln und diesen mit „m" und einem gemeinsamen β von 15% zu multiplizieren. Für die restlichen Geschäftsfelder kann dann ebenfalls ein gemeinsamer Bruttoertrag ermittelt werden, der dann mit einem β von 18% multipliziert werden muss.

[536] Zu den „Darlehen und Krediten" des Geschäftsfelds „Privatkundengeschäft" zählen in Anspruch genommene Kredite von Kunden des Retail-Segments, von kleinen und mittleren Firmenkunden, die zum Retail-Segment gezählt werden und angekaufte Privatkundenforderungen. Zu den „Darlehen und Krediten" des Geschäftsfelds „Firmenkundengeschäft" zählen die in Anspruch genommenen Kredite von Unternehmen, Staaten, Banken, kleinen und mittleren Unternehmen, die wie Unternehmen behandelt werden, sowie Spezialfinanzierungen und angekaufte Forderungen an Unternehmen. Vgl. hierzu Basel Committee on Banking Supervision (Convergence, 2004), FN 97, S. 139. Zur Einteilung der Kredite in bestimmte Portfolios vgl. ebd. Punkte 50-89, S. 15-23.

4.1.2.2 Beurteilung von Financial Risk Indicator-Ansätzen

4.1.2.2.1 Datenverfügbarkeit und Datenqualität

Die Datenverfügbarkeit ist im allgemeinen bei den Financial Risk Indicators als sehr gut anzusehen. Diese Größen werden im Rahmen des Rechnungswesen und Controllings bereits erfasst. Dabei können entweder bereits realisierte Werte oder Prognosewerte für die Indikatoren zur Messung herangezogen werden.[537] Es ist davon auszugehen, dass bei Financial Risk Indicators häufiger ex post Größen Anwendung finden, bspw. realisierte Werte des vorangegangenen Quartals. Dies liegt vor allem daran, dass die Financial Risk Indicators nur als ein Proxy für das Operational Risk zu sehen sind und weniger das tatsächliche Risiko abbilden. Damit erscheint der Zeitbezug noch weniger von Bedeutung. Es ist anzunehmen, dass im Rechnungswesen und Controlling auch Prognosewerte bspw. für Erträge und Aufwendungen vorliegen, die ebenfalls zur Messung verwendet werden könnten. Hier ist allerdings darauf zu achten, dass dann neben dem Fehlerrisiko des Messmodells für Operational Risk an sich auch noch ein hohes Fehlerrisiko in der Prognose der Indikatorwerte begründet liegt. Die Verfügbarkeit von ex post Größen für Financial Risk Indicators ist also als unproblematisch zu sehen, gleiches gilt für Prognosewerte, die allerdings ein hohes Fehlerrisiko aufweisen und damit ein Problem im Bezug auf die Datenqualität darstellen können.

Schwieriger gestaltet sich die Datenverfügbarkeit, wenn neue Indikatoren konstruiert werden, die in dieser Form noch nicht erhoben worden sind. Ein Beispiel hierfür ist der Bruttoertrag nach der Basler Definition.

Die Definition erscheint in der gegebenen Form in der Vorlage des Basler Ausschusses unvollständig zu sein, da zwar explizit aufgeführt wird, was auszuschließen ist, aber nicht, was konkret eingeschlossen ist.[538] So befanden auch über 40% der von Cap Gemini Ernst & Young in einer Studie befragten Kreditinstitute 2002, dass bei der Definition des Bruttoertrags von Seiten der Aufsicht noch Handlungsbedarf bestehe.[539] Die vom Basler Ausschuss getroffene Definition des Bruttoertrags hat ihren Ursprung in einer Definition der OECD.[540] In der derzeitigen Form ist die gewünschte Einfachheit und schnelle Anwendbarkeit noch nicht gegeben, da der Bruttoertrag

---

537 Vgl. auch Marshall, C. L. (Measuring, 2001), S. 313.

538 Vgl. zu dieser Kritik bspw. European Central Bank (Reply, 2003), S. 12

539 Vgl. hierzu Cap Gemini Ernst & Young (Trends, 2002), S. 12. Seit 2001 wurde die Definition des Bruttoertrags im Basler Papier nicht wesentlich genauer, sodass diese Aussage auch 2005 noch ihre Gültigkeit hat.

540 Vgl. Dowd, V. (Basel approach, 2003), S. 41. Vgl. zur Definition der OECD auch OECD (Financial Statements of Banks, o. J.), S. 1.

nicht direkt aus bereits ermittelten GuV-Positionen abgelesen werden kann.[541] Diese Problematik verschärft sich noch, wenn der STA angewandt wird, da hier die Größe Bruttoertrag auch noch auf die einzelnen Geschäftsfelder zuzuordnen ist. Eine Erhebung des Bruttoertrags für die in Basel II vorgeschriebenen Geschäftsfelder findet in den einzelnen Banken so nicht statt, sondern muss explizit für die aufsichtsrechtlichen Vorschriften erfolgen. Ebenfalls noch ungeklärt im Zusammenhang mit der Definition des Bruttoertrags ist die Frage, wie mit Verlusten aus Operational Risk zu verfahren ist. Diese sind nach der Definition eigentlich nicht mehr im Bruttoertrag enthalten, sollten aber nach dem ersten Entwurf von Basel II explizit wieder auf den Bruttoertrag aufgerechnet werden.[542] Da aber gerade BIA und STA als einfache Ansätze gelten sollen, die eben keine explizite Erfassung der Verlustereignisse aus Operational Risk benötigen, erscheint diese Forderung widersprüchlich.[543] Diese Forderung taucht nicht mehr im aktuellen Entwurf von Basel II auf. Ein weiteres Problem, das einen der Vorteile des Bruttoertrags als Indikator, nämlich die Vergleichbarkeit zwischen Banken, etwas relativiert, ist, dass die Definition des Bruttoertrags konkret den nationalen Aufsichtsbehörden unterliegt.[544] Es gibt aber schon jetzt unterschiedliche Ansichten in nationalen Rechnungslegungssystemen, was bspw. die Abgrenzung von außerordentlichen und periodenfremden Erträgen betrifft. Hier können Ungleichheiten in der Behandlung der Kreditinstitute entstehen. Es ist festzuhalten, dass die Qualität des Risikoindikators Bruttoertrag aufgrund der genannten Unklarheiten als Basis zur Messung des Operational Risk als eingeschränkt angesehen werden muss.

Ein deutlicher Mangel in der Qualität des Indikators Bruttoertrag entsteht auch daraus, dass die Bezeichnung „Bruttoertrag" nicht den Inhalt dieser Größe widerspiegelt. Der Begriff „Bruttoertrag" suggeriert, dass es sich hier rein um Ertragsgrößen handelt, die brutto, also ohne Abzug von Aufwandsgrößen, verwendet werden. Dies ist aber nicht der Fall. Drei[545] der vier vermutlich einzubeziehenden Komponenten sind Ergebnisgrößen, bei denen von den Erträgen jeweils die dazugehörigen Aufwendungen abgezogen werden, und damit eigentlich Nettogrößen.[546] Es handelt sich also

---

541 Vgl. zu der Forderung, dass der Bruttoertrag direkt aus den korrespondierenden Positionen der GuV zu übernehmen sein sollte ZKA (Stellungnahme zum 3. Arbeitsdokument der EU-Kommission, 2003), S. 37.

542 Vgl. Basel Committee on Banking Supervision (Capital Accord, 2001), FN 49, S. 94.

543 Vgl. hierzu bspw. auch ZKA (Stellungnahme zum Konsultationspapier, 2001), S. 137f.

544 Vgl. hierzu und im folgenden bspw. auch Rünger, P. / Walther, U. (Behandlung, 2004), S. 18.

545 Konkret beim Zinsergebnis, beim Provisionsergebnis und beim Nettoergebnis aus Finanzgeschäften.

546 Vgl. hierzu bspw. auch Dowd, V. (Basel approach, 2003), S. 41.

eher um ein „Nettoergebnis" aus dem Zinsgeschäft, dem Provisionsgeschäft und den Finanzgeschäften.

Betrachtet man neben dem Bruttoertrag als wohl wichtigstes Datum bei der Verwendung des BIA und STA auch noch den Alpha- bzw. Beta-Faktor, so ist hier zwar nicht die Verfügbarkeit anzuzweifeln, da die Werte vom Basler Ausschuss vorgegeben werden, aber doch stark die Aussagefähigkeit dieser Daten. Die Berechnung des Alpha und Beta erfolgte zwar, ausgehend von dem Bezugspunkt „bestehende Mindesteigenkapitalanforderungen", auf Basis interner Daten zu Operational Risk, die eine Aufteilung nach dem Risikoprofil der Geschäftsfelder ermöglichen sollten. Allerdings waren nur ca. 30 Kreditinstitute überhaupt in der Lage, Ansatzpunkte für eine Aufteilung der Verluste aus Operational Risk auf die einzelnen Geschäftsfelder vorzunehmen und hier wichen die Werte noch erheblich voneinander ab.[547] So lagen bspw. die genannten Aufteilungsfaktoren für das Geschäftsfeld „Firmenkundengeschäft" zwischen ca. 5 und 50%. Daraus wurden Beta-Faktoren abgeleitet, deren Werte sofort erkennen lassen, dass sie letztlich nur wenig um die 15% des Alpha aus dem BIA schwanken. Die Beta-Faktoren, die einen wesentlichen Einfluss auf das Messergebnis haben, sind also mehr festgelegt als berechnet.

Zusammenfassend kann für BIA und STA festgehalten werden, dass die Datenverfügbarkeit größtenteils gegeben ist, die Datenqualität aber unter mangelhaften Definitionen und Erläuterungen leidet. Werden Prognosewerte für die Indikatoren verwendet, um den Bezug zur aktuellen Risikolage zu erhöhen, stellt das Prognoserisiko noch eine zusätzliche Gefahrenquelle dar, die die Datenqualität negativ beeinflusst.

Speziell für die Messung des IT-Risikos mittels eines Financial Risk Indicators ist anzumerken, dass zwar Ausgaben / Kosten / Aufwendungen häufig direkt der IT zugerechnet werden können, nicht aber Einnahmen / Erlöse / Erträge.[548] Das IT-System, wie auch die IT-Abteilung, erbringt eine Supportfunktion für das Kreditinstitut und ist als Cost-Center zu sehen.[549] Eine Zurechnung der Erträge ist nur durch eine Schlüsselung oder durch die Einführung interner Verrechnungspreise für IT-Leistungen möglich. Im Bezug auf die Datenverfügbarkeit und die Datenqualität sind aufgrund dieser Problematik Kosten- / Aufwands-Größen zu präferieren.

---

[547] Vgl. hierzu und im folgenden Rünger, P. / Walther, U. (Behandlung, 2004), S. 20.

[548] Zur Abgrenzung dieser Begriffe vgl. Perridon, L. / Steiner, M. (Finanzwirtschaft, 2003), S. 7.

[549] Laut einer Studie von Steria Mummert Consulting führten dreiviertel der dort befragten Unternehmen ihre IT-Abteilungen als reine Kostenstellen. Nur 5% der Unternehmen führen ihre IT-Abteilungen als Profit-Center, wobei dieser Wert in 2004 noch bei 10,9% lag. Vgl. hierzu o. V. (Stellenwert der IT, 2005), S. 1.

4.1.2.2.2 Verwendbarkeit der Messergebnisse

Die vorrangige Einsatzmöglichkeit des BIA und des STA ist eindeutig: die Berechnung des notwendigen regulatorischen Eigenkapitals. Für alle anderen der genannten Anwendungsmöglichkeiten von Ergebnissen aus einer Messung des Operational Risk sind die Ergebnisse aus BIA und STA nicht geeignet. Dies liegt zum einen daran, dass die Ergebnisse aus BIA und STA nur als grobe Schätzung des Operational Risk und auf keinen Fall als Messung des Risikos angesehen werden können. Dies beginnt mit den Schwächen des Indikators und geht weiter über die Kalibrierung der Adjustierungsfaktoren. Daraus resultiert, dass BIA und STA nicht zur Berechnung des ökonomischen Kapitals, zur Allokation des Risikokapitals und auch nicht zur Überprüfung von Risikosteuerungsmaßnahmen und zum Pricing von Bankprodukten herangezogen werden können. Zum anderen stellen auch die widersprüchlichen Anreize, die aus der Verwendung des Bruttoertrags in der Weise wie in Basel II resultieren, die Anwendung über die Berechnung des regulatorischen Kapitals hinaus, stark in Frage. Denn auch für die Einsatzmöglichkeiten, die weniger harte Fakten brauchen, wie die Verbesserung des Risikobewusstseins, sind die Ergebnisse nicht einsetzbar.

Prinzipiell eröffnet die Verwendung von Financial Risk Indicators, die einen tatsächlichen Zusammenhang mit dem Operational Risk aufweisen, aber weitergehende Einsatzmöglichkeiten als die Verwendung des Bruttoertrags zur Ermittlung der regulatorischen Eigenkapitalanforderung. Dies resultiert insbesondere daraus, dass Financial Risk Indicators ex definitione monetäre Werte darstellen und damit das Risiko bspw. in Form eines Euro-Betrags angeben. Dies ist eine gute Voraussetzung für die weitere Verwendung der Ergebnisse, bspw. zur Einbeziehung in das Pricing.

Die Messung mittels Financial Risk Indicators kann als eine Top Down-Messung interpretiert werden. Selbst wenn Kosten bspw. konkreten Teilen des IT-Systems zugeordnet werden könnten, so enthält diese Zuteilung auf alle Fälle Schlüsselungen für die nicht direkt zurechenbaren Kosten. Dies beschränkt die Einsatzmöglichkeiten der Ergebnisse, da die Steigerung des Risikobewusstseins der Mitarbeiter und die Erkennung von Ansatzpunkten zur Verbesserung von Organisationsabläufen auf Basis grober Top Down-Ansätze nicht durchführbar erscheinen.

4.1.2.2.3 (Kausal-)Zusammenhang zwischen Financial Risk Indicators und dem Operational Risk

Der unterstellte Zusammenhang bei diesen Ansätzen ist, dass ein im Rechnungswesen oder Controlling ermittelter monetärer Wert das Operational Risk-Potential des Kreditinstituts widerspiegelt. Anders als das Marktpreis- oder auch das Kreditrisiko hängt das Operational Risk aber viel weniger direkt mit monetären Größen zusammen. Wie bereits in Kap. 2.1.1.1 erläutert wurde, können Operational Risk als Erfolgsrisiken des technisch-organisatorischen Bereichs gesehen werden, während Marktpreis- und Kreditrisiken als Erfolgsrisiken des liquiditätsmäßig-finanziellen Bereichs charakterisiert werden können. In dieser Einteilung spiegelt sich wider, dass diese Risikoarten offensichtlich andere Bereiche betreffen und damit auch von anderen Faktoren beeinflusst werden. Bei Operational Risk spielen Faktoren, wie Handlungen von Menschen, Naturereignisse, Funktionsweisen technischer Geräte etc. eine große Rolle, die nicht monetär bewertet werden können, während bei Marktpreis- und Kreditrisiken monetär bewertbare Größen, wie bspw. die Zinsentwicklung, Aktienkurse oder das Einkommen eines Kreditnehmers einen großen Einfluss haben. Daraus lässt sich schließen, dass monetäre Größen im Bereich der Messung des Operational Risk Wirkungen, und nicht Ursachen erfassen, und damit auch nicht vorlaufend sein können. Zusätzlich können für Marktpreis- und Kreditrisiken Positionen gebildet werden, die monetär bewertet werden, wie der Wert einer Aktienposition, einer Fremdwährungsposition oder der Barwert einer Kreditposition. Dies ist beim Operational Risk nicht so einfach möglich, da hier keine konkreten Positionen abgegrenzt, bewertet und in ihrer Wertänderung laufend verfolgt werden können. Damit ist davon auszugehen, dass sich zwischen einem Financial Risk Indicator und dem Operational Risk grundsätzlich kein kausaler Zusammenhang finden lässt, sondern diese Indikatoren immer nur Proxygrößen darstellen, die im besten Falle einen statistisch nachzuweisenden und logisch nachvollziehbaren Zusammenhang mit dem Operational Risk aufweisen. Financial Risk Indicators sind aber als Proxygröße deshalb beliebt, da sie keinen (großen) zusätzlichen Erhebungsaufwand benötigen und in monetären Werten ausgedrückt werden, was die Interpretation der Ergebnisse erleichtert. Es ist keine Umwandlung der Werte mehr in Euro-Beträge notwendig, sodass aus den Indikatorenwerten formal leichter auf das Verlustpotential geschlossen werden kann, auch wenn hinter dieser Schlussfolgerung kein sinnvoller Zusammenhang zu stehen scheint. Im folgenden wird nun eine spezifischere Betrachtung des Zusammenhangs zwischen Messgröße und Risikopotential für die Basler Ansätze BIA und STA vorgenommen.

4.1.2.2.3.1 Annahmen des Basler Ausschusses bzgl. des Zusammenhangs zwischen Bruttoertrag und Operational Risk

Die beim BIA und STA unterstellte Korrespondenzregel zwischen Indikator und zu messender Größe, also zwischen Bruttoertrag und Operational Risk, formuliert keinen direkten, sondern einen indirekten Zusammenhang. Zunächst geht der Basler Ausschuss davon aus, dass der Bruttoertrag ein Indikator für die Geschäftstätigkeit eines Kreditinstituts ist. Die Geschäftstätigkeit wiederum wird als Indikator für das Operational Risk dieses Kreditinstituts gesehen. „The indicator serves as a proxy for the scale of business operations and thus the likely scale of operational risk exposure…".[550]

Es wird also vom Basler Ausschuss nicht von einem kausalen Zusammenhang zwischen Bruttoertrag und Operational Risk ausgegangen, sondern der Bruttoertrag wird als Proxy gesehen. Implizit wird durch die Korrespondenzregel unterstellt, dass das Operational Risk mit der Größe des Kreditinstituts wächst.[551]

4.1.2.2.3.2 Hypothese: Es gibt keinen Kausalzusammenhang zwischen Bruttoertrag und dem Operational Risk

Derzeit existieren keine Veröffentlichungen, die den Zusammenhang zwischen Bruttoertrag und Operational Risk auf Basis historischer Daten fundiert untersuchen.[552] Größtenteils wird deshalb in der Literatur die Auffassung vertreten, dass bisher kein signifikanter Zusammenhang zwischen Höhe des Bruttoertrags und Ausmaß des Operational Risk nachgewiesen werden konnte.[553]

Auch bei den Basler Ansätzen BIA und STA ist im Prinzip von der Annahme der Stationarität auszugehen. Aus der Höhe des Bruttoertrags, also implizit aus der Geschäftstätigkeit der letzten drei Jahre, wird versucht, auf das aktuelle Operational Risk zu schließen. Noch mehr als bei einem Rückgriff auf Verlustdaten ist dieser Zusammenhang zu bezweifeln.

---

[550] Basel Committee on Banking Supervision (Working Paper, 2001), S. 6.

[551] Vgl. Ceske, R. et al. (Event Risk, 2000), S. 2.

[552] Es existiert eine kurze Veröffentlichung von Shih / Samad-Khan / Medapa, die eine Regressionsanalyse zwischen Erträgen und Verlusten aus Operational Risk vorgenommen haben. Es wurden jeweils die logarithmierten Werte für den Ertrag und die Verluste herangezogen. Ergebnis ist, dass ein Zusammenhang zu bejahen ist, die Regressionsgleichung aber nur ein Bestimmtheitsmaß von 0,05 aufweist, was bedeutet, dass nur 5% der Streuung der Verluste aus Operational Risk durch die Erträge erklärt werden können, für 95% der Streuung andere Faktoren verantwortlich sind. Regressionsmodelle mit einem derartig niedrigen Bestimmtheitsmaß sind als nicht akzeptabel zur Erklärung von Zusammenhängen zu sehen. Vgl. Shih, J. et al. (Firm Size, 2000).

[553] Vgl. bspw. Boos, K.-H. / Schulte-Mattler, H. (Methoden, 2001), S. 550; Rünger, P. / Walther, U. (Behandlung, 2004), S. 19; ZKA (Stellungnahme zum Konsultationspapier, 2001), S. 113.

Das liegt zum einen an den Zweifeln, die bzgl. des logischen Zusammenhangs existieren, aber zum anderen auch stark an zeitlichen Zusammenhängen. Fraglich ist, wie und wann sich gravierende Änderungen in der Geschäftstätigkeit der Bank und damit auch im Risikoprofil tatsächlich in den Bruttoerträgen manifestieren. Es ist anzunehmen, dass sich solche Änderungen erst längerfristig im Bruttoertrag niederschlagen, was dazu führt, dass der Bruttoertrag als erheblich nachlaufender Indikator zu sehen ist. Verschärft wird diese Problematik noch dadurch, dass der Bruttoertrag für die Bestimmung des notwendigen regulatorischen Kapitals nur einmal jährlich festgestellt wird. Mittels eines stark nachlaufenden Indikators der vergangenen drei Jahre wird versucht auf das aktuelle und zukünftige Risikopotential zu schließen.

Insgesamt steht der Bruttoertrag als Messgröße für das Operational Risk erheblich in der Kritik.[554] Auch in dieser Arbeit wird die Hypothese vertreten, dass der Bruttoertrag in keinem Fall in einem kausalen, aber auch in keinem signifikanten und logisch begründbaren Zusammenhang mit der Höhe des Operational Risk steht. Dies wird insbesondere über die im folgenden Kapitel dargestellten indifferenten und widersprüchlichen Zusammenhänge begründet, die sich aus dem Bruttoertrag als Messgröße für das Operational Risk ergeben.

Es ist eher davon auszugehen, dass sich folgender kausaler Zusammenhang findet:[555]

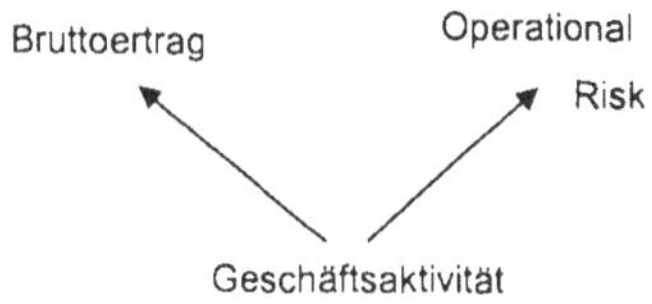

Das bedeutet, die Geschäftsaktivität des Kreditinstituts beeinflusst sowohl den Bruttoertrag kausal, als auch das Operational Risk. Zwischen Bruttoertrag und Operational Risk kann hier allerdings kein Zusammenhang gefunden werden.

Zur Überprüfung dieser Hypothese muss eine Korrelations- und Regressionsanalyse vorgenommen werden, die den Zusammenhang zwischen Bruttoertrag und Operational Risk formalisiert und überprüft. Dabei stellt das Operational Risk die zu erklärende, der Bruttoertrag die erklärende Größe dar. Zur Formulierung des Zusammenhangs müssen die bereits eingetretenen Verluste als Proxy für die Höhe des Operational Risk herangezogen werden.

---

554 Auch ca. 80% der von Cap Gemini Ernst & Young in einer Studie 2002 befragten 60 Kreditinstitute gaben an, dass die bei der Auswahl der Exposure-Indikatoren für die Basler Ansätze noch erheblichen Handlungsbedarf der Aufsichtsbehörden sehen. Vgl. Cap Gemini Ernst & Young (Trends, 2002), S. 12.

555 Vgl. auch Abbildung 5, S. 53, Punkt 5.

4.1.2.2.3.3 Indifferente und widersprüchliche Zusammenhänge

Beim in Kap. 4.1.1 dargestellten Aufwands- / Ertragsansatz wurde davon ausgegangen, dass ein sinkender, oder im Vergleich zu einer Prognose niedrigerer Ertrag als ein Zeichen für ein erhöhtes Operational Risk zu sehen ist. Der Basler Ausschuss dreht diesen Zusammenhang aber um, indem er davon ausgeht, dass ein höherer Bruttoertrag ein höheres Operational Risk impliziert.

Die Zusammensetzung des Bruttoertrags führt auch dazu, dass die Annahme, dass über den Bruttoertrag die Geschäftstätigkeit eines Kreditinstituts widergespiegelt wird, anzuzweifeln ist. Da es sich fast ausschließlich um Nettogrößen handelt, sagt die absolute Höhe des Bruttoertrags nicht mehr viel über die Geschäftstätigkeit aus, weil sich Erträge und Aufwendungen kompensieren. So ist es nicht unwahrscheinlich, dass kleine, weniger aktive aber dafür rentable Kreditinstitute absolut einen höheren Bruttoertrag haben, als große, sehr aktive, aber schlechter wirtschaftende. Dies führt gleich zu den nächsten Kritikpunkten.

Ganz intuitiv muss jedem ökonomisch vorgebildeten Betrachter an dem vom Basler Ausschuss vermuteten Zusammenhang widerstreben, dass Banken mit einer besseren Ertragslage mehr oder weniger bestraft werden, indem von ihnen eine höhere Eigenkapitalanforderung gefordert wird.[556] Ein Zusammenhang zwischen Aktivitätsniveau eines Kreditinstituts und seinem Operational Risk scheint noch nachvollziehbar, insbesondere für High Frequency- / Low Impact-Risiken. Bei Verlusten aus existenzbedrohenden externen Ereignissen ist der Zusammenhang schon nicht mehr ganz eindeutig. Abstrahiert man jedoch von diesem letztlich angestrebten Dreisprung und betrachtet vorrangig nur den Zusammenhang zwischen Höhe des Bruttoertrags und Höhe des Operational Risk, so ergeben sich völlig widersinnige Aussagen.

Betrachtet man ein Kreditinstitut isoliert im Zeitablauf, so ist wahrscheinlich, dass trotz nur unwesentlicher Änderungen in der Strategie, der Geschäftsstruktur und –aktivität sowie in der Risikoposition des Kreditinstituts die Bruttoerträge und damit auch die Eigenkapitalanforderung über den Zeitablauf schwanken.[557] Alleine Änderungen in den Rahmenbedingungen für das Kreditinstitut, z. B. in der Konjunkturlage, können zu Änderungen in den Bruttoerträgen führen. Verschlechtert sich die konjunkturelle Lage, so ist von sinkenden Bruttoerträgen, und ergo auch von einem sin-

---

556 Vgl. hierzu bspw. auch ZKA (Stellungnahme zum Konsultationspapier, 2001), S. 113.

557 Vgl. Rünger, P. / Walther, U. (Behandlung, 2004), S. 19.

kenden Operational Risk laut Basler Ausschuss auszugehen.[558] Dies scheint logisch nicht begründbar. Betrachtet man die einzelnen Komponenten des Bruttoertrags noch einmal näher, so ergibt sich bspw. die Auswirkung, dass ein Kreditinstitut in Zeiten, in denen es niedrige Refinanzierungskosten hat, ein höheres Zinsergebnis und damit ein höheres Operational Risk aufweist.

Betrachtet man zwei Kreditinstitute im Vergleich, so hat nach dem Basler Ausschuss dasjenige ein höheres Operational Risk, welches das im Vergleich höhere Zinsergebnis, das höhere Provisionsergebnis bzw. das höhere Nettoergebnis aus Finanzgeschäften aufweist. Im Prinzip wird also das Kreditinstitut als risikoreicher im Bezug auf Operational Risk eingeschätzt, das besser wirtschaftet. Ein Kreditinstitut, das höhere Refinanzierungskosten aufweist, da es bspw. vom Kapitalmarkt als risikoreicher eingeschätzt wird, wird ceteris paribus ein niedrigeres Zinsergebnis aufweisen und damit vom Basler Ausschuss mit einer niedrigeren Eigenkapitalunterlegung dafür „belohnt" werden.

Spannt man den Blickwinkel noch weiter auf, so bedeutet eine höhere Eigenkapitalanforderung für das eigentlich besser wirtschaftende Kreditinstitut, dass mehr Eigenkapital für die Deckung des (angeblich vorhandenen) Operational Risk zur Verfügung gestellt werden muss, als bei dem schlechter wirtschaftenden Kreditinstitut. Für das Folgejahr bedeutet dies, angenommen beide Kreditinstitute hatten die gleiche Eigenkapitalbasis und unterscheiden sich nicht in ihrer Marktpreis- und Kreditrisikoposition, dass das besser wirtschaftende Kreditinstitut noch besser wirtschaften muss, um auf dasselbe Ergebnis bzgl. der Eigenkapitalrendite zu kommen als das eigentlich wirtschaftlich schlechtere Kreditinstitut, da die Bezugsbasis „Eigenkapital" für die Eigenkapitalrendite beim besseren Institut nun höher ist. Dies führt zu Wettbewerbsnachteilen für gut wirtschaftende Kreditinstitute.

Allerdings erscheint es letztlich auch nicht sinnvoll, schlecht wirtschaftende Kreditinstitute durch eine erhöhte Eigenkapitalanforderung, die sachlich nicht durch eine sinnvolle Messung des tatsächlichen Operational Risk begründet ist, noch weiter zu belasten. Es ist also fraglich, inwieweit sich Ertragsgrößen überhaupt für eine Bestimmung der Eigenkapitalanforderungen eignen, egal in welche Richtung der Zusammenhang interpretiert wird.

---

[558] Damit verhält sich die Eigenkapitalanforderung für das Operational Risk im Gegensatz zu der für Kreditrisiken nicht prozyklisch. Die Prozyklizität stellt ein Problem der Neuen Basler Eigenkapitalvereinbarung dar. Durch risikosensitivere Eigenkapitalanforderungen für das Kreditrisiko steigen diese in konjunkturell schlechten Zeiten an. Dies kann jedoch dazu führen, dass Banken in Zeiten, in denen es Unternehmen, die auf Kredite angewiesen sind, sowieso schlecht geht, die Kredite verknappen oder verteuern. D. h. die Eigenkapitalanforderungen für Kreditrisiken in ihrer derzeitigen Form verstärken konjunkturelle Zyklen, was insbesondere in konjunkturellen Abschwüngen ein großes Problem darstellen kann. Vgl. hierzu bspw. Europäische Zentralbank (Merkmale und Auswirkungen, 2005), S. 59ff.

Die durch die Basler Regelungen gesetzte Anreizwirkung ist insgesamt völlig widersinnig. Durch Senkung der Erträge oder durch Erhöhung von Aufwendungen kann das angenommene Risiko gesenkt werden. Wirtschaftlich gesehen wäre es aber genau anders herum sinnvoll. Zudem wird keinerlei Rücksicht auf den Stand des Risikomanagements im Bereich der Operational Risk genommen. Haben zwei Banken einen gleich hohen Bruttoertrag, die eine davon aber ein hoch entwickeltes und die andere gar kein explizites Operational Risk-Management, so haben dennoch beide in den Augen des Basler Ausschusses ein gleich hohes Operational Risk und müssen dafür auch einen gleich hohen Betrag an Eigenkapital vorhalten. Die Bank mit dem besser entwickelten Risikomanagement hat aber bspw. bereits Maßnahmen wie eine Schadenkostenüberwälzung mittels einer Versicherung getroffen. Dennoch wird dies im BIA und im STA in keiner Weise berücksichtigt.[559] Es bestehen also keine Anreize für die Kreditinstitute, zumindest unter der regulatorischen Sichtweise, ihr Management für Operational Risk zu verbessern. Im Gegenteil führt eine auf Basis eines verbesserten Risikomanagements erreichte Verringerung von Verlusten, die dem Operational Risk zuzuordnen sind, aber bspw. das Zinsergebnis oder das Nettoergebnis aus Finanzgeschäften verbessern, zu einer Erhöhung der Eigenkapitalanforderung.[560]

Und selbst wenn man die Annahmen des Basler Ausschusses bzgl. eines Zusammenhangs zwischen Bruttoertrag und Operational Risk prinzipiell als sinnvoll ansehen würde, so bleibt immer noch die Frage offen, ob es sich hierbei tatsächlich, wie angenommen, um einen linearen Zusammenhang handelt. Es stellt sich also die Frage, ob das Operational Risk wirklich linear mit dem Bruttoertrag ansteigt. Die ISDA bemängelt hieran, dass größere Kreditinstitute dadurch unverhältnismäßig bei der Eigenkapitalanforderung belastet werden.[561] Sie argumentiert, dass bei größeren Instituten Diversifikationseffekte berücksichtigt werden müssen und diese darüber hinaus auch Verluste aus Operational Risk besser verkraften können, sodass für diese größeren Institute die Eigenkapitalanforderung in der bisherigen Form ungerechtfertigt hoch ist. Sie schlagen deshalb eine nicht-lineare Skalierung der Bruttoerträge mittels α vor. Die Argumentation könnte aber auch vice versa lauten, dass größere Institute mit komplexeren Geschäftsstrukturen ein überproportional ansteigendes Risiko gegenüber kleineren Instituten haben.[562] Der lineare Zusammenhang kann als „Kompromiss“ zwischen diesen beiden Sichtweisen interpretiert werden.

---

[559] Eine Berücksichtigung von Versicherungen bei der Ermittlung der Eigenkapitalunterlegung für Operational Risk ist bei den AMA möglich, nicht jedoch beim BIA und STA. Vgl. Basel Committee on Banking Supervision (Convergence, 2004), Punkte 647-649, S. 148.

[560] Vgl. ähnlich auch Rünger, P. / Walther, U. (Behandlung, 2004), S. 19.

[561] Vgl. hierzu und im folgenden ISDA (Response, 2001), S. 37 und 40.

[562] Vgl. hierzu bspw. Europäische Kommission (Konsultationspapier, 1999), S. 72.

4.1.2.2.4 Berücksichtigung von Abhängigkeiten

Im Rahmen des BIA und des STA bestehen (zumindest derzeit) keinerlei Möglichkeiten, Abhängigkeiten irgendeiner Art, d. h. zwischen einzelnen IT-Risiken, Operational Risk-Kategorien oder Risikoarten, zu berücksichtigen.

Grundsätzlich lassen sich aber für Financial Risk Indicators alle Korrelationsmaße berechnen, da es hier keinerlei Einschränkungen aufgrund des Skalenniveaus gibt. Die Berücksichtigung von Abhängigkeiten wird bedeutend, wenn man mehrere Indikatoren kombiniert. Bei der Messung des Risikos anhand eines Indikators, auch wenn dieses für verschiedene Risikokategorien getrennt berechnet wurde, sind Abhängigkeiten eher vernachlässigbar. Fraglich ist insbesondere der Nutzen solcher Berechnungen, wenn schon beim grundlegenden Zusammenhang davon auszugehen ist, dass es sich eher um eine Schätzung als um eine Messung handelt.

Wird das IT-Risiko auf der Basis mehrerer, einzeln betrachteter Financial Risk Indicators ermittelt und die Ergebnisse zum Gesamtergebnis aggregiert, so besteht die Gefahr einer Über- oder Unterschätzung des Risikopotentials. Werden nicht alle relevanten Risiken durch die gewählten Indikatoren abgedeckt, führt das zu einer Unterschätzung des Risikopotentials. Werden hingegen mehrere Indikatoren berücksichtigt, die untereinander Abhängigkeiten aufweisen und damit teilweise die Risiken doppelt erfassen, kann dies zu einer Überschätzung des Risikos führen.

4.1.2.2.5 Berücksichtigung der aktuellen Risikosituation

Das grundlegende Problem bzgl. der Berücksichtigung der aktuellen Risikosituation beim Einsatz von Financial Risk Indicators ist, dass die Financial Risk Indicators nachlaufende Indikatoren darstellen. Damit wird immer von der vergangenen Risikosituation, z. B. der Geschäftstätigkeit der letzten drei Jahre, auf die aktuelle Geschäftstätigkeit und damit auf das aktuelle Operational Risk geschlossen. In den derzeitigen Regelungen zum BIA und STA wird der Durchschnitt des Bruttoertrags der letzten drei Jahre zur Berechnung herangezogen. Die Glättung von Schwankungen des Bruttoertrags durch den Dreijahresdurchschnitt wird damit „erkauft", dass Daten herangezogen werden, die höchstwahrscheinlich gar nicht mehr auf die aktuelle Risikosituation passen. Es hätte auch ein längerer Zeitraum gewählt werden können, was aber den aktuellen Bezug der Daten noch weiter verschlechtert hätte. Umgekehrt könnten aktuellere Daten herangezogen werden, wie bspw. die Summe der Bruttoerträge der letzten drei Monate (ohne weitere Transformation).[563] Dies würde die Aktualität der Daten erhöhen, aber die Gefahr starker Schwankungen in der Be-

---

[563] Dahinter steckt die Überlegung, dass 15% eines jährlichen Bruttoertrags ca. dem absoluten Wert des Bruttoertrags von zwei bis drei Monaten entsprechen sollte.

wertung des Operational Risk mit sich bringen. Dies ist sicherlich ein Problem für die regulatorische Sichtweise, für bankinterne Steuerungszwecke hat aber die Aktualität der Daten den Vorrang. Eine explizite Berücksichtigung der aktuellen Risikosituation ist bei BIA und STA nicht vorgesehen. So könnten Aufwendungen für die Verbesserung des IT-Systems, z. B. für den Kauf einer aktuellen Anti-Viren-Software, oder auch Aufwendungen aus anerkennungsfähigen Versicherungen als Minderung auf die Eigenkapitalanforderung berücksichtigt werden.

4.1.2.2.6 Validierbarkeit der Ansätze

Angenommen der Zusammenhang zwischen Bruttoertrag und Operational Risk wurde mittels einer Regressions- und Korrelationsanalyse überprüft und formalisiert, dann sind laufend folgende Tests vorzunehmen, um die Validität des angenommenen Modells zu überprüfen.

Zunächst einmal kann eine laufende Überprüfung der Korrelationskoeffizienten ein Bild darüber abgeben, ob der angenommene Zusammenhang zwischen Bruttoertrag und Operational Risk als stabil anzusehen ist, oder ob die Werte deutlich schwanken. Zusätzlich muss das Regressionsmodell auf seine Validität getestet werden. Eine solche Validierung kann wie in Kap. 3.2.6, S. 70ff. dargestellt prinzipiell mittels retrospektiver Tests stattfinden. Das auf Basis einer Teststichprobe aus historischen Daten zu Bruttoerträgen und Verlusten aus Operational Risk kalibrierte Modell wird dabei an anderen historischen Daten, der Validierungsstichprobe, getestet. Da bei BIA und STA jährliche Daten herangezogen werden, entsteht die Problematik, dass nur sehr wenige Daten überhaupt vorhanden sein können, da nur eine Beobachtung für Verluste und eine für den Bruttoertrag pro Jahr anfällt. Einen Engpass stellen hierbei insbesondere die Verlustdaten dar, da diese erst seit geringer Zeit strukturiert gesammelt werden und deshalb nicht in ausreichendem Maße für eine fundierte Modellvalidierung und auch vorher nicht für eine fundierte Modellerstellung vorhanden waren. Auch ein Datenpooling, bei dem die jährlichen Werte mehrerer Kreditinstitute herangezogen werden, um damit mehrere Wertepaare pro Jahr zu erhalten, hilft nur bedingt weiter. Zwar kann dadurch der Zusammenhang für die Branche annäherungsweise auf Basis von Durchschnittswerten geschätzt werden, aufgrund fehlender Daten bspw. für kleinere Kreditinstitute können die Ergebnisse daraus aber deutlich verzerrt und für einzelne Kreditinstitute nur bedingt aussagekräftig sein. Auch die bereits erwähnte Tatsache, dass die Definition des Bruttoertrags noch Unklarheiten aufweist, ist für die Überprüfung des Zusammenhangs nicht förderlich. Insgesamt ergibt sich damit das Problem, das i. d. R. nicht genügend Wertepaare zur Verfügung stehen, auf deren Basis eine Regressionsanalyse vorgenommen werden kann, geschweige denn die Daten für Validierungszwecke auch noch in zwei getrennte Stichproben aufgeteilt werden können.

Zusätzlich oder alternativ kann ein prospektiver Test zur Validierung durchgeführt werden. Hierzu wird der Bruttoertrag des aktuellen Zeitraums herangezogen und die Schäden für den darauf folgenden Zeitraum mittels des Regressionsmodells prognostiziert. Da vom Basler Ausschuss davon ausgegangen wird, dass der Bruttoertrag der letzten drei Jahre eine Aussage für die Zukunft treffen kann, sind hier bspw. die Bruttoerträge für 2002 - 2004 heranzuziehen, um Schäden in 2005 zu prognostizieren. Am Ende des Jahres 2005 kann überprüft werden, ob die Schätzung anhand des Regressionsmodells auf Basis der Bruttoerträge von 2002 - 2004 korrekt war bzw. wie weit die beiden Werte, d. h. der prognostizierte und der tatsächliche Wert für die Verluste, voneinander abweichen. Prospektive Tests können bei den getroffenen Annahmen des Basler Ausschusses nur einmal jährlich vorgenommen werden, sodass hier viel zu wenige Tests durchgeführt werden können, um fundierte Aussagen zu treffen.

4.1.2.3 Verbesserungsvorschläge zu den Basler Ansätzen

Die Idee, anstelle eines Bruttoertrags für die Gesamtbank oder für Geschäftsfelder, Bruttoerträge für Kategorien an Operational Risk, wie dem IT- und dem Mitarbeiterrisiko, zu berechnen und bei der Zusammenführung der Einzelergebnisse auch Abhängigkeiten zu berücksichtigen, erscheint nicht abwegig. Wie aber bereits erwähnt, ist es nicht sinnvoll möglich, einen Bruttoertrag nach der Definition des Basler Ausschusses für die IT, für Mitarbeiter und für Prozesse, geschweige denn für externe Ereignisse zu berechnen. Für die IT ist es noch am ehesten möglich, ein Provisionsergebnis zu ermitteln, wie jedoch das Zinsergebnis und das Eigenhandelsergebnis zuzuordnen wären, bleibt unklar. Folgt man also der Annahme, dass den Besonderheiten des Operational Risk durch eine Aufteilung nach ursachenbezogenen Risikokategorien bei der Messung und Steuerung besser Rechnung getragen werden kann, als durch eine Geschäftsfeldkategorisierung, dann ist der Bruttoertrag als Indikator nicht praktikabel und deswegen zu verwerfen.

Dennoch sollen hier Verbesserungsvorschläge erarbeitet werden. Die Idee ist, dass die Bankenaufsicht sicherlich in nächster Zeit an BIA und STA festhalten wird, auch wenn sie sich deren Schwächen bewusst ist. Mit relativ einfachen Änderungen an diesen beiden Ansätzen könnten schon deutliche Verbesserungen erreicht werden, auch wenn das langfristige Ziel natürlich sein sollte, von diesen undifferenzierten Ansätzen wegzukommen.

Ein erster Schritt wäre, die Behandlung negativer Bruttoerträge, insbesondere im Standardansatz zu verändern. Eine Verrechnung negativer mit positiven Bruttoerträgen scheint logisch nicht begründbar, insbesondere da ein negativer Bruttoertrag nicht aus einer Einstellung der Geschäftstätigkeit und einer damit einhergehenden Reduzierung des Operational Risk resultiert, sondern eher aus unwirtschaftlichem Handeln in diesem Geschäftsfeld. Es erscheint widersinnig, dies mit einer definitiven Verringerung der Eigenkapitalanforderung zu belohnen. Eine sehr pragmatische Lösung ist, einfach den Betrag des Bruttoertrages zu berücksichtigen, d. h. sowohl negative als auch positive Bruttoerträge in die Berechnung einfließen zu lassen. Dies ist formal nicht begründbar, erscheint aber im Zusammenhang mit der Bewertung des Operational Risk zumindest sinnvoller, als die Vorgehensweise des Basler Ausschusses, da negative Bruttoerträge nicht belohnt, sondern mit einer Eigenkapitalunterlegung belastet werden.

Eine weitere einfache Verbesserungsmöglichkeit ist, den Indikator Bruttoertrag zusätzlich auf die tatsächliche Größe bzw. Geschäftstätigkeit des Kreditinstituts zu beziehen. So könnte zumindest eine wesentliche Grundlage des angenommenen Zusammenhangs gesichert werden. Die Europäische Kommission unterbreitete 1999, also noch vor Basel II, einen Vorschlag, der eine Verbesserung darstellen könnte.[564] Sie hat gefordert, zwei Indikatoren, einen für die Größe und einen für den Ertrag des Kreditinstituts, zu verwenden, diese jeweils mit Faktoren zu skalieren und anschließend zu addieren. Im Prinzip kann dies direkt auf den BIA angewandt werden, indem zu dem Term α*BE noch ein Term γ*BS addiert wird. Natürlich muss hierbei nicht nur γ neu kalibriert werden, sondern auch α, da sich die Eigenkapitalanforderung sonst insgesamt erhöhen würde. Denkbar ist auch, α bei den derzeitigen 15% zu belassen, und γ so zu kalibrieren, wie wenn die Bilanzsumme der einzige Indikator wäre. Beide EK-Anforderungen könnten dann addiert und durch zwei geteilt werden. Daraus ergibt sich folgende Formel:

$$K = \frac{(\alpha * BE + \gamma * BS)}{2}$$

mit:

K = Eigenkapitalanforderung

BE = Bruttoertrag

BS = Bilanzsumme

α und γ = von der Aufsicht vorgegebene Adjustierungsfaktoren

Dieser Ansatz hätte immer noch die aufgeführten Schwächen des Bruttoertrags, würde aber schon eine Verbesserung in die Richtung bedeuten, dass der stark volatile und nicht eindeutig größenabhängige Indikator Bruttoertrag noch durch einen weniger volatilen und größenabhängigen Indikator ergänzt wird. Ohne eine solche Adjustierung erscheint der Zusammenhang zwischen Größe und Geschäftsaktivität des Kreditinstituts nicht gewährleistet zu sein.

Eine weitere Verbesserung könnte darstellen, einen wirklichen „Bruttoertrag" heranzuziehen, also Erträge wie Provisionserträge oder Zinserträge ohne Abzug von Aufwendungen, da dadurch die Größe und Geschäftstätigkeit des Kreditinstituts besser wiedergegeben wird. Die daraus resultierende höhere Eigenkapitalanforderung kann durch eine Rekalibrierung des α wieder korrigiert werden. Für die Größe bzw. Geschäftstätigkeit des Kreditinstituts bieten sich statt der Bilanzsumme die Summe der Aufwendungen oder Erträge als Anhaltspunkt für den „Umsatz", der ja als Größe in Banken so nicht vorhanden ist, an.[565] Hier ist allerdings darauf zu achten, dass bei Verwendung von zwei Indikatoren diese keine großen Abhängigkeiten aufweisen.

---

[564] Europäische Kommission (Konsultationspapier, 1999), S. 71ff.

[565] Vgl. hierzu und im folgenden Europäische Kommission (Konsultationspapier, 1999), S. 72.

Noch weiter gehen Vorschläge, die zwar immer noch Financial Risk Indicators beinhalten, aber die Seite der GuV wechseln und Aufwandsgrößen heranziehen. Pézier schlägt bspw. vor, anstelle des Bruttoertrags die „operating expenses"[566] zur Messung des Operational Risk heranzuziehen.[567] Einen ähnlichen Vorschlag unterbreitete der Zentrale Kreditausschuss in seiner sehr ausführlichen Stellungnahme zum ersten Konsultationspapier zu Basel II 2001.[568] Konkret schlägt der ZKA vor, den Verwaltungsaufwand, der sich aus dem Personalaufwand und dem Sachaufwand zusammensetzt,[569] als Indikator heranzuziehen. Die sonstige Vorgehensweise bleibt gleich, d. h. der Vorschlag lautet, ebenfalls auf einen Dreijahres-Durchschnitt der Verwaltungskosten zurückzugreifen und die tatsächliche Eigenkapitalanforderung durch Multiplikation mit einem festzulegenden Wert α zu ermitteln. Darüber hinaus wird die Verwendung eines Qualitätsindikators vorgeschlagen, auf den später noch eingegangen wird.

Der ZKA weist darauf hin, dass der Verwaltungsaufwand als Indikator zur Messung des Operational Risk besser geeignet ist. Der Hauptgrund, der vom ZKA aber nicht explizit genannt wird, ist, dass der Verwaltungsaufwand einen direkteren Zusammenhang mit dem Operational Risk aufweist als der Bruttoertrag. Der Verwaltungsaufwand steht zwar auch tatsächlich in einem gleichlaufenden Zusammenhang mit der Geschäftsausweitung[570], die Dreiecksbeziehung wie beim Bruttoertrag ist hier aber nicht notwendig. Der Verwaltungsaufwand spiegelt nämlich auch tatsächlich die Geschäftstätigkeit eines Kreditinstituts wider. Er bezieht sich deutlich direkter auf den Kern des Operational Risk, nämlich Personal, IT und Prozesse, als der stark vom Zinsergebnis und vom Eigenhandelsergebnis geprägte Bruttoertrag, der damit eher einen Bezug zum Marktpreis- und Kreditrisiko aufweist. Der ZKA erwähnt an dieser Stelle, dass der Verwaltungsaufwand eine geschäftsartenunabhängige Bezugsgröße ist.[571] Als wichtiges Argument für den Verwaltungsaufwand führt der ZKA an, dass die Beziehung Verwaltungsaufwand zu Eigenkapitalanforderung für Operational Risk auch deshalb zu bevorzugen ist, da hier die regulatorischen und geschäftspolitischen

---

[566] Zu verstehen als Aufwendungen, die aus der gewöhnlichen Geschäftstätigkeit resultieren.

[567] Vgl. Pézier, J. (Constructive Review, 2004), S. 53f.

[568] Vgl. hierzu und im folgenden ZKA (Stellungnahme zum Konsultationspapier, 2001), S. 115ff.

[569] Der ZKA konkretisiert diese Größen noch weiter. Zu dem Personalaufwand werden Löhne, Gehälter, Vergütungen, soziale Abgaben, Altersversorgung und Unterstützung gezählt. Unter den Begriff Sachaufwand fallen personalabhängige Sachkosten, Gebäude- und Raumkosten, Betriebs- und Geschäftsaustattung (ohne EDV), IT-Kosten, Werbung und Marketing, Bürobetriebskosten / sonstige Kosten, sonstige Sachkosten für Beratung / Prüfung / Versicherung / Beiträge, Normalabschreibungen auf Grundstücke und Gebäude, Normalabschreibungen auf erworbene immaterielle Wirtschaftsgüter. Vgl. ZKA (Stellungnahme zum Konsultationspapier, 2001), S. 115.

[570] Vgl. ZKA (Stellungnahmen zum Konsultationspapier, 2001), S. 115.

[571] Vgl. hierzu und im folgenden ZKA (Stellungnahme zum Konsultationspapier, 2001), S. 115f.

Ziele besser übereinstimmen, d. h. eine Senkung der Aufwendungen, die geschäftspolitisch erwünscht ist, auch zu einer „Belohnung" durch die Bankenaufsicht durch eine geringere Eigenkapitalunterlegungspflicht führt. Zudem ist der Verwaltungsaufwand aus der GuV ablesbar und die Definition international weitgehend gleichartig. Von Vorteil ist darüber hinaus, dass der Verwaltungsaufwand auf den verschiedenen organisatorischen Ebenen in der Bank, bspw. Geschäftsbereiche, Zentralbereiche und Kostenstellen besser zurechenbar ist, als der Bruttoertrag. Im Zusammenhang mit der Messung des IT-Risikos ist dies als bedeutender Vorteil zu sehen, da es sinnvoller erscheint, die Verwaltungskosten für die IT-Abteilung zu ermitteln, als einen Bruttoertrag. Ein weiterer Vorteil des Verwaltungsaufwands, insbesondere im Zusammenhang mit aufsichtsrechtlichen Zielsetzungen, ist, dass er im Gegensatz zum Bruttoertrag deutlich weniger volatil ist und somit eine stabile Grundlage zur Risikomessung darstellt.

Aber auch der Verwaltungsaufwand hat unerwünschte Anreizwirkungen. So reduzieren Einsparungen im Operational Risk-Management, bspw. durch Kündigung der zuständigen Mitarbeiter oder Abschaffung eines teuren Viren-Scanners, die Eigenkapitalanforderung, während Ausgaben zur Verbesserung des Operational Risk-Management zu einer Erhöhung der Kapitalanforderung führt.[572] Damit verhält sich dieser Indikator zwar gleichlaufend mit Kosteneinsparungszielen, schafft aber negative Anreize für eine Verbesserung des Operational Risk-Managements. Dies bemerkte auch schon die Europäische Kommission in ihrem Konsultationspapier von 1999, in dem Kostengrößen zur Bemessung des Operational Risk ausgeschlossen wurden, da eine Verwendung dazu führen könnte, Kreditinstitute von Investitionen in Kontroll- und Risikomanagementsysteme abzuhalten.[573]

Der ZKA schlägt zur Lösung der Problematik falscher Anreize bei der Verwendung des Verwaltungsaufwands vor, einen Qualitätsfaktor einzuführen.[574] Dieser wird in die Berechnung der Eigenkapitalanforderungen in das Produkt aus Verwaltungsaufwand und dem Skalierungsfaktor α mit aufgenommen und soll den Entwicklungsgrad des Operational Risk-Managements der Bank berücksichtigen. Anhand bestimmter Qualitätskriterien, wie bspw. eine strukturierte Sammlung von Verlustdaten oder eine laufende Überwachung von Risikoindikatoren, soll der Faktor festgelegt werden. Der Qualitätsfaktor bewegt sich zwischen 0 und 1. Je höher die geschätzte Qualität des

---

[572] Vgl. hierzu ähnlich ZKA (Stellungnahme zum Konsultationspapier, 2001), S. 116.

[573] Vgl. Europäische Kommission (Konsultationspapier, 1999), S. 71f. Die Europäische Kommission spricht hier noch nicht von operationellen Risiken, sondern von „sonstigen Risiken" als Abgrenzung zu Marktpreis- und Kreditrisiken. Dieses Ausschlusskriterium bildete damals auch die Definition. Konkret wurden bspw. Betriebs-, Rechts- und Reputationsrisiken darunter gezählt, d. h. „sonstige" Risiken umfassten mehr als die operationellen Risiken.

[574] Vgl. hierzu und im folgenden ZKA (Stellungnahme zum Konsultationspapier, 2001), S. 118ff.

Operational Risk-Management, desto niedriger der Faktor. Nachteilig ist daran vor allem die Subjektivität bei der Festlegung dieses Faktors. Die Qualität ist, wie in anderen Bereichen, auch in diesem Fall schwer einschätzbar. Dennoch ist die Überlegung eines solchen Faktors an sich ein weiter zu verfolgender Gedanke, da es außerordentlich wichtig erscheint, den Entwicklungsstand des Risikomanagements in die Bewertung miteinzubeziehen.

Eine andere Lösung für das Problem falscher Anreizwirkungen aus Verwendung des Verwaltungsaufwands ist, Aufwendungen für sinnvolle Risikomanagementmaßnahmen zur Steuerung des Operational Risk aus den Verwaltungsaufwendungen, entweder direkt oder zu einem festgelegten Prozentsatz, herauszurechnen. Das bedeutet, dass durch Maßnahmen wie den Kauf einer Virensoftware der Verwaltungsaufwand, und damit auch die Eigenkapitalanforderung nicht erhöht wird.

Überträgt man die Ideen auf die Messung des IT-Risikos, müssen die für die IT spezifischen Aufwendungen aus dem Verwaltungsaufwand extrahiert werden, also Sachkosten für Hardware, Software etc., Personalaufwand für Mitarbeiter der IT-Abteilung, Gebäude- und Raumkosten für Räume der IT wie bspw. Serverräume, sonstige Sachkosten für Beratung / Prüfung / Versicherung / Beiträge im Zusammenhang mit der IT. Aus diesen Aufwendungen werden Aufwendungen für das IT-Risikomanagement z. B. für die Schulung der Mitarbeiter, die Vorhaltung eines zweiten Rechenzentrums als Back-Up, Kosten für Datensicherungen etc. herausgerechnet. Anhand der restlichen Aufwendungen wird, evtl. mit Hilfe eines Adjustierungsfaktors, die Höhe des IT-Risikos ermittelt.

4.1.3 Darstellung und Beurteilung von Nonfinancial Risk Indicator-Ansätzen

Die im vorangegangenen Kapitel dargestellten Financial Risk Indicators haben den Vorteil, dass sie auf bereits ermittelten Größen basieren und einen im Zusammenhang mit Risiken leicht zu interpretierenden monetären Wert ausweisen. Nachteilig ist allerdings, dass Financial Risk Indicators nachlaufende Indikatoren darstellen und eher an den Wirkungen des Operational Risk ansetzen, als an dessen Ursachen.[575] Wünschenswert ist es, Indikatoren zu finden, die ursächlich für das Risiko sind, oder die zumindest zeitnäher als Größen aus dem Rechnungswesen, eingetretene Risiken widerspiegeln. Nonfinancial Risk Indicators scheinen auf den ersten Blick hierzu geeignet zu sein.

4.1.3.1 Darstellung von Nonfinancial Risk Indicator-Ansätzen

4.1.3.1.1 Definition und Beispiele für Nonfinancial Risk Indicators

Als Nonfinancial Risk Indicators können zunächst einmal alle Indikatoren herangezogen werden, für die ein Wert ermittelt werden kann. Die Indikatoren können sowohl quantitativ als auch qualitativ sein, liefern dabei aber keine monetären Werte. Die Werte der Indikatoren können in den unterschiedlichsten Maßeinheiten gemessen werden, wie Anzahl, Stunden, Grad Celsius, Megabyte, aber auch in Kategorien wie gut / mittel / schlecht, vorhanden ja / nein usw. Um eine Messung des IT-Risikos zu ermöglichen, sollten qualitative Indikatoren zumindest in ordinale Werte überführt werden, z. B. mit Hilfe eines Scoringmodells.[576] Nonfinancial Risk Indicators liegen damit mehrheitlich in Form von metrisch oder ordinal skalierten Werten, seltener in Form nominal skalierter Werte vor.

Eine Unterteilung der Nonfinancial Risk Indicators in solche, die eher ursachebezogen sind, und solche, die eher Wirkungen widerspiegeln,[577] erscheint zwar auf den ersten Zugang sinnvoll, ist aber in der Umsetzung problematisch. Dies hängt damit zusammen, dass Wirkungen im Bereich von IT-Risiken häufig wiederum zu Ursachen werden. Dargestellt sei diese Problematik an dem Beispiel „Ausfallzeit des Systems". Diese kann eine Wirkung bspw. eines technischen Versagens abbilden, aber auch wiederum eine Ursache für finanzielle Verluste aufgrund entgangener Geschäfte darstellen. Auch eine grundsätzliche Einteilung der Indikatoren in vorlaufende,

---

[575] Vgl. hierzu bspw. im Zusammenhang mit Performance Indicators Graf, P. (Non-Financial Performance Indicators, 2002), S. 6.

[576] Vgl. hierzu bspw. Hoffman, D. G. (Managing, 2002), S. 249. Im Rahmen eines Scoringmodells werden den jeweiligen Ausprägungen oder auch Spannen an Ausprägungen der Indikatoren Punktewerte zugeordnet. Dabei können auch mehrere Indikatoren zusammengefasst und gewichtet werden. Letztlich liegt dann eine Aussage in ordinaler Form für den jeweiligen Indikator vor.

[577] Vgl. hierzu bspw. Münchbach, D. (Private Banking, 2001), S. 146ff.

gleichlaufende und nachlaufende Indikatoren ist zwar wesentlich, aber nicht generell realisierbar. Es stellt sich dabei die Frage nach der geplanten Verwendung der Indikatoren. Verdeutlicht sei diese an dem Beispielindikator „Ausfallzeit des Systems". Ein Ausfall spiegelt ein bereits eingetretenes Operational Risk wider, sodass dieser Indikator als gleichlaufend bzw. nachlaufend zu charakterisieren ist. Wird der Indikator hingegen so interpretiert, dass steigende Ausfallzeiten auf ein größeres Problem im IT-System hindeuten, das zu einem längeren Totalausfall führen kann, so ist dieser Indikator als vorlaufend zu bezeichnen. Im konkreten Fall ist es von großer Bedeutung, dass vor Verwendung des Indikators zur Messung entschieden wird, mit welchem Zeitbezug dieser verwendet, d. h. ob dieser für Prognosen oder Analysen eingesetzt wird.

Eine Unterteilung, die konsequent durchgehalten werden kann, ist die in activity-based und value-based Indicators. Einen Überblick über mögliche Indikatoren zur Messung des IT-Risikos gibt die nachfolgende Abbildung:

Value-based Nonfinancial RI	Activity-based Nonfinancial RI
Anzahl der eingesetzten Systemkomponenten	System-Kapazitätsauslastung
Alter der Systeme	Vorhandene Restspeicherkapazität
Anzahl der Schnittstellen zwischen Systemkomponenten	Anzahl Systemausfälle in einem Monat länger als 10 Minuten
Anzahl der Supportmitarbeiter	Systemausfallzeit in einem Monat
Qualifikation der Mitarbeiter in der IT-Abt.	Anzahl Rechnerabstürze
Anzahl eigenentwickelter Programme	Anzahl Programmabstürze
Anzahl der Schnittstellen nach außen	Anzahl und Dauer von Störungen / Ausfällen bei Netzkomponenten
Zeit seit letztem Update des Viren-Scanners	Anzahl Fehleingaben von Passwörtern
Wartungszeiträume	Anzahl von Zugriffsschutzverletzungen in einem Monat
Anzahl nicht integrierter Softwareanwendungen	Anzahl der Angriffe auf das IT-System von außen durch Hacker, Viren, Würmer, Trojaner
Zeitraum zwischen kompletten Datensicherungen	Quote erfolgreicher Angriffe auf das IT-System von außen
	Schwankungen in der Versorgungsspannung
	Anzahl an Beschwerden von IT-Benutzern in einem Monat
	Fluktuationsrate der Mitarbeiter in der IT-Abteilung in einem Jahr
	Antwortzeiten der Server

Abbildung 11: Beispiele für activity-based und value-based Nonfinancial Risk Indicators[578]

Diese Abbildung gibt nur einige Beispiele für Nonfinancial Risk Indicators zur Messung des IT-Risikos. Konkretere Aussagen können nur auf Basis eines spezifischen IT-Systems eines Kreditinstituts getroffen werden. Um möglichst viele bzw. zumindest die wesentlichsten Risiken abzudecken, ist eine Strukturierung der Erfassung von Indikatoren nach den Bedrohungen und den Schwachstellen zielführend. Damit wird vermieden, dass Bedrohungs- oder Schwachstellenkategorien nicht berücksichtigt werden, da Indikatoren wie z. B. Ausfallzeiten zunächst dominant erscheinen und weniger offensichtliche Indikatoren übersehen werden. Bspw. werden also jeweils 3-10 möglichst aussagekräftige Indikatoren, speziell für Bedrohungen aus höherer Ge-

[578] Eigene Darstellung, zu Ideen für Indikatoren vgl. bspw. auch Münchbach, D. (Private Banking, 2001), S. 147f.; BSI (IT-Grundschutzhandbuch, 1999); Lui, B. (Implikationen, 2005), S. 244.

walt, aus menschlichem Fehlverhalten, aus technischem Versagen und aus organisatorischen Mängeln gesucht. Da das technische Versagen als die Kernbedrohung im Zusammenhang mit dem IT-Risiko zu sehen ist, ist hierzu auch eine große Anzahl an Indikatoren zu betrachten. Zu überprüfen wäre bspw. der Zusammenhang zwischen den Verlusten aus dem IT Risiko und folgenden Indikatoren:

Bedrohungskategorien	Indikatoren
Höhere Gewalt	• Windgeschwindigkeiten • Niederschlagsmengen
Menschliches Fehlverhalten → extern → intern	→ extern: • Anzahl der Angriffe von außen durch Viren, Würmer, Trojaner pro Monat → intern: • Anzahl der Fehleingaben in Eingabemasken pro Monat
Technisches Versagen → extern → intern	→ extern: • Schwankungen in der Versorgungsspannung → intern: • Antwortzeiten des Servers • Temperatur der CPU
Organisatorische Mängel	• Zugriffsschutzverletzungen pro Monat

Abbildung 12: Beispiele für Nonfinancial Risk Indicators nach Bedrohungskategorien

Zusätzlich können Indikatoren, die speziell etwas über die Schwachstellen aussagen, eruiert werden. Folgende Abbildung gibt hierfür ein Beispiel:

Schwachstellenkategorien	Indikatoren
Hardware	• Alter eines Servers • Ausfallzeiten durch Hardware-Fehler
Software	• Anzahl von Softwareschnittstellen • Anzahl der Programmabstürze pro Monat
Daten	• Zeitraum zwischen kompletten Datensicherungen • Restspeicherkapazitäten
Netze	• Anzahl der Netzwerkverbindungen • Ausfall von Netzwerkkomponenten pro Monat

Abbildung 13: Beispiele für Nonfinancial Risk Indicators nach Schwachstellenkategorien

Liegt aus einer ersten Identifikation eine Vielzahl möglicher Nonfinancial Risk Indicators vor, so müssen daraus die wesentlichsten herausgefiltert werden. In der Betrachtung dieses Kapitels geht es dabei um die Verwendung einzelner Indikatoren, die Kombination von Indikatoren wird in Kap. 4.1.4 betrachtet.

4.1.3.1.2 Ansatzpunkte zur Erkennung und Modellierung von Zusammenhängen zwischen Nonfinancial Risk Indicators und dem IT-Risiko

Die einfachste, aber auch ungenaueste Möglichkeit ist eine graphische Analyse der Indikatoren, d. h. es werden über den Zeitablauf Werte für die Verluste aus dem IT-Risiko und Werte der Indikatoren in einem Koordinatensystem abgetragen.[579] Beachtet werden muss hier, dass unterschiedliche Dimensionen der Werte vorliegen können, die so umgesetzt werden müssen, dass Entwicklungen erkannt werden können. Die Analyse der Zusammenhänge erfolgt dann durch die Betrachtung der Entwicklungstendenzen der Indikatoren und der Verluste. Alleine hieraus können erste Schlussfolgerungen gezogen werden, ob ein Zusammenhang zwischen Indikator und Verlusten zu vermuten ist und falls ja, welche Richtung dieser einschlägt, d. h. ob Indikator und Verluste sich gleichlaufend oder gegenläufig verhalten. Bei späterer Aufstellung einer Regressionsgleichung kann auf Basis der graphischen Analyse kontrolliert werden, ob die Vorzeichen der Regressionskoeffizienten schlüssig erscheinen. Zudem kann eine Hypothese aufgestellt werden, ob ein Indikator vor-, gleich- oder nachlaufend ist. Für eine fundierte Verwendung der Indikatoren zur Messung des Operational Risk reicht dies aber noch nicht aus.

Die Zusammenhänge einzelner Indikatoren müssen deshalb zunächst einmal mit Hilfe der Korrelationsanalyse überprüft werden. Hierzu sind Rangkorrelationskoeffizienten zu berechnen. Diese haben im Zusammenhang mit Nonfinancial Risk Indicators speziell den Vorteil, dass ordinal skalierte Indikatoren damit analysiert werden können.

Wenn aus den Ergebnissen der Korrelationsberechnung ein Zusammenhang anzunehmen ist, muss bei der weiteren Vorgehensweise danach unterschieden werden, welches Skalenniveau die Indikatorwerte erfüllen. Liegen metrische Werte für den Indikator vor, wie Anzahl, Stunden, Jahre, Auslastung in % der Speicherkapazität, so kann hier, wie schon bei den Financial Risk Indicators, eine Regressionsanalyse vorgenommen werden. Auf Basis der Regressionsgleichung kann dann, durch Einsetzen der konkreten Indikatorwerte, eine Prognose zur Höhe des IT-Risikos abgegeben werden.

---

[579] Vgl. hierzu und im folgenden Münchbach, D. (Private Banking, 2001), S. 149f.

Liegen keine metrischen Werte für die Indikatoren vor, kann keine „normale" Regressionsanalyse durchgeführt werden, da diese metrische Werte für alle einfließenden Variablen erfordert. Dies ist bspw. dann der Fall, wenn Aspekte wie die Qualität der Ausbildung der Mitarbeiter oder der Kontrollen im IT-System bewertet und als Indikator verwendet werden. Werden aus qualitativen Einschätzungen Scoringwerte ermittelt, liegen ordinale Werte vor, ansonsten handelt es sich um nominale Werte. Um Zusammenhänge zu erkennen und zu überprüfen kann zunächst eine Varianzanalyse durchgeführt werden.[580] Dabei werden Abweichungen der Werte der abhängigen Variablen, also hier der Höhe des IT-Risikos (ausgedrückt durch die Höhe der Verluste), bei unterschiedlichen Ausprägungen des betrachteten Indikators analysiert. Daraus werden Schlussfolgerungen gezogen, wie hoch der Anteil der durch den Indikator erklärten Abweichungen der Werte der abhängigen Variablen ist. Was jedoch mit der Varianzanalyse nicht erreicht werden kann, sind Prognosen zum Wert des IT-Risikos anhand der Werte der Indikatoren, da keine Regressionsfunktion ermittelt wird.

Eine Lösung dieses Problems stellt die Einführung von Dummy-Variablen in die Regressionsgleichung dar.[581] Hierbei werden binäre Variablen in die Gleichung eingeführt, deren Wert entweder 0 oder 1 ist. Im einfachsten Fall hat die zu betrachtende Variable nur zwei Ausprägungen, z. B. ein Virenscanner ist vorhanden oder nicht. Die Regressionsgleichung könnte dann lauten:

$$y = \beta_0 + \delta_0 V + \varepsilon$$

mit:

y = Wert der abhängigen Variable, hier Verluste aus dem IT-Risiko

β_0 = Regressionskonstante

δ_0 = Regressionskoeffizient für die unabhängige Variable V

$$V = \text{unabhängige Variable} = \begin{cases} 0, \text{wenn Virenscanner fehlt} \\ 1, \text{wenn Virenscanner vorhanden} \end{cases}$$

ϵ = Störterm

In der aufgezeigten Konstellation ist zu erwarten, dass δ_0 einen negativen Wert annimmt. D. h. der Wert des prognostizierten Verlusts aus Operational Risk ist gleich β_0 falls ein Virenscanner fehlt und verringert sich um δ_0 falls ein Virenscanner vorhanden ist. Hierbei reicht eine nominale Ausprägung des Indikators aus.

---

580 Vgl. hierzu und im folgenden sowie ausführlich zur Varianzanalyse Backhaus, K. et al. (Multivariate Analysemethoden, 1987), S. 43ff.; Hartung, J. (Statistik, 1995), S. 609ff. Die Möglichkeit, auch nominale Werte hier auf Zusammenhänge untersuchen zu können, ist ein Vorteil gegenüber der Korrelationsanalyse, wo zumindest ein ordinales Skalenniveau erreicht werden muss.

581 Vgl. hierzu und im folgenden ausführlich Wooldridge, J. M. (Introductory, 2000), S. 211ff.; Hill, R. C. et al. (Econometrics, 2001), S. 199ff.

Die Analyse kann erweitert werden, wenn ordinale Werte vorliegen.[582] Bspw. kann versucht werden, die Qualität der Ausbildung der Mitarbeiter in der IT-Abteilung in Form einer „Note" anzugeben, bspw. von 1 (sehr gut) bis 5 (mangelhaft).[583] Dann werden in die Regressionsgleichung mehrere Dummy-Variablen aufgenommen, und zwar so viele wie es Kategorien gibt minus 1, d. h. im hier aufgezeigten Fall werden vier Dummyvariablen aufgenommen.

$$y = \beta_0 + \delta_1 Q_1 + \delta_2 Q_2 + \delta_3 Q_3 + \delta_4 Q_4 + \varepsilon$$

mit:

y =	Wert der abhängigen Variable, hier Verluste aus dem IT-Risiko
β_0 =	Regressionskonstante
$\delta_1,\ldots,\delta_4$ =	Regressionskoeffizient für die Dummy-Variablen $Q_1,\ldots,Q_4$
Q_1 =	1, wenn die Note für die Qualität = 1, ansonsten 0
Q_2 =	1, wenn die Note für die Qualität = 2, ansonsten 0
Q_3 =	1, wenn die Note für die Qualität = 3, ansonsten 0
Q_4 =	1, wenn die Note für die Qualität = 4, ansonsten 0
ϵ =	Störterm

Die Aussage aus dieser Regressionsgleichung ist folgende: ist die Note für die Qualität der Ausbildung der Mitarbeiter mangelhaft, also eine 5, ergibt sich β_0 als prognostizierter Verlust aus dem IT-Risiko. Ist die Note besser, d. h. bspw. eine 4, so ergibt sich die Verlustschätzung:

$$\hat{y} = \beta_0 + \delta_4 Q_4 = \beta_0 + \delta_4$$

Auch in diesem Fall ist zu erwarten, dass die Koeffizienten δ negative Werte aufweisen, d. h. mit einer besseren Qualität der Ausbildung die Verluste geringer werden. Zudem ist zu erwarten, dass sich die Beträge der Koeffizienten folgendermaßen verhalten: $\delta_4<\delta_3<\delta_2<\delta_1$. Dies ist mit der Vermutung zu begründen, dass mit steigender Qualität der Ausbildung der Mitarbeiter in der IT-Abteilung die Höhe der Verluste aus dem IT-Risiko (linear) zurückgeht. Hier könnten auch nichtlineare Einflüsse von nominalen oder ordinalen Variablen auf die abhängige Variable berücksichtigt werden.[584]

---

[582] Vgl. hierzu und im folgenden ausführlich Wooldridge, J. M. (Introductory, 2000), S. 221ff.; Hill, R. C. et al. (Econometrics, 2001), S. 206ff.

[583] Es könnte hier auch versucht werden, metrische Indikatoren, wie bspw. die Anzahl an absolvierten Weiterbildungsmaßnahmen als Proxy für die Qualität der Ausbildung heranzuziehen. Allerdings ist es über ordinale Werte möglich, mehrere notwendige Informationen zu verdichten, also bspw. Punktzahlen für Schul- und Hochschulabschlüsse, Ausbildungen und absolvierte Weiterbildungsmaßnahmen zu vergeben und in einer Note zu verdichten.

[584] Vgl. hierzu bspw. Hill, R. C. et al. (Econometrics, 2001), S. 202ff.

Durch den Einsatz der Dummyvariablen wird das Spektrum der Ergebnisse, wenn nicht noch andere Variablen zusätzlich berücksichtigt werden, auf die Regressionskonstante zuzüglich des jeweiligen Regressionskoeffizienten eingegrenzt. D. h. im obigen Beispiel könnten die prognostizierten Verluste nur die Werte β_0, $\beta_0+\delta_1$, $\beta_0+\delta_2$, $\beta_0+\delta_3$ bzw. $\beta_0+\delta_4$ annehmen, alle anderen Werte sind ausgeschlossen. Damit zeigt sich eine Begrenzung dieses Verfahrens mit Dummyvariablen für die Ausprägungen ordinaler Indikatorwerte.

Wurde ein Zusammenhang mittels Regressionsanalyse modelliert, so ist gerade im Bereich der Nonfinancial Risk Indicators zu überprüfen, ob dieser Zusammenhang auch für das gesamte Spektrum der Werte, die ein Indikator annehmen kann, gilt. Häufig zeigt eine Ausprägung eines Indikators tatsächlich ein Risiko an, geht der Indikator aber in die andere Richtung, könnte dies ein Zeichen für betriebswirtschaftliche Ineffizienz sein, nicht aber unbedingt ein Zeichen für ein sinkendes Risiko.[585]

Zusätzlich kann es sein, dass sich der Zusammenhang zwischen Indikator und IT-Risiko in unterschiedlichen Wertbereichen des Indikators unterschiedlich gestaltet. Bspw. kann ein Wert des Indikators „Auslastung der Verarbeitungskapazität" zwischen 0% und 60% noch keinen signifikanten Einfluss auf das IT-Risiko haben, eine Auslastung zwischen 60% und 80% einen positiven Einfluss mit einem niedrig anzusetzenden β und eine Auslastung zwischen 80% und 95% einen positiven Einfluss mit einem sehr hohen β. Alle Werte über 95% Auslastung führen zu einem exponentiell ansteigenden Risiko, bspw. mit dem Zusammenhang βx^3. Wird aufgrund logischer Schlussfolgerungen oder auch der graphischen Analyse von einer solchen Abstufung des Zusammenhangs ausgegangen, sollte der Zusammenhang in unterschiedlichen Wertbereichen des Indikators getrennt modelliert und Dummy-Variablen eingeführt werden. Dies kann so ausgestaltet werden, dass statt den im obigen Beispiel angeführten Noten Wertbereiche für den Indikator eingeführt werden. Damit ist abhängig vom Wert des Indikators nur jeweils ein Term der Regressionsgleichung von Bedeutung, alle anderen werden gleich Null gesetzt. Zudem können hier aber auch die Variablenausprägungen variieren und müssen nicht, wie im obigen Beispiel, einen festen Wert (0 oder 1) annehmen. Eine solche Regressionsgleichung für das genannte Beispiel könnte folgendermaßen aussehen:

$$y = \beta_0 + \delta_1 A_1 + \delta_2 A_2 + \delta_3 A_3^3 + \varepsilon$$

mit:

y = Wert der abhängigen Variable, hier Verluste aus dem IT-Risiko

β_0 = Regressionskonstante

$\delta_1, \ldots, \delta_3$ = Regressionskoeffizient für die Dummy-Variablen $A_1, \ldots, A_3$

---

585 Vgl. hierzu auch Kaiser, T. / Köhne M. F. (Finanzinstitute, 2004), S. 107.

A_1 = zwischen 60% und 80%, wenn Auslastung zwischen 60% und 80%, ansonsten 0

A_2 = zwischen 80% und 95%, wenn Auslastung zwischen 80% und 95%, ansonsten 0

A_3 = zwischen 95% und 100%, wenn Auslastung zwischen 95% und 100%, ansonsten 0

ϵ = Störterm

Hierbei ist der Wert des IT-Risikos bis zu einer Auslastung von 60% gleich der Regressionskonstanten β_0, bei einer Auslastung von 60% bis 80% gleich $\beta_0 + \delta_1 A_1$, bei einer Auslastung von 80% bis 95% gleich $\beta_0 + \delta_2 A_2$ und bei einer Auslastung von 95% bis 100% gleich $\beta_0 + \delta_3 A_3^3$, mit $\delta_1 < \delta_2$. Für die Variable A werden jeweils die konkreten Werte der Auslastung eingesetzt.

Die aufgestellten Regressionsgleichungen müssen auch hier einem Goodness of Fit-Test unterzogen werden, sowie auf Heteroskedaszität und Autokorrelation getestet werden.[586]

Zusammenfassend ist festzuhalten, dass die Zusammenhänge zwischen den Indikatoren und der Höhe des IT-Risikos auch bei Nonfinancial Risk Indicators mittels Korrelations- bzw. Varianz- und Regressionsanalyse überprüft und abgebildet werden können. Auch hier sind bereits Hypothesen über Zusammenhänge bei der Konstruktion der Regressionsgleichung notwendig. Im besten Fall liegen metrisch skalierte Indikatoren vor, aber auch mit ordinalen oder nominalen Werten können Korrelations-, Varianz- und Regressionsanalysen, mit Hilfe von Rangkorrelationskoeffizienten und Dummy-Variablen, durchgeführt werden.

Mittels der Regressionsanalyse ist es also auch bei den Nonfinancial Indicators möglich, auf Basis historischer Daten zu eingetretenen Verlusten und Indikatorwerten einen Wert für das IT-Risiko in Euro zu erhalten. Damit kann aus Indikatoren, die unterschiedlichste Dimensionen aufweisen, wie bspw. eine Anzahl, Stunden, Ratingwerte etc., wieder auf einen monetären Wert für das IT-Risiko geschlossen werden.

Liegt ein Modell zur Messung des IT-Risikos vor, so gilt es noch zu klären, ob für die Messung bereits realisierte Indikatorwerte oder Prognosen für Indikatorenwerte, bspw. durch Trendexploration aus der Vergangenheit, herangezogen werden. Eine Kombination, bspw. in der Form, dass die Messung auf Basis aktueller realisierter Indikatorenwerte erfolgt, aber um Szenarioanalysen mit prognostizierten Indikatorwerten ergänzt wird, ist ebenfalls möglich.

---

[586] Vgl. hierzu ausführlich Kap. 3.2.3, S. 47ff.

4.1.3.2 Beurteilung von Nonfinancial Risk Indicator-Ansätzen

4.1.3.2.1 Datenverfügbarkeit und Datenqualität

Gegenüber Financial Risk Indicators haben Nonfinancial Risk Indicators den Nachteil, dass sie bisher nicht ermittelt werden müssen, wie dies bei Rechnungswesengrößen der Fall ist. Dennoch ist davon auszugehen, dass einige dieser Indikatoren bereits erhoben werden, z. B. im Rahmen des IT-Sicherheitsmanagements. Zudem verursachen manche der Indikatoren, insbesondere value-based Indicators, keinen großen Erhebungsaufwand. Es ist dennoch insgesamt bei der Verwendung von Nonfinancial Risk Indicators darauf zu achten, dass diese nicht vorrangig nach der Datenverfügbarkeit ausgewählt werden, sondern nach ihrer Prognosefähigkeit bzgl. des IT-Risikos.[587] Bei Indikatoren, die nicht ohnehin schon erfasst werden, sind vor einer Entscheidung bzgl. einer regelmäßigen Erfassung Kosten-Nutzen-Überlegungen anzustellen.[588] Ein Indikator, der nur mit einem sehr hohen Aufwand regelmäßig zu messen ist, sollte auch einen hohen Erklärungsbeitrag zur Varianz der Verluste liefern können.

Nach Festlegung, welche Indikatoren erhoben werden können und sollen, stellt sich noch die Frage nach der Erhebungshäufigkeit.[589] Hier besteht ein Konflikt zwischen der Aktualität der Daten und dem Erhebungsaufwand. Für die Messung des IT-Risikos scheint es ausreichend, wenn die Indikatoren einmal monatlich erhoben werden. Bei der Messung sollten, anders als bei der Steuerung, die Indikatorenwerte nicht zu stark schwanken, da auf Basis der Ergebnisse der Messung des IT-Risikos längerfristige Entscheidungen, wie die Allokation von Risikokapital oder auch längerfristige Risikosteuerungsmaßnahmen, wie der Abschluss von Versicherungen oder die Bildung von Reserven, getroffen werden. D. h. eine jährliche Messung, deren Ergebnisse vierteljährlich auf Basis der monatlichen Werte für die Indikatoren kontrolliert wird, erscheint ausreichend. Für die Risikosteuerung ist dies anders, da hier insbesondere vorlaufende Indikatoren mit einer Signalwirkung eine Rolle spielen, die zeitnah erhoben werden müssen, um noch rechtzeitig auf Änderungen in den Indikatoren reagieren zu können.

Werden die Indikatoren allerdings nur einmal monatlich erfasst, so stellt sich die Frage, ob für die Analyse mittels Korrelations- und Regressionsrechnung ausreichend Daten vorhanden sind, da dann pro Monat nur ein Wertepaar zur Verfügung stehen kann. Deshalb ist auch hier ein ausreichender Datenhorizont notwendig, was sich

---

[587] Vgl. hierzu und im folgenden Hoffman, D. G. (Managing, 2002), S. 248f.; Brink, G. J. van den (Risiko-Indikatoren, 2004), S. 40.

[588] Vgl. hierzu bspw. Kaiser, T. / Köhne, M. F. (Finanzinstitute, 2005), S. 106.

[589] Vgl. hierzu und im folgenden Kaiser, T. / Köhne, M. F. (Finanzinstitute, 2005), S. 107f.

dann allerdings wieder negativ auf die Aktualität der Daten auswirkt. Da man bei der Auswahl von Indikatoren zur Messung des Risikopotentials auf längerfristig robuste Zusammenhänge Wert legen sollte, ist dieses Problem eher als nachrangig zu sehen.

Die Qualität der Daten hängt stark davon ab, wie komplex ihre Erfassung ist. Eine systematische und strukturierte Erfassung und Dokumentation durch dafür eindeutig verantwortliche Mitarbeiter ist für die Qualität der Daten wesentlich. Ferner muss vorher genau definiert werden, was erfasst werden muss. Z. B. stellt sich die Frage, wie die Dauer eines Systemausfalls definiert ist, d. h. ob erst jede Systemkomponente wieder laufen muss, oder ob es ausreicht, wenn die Funktionalität des zentralen Servers wieder hergestellt ist. Ein anderes Beispiel ist die Frage, ob bei „Angriffen von außen auf das IT-System" tatsächlich alle Angriffe gezählt werden, oder nur ernstzunehmende. Hier entstehen Interpretationsspielräume, die durch klare Definitionen einzugrenzen sind. Es ist zu klären, wann, was, durch wen und in welcher Form zu erfassen ist und es ist zu überprüfen, ob die Vorgaben eingehalten werden.

Sollen die Vorteile vorlaufender Indikatoren genutzt werden, dann müssen die Indikatoren zunächst einmal ihrerseits prognostiziert werden, um so das zukünftige IT-Risikopotential abbilden zu können. Dies wird aufgrund des bereits genannten Fehlerpotentials bei Prognosen jedoch mit einer starken negativen Beeinflussung der Datenqualität erkauft. Fraglich ist hierbei insbesondere, ob Prognosen, bspw. auf Basis von Trendanalysen, das Risikopotential adäquat widerspiegeln können, da ja häufig gerade sprunghafte Veränderungen in einem Indikator ein Risiko anzeigen.

4.1.3.2.2 Verwendbarkeit der Messergebnisse

Es ist an dieser Stelle voranzustellen, dass eine Messung des IT-Risikos oder gar des gesamten Operational Risk auf Basis *eines* Nonfinancial Risk Indicators nicht ausreichend ist, egal wofür die Ergebnisse verwendet werden. Es wird deshalb an dieser Stelle davon ausgegangen, dass mehrere Nonfinancial Risk Indicators gleichzeitig zur Messung herangezogen werden, um Ergebnisse zu erhalten, die sinnvoll weiterverwendet werden können. Entweder bleiben die Indikatoren in der Betrachtung dabei einzeln und werden erst im Endergebnis zusammengefasst, oder es erfolgt eine bewusste Kombination von Indikatoren. Auf spezifische Aspekte der Kombination von Risikoindikatoren wird im Kap. 4.1.4 eingegangen. Im folgenden werden die Besonderheiten des Indikatortyps bei der weiteren Verwendung herausgearbeitet.

Prinzipiell können die Ergebnisse aus Indikatoransätzen auf der Basis von Nonfinancial Risk Indicators bei den meisten genannten Einsatzmöglichkeiten Anwendung finden. Bei der Bemessung des regulatorischen Eigenkapitals stellt sich das Problem, dass die Aufsicht überprüfen müsste, ob die vom Kreditinstitut ausgewählten Indikatoren schlüssig und valide, sowie die gesamten zu berücksichtigenden Risiken auch tatsächlich abgebildet sind. Dies führt zu einem sehr hohen Prüfungsaufwand. Eine einheitliche Vorgabe von Nonfinancial Risk Indicators durch die Aufsicht ist nicht zielführend, da die richtige Auswahl dieser Indikatoren noch viel mehr als bei Financial Risk Indicators von den Spezifika des einzelnen Kreditinstituts und dessen IT-System abhängt. Erschwerend kommt hinzu, dass sich die angenommenen Zusammenhänge bei Nonfinancial Risk Indicators noch häufiger ändern können als bei Financial Risk Indicators, bspw. durch Änderungen im IT-System. D. h. aus aufsichtsrechtlicher Perspektive ist die Messung auf Basis der Nonfinancial Risk Indicators voraussichtlich zu instabil und prüfungsaufwendig.

Die Bemessung des ökonomischen Kapitals und eine darauf aufbauende Allokation des Risikokapitals nach Risiko-Ertragsgesichtspunkten erscheinen möglich, wenn auch unter Vorbehalten. Bankintern können die jeweils passenden Indikatoren ausgewählt und in regelmäßigen Abständen überprüft werden. Kurzfristige Änderungen in den Zusammenhängen spielen dabei eine eher untergeordnete Rolle, insbesondere wenn eine Kombination von Indikatoren angewandt wird. Da die Bemessung des ökonomischen Kapitals sowie die Aufteilung auf Geschäftsbereiche nicht laufend erneuert wird, sondern bspw. einmal jährlich oder einmal im Quartal erfolgt, sollte die Stabilität der Ergebnisse aus den Indikatoransätzen hierfür ausreichend sein. Es ist jedoch zu betonen, dass mit den Ergebnissen sehr vorsichtig umgegangen werden sollte. Die Bemessung des notwendigen ökonomischen Kapitals stellt eine vitale Aufgabe für ein Kreditinstitut dar, bei der Fehler große Auswirkungen haben können. Insgesamt ist davon auszugehen, dass auch die Verwendung von Nonfinancial Risk Indicators zur Messung eine fehlerbehaftete darstellt. Werden wesentliche Indikatoren „vergessen" oder falsch berücksichtigt, so kann dies erhebliche Auswirkungen auf die Ergebnisse haben.[590]

Die Überprüfung der Risikosteuerungsmaßnahmen kann sinnvoll erfolgen, teilweise alleine schon durch die Verfolgung der Risikoindikatoren. Verringert sich bspw. die Anzahl der erfolgreichen Angriffe von außen auf das IT-System durch die Einführung einer neuen Firewall, so kann bereits ein positiver Effekt festgestellt werden. Wird einige Zeit nach Einführung auch eine Verringerung der mit solchen Angriffen in Verbindung stehenden Verluste festgestellt, so ist die Maßnahme als erfolgreich zu erachten. Für die Kostenkalkulation ist eine Einteilung der Verluste in erwartete und

---

[590] Vgl. hierzu auch Taylor, C. (KRI Part II News #5, 2004), S. 3.

unerwartete Verluste hilfreich, die aber durch Indikatoransätze nicht unterstützt werden kann.

Ebenso eignet sich die Verwendung von Nonfinancial Risk Indicators dazu, Anhaltspunkte für die Verbesserung von Organisationsabläufen zu geben. So können Indikatoren, die einen sehr hohen positiven Regressionskoeffizienten aufweisen, einen Anhaltspunkt für Verbesserungen liefern. Durch die Verbesserungen können die Auswirkungen von dem Indikator zugrundeliegenden Abläufen auf die Verluste verringert werden. Zur Verbesserung des Risikobewusstseins eignen sich Nonfinancial Risk Indicators besonders gut, da sie Risiken anschaulich machen und die Aufmerksamkeit auf bestimmte Abläufe lenken.

Insgesamt ist die Messung auf der Basis der Nonfinancial Risk Indicators als eine Bottom Up-Messung zu sehen. Damit eignen sich die Ergebnisse besser für Einsätze, die konkrete Einzelergebnisse von Risikokategorien oder von Komponenten des IT-Systems fordern. Für den Einsatz auf Gesamtbankebene, wofür die Ergebnisse in aggregierter Form vorliegen müssen, zeigen sich derzeit noch zu viele Schwächen in der Messung und in der Aggregation der Ergebnisse auf Basis dieser Indikatoren, weshalb dort Indikatoren, die eine Top Down-Messung ermöglichen, besser geeignet sind.

4.1.3.2.3 Kausalzusammenhang zwischen Nonfinancial Risk Indicators und IT-Risiko

Ein Vorteil in der Abbildung der IT-Risiken durch Nonfinancial Risk Indicators im Vergleich zur Abbildung durch Financial Risk Indicators liegt darin, dass auch externe Bedrohungen differenziert abgebildet werden können,[591] was bei Financial Risk Indicators grundsätzlich nicht möglich ist. Externe monetäre Werte beeinflussen das IT-Risiko nicht direkt, während Handlungen externer Personen oder auch externe Ereignisse im Zusammenhang mit dem Wetter oder Terror von großer Bedeutung sein können.

Am wünschenswertesten ist ein Kausalzusammenhang in der Form, dass der gewählte Indikator direkt die Risikoursache widerspiegelt. Werden Nonfinancial Risk Indicators aus im Rahmen der Risikoidentifikation gefundenen Ursache-Wirkungsbeziehungen abgeleitet, besteht auch eine Chance, dass Nonfinancial Risk Indicators kausal sind. Bspw. können Angriffe von außen durch Viren, Würmer und Trojaner auf ein IT-System als eine externe Bedrohung in Form von menschlichem Fehlverhalten angesehen werden. Trifft diese auf eine Schwachstelle, bspw. einer

[591] Vgl. ähnlich Davies, M. (Knowledge, 2004), S. 3.

Sicherheitslücke in der Firewall, so kann es zu einem primären Schaden wie dem Verlust der Verfügbarkeit kommen und daran anschließend auch zu einem finanziellen Schaden. Wird also die Anzahl (erfolgreicher) Angriffe von außen auf das IT-System als Indikator herangezogen, ist dieser Indikator als ursachenbezogen zu sehen. Steigt die Anzahl der (erfolgreichen) Angriffe, so ist davon auszugehen, dass auch die Höhe der dadurch verursachten Schäden ansteigt. Wird eine Regressionsanalyse zur Konkretisierung des angenommenen Kausalzusammenhangs herangezogen, wird der Zusammenhang i. d. R. linear modelliert. Aber auch bei einer Modellierung über einen quadratischen Zusammenhang bleibt die Frage, ob tatsächlich jede Art von Angriff von außen auch zu einer Erhöhung des Schadens führt oder ob hier nicht zusätzlich nach der Art und der Gefährlichkeit der Angriffe zu differenzieren ist.[592]

Prinzipiell ist also ein direkter Zusammenhang in der Form

NFRI ⟶ IT-Risiko[593]

am vorteilhaftesten. Das bedeutet, dass der Indikator vorlaufend bzw. zumindest gleichlaufend und im besten Falle kausal ist. Ein Beispiel ist die Schwankung in der Versorgungsspannung. Diese kann auf einen Ausfall der Hardware bei zu starken Schwankungen hindeuten. Es ist allerdings auch möglich, dass nicht der Nonfinancial Risk Indicator selbst die Ursache abbildet, sondern nur einen Proxy für eine mögliche Ursache darstellt, anhand dessen der Einfluss messbar gemacht werden kann. Der Zusammenhang würde sich dann folgendermaßen darstellen:

Ursache ⟶ NFRI ⟶ IT-Risiko[594]

Bspw. führt eine Überlastung des IT-Systems (Ursache) zu erhöhten Antwortzeiten des Servers (NFRI), welche letztlich wiederum die Verfügbarkeit des Systems und damit das IT-Risiko beeinflussen.

Eine andere Möglichkeit, die bei der Risikomessung, im Gegensatz zur Risikosteuerung, sinnvoll eingesetzt werden kann, sind nachlaufende Indikatoren.[595] Der Zusammenhang zwischen Indikator und IT-Risiko sieht dabei folgendermaßen aus:

IT-Risiko ⟶ NFRI[596]

---

592 Unter anderem deshalb ist die Kombination von Indikatoren gegenüber der Verwendung von Einzelindikatoren vorzuziehen.

593 Vgl. Abbildung 5, S. 53, Nr. 1.

594 Vgl. Abbildung 5, S. 53, Nr. 4.

595 Vgl. auch Davies, M. (Knowledge, 2004), S. 7. Davies spricht hierbei von passiven Effekten nachlaufender Indikatoren und von aktiven Effekten vorlaufender Indikatoren.

596 Vgl. Abbildung 5, S. 53, Nr. 2.

Bspw. kann ex post festgestellt werden, wie lange ein IT-System in einem Monat nicht funktioniert hat. Der Ausfall des Systems ist dabei die Wirkung des IT-Risikos, kann aber auch Rückschlüsse auf die zukünftige Höhe des IT-Risikos zulassen.

Auch hier sind, wie beim Financial Risk Indicator „Bruttoertrag", Zusammenhänge zu finden, die folgendermaßen aussehen:

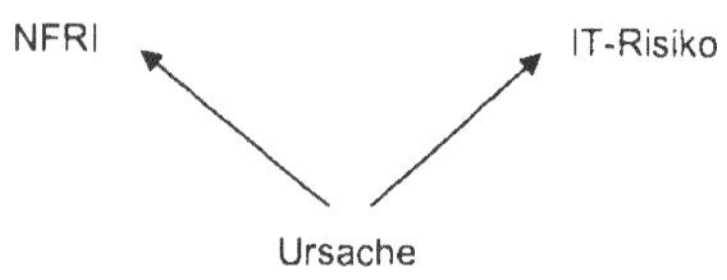

Das bedeutet, dass eine Risikoursache für ein IT-Risiko sowohl die Höhe des IT-Risikos, als auch die Höhe des Nonfinancial Risk Indicators beeinflusst. So kann eine mangelnde Schnittstellenabstimmung zwischen Programmen einerseits zu einer Erhöhung des Operational Risk führen und andererseits zu einer Erhöhung der Anzahl von Benutzerbeschwerden. Dem Indikator „Erhöhung der Anzahl der Benutzerbeschwerden" ist damit kein direkter Zusammenhang mit der Höhe des IT-Risikos zuzuschreiben. Über diesen indirekten Zusammenhang kann er aber als Proxy für das IT-Risiko dienen. An diesem Beispiel ist die Problematik zu erkennen, dass der Indikator „Anzahl der Beschwerden von Benutzern" auch noch von anderen Ursachen beeinflusst werden kann, bspw. durch eine Veralterung der Systeme. Außerdem ist hier wiederum zu klären, ob der Indikator als vorlaufend oder als nachlaufend zu sehen ist, d. h. ob eine Erhöhung der Anzahl an Benutzerbeschwerden ex ante auf eine Erhöhung des IT-Risikos hindeutet, oder ob der Indikator nur Wirkungen aus eingetretenen IT-Risiken, wie langen Systemausfällen, widerspiegelt.

Insgesamt können für den Zusammenhang zwischen Nonfinancial Risk Indicators ziemlich alle möglichen Konstellationen an Zusammenhängen auftreten. Es ist deshalb auch keine pauschale Aussage möglich, ob ein (kausaler) Zusammenhang zwischen Nonfinancial Risk Indicators und IT-Risiken prinzipiell anzunehmen ist. Und selbst wenn ein Zusammenhang in einem Kreditinstitut in Deutschland nachgewiesen wurde, so ist nicht davon auszugehen, dass der gleiche Zusammenhang auch für eine Tochtergesellschaft in Italien gilt.[597] Die Zusammenhänge sind immer im jeweiligen Kontext zu überprüfen.

---

[597] Vgl. hierzu und im folgenden auch Davies, M. (Knowledge, 2004), S. 13.

An dieser Stelle ist deshalb darauf hinzuweisen, dass bei einem Modell zur Messung des IT-Risikos, das auf Nonfinancial Risk Indicators beruht, unbedingt im Einzelfall folgende Punkte zu klären sind:[598]

- Welche Richtung hat der angenommene Zusammenhang zwischen Nonfinancial Risk Indicator und IT-Risiko?
- Lässt der Indikator mehrere Interpretationen zu, und wenn ja, welche ist als richtig zu erachten?[599]
- Ist der Zusammenhang ein direkter oder ein indirekter Zusammenhang? Beeinflussen mehrere Variable diesen Zusammenhang?
- Welche Form hat der Zusammenhang, d. h. ist der Zusammenhang bspw. linear oder quadratisch, und unterscheidet sich der Zusammenhang in unterschiedlichen Wertbereichen des Indikators?
- Ist der Zusammenhang als stabil zu erachten, d. h. ist von einer Stationarität des Zusammenhangs auszugehen?

Ohne dass diese Fragen bewusst geklärt und annähernd befriedigend beantwortet wurden, sei es durch logische Schlussfolgerungen, aber auch durch graphische Analysen und Regressionsanalysen, muss ein System zur Messung des IT-Risikos auf Basis von Nonfinancial Risk Indicators zwangsläufig falsch messen oder beruht andernfalls auf einem glücklichen Zufall.

In dieser Arbeit wird die Hypothese vertreten, dass sich Nonfinancial Risk Indicators für die Messung des IT-Risikos eignen, da unter Beachtung der Eigenschaften des IT-Risikos, sinnvolle ursachenbezogene, und im besten Falle sogar kausale Zusammenhänge zwischen den Indikatoren und den IT-Risiken gefunden werden können. Bei Financial Risk Indicators ist dies anders, da bei diesen davon auszugehen ist, dass sie keine kausalen Zusammenhänge für IT-Risiken abbilden und i. d. R. als nachlaufend anzusehen sind.

---

[598] Auch Taylor / Hoffman weisen darauf hin, dass den Verwender der Risikoindikatoren unbedingt die dahinter stehenden Annahmen und Zusammenhänge klar kommuniziert werden müssen. Vgl. Taylor, D. / Hoffman, D. G. (Signal failure, 1999), S. 15.

[599] Ein von Münchbach genanntes Beispiel verdeutlicht dies. So wird bspw. davon ausgegangen, dass das IT-Risiko mit steigendem Alter des IT-Systems ansteigt, da sich altersbedingt das Risiko eines Ausfalls des IT-Systems erhöht. Jedoch könnte auch davon ausgegangen werden, dass ein älteres System sogar stabiler laufen kann, als ein neues IT-System, da es im neuen IT-System evtl. noch ungeklärte Schnittstellen gibt oder sich neue Komponenten als leistungsfähiger, aber auch als sensibler erweisen. Vgl. ähnlich Münchbach, D. (Private Banking, 2001), S. 151.

4.1.3.2.4 Berücksichtigung von Abhängigkeiten

Prinzipiell bieten sich zur Berücksichtigung von Abhängigkeiten bei Nonfinancial Risk Indicators insbesondere Rangkorrelationskoeffizienten an, da diese auch für ordinale Werte ermittelt werden können und keine Normalverteilungsannahme voraussetzen. Eine Bestimmung von Copulas wäre ebenfalls möglich, da hier neben metrischen auch ordinale Werte berücksichtigt werden können.[600]

Auch bei Nonfinancial Risk Indicators ist diese Fragestellung bzgl. der Berücksichtigung von Abhängigkeiten dann von großer Bedeutung, wenn mehrere Indikatoren kombiniert werden. Wird bei einer Messung auf Basis einzelner Nonfinancial Risk Indicators das Gesamtergebnis für das IT-Risiko durch Addition der Einzelrisiken ermittelt, besteht die Gefahr, Risiken zu überschätzen. Dies gilt vor allem wenn sehr viele Indikatoren zur Messung herangezogen werden. Wird nicht berücksichtigt, dass mehrere Indikatoren ein gleiches Risiko abbilden, führt dies zu einer Überschätzung des Gesamtrisikopotentials. Deshalb ist es wichtig, bei der Messung mittels Indikatoren ein Gesamtbild von Indikatoren und Risiken zu erstellen und die ausgewählten Indikatoren auf Abhängigkeiten untereinander zu überprüfen und diese im Gesamtmodell zu berücksichtigen. Es gibt aber auch Beispiele, bei denen sich durch Abhängigkeiten das Risikopotential erhöht. So ist bspw. davon auszugehen, dass sich eine Erhöhung der Kapazitätsauslastung des Systems auch automatisch negativ auf Restspeicherkapazitäten für Daten auswirkt und damit sowohl das Risiko eines Verlustes der Verfügbarkeit des Systems, als auch das Risiko von Datenverlusten ansteigt.

Neben der Ermittlung von Korrelationen und Copulas, die nichts über die Wirkungsrichtung eines Zusammenhangs aussagen, sollten gerade bei der Messung des IT-Risikos auf Basis von Nonfinancial Risk Indicators auch bedingte Wahrscheinlichkeiten berücksichtigt werden. Dies kann im einfachsten Fall geschehen, indem ein Indikator wie die CPU-Temperatur zur Risikomessung herangezogen wird, und ein damit im Zusammenhang stehender Indikator, z. B. die CPU-Auslastung mit überwacht wird, um den Messindikator zu kontrollieren. Ein fortgeschrittenerer Ansatz ist die Bildung von Indizes oder komplexer Modelle aus Indikatoren, worauf in Kap. 4.1.4 näher eingegangen wird.

---

[600] Spearman's rho und Kendall's tau lassen sich problemlos in eine Copula-Darstellung überführen. Vgl. bspw. Embrechts, P. et al. (Modelling Dependence, 2001), S. 13ff. Daraus kann geschlossen werden, dass ein ordinales Skalenniveau auch für Copulas ausreichend ist.

4.1.3.2.5 Berücksichtigung der aktuellen Risikosituation

Bei der Verwendung von Nonfinancial Risk Indicators ist es noch wesentlich wichtiger als bei der Verwendung von Financial Risk Indicators, dass die Indikatoren laufend auf ihre Aktualität überprüft werden. Der Grund hierfür liegt darin, dass den Financial Risk Indicator eine Proxy-Funktion zuzuschreiben ist und weder ein direkter, noch ein kausaler Zusammenhang mit dem IT-Risiko besteht. Hingegen weisen die Nonfinancial Risk Indicators teilweise einen direkten Bezug zu Bedrohungen und Schwachstellen des IT-Risikos auf. Eine Überprüfung der Indikatoren muss nicht nur inhaltlich geschehen, sondern auch im Bezug auf die Aktualität des Zusammenhangs. Bspw. muss der Indikator „Qualifikation der Mitarbeiter in der IT-Abteilung" laufend auch an aktuelle Anforderungen, die aus Änderungen im IT-System der Bank resultieren können, angepasst werden. Aber auch der Zusammenhang selbst kann sich ändern. Betrug bspw. die kritische CPU-Temperatur bei einer alten CPU 85 Grad Celsius, so kann es sein, dass bei einer neuen CPU die kritische Temperatur bereits ab 75 Grad Celsius erreicht wird. Änderungen im Angriffsverhalten von außen auf ein IT-System können dazu führen, dass die Verluste aus erfolgreichen Angriffen von außen mit dem Zeitraum zwischen der Aktualisierung des Virenscanners nicht mehr linear, sondern quadratisch ansteigen. Daraus folgt, dass die Indikatoren in regelmäßigen Abständen überprüft und aktualisiert werden müssen, und auch bei gravierenden Änderungen, bspw. durch Kauf einer neuen Systemkomponenten, fallbezogen angepasst werden müssen.

Grundsätzlich sind Nonfinancial Risk Indicators aber besser geeignet, um die aktuelle Risikosituation widerzuspiegeln, als Financial Risk Indicators. Dies liegt daran, dass Financial Risk Indicators prinzipiell als nachlaufende Indikatoren zu sehen sind, während Nonfinancial Risk Indicators auch vorlaufend sein können, und damit einen höheren Bezug zur aktuellen Situation des Kreditinstituts aufweisen, vorausgesetzt die angenommenen Zusammenhänge sind noch gültig.

Es stellt sich wiederum die Frage, ob realisierte Werte oder Prognosewerte für Nonfinancial Risk Indicators zur Messung verwendet werden. Die Verwendung zumindest aktueller Indikatorenwerte könnte dazu führen, ein relativ[601] aktuelles Abbild der Risikosituation zu geben und damit einen hohen Bezug zur aktuellen Risikosituation aufzuweisen. Allerdings muss diese Form der Messung dann laufend erneuert werden, da sich die Indikatorenwerte wie auch die aktuelle Risikosituation laufend ändern. Problematisch ist zudem, dass das Potential des Risikos dabei nicht berücksichtigt

[601] Diese Einschränkung wird hier getroffen, da einerseits aktuelle Werte für nachlaufende Indikatoren nicht die aktuelle, sondern die kurz davor bestehende Risikosituation beschreiben, und aktuelle Werte für vorlaufende Indikatoren wiederum eigentlich auf die Risikosituation in naher Zukunft hinweisen.

wird. Soll eine Prognose bzgl. des zukünftigen Risikopotentials erfolgen, so ist rein auf Prognosewerte zurückzugreifen. Wird nur auf der Basis historischer Werte der Indikatoren gearbeitet, so kann die Messung wiederum nur als eine Schätzung auf der Grundlage der Annahme der Stationarität gesehen werden, was allerdings den schlechtesten Bezug zur aktuellen Risikosituation mit sich bringt. Eine Kombination in der Form, dass die aktuelle Risikosituation auf der Basis aktueller, bereits realisierter Werte, ergänzt um Szenarioanalysen, die einerseits einen erwarteten Verlauf der Indikatoren, aber auch ein prognostiziertes Worst Case-Szenario abbilden, erscheint am besten für eine IT-Risikomessung auf der Basis von Nonfinancial Risk Indicators geeignet. Durch diese Kombination können Vor- und Nachteile des Einsatzes realisierter bzw. prognostizierter Indikatorenwerte ausgeglichen werden.

Zu einer Verbesserung der Risikomessung kann beitragen, wenn eine Skalierung der Nonfinancial Risk Indicators auf Größen erfolgt, die aktivitäts- oder größenabhängig sind. So macht ein Indikator „Fehleingaben von Passwörtern" oder „Beschwerden von IT-Anwendern" nur Sinn, wenn die Anzahl der Fehleingaben und der Beschwerden auf die Anzahl der IT-Anwender bezogen wird. Das unkritische Niveau der Fehleingaben von Passwörtern bei 1000 Mitarbeitern liegt wahrscheinlich absolut gesehen viel höher, als wenn nur 100 Mitarbeiter die Systeme nutzen. Ein anderes Beispiel wäre der Indikator „abgewickeltes Transaktionsvolumen pro Stunde", der nur sinnvoll interpretierbar ist, wenn er auf die Abwicklungskapazität des IT-Systems bezogen wird.[602] Damit erfolgt automatisch eine Adjustierung der Indikatoren auf die aktuelle Risikosituation, wenn sich die Verarbeitungskapazität oder die Anzahl der Mitarbeiter ändert.

4.1.3.2.6 Validierbarkeit der Ansätze

Eine Validierung der angenommenen Zusammenhänge zwischen den Nonfinancial Risk Indicators und dem IT-Risiko ist unbedingt notwendig.[603] Dies liegt vor allem daran, dass die prognostizierten Zusammenhänge größtenteils noch viel stärker laufenden Änderungen unterworfen sind, als dies bei den Financial Risk Indicator der Fall ist. Nonfinancial Risk Indicator versuchen viel stärker zu „messen" als nur grob ein Risikopotential abzuschätzen und setzen dabei an möglichen Bedrohungen und Schwachstellen an. Hierbei können sich laufend Änderungen ergeben, sodass ein einmal festgestellter und sich auch bei der Validierung bestätigter Zusammenhang zwischen einem Nonfinancial Risk Indicator und dem IT-Risiko nicht zwangsläufig

---

[602] Vgl. hierzu Brink, G. J. van den (Risiko-Indikatoren, 2004), S. 40f.

[603] Vgl. zur Notwendigkeit der Validierung angenommener Zusammenhänge bei Risikoindikatoren auch Taylor, D. / Hoffman, D. G. (Signal Failure, 1999), S. 15.

auch robust sein muss.[604] Deshalb sind in regelmäßigen Zeitabständen Validierungen der angenommenen Zusammenhänge vorzunehmen. Zusätzlich sind diese auch bei wesentlichen Änderungen im IT-System oder in der Verantwortlichkeitsstruktur vorzunehmen.[605]

Aufgrund der Veränderlichkeit der Zusammenhänge der Nonfinancial Risk Indicators sollte also noch häufiger eine Validierung durchgeführt werden, als bei den auf Financial Risk Indicator aufbauenden Ansätzen. Bei der Vorgehensweise und den Problemen bei der Validierung zeigen sich keinerlei Unterschiede zu den Ansätzen mit Financial Risk Indicator, sodass an dieser Stelle auf das Kapitel 4.1.2.2.6, S. 131ff. zu verweisen ist.

---

[604] Vgl. hierzu auch Münchbach, D. (Private Banking, 2001), S. 151.

[605] Vgl. auch Hofmann, D. G. (Managing, 2002), S. 255; Davies, M. (Knowledge, 2004), S. 12.

4.1.4 Kombination von Risikoindikatoren

4.1.4.1 Relevanz

Eine Kombination von Risikoindikatoren zur Messung des IT-Risikos ist insbesondere zu diskutieren, da ein einzelner Indikator nur sehr punktuell Risiken erfassen kann. So bringt die Betrachtung des Indikators „Ausfallzeiten des IT-Systems pro Monat größer 10 Minuten" nur einen Einblick in die primäre Wirkung: den Verlust der Verfügbarkeit der IT im betrachteten Monat. In Verbindung mit finanziellen Verlusten können Aussagen über das eingetretene Risiko eines Systemausfalls in diesem Monat getroffen und damit Schlüsse auf den kommende Monate gezogen werden. Was dabei allerdings nicht berücksichtigt wird, ist das Risikopotential, das über bereits eingetretene Verluste hinausgeht. Um ein stimmiges Bild des IT-Risikos oder des Risikos aus einer Hardwarekomponente zu bekommen, müssen mehrere Indikatoren kombiniert werden. Erfolgt eine Messung auf Basis einzelner Indikatoren und eine Addition der Einzelergebnisse, evtl. unter Berücksichtigung von Abhängigkeiten, ergibt sich nur eine fragmentarische Schätzung des Risikos. Der einzelne Beitrag eines Indikators zum Risiko kann bei dieser Vorgehensweise nicht eingeschätzt werden.[606] Jedem Indikator wird der gleiche Einfluss zugewiesen und es besteht die Gefahr, dass wichtige Risikobereiche nicht oder nur ungenügend abgedeckt werden. Gerade bei den Nonfinancial Risk Indicators ist es wichtig, Indikatoren in einem Gesamtbild zu betrachten. Bspw. stellt die Verfügbarkeit an qualifizierten Mitarbeitern besonders dann einen Engpass und damit eine Schwachstelle dar, wenn die Kapazitätsauslastung der IT besonders hoch ist bzw. sich ein Ausfall ankündigt, bspw. angezeigt durch längere Antwortzeiten eines Servers.[607] D. h. erst durch die sinnvolle Kombination der Indikatoren „Verfügbarkeit an qualifizierten Mitarbeitern", „Kapazitätsauslastung eines Servers" und „Antwortzeiten eines Servers" entsteht ein schlüssiger Zusammenhang, der das Risiko abbilden kann, dass im Falle einer Überlastung bzw. eines Ausfalls des Servers nicht genügend qualifizierte Mitarbeiter zur Verfügung stehen, die durch frühzeitiges Eingreifen, bei Anstieg der Kapazitätsauslastung oder der Antwortzeiten in einen kritischen Bereich, den Ausfall verhindern bzw. dessen Folgen mindern können. Die Kombination geht deutlich über die Aggregation unter Beachtung von Abhängigkeiten hinaus, wie dies in den Kapiteln zur Berücksichtigung von Abhängigkeiten besprochen wurde, weshalb der Kombination von Risikoindikatoren ein eigenständiges Kapitel eingeräumt wird.

---

[606] Vgl. Cruz, M. G. (Modeling, 2002), S. 159.

[607] Vgl. zu einem ähnlichen Beispiel Kaiser, T. / Köhne, F. (Finanzinstitute, 2004), S. 105.

4.1.4.2 Möglichkeiten der Kombination von Risikoindikatoren

Prinzipiell lassen sich sowohl Financial Risk Indicators untereinander, Nonfinancial Risk Indicators untereinander, aber auch Financial mit Nonfinancial Risk Indicators kombinieren. Innerhalb der Klasse der Financial bzw. Nonfinancial Risk Indicators ist es zielführend, value-based und activity-based Indicators miteinander zu kombinieren, um ein geschlossenes Bild bzgl. Eintrittswahrscheinlichkeit und Schadenhöhe zu erhalten.

Eine Möglichkeit der Kombination ist, aus verschiedenen Indikatoren, die gleiche oder ähnliche Schwachstellen bzw. Bedrohungen betreffen, Schlüsselindikatoren zu bilden. Dies ist notwendig, um eine Doppel- oder Mehrfacherfassung gleicher Risiken zu vermeiden und die Vielzahl an potentiellen Indikatoren handhabbar zu machen. So können bspw. die Indikatoren „Anzahl der Angriffe durch Viren", „Anzahl der Angriffe durch Trojaner", „Anzahl der Angriffe durch Würmer", „Anzahl der Angriffe durch Hoax"[608] etc. zusammengefasst werden zu einem Schlüsselindikator „Anzahl der Angriffe von außen auf das IT-System". Die Unterscheidung der Einzelindikatoren ist für die Risikosteuerung evtl. von Bedeutung, für die Risikomessung ist diese konkrete Unterscheidung aber eher unerheblich, sodass die Indikatoren zusammengefasst werden können. Soll eine solche Kombination von Risikoindikatoren über eine reine Zusammenfassung hinausgehen, ist es wichtig, dass sowohl vorhandene Abhängigkeiten als auch Gewichtungen der einzelnen Indikatoren bzgl. ihrer Bedeutung für das Risikopotential berücksichtigt werden. Hatten im genannten Beispiel die Angriffe durch Viren in der Vergangenheit eine höhere Schadenwirkung als die anderen Angriffe, ist unter Berücksichtigung aktueller Gegebenheiten zu überlegen, hier eine Gewichtung der Einzelindikatoren einzuführen.

Die Kombination von Indikatoren, die gleiche oder ähnliche Sachverhalte abbilden, kann auf einem immer höheren Level fortgeführt werden. So schlägt die Leitung des Konsortiums zur Sammlung von KRIs bspw. 12 Schlüsselindikatoren vor, die die wesentlichen Operational Risk abbilden sollen.[609] Konkret im Zusammenhang mit der IT wird der „Information Security Index" genannt, der die Anzahl und Ernsthaftigkeit von

---

608 Ein Hoax stellt die Verbreitung von Falschmeldungen dar, die den IT-Benutzer bspw. auffordern, Dateien von ihrem PC zu löschen, da es sich hierbei um einen Virus handle. Mittels eines Hoax kann ein IT-Nutzer also dazu verleitet werden, sein eigenes IT-System zu beschädigen. Zusätzlich verursacht ein Hoax durch Weiterleitung an berufliche und private Kontakte einen erhöhten E-mail-Traffic. Vgl. bspw. Bundesamt für Sicherheit in der Informationstechnik unter http://www.bsi-fuer-buerger.de/viren/04_05.htm.

609 Vgl. hierzu und im folgenden Taylor, C. (KRI Part II News #5, 2004), S. 2. Die vorgeschlagenen Indizes sollen dabei auf Ebene der Geschäftsleitung Anwendung finden. Konkret vorgeschlagen werden folgende Indizes: Audit Issue Management Index, Business Continuity Index, Failed Customer Interactions Index, Information Security Index, Information Technology Index, New Product Index, Operational Losses, Process Breaks Index, Profitability Index, Policy Index, Regulatory Index, Staff Turnover Index.

erfolgreichen Virus-Attacken, die Anzahl von Sicherheitslücken und die Anzahl an Sicherheitsvorfällen mit Kundenwirkung zusammenfasst. Dieser Indikator stellt eine sehr aggregierte Form der Information dar.

Zudem erfolgt eine Kombination von Indikatoren häufig deswegen, da die Indikatoren dadurch eine größere Aussagekraft bekommen. Bspw. kann ein Indikator gebildet werden, der die „Qualität der Datensicherung" abbildet. Darin können vorhandene Restspeicherkapazitäten, der Zeitraum zwischen Datensicherungen, sowie das Alter der Speichermedien kombiniert werden, um damit den Aussagewert gegenüber den Einzelindikatoren zu erhöhen.

Allerdings ist bei der Kombination von Indikatoren darauf zu achten, dass diese sorgfältig durchgeführt wird, da zu wenige Indikatoren kein geschlossenes Abbild des Risikos ergeben, zu viele Indikatoren aber ebenso kontraproduktiv wirken können und die Genauigkeit der Messung negativ beeinflussen, insbesondere, wenn sich die Indikatoren gegenseitig beeinflussen.[610]

Die Auswahl einer Kombination von Indikatoren kann, neben einer Kombination aufgrund rein logischer Überlegung bzgl. der Zusammenhänge, auch mittels statistischer Verfahren erfolgen. Kommen nur wenige Indikatoren in Frage, so kann die Auswahl mit Hilfe einer Korrelationsmatrix und einer multivariaten Regressionsanalyse[611] vorgenommen werden, indem bspw. schrittweise nacheinander die Variablen mit der höchsten Korrelation in die Regressionsgleichung einbezogen werden und dann überprüft wird, ob sich die Güte der Regression verbessert.[612] Da aber davon ausgegangen werden kann, dass für die Messung des IT-Risikos eine Vielzahl an Financial und / oder Nonfinancial Risk Indicators in Frage kommen, und diese auch teilweise abhängig voneinander sind, ist hier besser auf eine Faktorenanalyse zur Auswahl von Indikatoren zurückzugreifen.[613] Die Faktorenanalyse liefert dabei einen Beitrag zur Entdeckung von erklärenden Variablen, die untereinander unabhängig sind, aber die wesentlichen Einflüsse auf die zu erklärende Variable abbilden.[614] Dabei werden aus einzelnen Indikatoren auch Variablenbündel, die als Faktoren bezeichnet werden, gebildet, indem hoch korrelierte Variablen auf Basis einer Korrelati-

---

[610] Vgl. hierzu ähnlich Davies, J. / Haubenstock, M. (Indicators, 2002), S. 42.

[611] Vgl. hierzu Hartung, J. (Statistik, 1995), S. 595ff.; Wooldridge, J. M. (Introductory, 2000), S. 66ff.

[612] Vgl. hierzu ausführlich bspw. Backhaus, K. et al. (Multivariate Analysemethoden, 1987), S. 22ff.

[613] Zum Einsatz der Faktoranalyse im Bereich der Operational Risk vgl. Cruz, M. G. (Modeling, 2002), S. 143f.

[614] Vgl. hierzu und im folgenden ausführlich Backhaus, K. et al. (Multivariate Analysemethoden, 1987), S. 67ff.

onsmatrix[615] identifiziert und zusammengefasst werden. Damit können die Indikatoren auf gleiche Einflussfaktoren, die hinter den unterschiedlichen Indikatoren stehen, bezogen werden. D. h. im Falle der Faktorenanalyse wird unterstellt, dass Korrelationen auf Zusammenhänge hinweisen, die nicht kausal sind, sondern auf Zusammenhänge von Variablen, die auf den Einfluss einer dritten Variablen zurückzuführen sind. Bspw. sagen die Indikatoren „Anzahl der Mitarbeiter in der IT-Abteilung" und „Qualifikation der Mitarbeiter in der IT-Abteilung" zur IT-Risikomessung beide etwas über die Verfügbarkeit qualifizierter Mitarbeiter in der IT-Abteilung aus, sodass es Sinn machen kann, diese Indikatoren zu einem Index zusammenzufassen.

Wurden auf der Basis von Indikatoren, welche die angenommenen Zusammenhänge zwischen einzelnen Variablen sinnvoll erklären, Faktoren gebildet, so ist anschließend zu entscheiden, mit welchem Anteil die einzelnen Faktoren zur Erklärung der zu erklärenden Variablen beitragen. Dies fließt über die Faktorladung ein, die nichts anderes als ein Korrelationskoeffizient ist. Es wird ein linearer Zusammenhang zwischen den Faktoren und der zu erklärenden Variablen unterstellt, was zu falschen Ergebnissen bei der Messung des Operational Risk führen kann. Durch die Zusammenfassung der Indikatoren zu Faktoren, aber auch dadurch, dass nicht alle wesentlichen erklärenden Variablen berücksichtigt werden, wird typischerweise nicht die gesamte Varianz der zu erklärenden Variablen über den angenommenen linearen Zusammenhang erklärt. Die Faktorenanalyse ist zwar ein statistisches Verfahren, bei dem der Anwender aber letztlich entscheiden kann, welche Variablen er zu welchen inhaltlich interpretierbaren Faktoren zusammenfasst und von welcher Kommunalität er ausgeht. Dadurch nimmt der Anwender gestaltenden Einfluss auf die Ergebnisse. Die Kommunalität liegt zwischen 0 und 1 und legt den Teil der Gesamtvarianz der zu erklärenden Variablen fest, der durch die gemeinsamen Faktoren erklärt werden soll.

Ein weiteres statistisches Verfahren zur Kombination von Indikatoren ist die Diskriminanzanalyse.[616] Die Diskriminanzanalyse wird in Kreditinstituten klassisch bei der Kreditwürdigkeitsprüfung eingesetzt und stellt ein strukturprüfendes Analyseverfahren dar, das den Wert einer abhängigen Variablen durch die Werte unabhängiger Variablen erklärt bzw. prognostiziert. Dabei ist die zu erklärende Variable nominal skaliert, während die erklärenden Variablen metrisch skaliert sein müssen. Bei der Diskriminanzanalyse wird eine Vielzahl von Variablen durch eine lineare Kombination zu einer einzigen, der abhängigen Variablen, zusammengefasst. Zur Messung des IT-Risikos kann die Diskriminanzanalyse bspw. verwendet werden, indem Risiko-

---

615 Hier ist aufgrund der genannten Vorteile der Rangkorrelationskoeffizienten gegenüber dem Korrelationskoeffizienten nach Bravais-Pearson auf Rangkorrelationskoeffizienten zurückzugreifen. Vgl. hierzu ausführlich Kap. 3.2.4.3, S. 59ff.

616 Vgl. hierzu und im folgenden Backhaus, K. et al. (Multivariate Analysemethoden, 1987), S. 161ff.

klassen gebildet werden, die jeweils die Ausfallzeit des IT-Systems pro Monat abbilden.[617] Hier kann zusätzlich eine Quote „Ausfallzeit zu Gesamtzeit" gebildet werden. Daraus werden Klassen gebildet, also bspw. Ausfallquote pro Monat 0-1%, 1-5%, 5-10% etc. Die Ausfallquote kann auf Basis historischer Daten mit tatsächlichen finanziellen Schäden in Verbindung gebracht werden, was eine spätere Umrechnung der Risikoklassen in damit verbundene Schadenhöhen ermöglicht. Mittels der Diskriminanzfunktion können verschiedene Indikatoren zur Messung des IT-Risikos kombiniert werden, wobei hier aus einzelnen Indikatoren durch das Verfahren keine Indizes gebildet werden. Die Diskriminanzfunktion wird so aufgestellt, dass bekannte Werte für Indikatoren, bspw. „Antwortzeiten des Systems", „Kapazitätsauslastung des Systems" etc., und bekannte Werte für die Ausfallquoten kombiniert werden. Es wird dann die (lineare) Kombination an Indikatoren gesucht, die die einzuordnenden Objekte am besten den Klassen zuordnet. Dabei wird überprüft, ob ein Indikator bei Einbeziehung in die Diskriminanzfunktion die Trennfähigkeit dieser Funktion erhöht. Wenn nicht, wird dieser Indikator nicht weiter berücksichtigt. Aus der Diskriminanzfunktion ergibt sich ein Diskriminanzwert. Die Abgrenzung verschiedener Risikoklassen erfolgt mittels verschiedener Spannen des Diskriminanzwerts. Ist die Diskriminanzfunktion einmal aufgestellt, kann sie zur Einordnung von Objekten in eine der Klassen herangezogen werden, indem aktuelle Indikatorausprägungen für ein Objekt zu einem Diskriminanzwert verdichtet werden und das Objekt anhand dieses Diskriminanzwerts in eine Risikoklasse eingeordnet wird.

Das große Problem, das sich in diesem Zusammenhang mit der Messung des IT-Risikos ergibt, ist die Frage, was „Risikoobjekte" sind. Bei der Kreditwürdigkeitsprüfung ist dies ein Kreditnehmer. Eine derart klare Risikoposition kann im Operational Risk aber nicht definiert werden. Bspw. können Geschäftsbereiche als Risikoobjekte festgelegt und anhand der Indikatorenausprägungen in Risikoklassen eingeordnet werden.[618] Auch die Gesamtbank kann in eine der Risikoklassen eingeordnet werden, wobei dann die Diskriminanzfunktion auf der Basis von Werten aus mehreren Zeitpunkten aufzustellen ist, also z. B. auf Basis monatlicher Werte für Indikatoren und die Ausfallquote der IT. Bei der Einordnung von Geschäftsbereichen ist zu bemängeln, dass für alle Geschäftsbereiche nur eine Diskriminanzfunktion, d. h. eine Kombination an Indikatoren, aufgestellt wird. Abweichungen der Bedeutung von Indikatoren für einzelne Geschäftsbereiche sind aber durchaus realistisch. Zudem kann die Diskriminanzanalyse nicht für alle Indikatoren zur Messung von IT-Risiken ange-

---

[617] Vgl. hierzu und im folgenden sowie allgemein zur Anwendung der Diskriminanzanalyse im Zusammenhang mit der Bewertung operationeller Risiken Cruz, M. G. (Modeling, 2002), S. 158ff.; Hengmith, L. (Modellierung, 2003), S. 58f.

[618] Vgl. hierzu und im folgenden Cruz, M. G. (Modeling, 2002), S. 159; Hengmith, L. (Modellierung, 2003), S. 58.

wendet werden, da hierbei die Indikatoren metrisch skaliert sein müssen. Dies ist gerade bei einigen Nonfinancial Risk Indicators nicht erfüllt. Die Diskriminanzanalyse fordert darüber hinaus unabhängige und normalverteilte Merkmalsausprägungen und kann nur lineare Zusammenhänge abbilden. Aufgrund der zu erwartenden Nicht-Erfüllung dieser Annahmen bei der Verwendung der Diskriminanzanalyse zur Messung des IT-Risikos sowie der eingeschränkten Anwendungsmöglichkeit in Form einer Gruppenzuordnung von Objekten ist die Diskriminanzanalyse sicherlich nicht erste Wahl für die Messung des IT-Risikos. Sie ist aber unter Beachtung aller Nachteile sicherlich ein Anhaltspunkt für die Kombination von Indikatoren.

Neben den hier aufgezeigten linearen Modellen können auch nicht-lineare Modelle für die Modellierung einer Kombination von Risikoindikatoren zur Messung des IT-Risikos verwendet werden. Dazu zählen Modelle auf der Basis von Neuronalen Netzen, Bayesianischen Netzwerken, Fuzzy Logic und Data Mining.[619] Diese können gerade im Bereich des Operational Risk Vorteile bringen, da dort nicht immer von linearen Zusammenhängen auszugehen ist. Zu beachten ist allerdings, dass diese Ansätze einen hohen Grad an methodischer Komplexität in die Messung des Operational Risk bringen, die in diesem frühen Stadium der Diskussion eher hinderlich als vorteilhaft sein könnte.

Hinter dem vom Basler Ausschuss in seinem „Working Paper on the Regulatory Treatment of Operational Risk" vorgeschlagenen „Scorecard Approach", der zu den Vorschlägen für die Advanced Measurement Approaches zählt, steckt auch der in diesem Kapitel verfolgte Gedanke der Kombination mehrerer, teilweise qualitativer, und vor allem auch zukunftsgerichteter Indikatoren zur Risikomessung. Der Basler Ausschuss schlägt vor, dass zunächst einmal das Operational Risk-Potential eines Kreditinstituts auf der Basis interner und externer historischer Verlustdaten mittels eines Verlustverteilungsansatzes oder eines Internen Bemessungsansatzes ermittelt wird.[620] Daran anschließend wird diese Basis mit Hilfe eines Systems an mehreren Risikoindikatoren auf aktuelle Gegebenheiten, z. B. bzgl. des Risikoprofils und der vorhandenen Kontrollsysteme des einzelnen Instituts, angepasst. Hier spielen insbesondere zukunftsorientierte Indikatoren eine Rolle. Dies deutet darauf hin, dass Kombinationen an Risikoindikatoren nicht nur primär selbst zur Risikomessung eingesetzt, sondern auch gut mit anderen Risikomessverfahren kombiniert werden können.

---

[619] Vgl. zu diesen Modellen im Zusammenhang mit der Messung des Operational Risk Cruz, M. G. (Modeling, 2002), S. 163ff.

[620] Vgl. hierzu und im folgenden Basel Committee on Banking Supervision (Working Paper, 2001), S. 33ff.

4.1.4.3 Beurteilung eines Messansatzes auf der Basis einer Kombination an Risikoindikatoren anhand ausgewählter Beurteilungskriterien

Da sich durch die Kombination nur bzgl. der Kriterien „Verwendungsmöglichkeiten der Messergebnisse", „(Kausal-)Zusammenhang zwischen Messgröße und dem tatsächlichen IT-Risiko" und „Berücksichtigung von Abhängigkeiten" offensichtliche Besonderheiten ergeben, beschränkt sich die im folgenden vorgenommene Beurteilung eines Messansatzes auf Basis einer Kombination an Risikoindikatoren auf diese drei Kriterien.

Prinzipiell ergeben sich durch eine Kombination von Risikoindikatoren die gleichen *Verwendungsmöglichkeiten der Messergebnisse*, wie für einzelne Indikatoren, wobei in Kap. 4.1.3.2.2 bereits darauf hingewiesen wurde, dass eine Kombination von Risikoindikatoren gerade bei Nonfinancial Risk Indicators wichtig erscheint, um ein geschlossenes Bild des Risikos zu erhalten. So ist es für die Berechnung des ökonomischen und des regulatorischen Eigenkapitals notwendig, mehrere Indikatoren integriert zu betrachten. Eine Betrachtung nur eines Indikators, wie bspw. im BIA und STA, ist viel zu ungenau. Noch wichtiger ist eine Kombination bei den Nonfinancial Risk Indicators, da diese einzeln i. d. R. nur sehr kleine Teile des Risikos abbilden können bzw. einzeln sogar aussagelos sind. Gerade bei der Berechnung des regulatorischen und des ökonomischen Kapitals sowie bei einer Allokation des Risikokapitals ist eine Gesamtbanksicht notwendig, die auch Abhängigkeiten berücksichtigt. Hier erscheint eine Kombination von Risikoindikatoren, konkret eine Kombination von Financial und Nonfinancial Risk Indicators am besten, da so die Chance besteht, ein möglichst geschlossenes Risikobild, kombiniert aus prospektiver tatsächlicher Messung und retrospektiver Abschätzung von IT-Risiken aus bereits eingetretenen finanziellen Größen, zu erhalten. Zur Steigerung des Risikobewusstseins können die Ergebnisse aus einer Kombination von Risikoindikatoren vorrangig eingesetzt werden, um Zusammenhänge zu verdeutlichen. Sollen die Messergebnisse als Ansatzpunkte zur Verbesserung von Organisationsabläufen eingesetzt werden, so ist eine Einzelverwendung von Indikatoren hilfreicher als eine Kombination, um konkrete Schwachstellen aufzuzeigen. Zusammenfassend ist zu den Einsatzmöglichkeiten der Messergebnisse zu sagen, dass sich die aggregierten Ergebnisse aus einer Kombination von Indikatoren insbesondere auf Gesamtbankebene bzw. auf der Ebene des Senior Managements anbieten. Hingegen kann in einzelnen Geschäftsbereichen und für einzelne Risikomanagementtätigkeiten sinnvoll mit Einzelindikatoren bzw. auf Basis weniger aggregierter Kombinationen gearbeitet werden.[621]

---

[621] Vgl. hierzu auch ähnlich Taylor, D. / Hoffman, D. G. (System failure, 1999), S. 15.

Betrachtet man den *(Kausal-)Zusammenhang zwischen Messgröße und dem IT-Risiko*, so ist intuitiv erkennbar, insbesondere unter Beachtung der Komplexität des IT-Risikos, dass einzelne Indikatoren immer nur ein Abbild für Einzelrisiken bzw. teilweise nur für einzelne Aspekte eines Risikos, bspw. eine konkrete Bedrohung, darstellen können. Soll hingegen ein spezielles IT-Risiko oder das IT-Risiko im Gesamten abgebildet werden, so ist eine Kombination von Indikatoren unter Berücksichtigung der Abhängigkeiten unerlässlich. Dabei sind zunächst einmal die gleichen statistischen Verfahren einsetzbar, wie bei der Erkennung von Zusammenhängen auf Einzelindikatorebene, konkret die Korrelations- und Regressionsanalyse. Auch hierbei können Financial und Nonfinancial Risk Indicators im Rahmen einer gemeinsamen Analyse betrachtet werden. Bspw. ist eine Mischung von metrischen und Dummy-Variablen in einer Regressionsgleichung möglich. Übersteigt jedoch die Anzahl an Indikatoren ein handhabbares Maß, so müssen Analyseverfahren gefunden werden, die einzelne Indikatoren ausschließen. Dies kann mit Hilfe einer Diskriminanzanalyse oder durch Zusammenfassung einzelner Indikatoren zu Indizes, wie dies im Rahmen der Faktorenanalyse erfolgt, geschehen. Wichtig bei Anwendung der statistischen Verfahren ist, dass die gefundenen Zusammenhänge und Abhängigkeiten einer Plausibilitätsprüfung standhalten.

Abhängigkeiten zwischen Indikatoren können in einer Kombination von Risikoindikatoren zunächst einmal mit Hilfe der Abhängigkeitsmaße festgestellt werden. Dabei gelten die bereits aufgezeigten Vor- und Nachteile dieser Maße (vgl. Kap. 3.2.4.3, S. 59ff.). Auch hier sollten bevorzugt Rangkorrelationskoeffizienten oder Copulas verwendet werden. Sollen Abhängigkeiten nicht nur im Rahmen einer reinen Aggregation der Ergebnisse verwendet werden, sondern schon auf Ebene der Einzelindikatoren Berücksichtigung finden, um gleich ein Ergebnis für das Risiko auf Geschäftsbereichsebene oder für eine Risikoart zu erhalten, müssen kausale Netzwerke gebildet werden. Im Rahmen solcher Netzwerke können bedingte Wahrscheinlichkeiten für die Werte der Indikatoren berücksichtigt werden. Die Bildung solcher kausaler Netze ist eine komplexe Aufgabe. Es gilt zu bezweifeln, dass diese Vorgehensweise bei der derzeit noch sehr eingeschränkten Datenlage zu befriedigenden Ergebnissen führt.

Werden die aufgeführten statistischen Verfahren zur Ermittlung von Zusammenhängen von Indikatoren und Verlusten aus dem IT-Risiko verwendet, wird hierbei größtenteils von einer Unabhängigkeit der Indikatoren untereinander ausgegangen, bspw. bei der Regressionsanalyse und bei der Diskriminanzanalyse. Bei der Faktorenanalyse wird angenommen, dass abhängige Indikatoren einen Hinweis darauf geben, dass es einen gemeinsamen, dahinterstehenden Faktor gibt, der anstelle der abhängigen Variablen in die Analyse aufgenommen wird. Die verbleibenden Faktoren werden als untereinander unabhängig angenommen. D. h. bei diesen Verfahren müssen, um die Korrektheit der Analysen sicherzustellen, zunächst auf der Basis von

Korrelationsanalysen und logischen Schlussfolgerungen, abhängige Indikatoren zu einem Index zusammengefasst werden. Mit diesem kann dann weitergearbeitet werden, ohne die Annahmen der statistischen Methoden zu verletzen. Hier verbirgt sich allerdings ein hohes Fehlerpotential, wenn falsch Indikatoren zusammengefasst werden bzw. bei der Zusammenfassung die Zusammenhänge nicht richtig abgebildet werden.

4.2 Darstellung und methodenkritische Beurteilung von statistischen / versicherungsmathematischen Ansätzen

4.2.1 Darstellung von statistischen / versicherungsmathematischen Ansätzen

4.2.1.1 Grundprinzip und Vorgehensweise

Bei der Messung des IT-Risikos auf Basis von statistischen / versicherungsmathematischen[622] Ansätzen werden bekannte, in anderen Bereichen bereits eingesetzte, Methoden auf die Problematik der Messung von Operational Risk angewandt. Dabei kommen vorrangig Methoden aus der Versicherungsmathematik zum Einsatz. Diese ermöglichen es, aus historischen Daten zu eingetretenen Schäden aus Operational Risk Verlustverteilungen zu modellieren, um daraus Schlussfolgerungen für das zukünftige Risiko zu ziehen. Dabei wird von der Annahme der Stationarität ausgegangen, d. h. es können auf Basis der Verlustverteilungen aus historischen Daten Aussagen über das zukünftige Risikopotential getroffen werden, da davon ausgegangen wird, dass sich die Struktur der Risiken im Zeitablauf nicht wesentlich ändert.[623]

In der Versicherungswirtschaft stellt sich typischerweise die Frage nach der Höhe des Gesamtschadens eines Portfolios.[624] Da dieser als unsicher anzusehen ist, gilt es diesen über stochastische Modelle zu prognostizieren. Die relevanten Zufallsvariablen in der Versicherungsmathematik sind die Anzahl der Schäden (Schadenzahl) sowie die Höhe der Schäden (Schadensumme).[625] Dabei kann die Schadenzahl als

---

[622] Der hier verwendete Begriff weicht leicht von der gebräuchlichen Verwendung ab. In den meisten Quellen wird von „statistisch / versicherungsmathematischen" Methoden gesprochen (vgl. bspw. Beeck, H. / Kaiser, T. (Value-at-Risk, 2001), S. 642). Hier wird bewusst von „statistischen / versicherungsmathematischen" Ansätzen gesprochen, da verdeutlicht werden soll, dass der Messansatz zwar primär auf Methoden aus der Versicherungsmathematik beruht, diese aber hauptsächlich grundlegende statistische Methoden sind, die speziell Anwendung auf eine versicherungsmathematisches Problem gefunden haben. Bspw. entwickelte sich die Extremwerttheorie im Zusammenhang mit Fragestellungen im Deichbau, wird aber heute auch im Versicherungsbereich zur Modellierung extremer Schadenereignisse herangezogen. Insgesamt ist eine Einordnung der Begriffe „Statistik" und „Versicherungsmathematik" zur Abgrenzung zielführend. Die „Mathematik" ist die übergeordnete Kategorie. Ein Teilgebiet der Mathematik ist die Stochastik, die sich mit unsicheren Ereignissen beschäftigt. Unter dem Begriff Stochastik werden die Wahrscheinlichkeitstheorie und die mathematische Statistik zusammengefasst (vgl. Rönz, B. / Strohe, H. G. (Lexikon Statistik, 1994), S. 350). Der Zusatz „mathematisch" zu Statistik legt den Fokus auf mathematische Methoden und weniger auf inhaltliche Deutungen von Daten, was auch den Fokus der Messmodelle für Operational Risk trifft. Statistik und Wahrscheinlichkeitstheorie unterscheiden sich durch ihre Schlussrichtung. In der Wahrscheinlichkeitsrechnung wird von einem gegebenen Modell auf Beobachtungen geschlossen, während in der Statistik von Beobachtungen auf ein Modell bzw. dessen Parameter geschlossen wird (vgl. Rieder, H. (Mathematische Statistik, 2003), S. 16). Die Versicherungsmathematik ist als ein Anwendungsbereich der Mathematik zu sehen, wobei hauptsächlich Verfahren der Stochastik Verwendung finden. Vgl. bspw. Schmidt, K. D. (Versicherungsmathematik, 2002), S. 2f.

[623] Vgl. Embrechts, P. et al. (Regulatory Capital, 2003), S. 9.

[624] Vgl. Embrechts, P. et al. (Regulatory Capital, 2003), S. 4.

[625] Vgl. hierzu und im folgenden Helten, E. (Messung, 1994), S. 19.

eine diskrete, die Schadensumme als kontinuierliche Zufallsvariable interpretiert werden.[626] Für die Schadenzahl und die Schadensumme werden aus historischen Daten Wahrscheinlichkeitsverteilungen modelliert. Aus diesen wird eine Gesamtschadenverteilung generiert. Dabei werden Schadenzahl und Schadensumme als unabhängig voneinander angenommen.[627] Anhand der Gesamtschadenverteilung kann der Erwartungswert oder auch der Value-at-Risk des Gesamtschadens berechnet werden.

Für die auf Basis historischer Daten modellierten Verteilungen für Schadenzahl und Schadensumme gibt es zwei Möglichkeiten, wie diese Verteilungen weiterverwendet werden können. Zum einen können die empirischen Schadenzahl- und Schadensummenverteilungen beibehalten und aus ihnen eine Gesamtschadenverteilung aggregiert werden. Die andere Möglichkeit, die meist verwendet wird, ist, die empirischen Verteilungen durch Standardverteilungen zu approximieren. D. h. es wird aus der großen Anzahl vorhandener diskreter (für die Schadenzahl) und stetiger (für die Schadensumme) Verteilungen diejenige ausgewählt, die der empirischen Verteilung am besten nahe kommt. Aus diesen Standardverteilungen, deren Parameter auf die empirischen Verteilungen angepasst wurden, wird dann die Gesamtschadenverteilung aggregiert. Als Begründung für die Wahl parametrischer Verteilungen anstelle der empirischen Verteilungen kann angeführt werden, dass bei einer sehr kleinen Beobachtungszahl die hieraus gebildeten empirischen Verteilungen stark von Zufallseinflüssen geprägt sein können.[628] Durch die Verwendung parametrischer Verteilungen können diese, unter Heranziehung statistischer Erfahrungen, ausgeglichen werden. Dieses Problem stellt sich auch im Zusammenhang mit dem Operational Risk. Im Versicherungsbereich fehlen zudem häufig Daten zu Großschadenereignissen. Übertragen auf die Operational Risk ist hier der Mangel an Daten zu High Impact-Ereignissen anzuführen. Der Einfluss dieses Mangels auf die Gesamtschadenverteilung kann ebenfalls durch die Verwendung parametrischer Verteilungen gemindert werden. Dazu werden Annahmen über die Verteilung von Großschadenereignissen getroffen, die sich im Tail der gewählten parametrischen Verteilung manifestieren. Hinzu kommen Vorteile der parametrischen Verteilungen, wie bspw. die einfachere Berechnung von Erwartungswert und Varianz. Der große Nachteil der Verwendung parametrischer Verteilungen besteht darin, dass im Falle der Auswahl einer

---

[626] Unter einer diskreten Zufallsvariablen wird eine Variable verstanden, deren Wertebereich endlich viele bzw. abzählbar viele Zahlen aufweist, während eine stetige oder auch kontinuierliche Zufallsvariable unendlich viele, nicht abzählbare Werte annehmen kann. Vgl. hierzu Helten, E. (Messung, 1994), S. 19.

[627] Vgl. Helten, E. (Messung, 1994), S. 38; Acrys Consult (Operational Value-at-Risk, o. J.), S. 5.

[628] Vgl. hierzu und im folgenden für die Argumentation des Einsatzes parametrischer Verteilungen in der Versicherungswirtschaft Frey, H. C. / Nießen, G. (Monte Carlo Simulation, 2001), S. 71f. u. 89f.

falschen Verteilung die Schadenhöhen oder die Schadenanzahl völlig falsch abgebildet werden und der Fehler damit noch größer wird, als wenn mit der empirischen Verteilung weitergearbeitet werden würde.[629] Es entsteht also ein zusätzliches Risiko in der Modellierung. Zudem könnten wichtige Informationen aus den empirischen Verteilungen durch Glättung verloren gehen.

Auf diese Weise werden in der Versicherungswirtschaft schon lange Gesamtschadenverteilungen modelliert. Da die Operational Risk den versicherten Risiken wesentlich mehr ähneln, als bspw. Marktpreis- und Kreditrisiken, bietet es sich an, diese versicherungsmathematische Methode auf die Messung von Operational Risk zu übertragen.[630]

Der Basler Ausschuss für Bankenaufsicht griff diese Idee in seinem ersten Entwurf auf und konkretisierte als einen der fortgeschrittenen Ansätze den Verlustverteilungsansatz (Loss Distribution Approach – LDA).[631] Mittels des Verlustverteilungsansatzes können die Banken ihr notwendiges regulatorisches Eigenkapital für Operational Risk ableiten, indem sie auf der Basis von historischen Daten eine Verlustverteilung für einen Zeitraum in der Zukunft prognostizieren und daraus die Eigenkapitalanforderung anhand des Wertes eines hohen Quantils der Verteilung festgelegen. Der Basler Ausschuss schlägt dabei explizit vor, dass die Verteilungen für Schadenanzahl und Schadenhöhe getrennt modelliert werden und nennt zwei mögliche Verteilungen: die Poissonverteilung für die Schadenanzahl und die Lognormalverteilung für die Schadenhöhe. Der große Vorteil dieses Ansatzes im Gegensatz zum Internen Bemessungsansatz (IMA), einem weiteren vom Basler Ausschuss vorgesehenen fortgeschrittenen Ansatz, ist, dass hier der unexpected loss direkt aus der Verteilung

---

[629] Vgl. hierzu und im folgenden Frey, H. C. / Nießen, G. (Monte Carlo Simulation, 2001), S. 89ff.

[630] Aufgrund unterschiedlicher Begriffsverwendungen bei Banken und Versicherungen existieren Begriffspaare, die im Zusammenhang dieser Arbeit dieselbe Aussage haben. Hier werden im weiteren schwerpunktmäßig die im Bankbereich anzutreffenden Begriffe verwendet. Dazu zählen z. B. die Begriffe „Schaden“ und „Verlust“, wobei die unterschiedliche Begriffsverwendung insbesondere deutlich wird, wenn in der Versicherungsmathematik von einer „Gesamtschadenverteilung“ gesprochen wird, während im Zusammenhang mit der Messung des Operational Risk in Banken meist der Begriff „Verlustverteilung“ verwendet wird. Der Begriff „Verlust“ impliziert den direkten Zusammenhang zur GuV, d. h. es werden damit primär monetäre Schäden, die sich in der GuV niederschlagen, bezeichnet. Diese sind für die Banken derzeit bei der Bemessung des Operational Risk hauptsächlich von Interesse. Es wäre hier auch nicht falsch, von einem Schaden zu sprechen, da dieser in der Versicherungsmathematik ebenfalls in monetären Größen bemessen wird. Zudem werden für die Begriffe Schadenzahl und Schadensumme der versicherungsmathematischen Terminologie die für Operational Risk geläufigeren Begriffe Schadenanzahl und Schadenhöhe verwendet.

[631] Vgl. hierzu und im folgenden Basel Committee on Banking Supervision (Working Paper, 2001), S. 34. Wenn also in der Literatur von einem Loss Distribution Approach die Rede ist, ist auch hier der Ansatz auf der Basis statistischer / versicherungsmathematischer Methoden gemeint. Deshalb werden die Bezeichnungen im folgenden synonym verwendet.

abgelesen werden kann, und nicht wie beim IMA aus einer linearen Transformation des expected loss berechnet wird.[632]

Die Messung des Operational Risk auf der Basis von statistischen / versicherungsmathematischen Ansätzen kann sowohl Top Down als auch Bottom Up erfolgen.[633] Bei einer Top Down-Messung wird eine Verlustverteilung für die Gesamtbank generiert und daraus das Risiko abgeleitet. Dieses wird dann auf Geschäftsbereiche verteilt, bspw. auf der Basis von Risikoindikatoren wie Ertrags- oder Kostengrößen. Der Vorteil hierbei ist, dass die für die Gesamtbank vorhandenen Daten nicht weiter auf Geschäftsfeld- / Verlustereigniskategorien, wie sie der Basler Ausschuss vorgibt,[634] aufgeteilt werden und auch nicht getrennt nach Operational Risk-Kategorien verwendet werden müssen. Nachteilig ist die Undifferenziertheit dieser Vorgehensweise und insbesondere die Willkür in der Aufteilung des Operational Risk auf Geschäftsbereiche. Bei einer Bottom Up-Messung werden Verlustverteilungen jeweils für einen Geschäftsbereich und / oder eine Operational Risk Kategorie ermittelt und zur Ermittlung des Gesamtrisikopotentials einer Bank aggregiert. Diese Ermittlung erscheint wesentlich genauer, stellt aber auch wesentlich höhere Datenanforderungen. Im folgenden wird davon ausgegangen, dass die statistischen / versicherungsmathematischen Methoden für eine Bottom Up-Messung eingesetzt werden, da dies als die langfristig sinnvollere Vorgehensweise erscheint und somit auch Probleme der Berücksichtigung von Abhängigkeiten nicht außer Acht gelassen werden.

Bevor nun detailliert die Beschreibung der Modellierung erfolgt, werden die notwendigen Schritte zusammengefasst, die letztlich zu einer Bewertung des Operational Risk für die Gesamtbank führen:

1) Zuordnung der vorhandenen Verlustdaten zu den jeweils gewählten Messeinheiten, z. B. Geschäftsbereichen und / oder Operational Risk-Kategorien

2) Modellierung der Schadenanzahl- und der Schadenhöhenverteilung, sowie Approximation der empirischen Verteilungen durch parametrische Verteilungen

---

[632] Beim IMA wird das notwendige Eigenkapital für das Operational Risk mittels einer Formel, ähnlich den Ansätzen zur Ermittlung des notwendigen Eigenkapitals für das Kreditrisiko in Basel II, berechnet. In diese Formel fließen ein Exposure Indicator, eine Wahrscheinlichkeit für den Eintritt eines Verlustereignisses, eine Verlusthöhe bei Eintritt des Verlustereignisses, sowie ein Skalierungsparameter ein. Damit wird der erwartete Verlust mit dem Skalierungsparameter multipliziert und darüber auf den unerwarteten Verlust geschlossen. Vgl. Basel Committee on Banking Supervision (Working Paper, 2001), S. 33f.

[633] Vgl. hierzu und im folgenden ähnlich Haubenstock, M. / Hardin, L. (Loss Distribution Approach, 2003), S. 171f.

[634] Vgl. Basel Committee on Banking Supervision (Convergence, 2004), Anhang 6 und 7, S. 221-225 und vgl. FN 264 und 265, S. 55.

3) Generierung einer Gesamtverlustverteilung durch Kombination der Schadenanzahl- und der Schadenhöhenverteilung pro Geschäftsfeld- und / oder Operational Risk-Kategorie

4) Ablesen einer Risikokennzahl aus der Gesamtverlustverteilung, bspw. des Value-at-Risk

5) Aggregation der einzelnen Verlustverteilungen pro Geschäftsfeld und / oder Operational Risk-Kategorie zu einer Verlustverteilung für die Gesamtbank bzw. Aggregation der Werte für die Risikokennzahl zu einem Gesamtbank-Operational Risk

Abbildung 14 verdeutlicht die Schritte 1) bis 3) graphisch:

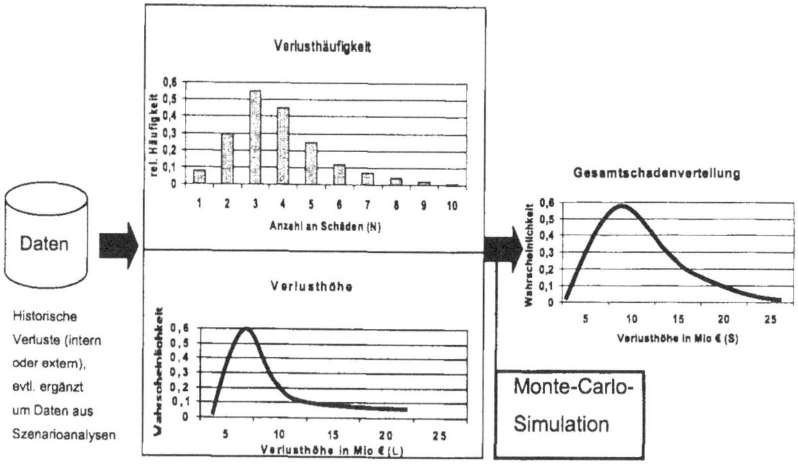

Abbildung 14: Überblick über die Vorgehensweise beim statistischen / versicherungsmathematischen Ansatz

Da auf Datenaspekte bereits ausführlich in Kap. 3.3, S. 74ff. eingegangen wurde, beginnt die Darstellung der Modellierung mit der Modellierung der Schadenanzahl- und der Schadenhöhenverteilung.

4.2.1.2 Modellierung der Schadenanzahl- und der Schadenhöhenverteilungen

4.2.1.2.1 Ablauf der Modellierung und Goodness of Fit-Tests

Für die Generierung einer *Schadenanzahlverteilung* werden die Daten in der Form benötigt, dass bspw. die Anzahl aller dem IT-Risiko zuzuordnenden Schäden innerhalb eines Jahres über den gesamten Datenhorizont aufgelistet werden.

Nachfolgende Abbildung gibt ein fiktives Beispiel für die Anzahl an Schäden größer 10.000 Euro, die direkt dem IT-Risiko zuzuordnen sind, für die Geschäftsbereiche 1 bis 8:[635]

Jahr	Anzahl der Schäden im Geschäftsbereich							
	1	**2**	**3**	**4**	**5**	**6**	**7**	**8**
1996	2	3	3	6	4	4	2	3
1997	4	3	2	1	3	5	3	4
1998	4	5	4	7	2	6	7	5
1999	6	3	2	3	4	6	7	4
2000	5	3	8	2	3	5	4	9
2001	1	3	4	6	7	3	2	5
2002	6	2	5	4	2	3	3	3
2003	3	3	4	8	6	3	1	4
2004	5	3	4	3	4	3	2	5
2005	3	1	2	3	4	6	3	2

Abbildung 15: Beispieldaten für die Schadenanzahl aus IT-Risiken in 8 Geschäftsbereichen in den Jahren 1996-2005

Diese Daten können als Ergebnis von 80 Zufallsexperimenten interpretiert werden.[636] Es führten dabei alle Zufallsexperimente zu einem Schaden, wobei genau ein Schaden in 4 Fällen, zwei Schäden in 12 Fällen, drei Schäden in 24 Fällen, vier Schäden in 16 Fällen, fünf Schäden in 9 Fällen, sechs Schäden in 8 Fällen, sieben Schäden in 4 Fällen, acht Schäden in 2 Fällen und neun Schäden in einem Fall pro Jahr pro Geschäftsfeld auftraten. Insgesamt sind damit in den 10 Jahren in den 8 Geschäftsfeldern 310 Einzelschäden entstanden. Bezieht man die Fallzahlen auf die absolute Anzahl der Zufallsexperimente ergeben sich die relativen Häufigkeiten. Es kann damit folgende Schadenanzahlverteilung erstellt werden:

---

635 Vgl. zur prinzipiellen Vorgehensweise bei der Modellierung der Schadenanzahl- und der Schadenhöhenverteilung anhand eines Beispiels auch Hartung, T. (Considerations, 2002), S. 10ff.

636 Die Zahl von 80 Zufallsexperimenten ergibt sich aus der Anzahl der Geschäftsfelder multipliziert mit der Anzahl der Jahre, d. h. in jedem der 10 Jahre wurden 8 Zufallsexperimente durchgeführt.

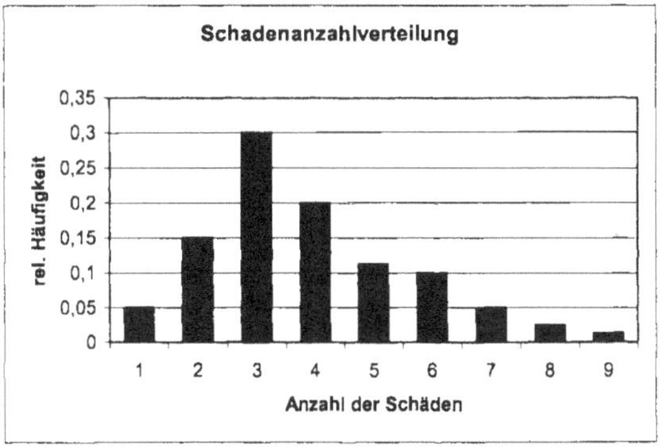

Abbildung 16: Schadenanzahlverteilung für die Beispieldaten

Die empirische Verteilung wird in einem nächsten Schritt an eine diskrete Standardverteilung angepasst. Dies kann mit Hilfe einer Software erfolgen, bspw. die Excel Add-Ins @Risk4.5[637] oder Crystal Ball[638]. Darüber hinaus können auch Hypothesen über Verteilungstypen getestet werden.

Prinzipiell kommen als diskrete Standardverteilungen zur Abbildung der Schadenanzahlverteilung von Operational Risk insbesondere die Poissonverteilung[639], die Binomialverteilung[640] sowie die negative Binomialverteilung[641] in Frage.[642] Der Vorteil der Poissonverteilung im Zusammenhang mit der Modellierung von Operational Risk liegt darin, dass die Schadenanzahl über einen festgelegten Zeitraum modelliert wird, während bei den beiden Formen der Binomialverteilung jeweils eine Anzahl von Versuchen als Modellierungsbasis vorliegen muss. Daraus folgt, dass bei den Binomialverteilungen der Zeithorizont keine Berücksichtigung findet und zudem die Anzahl der möglichen Schäden durch die Anzahl der betrachteten Versuche nach oben hin begrenzt wird. Die Poissonverteilung kann bei einer großen Anzahl an Versuchen ($n > 30$) und einer kleinen Eintrittswahrscheinlichkeit für einen Schaden pro Versuch ($p < 0{,}1$) als eine Approximationsmöglichkeit für die Binomialverteilung interpretiert wer-

[637] Siehe ausführliche Informationen unter http://www.palisade-europe.com.

[638] Siehe ausführliche Informationen unter http://www.decisioneering.com.

[639] Vgl. Johnson, N. L. / Kotz, S. (Discrete Distributions, 1969), S. 87ff.; Hartung, J. (Statistik, 1995), S. 212ff.; Bamberg, G. / Bauer, F. (Statistik, 1996), S. 103; Cruz, M. G. (Modeling, 2002), S. 87.

[640] Vgl. Johnson, N. L. / Kotz, S. (Discrete Distributions, 1969), S. 50ff.; Hartung, J. (Statistik, 1995), S. 199ff.; Bamberg, G. / Bauer, F. (Statistik, 1996), S. 99ff.; Cruz, M. G. (Modeling, 2002), S. 91.

[641] Vgl. Johnson, N. L. / Kotz, S. (Discrete Distributions, 1969), S. 122ff.; Frey, H. C. / Nießen, G. (Monte Carlo Simulation, 2001), S. 76f.; Schmidt, K. D. (Versicherungsmathematik, 2002), S. 55; Cruz, M. G. (Modeling, 2002), S. 89f.

[642] In Anhang 4, S. 229, findet sich eine Gegenüberstellung der hier genannten Verteilungen. Dafür wurden die Verteilungen jeweils auf die hier aufgeführten Beispieldaten für die Schadenanzahl angepasst.

den.[643] Dies ist im Zusammenhang mit Operational Risk als sinnvoll zu erachten. Eine Grundannahme der Poissonverteilung ist jedoch, dass die einzelnen Ereignisse voneinander unabhängig sind.[644] Geht man davon aus, dass der Mittelwert von Schadenereignissen über die Zeit nicht konstant bleibt, sondern einem Schadentrend unterliegt, d.h. bspw. der Mittelwert nach jedem Schadenereignis ansteigt, ist die Poissonverteilung nicht mehr korrekt. In einem solchen Fall wäre an die Verwendung einer negativen Binomialverteilung zu denken.

Im oben aufgeführten Beispiel ähnelt die empirische Verteilung auf den ersten Blick einer Poissonverteilung.[645] Eine graphische Gegenüberstellung der empirischen Verteilung mit einer parametrischen Poissonverteilung auf Basis der Beispielswerte ergibt folgendes Bild:[646]

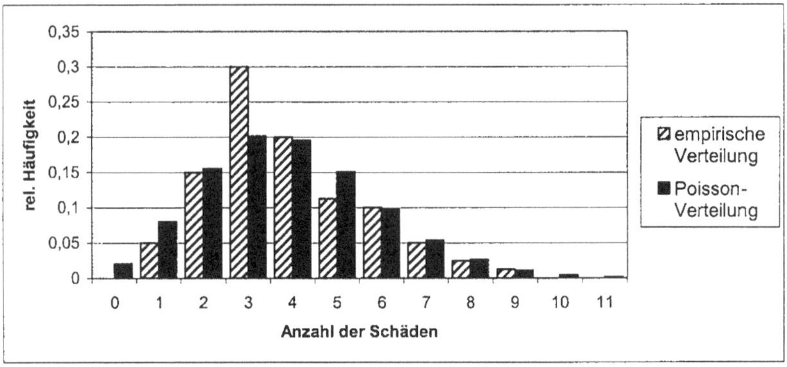

Abbildung 17: Vergleich der empirischen Schadenanzahlverteilung mit der parametrischen Poissonverteilung X~Po(3,875)

Aus Abbildung 17 ist ersichtlich, dass eine Verwendung der Poissonverteilung anstelle der empirischen Verteilung dazu führt, dass die Häufigkeit des Eintretens von 0 bis 2 Schäden pro Jahr überschätzt, während die Häufigkeit von Schäden in Höhe des Erwartungswerts deutlich unterschätzt wird.

Zur Überprüfung der Güte der Anpassung an die gewählte Verteilung müssen neben einer graphischen Analyse sinnvollerweise Anpassungstests, bspw. der Chi-Quadrat-Anpassungstest, der Kolmogorov-Smirnov-Test oder der Anderson-Darling-Test,

---

[643] Vgl. Rönz, B. / Strohe, H. G. (Lexikon Statistik, 1994), S. 283 und Hartung, J. (Statistik, 1995), S. 202.

[644] Vgl. hierzu und im folgenden Helten, E. (Messung, 1994), S. 30ff.

[645] Diese wird auch vom Basler Ausschuss zur Modellierung der Schadenanzahlverteilung vorgeschlagen. Vgl. Basel Committee on Banking Supervision (Working Paper, 2001), S. 34.

[646] Es wurde eine Poissonverteilung mit λ = 3,875 und Gesamtanzahl der Fälle = 80 erstellt. Vgl. hierzu Hartung, J. (Statistik, 1995), S. 212ff.

durchgeführt werden.[647] Der Chi-Quadrat-Anpassungstest kann dabei für alle Verteilungen durchgeführt werden, während der Kolmogorov-Smirnov-Test und der Anderson-Darling-Test besser für stetige Verteilungen geeignet sind.[648] Bei diesen Anpassungstests ist die Nullhypothese jeweils, dass die Beobachtungen der empirischen Verteilung aus der angenommenen parametrischen Verteilung, in diesem Beispiel der Poissonverteilung, entstammen.[649] Die Alternativhypothese ist, dass die Beobachtungen nicht aus der angenommenen parametrischen Verteilung stammen.

Beim Chi-Quadrat-Anpassungstest müssen die zugrundeliegenden Daten in Intervalle eingeordnet werden, bspw. also das Auftreten von Schäden in die Intervalle (0; 1], (1; 2], (2; 3], (3; 4] etc.[650] Anschließend wird der Wert Chi-Quadrat folgendermaßen berechnet:

$$\chi^2 = \sum_{1}^{k} \frac{(f_{oi} - f_{ei})^2}{f_{ei}}$$

mit:

χ^2 = Wert der Teststatistik

f_{oi} = observed frequency of cell i

f_{ei} = expected frequency of cell i

k = number of cells

Im oben aufgeführten Beispiel ergibt sich ein χ^2 von 7,789. Dieses wird, nach Festlegung eines Signifikanzniveaus von α = 1%, mit dem Wert des Quantils der χ^2-Verteilung verglichen. Der Wert des Quantils ergibt sich in diesem Beispiel zu $\chi^2_{k-1;1-\alpha}$ = 20,09.[651] Die Nullhypothese muss zum Konfidenzniveau verworfen werden, falls der errechnete Wert für Chi-Quadrat über dem Wert des Quantils der Chi-Quadrat-Verteilung liegt.[652] Im Beispiel ergibt sich das Verhältnis 7,789 < 20,09. Damit kann die Nullhypothese, dass die empirisch beobachteten Werte einer Poissonverteilung entstammen, mit einem Signifikanzniveau von 1% nicht verworfen werden.

---

[647] Vgl. Evans, J. R. / Olson, D. L. (Simulation, 2002), S. 97.

[648] Vgl. Bamberg, G. / Baur, F. (Statistik, 1996), S. 184; Weichselberger, A. (Anpassungstest, 1993), S. 1ff. Prinzipiell ist bspw. ein Kolmogorov-Smirnov Test auch für diskrete Verteilungen möglich. Hierbei besteht allerdings die Gefahr, dass der Test länger an der Hypothese der Gleichheit festhält, als dies geboten wäre. Vgl. Hartung, J. (Statistik, 1995), S. 183.

[649] Vgl. hierzu und im folgenden Hartung, J. (Statistik, 1995), S. 182.

[650] Vgl. hierzu und im folgenden Evans, J. R. / Olson, D. L. (Simulation, 2002), S. 98f.; Hartung, J. (Statistik, 1995), S. 216f.

[651] Abgelesen aus der Tabelle für die Quantile der Chi-Quadrat-Verteilung aus Hartung, J. (Statistik, 1995), S. 893. Der Wert wurde für das Quantil mit (k-1)-Freiheitsgraden, also in diesem Fall 8, und einem Konfidenzniveau von 99% abgelesen.

[652] Vgl. Hartung, J. (Statistik, 1995), S. 182f. und 216f.

Alle drei hier betrachteten Anpassungstests sind nicht-parametrische Anpassungstests, unterscheiden sich aber neben der Anwendungsbreite auf diskrete und / oder stetige Variablen auch durch ihre Vorgehensweise. Beim Chi-Quadrat-Anpassungstest werden Abweichungen der beobachteten Werte von den erwarteten Werten quadriert und aufsummiert. Damit wird nicht unterschieden, in welche Richtung eine Abweichung stattfindet und es werden alle Abweichungen berücksichtigt. Beim Kolmogorov-Smirnov-Test wird hingegen nach positiven und negativen Abweichungen unterschieden und davon jeweils das Maximum, d. h. entweder die Höhen der positiven oder der negativen Abweichungen, berücksichtigt.[653]

$$D_n^+ = \sup_x(\psi_1(x)(F_n(x) - F_0(x)))$$

$$D_n^- = \sup_x(\psi_2(x)(F_n(x) - F_0(x)))$$

$$D_n(\psi_1, \psi_2) = \max(D_n^+(\psi_1), D_n^-(\psi_2))$$

mit:

D_n^+ = positive Abweichungen (deviation)

D_n^- = negative Abweichungen (deviation)

$\sup_x$ = Supremefunktion

$\psi_1(x), \psi_2(x)$ = Gewichtungsfunktionen

$F_n(X)$ = Wert der empirische Verteilungsfunktion für x

$F_0(x)$ = Wert der angenommenen parametrischen Verteilungsfunktion für x

Für den Chi-Quadrat-Anpassungstest gilt als Grundregel, dass mindestens 50 Beobachtungen vorhanden sein sollten, davon am besten mind. fünf pro Intervall.[654] Der Kolmogorov-Smirnov-Test kann hingegen schon bei kleineren Stichproben sinnvoll eingesetzt werden.

Der Anderson-Darling Test baut auf dem Kolmorogov-Smirnov Test auf.[655] Die Besonderheit ist hierbei die Wahl der Gewichtungsfunktionen ψ_1 und ψ_2. Diese werden so gewählt, dass Abweichungen an den Tails der Verteilungen stärker gewichtet werden, als Abweichungen im mittleren Teil der Verteilungen. Konkret lautet die Gewichtungsfunktion:[656]

$$\psi_1 = \psi_2 = \sqrt{F_0(x)(1 - F_0(x))}^{-1}$$

---

[653] Vgl. hierzu und im folgenden Weichselberger, A. (Anpassungstest, 1993), S. 4f.

[654] Vgl. hierzu und im folgenden Evans, J. R. / Olson, D. L. (Simulation, 2002), S. 98f.

[655] Vgl. hierzu und im folgenden Evans, J. R. / Olson, D. L. (Simulation, 2002), S. 99.

[656] Vgl. Weichselberger, A. (Anpassungstest, 1993), S. 5.

Da bei der Messung von Operational Risk insbesondere Werte im rechten Tail der Schadenhöhenverteilung einen großen Einfluss auf das Ergebnis haben, ist der Anderson-Darling-Test im Zusammenhang mit der Messung von IT-Risiken als zielführend zu erachten.

Für die *Schadenhöhenverteilung* müssen die Daten in Form von monetären Auswirkungen der Ereignisse vorliegen. Daraus wird eine empirische Verteilung der Schadenhöhe ermittelt.[657] Die Schäden werden dazu zunächst in Größenklassen eingeteilt,[658] d. h. es werden Intervalle an Schadenhöhen gebildet und die Einzelschäden in diese Intervalle eingeordnet. Daraus lässt sich ein Balkendiagramm erstellen. Dafür können Intervalle gewählt werden, die sich mit zunehmender Höhe der Schäden verbreitern, damit möglichst das gesamte Spektrum an Schäden gut in einer Darstellung abgebildet werden kann. Soll die Größenklassenstatistik in eine Wahrscheinlichkeitsverteilung umwandelt werden, sind gleich bleibende Intervallgrößen heranzuziehen.

Zu den im obigen Beispiel angenommenen 310 Einzelschäden wurden fiktive Schadenhöhen simuliert, die in Anhang 5, S. 230 aufgeführt sind und im weiteren Verlauf zur Veranschaulichung herangezogen werden. Daraus ergibt sich folgendes Bild für die empirische Verteilung der Schadenhöhen:

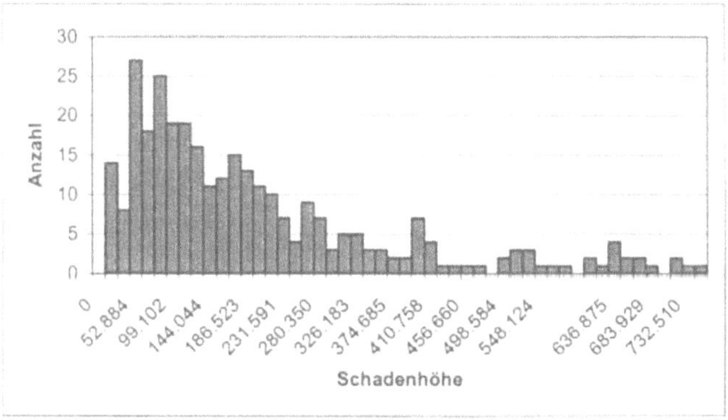

Abbildung 18: Empirische Schadenhöhenverteilung der Beispieldaten[659]

---

[657] Vgl. Wiedemann, A. (Risikotriade, 2004), S. 272.

[658] Vgl. hierzu und im folgenden Frey, H. C. / Nießen, G. (Monte Carlo Simulation, 2001), S. 45ff. Zur Einteilung der Schadenhöhen in Intervalle vgl. auch Hartung, T. (Considerations, 2002), S. 12f.; Wiedemann, A. (Risikotriade, 2004), S. 272ff.

[659] Die auf der x-Achse abgetragenen Werte stellen Mittelwerte der gebildeten Klassen dar.

Auch hier wird aufgrund der genannten Vorteile parametrischer Verteilungen eine passende Standardverteilung gesucht, die die empirischen Daten möglichst gut approximiert. Prinzipiell kommt für die Schadenhöhenmodellierung eine Vielzahl an stetigen Standardverteilungen in Frage. Hierzu zählen die Lognormalverteilung[660], die Gammaverteilung[661], die Exponentialverteilung[662], die Paretoverteilung[663], die Weibullverteilung[664] und die Betaverteilung[665]. Diese Verteilungen unterscheiden sich dabei hauptsächlich in ihrem Wertebereich und darin, wie sie die Wahrscheinlichkeitsdichten über den Wertebereich modellieren. Für die Modellierung von Schadenhöhenverteilungen aus Operational Risk ist dabei von Bedeutung, wie die Verteilungen Wahrscheinlichkeitsdichten im High Frequency- / Low Impact-Bereich, aber noch wesentlicher im Low Frequency- / High Impact-Bereich modellieren, da letztere einen besonders großen Einfluss auf die gemessene Risikokennzahl wie den VaR haben.

Die Approximation der empirischen Verteilung für die Beispieldaten mittels der Software Crystal Ball, die alle drei genannten Anpassungstests durchführt, ergibt folgendes Bild:

---

[660] Vgl. hierzu ausführlich Hartung, J. (Statistik, 1995), S. 151f.; Schradin, H. R. / Gronenberg, S. (Grundlagen, o. J.), S. 12ff.; Wiedemann, A. (Risikotriade, 2004), S. 175ff.; Evans, J. R. / Olson, D. L. (Simulation, 2002), S. 74.

[661] Vgl. hierzu ausführlich Johnson, N. L. et al. (Continuous Distributions, 1994), S. 337ff.; Evans, J. R. / Olson, D. L. (Simulation, 2002), S. 78; Wiedemann, A. (Risikotriade, 2004), S. 283.

[662] Vgl. hierzu ausführlich Johnson, N. L. et al. (Continuous Distributions, 1994), S. 494ff.; Evans, J. R. / Olson, D. L. (Simulation, 2002), S. 74; Hartung, J. (Statistik, 1995), S. 219.

[663] Vgl. hierzu ausführlich Johnson, N. L. et al. (Continuous Distributions, 1994), S. 573ff.; Helten, E. (Messung, 1994), S. 37f.

[664] Vgl. hierzu ausführlich Johnson, N. L. et al. (Continuous Distributions, 1994), S. 628ff.; Hartung, J. (Statistik, 1995), S. 230f.; Evans, J. R. / Olson, D. L. (Simulation, 2002), S. 78f.; Marshall, C. L. (Measuring, 2001), S. 233f.; Cruz, M. G. (Modeling, 2002), S. 52f.

[665] Vgl. hierzu ausführlich Johnson, N. L. et al. (Continuous Distributions 2, 1995), S. 221ff.; Evans, J. R. / Olson, J. (Simulation, 2002), S. 79f.; Rönz, B. / Strohe, H. G. (Lexikon Statistik, 1994), S. 43.

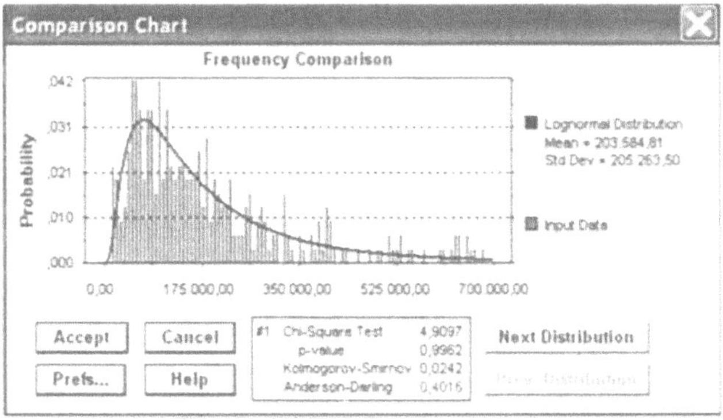

Abbildung 19: Vergleich der empirischen Schadenhöhenverteilung mit einer Lognormalverteilung

Die Abbildung zeigt, dass die empirische Verteilung (graue Balken) am besten durch die Lognormalverteilung mit einem Erwartungswert von 203.584 und einer Standardabweichung von 205.263 abgebildet wird. Die Parameter der Verteilung werden auf der Basis der empirischen Daten geschätzt,[666] was ebenfalls von Crystal Ball geleistet wird. Für die bestimmte Lognormalverteilung ergeben alle drei Anpassungstests die besten Ergebnisse. Beim Chi-Quadrat-Anpassungstest ist der aufgeführte p-Wert aussagekräftig.[667] Liegt dieser über 0,5 so ist die Verteilung als passend anzusehen. In diesem Fall liegt der p-Wert bei 0,9962, was auf eine sehr gute Anpassung hinweist. Beim Kolmogorov-Smirnov-Test zeigen Werte kleiner 0,03 eine gute Passung an. Im Beispiel liegt der Wert bei 0,0242, also deutlich unter 0,03. Für den Anderson-Darling-Test sollte der Wert kleiner als 1,5 sein, um eine gute Passung anzuzeigen. Der Wert liegt in diesem Beispiel bei 0,4016 und spricht damit ebenfalls für eine gute Anpassung der Lognormalverteilung an die empirischen Beobachtungen. Für alle drei Tests kann also die Nullhypothese, dass die empirischen Beobachtungen aus einer Lognormalverteilung mit den genannten Parametern stammen, angenommen werden.

Auch aus konzeptioneller Sicht scheint die Lognormalverteilung besonders gut für eine Modellierung der Schadenhöhenverteilung von Operational Risk geeignet. Sie wird grundsätzlich bevorzugt zur Modellierung von Ereignissen eingesetzt, die niedrige Eintrittswahrscheinlichkeiten bei hohen Werten haben und zudem keine negativen Werte aufweisen.[668] Da die Schadenhöhen für Operational Risk als positive Werte erfasst werden und diesen Schäden keine direkten Chancen gegenüberstehen, passt

---

[666] Vgl. hierzu bspw. Frey, H. C. / Nießen, G. (Monte Carlo Simulation, 2001), S. 74ff.

[667] Vgl. zu der Interpretation der Werte Evans, J. R. / Olson, D. L. (Simulation, 2002), S. 99.

[668] Vgl. Evans, J. R. / Olson, D. L. (Simulation, 2002), S. 74.

die Einschränkung des Wertebereichs der Lognormalverteilung auf Werte zwischen Null und unendlich auf die Besonderheiten des Operational Risk.[669] Durch den nach oben offenen Wertebereich der Lognormalverteilung können alle Schäden abgebildet werden.[670] Die Lognormalverteilung weist zudem die Eigenschaft auf, dass ihr Erwartungswert immer überhalb des Medians liegt. Die Schiefe der Lognormalverteilung ist stets positiv und wächst (sinkt) mit steigender (sinkender) Varianz.[671] Zudem ist die Lognormalverteilung als „heavy tailed" zu bezeichnen, d. h. sie kann vorhandene Großschäden annähernd realistisch modellieren.[672]

Vergleicht man die Beispieldaten mit einer Gammaverteilung, so ergibt sich folgendes Bild:

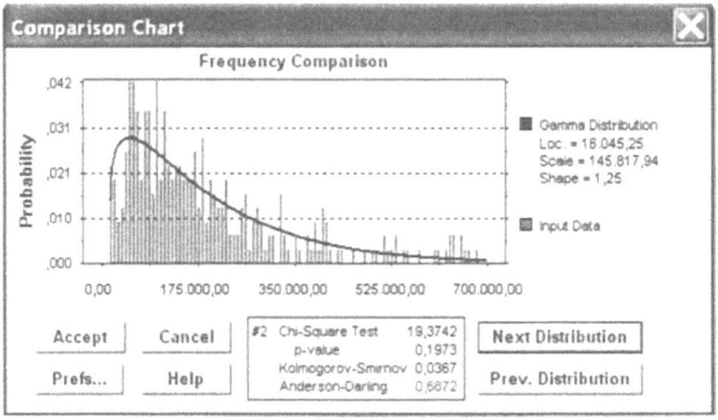

Abbildung 20: Vergleich der empirischen Schadenhöhenverteilung mit einer Gammaverteilung

Hier ist bereits optisch die schlechtere Passung erkennbar. Nach dem Chi-Quadrat-Anpassungstest sowie dem Kolmogorov-Smirnov-Test ist die Nullhypothese, dass die empirischen Beobachtungen einer Gammaverteilung $\Gamma(16045, 145817, 1{,}25)$ entstammen, zu verwerfen. Lediglich der Anderson-Darling Test bestätigt die Nullhypothese, was sich aus der einigermaßen guten Passung der Verteilung an den Tails erklären lässt.

Die Gammaverteilung wird über drei Parameter bestimmt und ist damit eine sehr variable Verteilung, die vielfältige Formen annehmen kann. Bei guter Kalibrierung kann sie damit auch Schadenhöhen für Operational Risk adäquat abbilden, allerdings ges-

---

669 Vgl. Wiedemann, A. (Risikotriade, 2004), S. 276.

670 Vgl. Fontnouvelle, P. de et al. (Implications, 2004), S. 8. Anders ist dies z. B. bei der Betaverteilung. Hier wird der Wertebereich nach oben durch den Parameter s begrenzt. Vgl. Evans, J. R. / Olson, D. L. (Simulation, 2002), S. 79f.

671 Vgl. Schradin, H. R. / Gronenberg, S. (Grundlagen, o. J.), S. 13.

672 Vgl. Riedle, M. (Risikotheorie, 2005), S. 29.

taltet sich die Kalibrierung der Parameter deutlich aufwendiger als bspw. bei der Lognormalverteilung. Positiv ist, dass der Wertebereich der Gammaverteilung bis unendlich reicht und folglich alle möglichen Extremschäden abgebildet werden können. Der rechte Tail der Gammaverteilung verläuft dabei relativ schnell gegen die x-Achse, sodass auch Großschäden mathematisch kalkulierbar bleiben.[673] So ist bereits graphisch zu erkennen, dass die auf die Daten kalibrierte Lognormalverteilung (vgl. Abbildung 21) im linken Tail zwar geringere Wahrscheinlichkeitsmassen als die auf die Daten kalibrierte Gammaverteilung (Abbildung 22) aufweist, dafür aber weiter nach rechts verläuft und damit noch größere Schäden mit einbezieht:

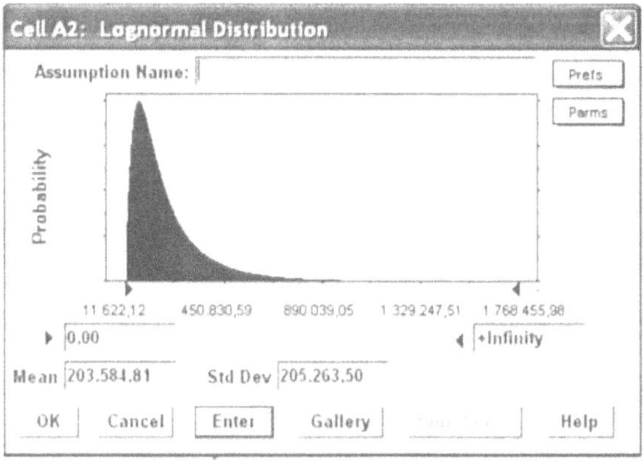

Abbildung 21: Beispiel für eine Lognormalverteilung mit X~LN(203584, 205263)[674]

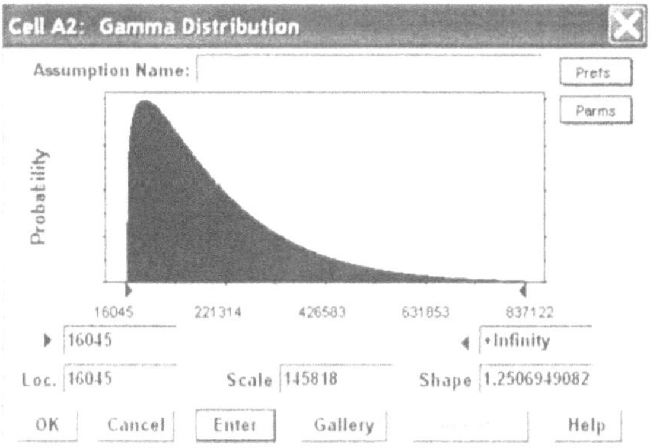

Abbildung 22: Beispiel für eine Gammaverteilung Γ(1,25, 145818, 16045)

[673] Vgl. Pfeifer, D. (Schadenmodellierung, 2003), S. 674.

[674] Dabei ist der Parameter σ hier als Standardabweichung und nicht als Varianz (σ^2) angegeben.

Berechnet man für beide Verteilungen das 95%-Quantil und das 99%-Quantil, die als Anhaltspunkte für eine spätere OpVaR-Berechnung dienen können, so ergeben sich diese Werte bei der Lognormalverteilung zu 568.464 Euro und 1.907.276 Euro.[675] Bei der Gammaverteilung ergeben sich Werte von 521.348 Euro und 1.115.919 Euro. Die deutliche Abweichung der Werte für das 99%-Quantil bestätigt die Aussage, dass die Lognormalverteilung größere Schäden miteinbezieht als die Gammaverteilung.

Eine Verteilung, die prinzipiell auch für eine Schadenhöhenmodellierung in Frage kommt, im Zusammenhang mit den hier gewählten Beispieldaten aufgrund der Anpassungstests aber zu verwerfen ist, ist die Exponentialverteilung:

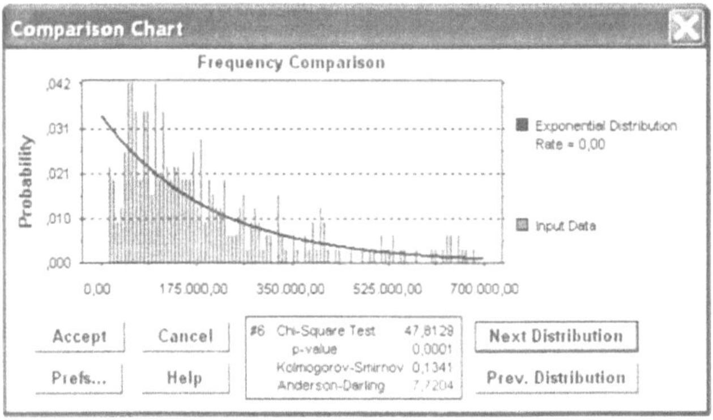

Abbildung 23: Vergleich der empirischen Schadenhöhenverteilung mit einer Exponentialverteilung

Auf eine Betrachtung der weiteren Verteilungstypen wird an dieser Stelle verzichtet. Eine sehr ausführliche formale Darstellung, sowohl der diskreten als auch der stetigen Standardverteilungen ist in der statistischen Fachliteratur zu finden.[676] Konkrete Aussagen, welche der genannten Verteilungstypen am besten für die Modellierung von Schadenhäufigkeits- und Schadenhöhenverteilungen für Operational Risk geeignet sind, sind nur auf der Basis umfangreicher empirischer Schadendaten möglich. Neben der hier aufgezeigten prinzipiellen Vorgehensweise beim Erstellen der empirischen Verteilungen für die Schadenanzahl- und die Schadenhöhenverteilung, sowie bei der Anpassung dieser Verteilungen an parametrische Verteilungen ist insbesondere die Modellierung der Tails der Verteilung von großer Bedeutung für die Mes-

---

[675] Hier zeigt sich bereits, dass die Wahl des Konfidenzniveaus einen wesentlichen Einfluss auf das gemessene Risiko hat. In diesem Fall liegt der VaR für ein 99,9%iges Konfidenzniveau fast um das 3,5fache höher als der VaR für das 95%ige Konfidenzniveau. Zur Beurteilung vgl. Kap. 4.2.2.2, S. 198ff.

[676] Zu verweisen ist hier bspw. auf die Veröffentlichungen von Johnson, N. L. / Kotz, S. (Discrete Distributions, 1969) und Johnson, N. L. et al. (Continuous Distributions, 1994).

sung des Operational Risk. Deshalb wird im folgenden auf Ansätze zur expliziten Modellierung der Tails der Verteilung eingegangen.

4.2.1.2.2 Ansätze zur Modellierung der Tails der Schadenhöhenverteilung

Wie bereits im Kap. 3.3.2, S. 81ff. ausführlich dargestellt, existieren gerade bei internen Verlustdaten vielfältige Verzerrungen. Insbesondere die Tatsache, dass häufig Schadenereignisse mit sehr hohen Schäden in den Daten fehlen bzw. sehr selten vorhanden sind, führt zu Verzerrungen der Verlustverteilung an deren rechten Tail. Die Tatsache, dass bei einem Kreditinstitut bisher noch keine Schäden in extremen Ausmaßen aufgetreten sind, bedeutet nicht, dass diese in Zukunft nicht auftreten können. Die im vorherigen Kapitel vorgestellten Standard-Verlustverteilungen berücksichtigen die Gefahr seltener großer Schäden teilweise nicht ausreichend. Zudem reagieren einige Verteilungen sehr sensibel, wenn der vorhandenen Datenbasis extreme Schäden hinzugefügt werden.[677] Durch hinzufügen oder weglassen extremer Schäden zu einer Datenbasis ändern sich sowohl die bestimmenden Parameter der Verteilung, als auch deren Quantile. Gerade die sehr großen Schäden sind es aber, die die Kreditinstitute und die Bankenaufsicht am meisten interessieren, da sie existenzbedrohend für das Kreditinstitut sein können. Es ist deshalb besonders wichtig, den rechten Tail der Schadenhöhenverteilung möglichst plausibel zu modellieren, um keine Fehlschlüsse bzgl. möglicher Schadenhöhen zuzulassen. Eine Möglichkeit zur Modellierung von Tails einer Verteilung stellt die Anwendung der Extremwerttheorie dar. Darauf wird in Kap. 4.2.1.2.2.2 eingegangen.

Ein weiteres Problem ist, dass bei den Schadendaten häufig eine Trunkierung der Daten am linken Tail der Verteilung vorliegt, da aus Wirtschaftlichkeitsgesichtspunkten Verlustdaten erst ab einem Threshold gesammelt werden. Damit fehlen alle Schadenhöhen sowie deren Verteilung unterhalb des Threshold. Dies führt zu Verzerrungen der Schadenhöhenverteilung. Auch diese Verzerrung kann einen deutlichen Einfluss auf die bestimmenden Parameter der Verteilung sowie deren Quantile haben. Deshalb sind auch hier Lösungen zu suchen, diese Verzerrung zu korrigieren. Darauf wird im folgenden Kapitel eingegangen.

Die Betrachtung beschränkt sich auf die Schadenhöhenverteilung, da hier die Auswirkungen von Verzerrungen deutlich größer sind, als bei der Schadenanzahlverteilung. Prinzipiell ist es aber mittels der Extremwerttheorie auch möglich, Eintrittshäu-

---

[677] Wird bspw. den Daten aus dem Beispiel eine Schadenhöhe von 5 Mio. Euro hinzugefügt, ergibt sich bei der Weibullverteilung statt einer W(190657, 1,119, 15469) eine W(142322, 0,643, 17148). Das 95%-Quantil ändert sich von 523.670 Euro zu 800.468 Euro.

figkeiten für extreme Ereignisse oder den Zeitraum bis zum Wiederauftreten eines extremen Ereignisses zu modellieren.[678]

4.2.1.2.2.1 Ermittlung einer untrunkierten Schadenhöhenverteilung aus trunkierten Daten

Der Threshold für die Datensammlung ist für das Kreditinstitut frei wählbar und kann damit sehr hoch aber auch sehr niedrig liegen. Zudem ist ex post nicht zu klären, welche Daten damit tatsächlich verloren gehen. Deshalb ist zunächst einmal nicht eindeutig, welche Richtung und welches Ausmaß die Verzerrung der Daten durch die Trunkierung hat.[679] Durch die Trunkierung kann es sowohl zu einer Über- als auch zu einer Unterschätzung der Parameter der Verteilung sowie deren Momente kommen. Damit kann auch das Risiko über- oder unterschätzt werden. Allerdings ist unbestritten, dass eine Trunkierung wenn möglich auszugleichen ist.

Alvarez schlägt vor, die tatsächlichen Parameter einer Verteilung aus den trunkierten Daten und der daraus approximierten Schadenhöhenverteilung anzupassen.[680] Dazu wird zunächst eine Standardverteilung an die trunkierten Daten angepasst. Daraus werden die Momente der gefitteten Verteilung, also der Erwartungswert, die Standardabweichung, die Kurtosis und evtl. auch die Schiefe formal abgeleitet. Im nächsten Schritt werden diese Größen aus den trunkierten empirischen Daten berechnet. Die formalen Ausdrücke für die Momente der trunkierten Verteilung werden jeweils mit dem entsprechenden, aus den trunkierten Daten ermittelten Wert gleichgesetzt, also bspw. die Formel für das erste Moment der trunkierten Verteilung wird gleichgesetzt mit dem Erwartungswert, der aus den trunkierten Daten berechnet wurde. Dann werden die drei oder vier Gleichungen, je nachdem wie viele Momente eingesetzt werden, simultan aufgelöst. Daraus erhält man dann die Momente der untrunkierten Verteilung. Aus diesen lassen sich dann, wie im vorangegangenen Kapitel gezeigt, die Parameter der untrunkierten Verteilungen ermitteln. Alvarez zeigt für eine gemischte Lognormal-Gamma-Verteilung, die er als „Tail Adjusted Lognormal Distribution" bezeichnet, dass die so ermittelten Parameter der untrunkierten Verteilung nahe an den tatsächlichen Parametern liegen. Um dies zu überprüfen, bildet Alvarez aus einer vollständigen Verteilung eine trunkierte und vergleicht dann die Parameter.

Die Überlegungen von Alvarez stellen sicherlich einen Anhaltspunkt zur Verbesserung der Korrektheit einer aus trunkierten Daten modellierten Schadenhöhenverteilung dar. Allerdings gilt es dieses Verfahren auch für andere Verteilungen zu über-

---

678 Vgl. Embrechts, P. et al. (Extremal Events, 1997), S. 17.

679 Vgl. hierzu und im folgenden Alvarez, G. (Quantification, 2001), S. 8.

680 Vgl. hierzu und im folgenden Alvarez, G. (Quantification, 2001), S. 2ff.

prüfen. Problematisch ist insbesondere, dass in den meisten Fällen eben keine vollständigen Datensätze vorliegen, auf Basis derer die Korrektheit der angepassten Parameter kontrolliert werden könnte. Alvarez erstellte die Datensätze für seine Tests durch Simulationen, deren Ausgangspunkt jeweils eine Verteilung des gewünschten Typs, bei ihm also eine „Tail Adjusted Lognormal Distribution", mit vorgegebenen Parametern ist. Damit erhält er in dieser Form verteilte Werte, die er für seine Überlegungen heranzieht. In der Realität verteilen sich die Schäden aber nicht in Form einer Standardverteilung. Es ist also fraglich, ob die auf Grundlage dieses Versuchsaufbaus gewonnenen Erkenntnisse auch zur Lösung realer Probleme geeignet ist.

Einen anderen Vorschlag machen Baud / Frachot / Roncalli.[681] Sie verwenden eine Maximum Likelihood-Schätzung, um die Trunkierung der Daten aufzuheben. Dabei gehen sie davon aus, dass die trunkierte Verteilung als eine bedingte Verteilung der tatsächlichen Verteilung anzusehen ist. Voraussetzung ist, dass die Likelihood-Funktion richtig festgelegt wurde, also die trunkierte Verteilung richtig aus den Daten abgeleitet wurde. Die tatsächliche Schadenhöhenverteilung wird mit f (., θ) bezeichnet, wobei θ für die die Verteilung bestimmenden Parameter steht, bspw. für μ und σ bei einer Lognormalverteilung. Die trunkierte Verteilung wird mit f* (., θ) bezeichnet. Der Threshold, der die untere Grenze der dokumentierten Daten darstellt, wird mit H bezeichnet. Die Verluste aus der trunkierten Verteilung werden mit ζ bezeichnet, die der tatsächlichen Verteilung mit x. Die trunkierte Verteilung ist dann nach Baud / Frachot / Roncalli gleichzusetzen mit der tatsächlichen Verteilung, gegeben, dass die Verluste den Threshold H überschreiten:

$$f^*(\zeta,\theta) := f(\zeta,\theta \mid H) = 1\{\zeta > H\} * \frac{f(\zeta,\theta)}{\int_H^{\infty} f(x,\theta)dx} = 1\{\zeta > H\} * \frac{f(\zeta,\theta)}{1-F(H,\theta)}$$

mit:

f* (ζ, θ) = trunkierte Verteilung

f (x, θ) = tatsächliche Verteilung

θ = Parameter der Verteilung

ζ = Verlust aus trunkierter Verteilung

x = Verlust aus tatsächlicher Verteilung

H = Threshold

---

[681] Vgl. hierzu und im folgenden Baud, N. et al. (Over-estimating, 2002), S. 4f., sowie Frachot, A. et al. (Loss Distribution Approach, 2003), S. 3f.

Die Likelihood-Funktion ergibt sich zu:

$$l(\theta) = \sum_{i=1}^{n} l(\zeta_i, \theta \mid \text{H}) = \sum_{i=1}^{n} f(\zeta_i, \theta) - n * (1 - F(H, \theta))$$

mit:

$l(\theta)$ = Likelihood-Funktion

n = Anzahl der Verluste

Der zweite Term dieser Gleichung (-n*(1-F(H, θ))) führt zur Korrektur der Verteilung um die Verzerrung aus dem Threshold. Je kleiner der Threshold, desto kleiner wird dieser Korrekturterm.

Für H kann ein fester Wert eingesetzt werden, wenn der Threshold bekannt ist. Der Threshold kann aber auch unbekannt sein und gemeinsam mit θ kalibriert werden. Zusätzlich kann die Funktion auch mit mehreren Thresholds modelliert werden. Dies ist besonders dann interessant, wenn Daten aus verschiedenen Quellen gepoolt werden, die mit unterschiedlichen Thresholds arbeiten.

Nachteilig ist, dass dieses Verfahren ebenfalls davon ausgeht, dass für das auf Basis der trunkierten Daten durchgeführte Approximation bereits die korrekte Standardverteilung gewählt wurde.

Die Extremwerttheorie, die im folgenden für die Modellierung des rechten Tails der Schadenhöhenverteilung herangezogen wird, könnte prinzipiell auch für die Modellierung des linken Randes der Verteilung eingesetzt werden, da die Extremwerttheorie nicht nur die Verteilung von Maxima, sondern auch die Verteilung von Minima modellieren kann. Allerdings ist der Kernpunkt der Extremwerttheorie, extreme, eher selten auftretende Ereignisse, für die zu wenige Daten vorliegen, zu modellieren.[682] Diese Voraussetzung ist im Bereich der Schäden von Operational Risk am linken Rand der Verteilung, also bei den High Frequency / Low Impact-Ereignissen nicht gegeben.

4.2.1.2.2.2 Modellierung des Low-Frequency-/High-Impact-Bereichs der Schadenhöhenverteilung mit Hilfe der Extremwerttheorie

Die Extremwerttheorie (Extreme Value Theory – EVT) stellt einen Ansatz dar, der mit Hilfe mathematischer und statistischer Theorien das Verhalten von Extremen, d. h. Maxima oder Minima, einer Verteilung modelliert.[683] Die „klassische Extremwerttheorie beschreibt das Verhalten der größten Werte einer Stichprobe oder der Exzeden-

[682] Vgl. Embrechts, P. et al. (Extremal Events, 1997), S. 2f.

[683] Vgl. hierzu und im folgenden Embrechts, P. et al. (Extremal Events, 1997), S. 2f.; Moscadelli, M. (Experience, 2004), S. 26.

ten über einer hohen Schwelle."[684] Es werden auf der Basis von extremen Ereignissen in einer Datenbank Aussagen zu Wahrscheinlichkeiten für extreme Ereignisse in der Zukunft getroffen und deren Verteilung modelliert.[685] Die Extremwerttheorie wird schon seit langem in der Meteorologie angewandt, z. B. für die Prognose von Regenmengen, oder auch im Deichbau, wo maximale Pegelstände modelliert werden.[686] In der Versicherungswirtschaft wird die Extremwerttheorie für die Modellierung sehr hoher Schäden, bspw. aus Naturkatastrophen schon lange eingesetzt. Auch in Banken findet sie in den letzten Jahren Eingang, um bspw. die Maxima von Zeitreihen an Aktienkursen zu modellieren, da diese aufgrund von Eigenheiten von Finanzzeitreihen[687] häufig nicht als normalverteilt anzusehen sind, sondern ebenfalls Fat Tails ausbilden.[688] Für Operational Risk bietet sich die Anwendung der Extremwerttheorie an, da auch hier davon auszugehen ist, dass die Verlustverteilung am rechten Rand ein Fat Tail ausbildet.[689] Wie das obige Zitat von Borkovec / Klüppelberg bereits zeigt, gibt es zwei Herangehensweisen, um die Verteilung der extremen Ereignisse zu modellieren. Die eine Variante kann als klassische Extremwerttheorie oder auch als Block-Maxima-Methode bezeichnet werden. Die andere Variante ist die „Peaks-over-Threshold"-Methode (POT). Folgende Abbildung von Rommelfanger zeigt den Unterschied zwischen der traditionellen Statistik und der Extremwerttheorie, sowie die beiden Herangehensweisen der Extremwerttheorie:

---

684 Borkovec, M. / Klüppelberg, C. (Finanzzeitreihen, 2001), S. 223.

685 Vgl. Cruz, M. G. (Modeling, 2002), S. 64f.

686 Vgl. Rönz, B. / Strohe, H. G. (Lexikon Statistik, 1994), S. 115 und Borkovec, M. / Klüppelberg, C. (Finanzzeitreihen, 2001), S. 220.

687 Diese werden häufig als „stylized features" bezeichnet und beinhalten unter anderem folgende Eigenschaften: Verteilungen sind langschwänzig, die Volatilitäten ändern sich über die Zeit, Daten neigen zu Clusterbildung in den Extrema, Daten sind nahezu unkorreliert, aber nicht unabhängig. Vgl. Borkovec, M. / Klüppelberg, C. (Finanzzeitreihen, 2001), S. 222.

688 Vgl. bspw. Reich, C. T. (Applications, 2004), S. xx.

689 Vgl. Wiedemann, A. (Risikotriade, 2004), S. 282.

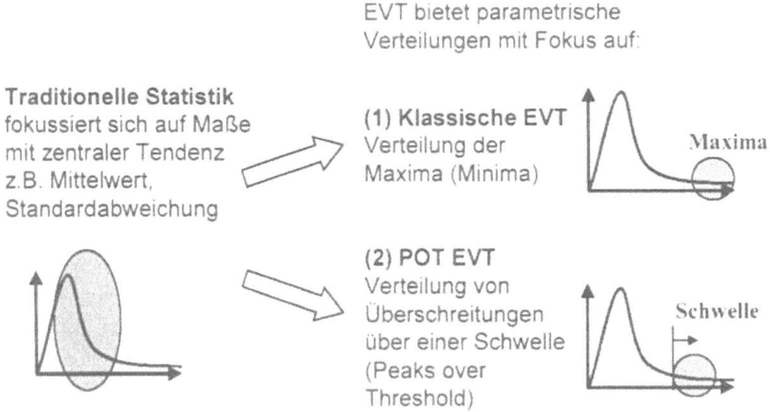

Abbildung 24: Traditionelle Statistik, klassische EVT und POT EVT[690]

Die Traditionelle Statistik fokussiert sich auf die Modellierung des Körpers einer Verteilung sowie auf Maße mit zentraler Tendenz, wie den Mittelwert und die Standardabweichung. Die Extremwerttheorie konzentriert sich hingegen auf die Modellierung des Tails der Verteilung und auf die Berechnung hoher Quantile. Die Extremwerttheorie benötigt dabei keine speziellen Annahmen zur Form der gesamten Verlustverteilung, sondern kann alleine aus der Betrachtung der Maxima bzw. der Exzedenten über eine Schwelle Aussagen zu extremen Quantilen und zu Eintrittswahrscheinlichkeit extremer Ereignisse ermöglichen.[691]

Mittels der Extremwerttheorie kann zum einen die Verteilung der größten Werte einer Stichprobe modelliert werden. In diesem Zusammenhang wird auch von der klassischen Extremwerttheorie oder einem Block-Maxima-Modell gesprochen.[692] Dabei werden die vorhandenen Daten aus einer großen Stichprobe in mehrere Blöcke eingeteilt, z. B. in Perioden. Für jeden Block wird das Maximum bestimmt und auf diese partiellen Maxima eine Extremwertverteilung angepasst. Die Wahl der Blockgröße ist dabei entscheidend, denn sind die Blöcke zu klein, werden keine tatsächlichen Maxima abgebildet und die Schätzung wird ungenau. Sind die Blöcke zu groß gibt es zu wenige Werte, was zu einer großen Varianz in der Schätzung führen kann. Durch die Anpassung einer Extremwertverteilung auf die partiellen Maxima ergibt sich eine Grenzverteilung, die ausschließlich vom Tail der Verteilungsfunktion der gesamten

---

690 Abbildung aus: Rommelfanger, H. (Mathematisch-Statistische Verfahren, 2002), S. 29.

691 Vgl. Reich, C. T. (Applications, 2004), S. xx; Moscadelli, M. (Experience, 2004), S. 27.

692 Vgl. hierzu und im folgenden Reich, C. T. (Applications, 2004), S. 4f.

Stichprobe abhängig ist.[693] Die standardisierte Form dieser Grenzverteilung wird als „Generalized Extreme Value Distribution“ (GEV) bezeichnet.[694]

Die gesamte Extremwertverteilung für die Modellierung der Schadenhöhe von Operational Risk heranzuziehen erscheint nicht zielführend, da damit der Fokus nur auf den Tail gelegt wird. Da aber auch der Erwartungswert einer Schadenhöhenverteilung eine Rolle für die Risikosteuerung spielt, sollte auch dieser korrekt modelliert werden. Allerdings macht es Sinn, auf Basis der GEV hohe Quantile zu schätzen, die als Werte für den Value-at-Risk herangezogen werden können. Zusätzlich wäre hier auch an die Berechnung eines Conditional Value-at-Risk zu denken.[695] Dieser misst den Verlust, der bei Überschreitung des VaR-Quantils zu erwarten ist, und wird auch als Mean Excess Loss bezeichnet. Dabei wird konkret das Verteilungsende betrachtet, was bei der Extremwerttheorie explizit modelliert wird.

Nachteilig bei der Block-Maxima-Methode ist zudem, dass durch die Blockbildung wichtige Informationen zu Maxima verloren gehen können, wenn in einem Block mehrere extreme Werte zu finden sind, aber davon dann nur der extremste in die Modellierung einfließt.[696] Die POT-Methode kann diesen Nachteil ausgleichen.

Bei der „Peaks-over-Threshold“-Methode (POT-Methode) wird anders als bei der Block-Maxima-Methode die Stichprobe nicht in Blöcke aufgeteilt, sondern es werden für die ganze Stichprobe diejenigen Werte betrachtet, die einen vorher festgelegten, sehr hohen Threshold u überschreiten.[697] Dabei ist anders als bei einer Einteilung in Perioden unwesentlich, wann das Ereignis aufgetreten ist.[698] Folgende Abbildung zeigt die Vorgehensweise graphisch:

[693] Vgl. hierzu und im folgenden Embrechts, P. et al. (Extremal Events, 1997), S. 152.

[694] Eine ausführliche formale Darstellung der Block-Maxima-Methode findet sich in Anhang 6, S. 231ff.

[695] Vgl. hierzu und im folgenden Theiler, U. (Optimierungsverfahren, 2002), S. 79.

[696] Vgl. Reich, C. T. (Applications, 2004), S. 5.

[697] Vgl. Reich, C. T. (Applications, 2004), S. 5. Hierbei ist zu beachten, dass mit Threshold jetzt nicht mehr die Schwelle bezeichnet wird, ab der eine Datensammlung einsetzt, sondern eine Schwelle im rechten Tail der Verteilung, die einen sehr hohen Verlustwert repräsentiert.

[698] Vgl. Cruz, M. G. (Modeling, 2002), S. 67.

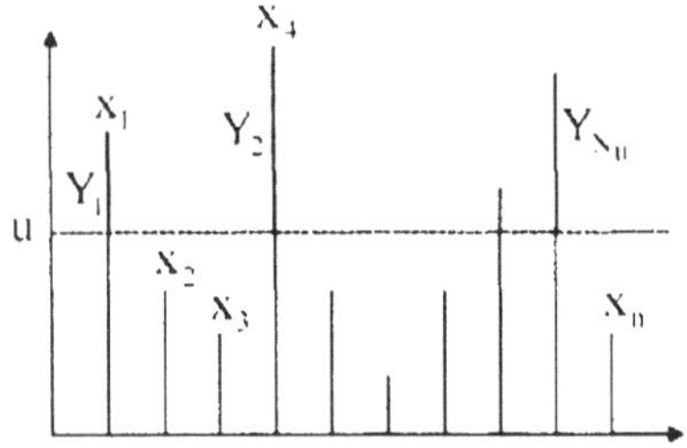

Abbildung 25: POT-Methode – Datenpunkte $X_1,...,X_n$ und die dazugehörigen Exzesse $Y_1,...,Y_{Nu}$ über dem Threshold u[699]

Für die Exzesse Y über u kann ebenfalls eine Grenzverteilung modelliert werden.[700] In ihrer standardisierten Form wird diese als „Generalized Pareto Distribution" (GPD) bezeichnet.[701]

Bei der POT-Methode wird also eine Verteilung für die Exzedenten über einen Threshold u geschätzt. Diese kann zur Schadenhöhenmodellierung von Operational Risk herangezogen werden, indem der Körper der Schadenhöhenverteilung mittels einer stetigen Standardverteilung, wie einer Lognormalverteilung, und der rechte Tail einer Verteilung ab einem Threshold u mittels einer GPD modelliert wird:

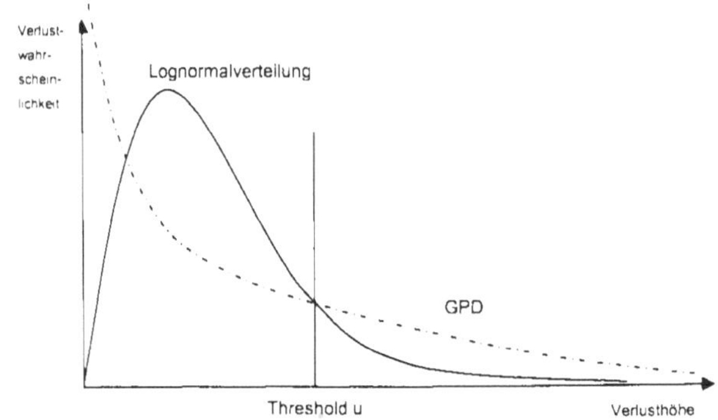

Abbildung 26: Lognormalverteilung mit Modellierung des rechten Tails durch eine GPD im Rahmen der POT-Methode[702]

---

[699] Abbildung aus: Rommelfanger, H. (Mathematisch-Statistische Verfahren, 2002), S. 31. Vgl. auch Embrechts, P. et al. (Extremal Events, 1997), S. 353.

[700] Vgl. hierzu und im folgenden Embrechts, P. et al. (Extremal Events, 1997), S. 162ff.

[701] Eine ausführliche formale Darstellung der POT-Methode findet sich in Anhang 7, S. 234ff.

[702] In Anlehnung an Wiedemann, A. (Risikotriade, 2004), S. 292ff.

So kann sowohl der Erwartungswert der Schadenhöhenverteilung, als auch das Verhalten am rechten Tail, insbesondere des VaR oder auch des CVaR, möglichst korrekt abgebildet werden. Die POT-Methode ist also für die Schadenhöhenmodellierung für Operational Risk der Block-Maxima-Methode vorzuziehen. Da auch für die POT-Methode gilt, dass die Höhe der Exzesse und die Überschreitungszeiten unabhängig voneinander sind,[703] ist auch die Annahme des versicherungsmathematischen Ansatzes bzgl. der Unabhängigkeit von Schadenanzahl und Schadenhöhe nicht verletzt, und einer Anwendung der POT-Methode im Rahmen eines versicherungsmathematischen Ansatzes steht aus dieser Sicht nichts im Wege.

4.2.1.3 Ermittlung der Gesamtverlustverteilung

Nachdem eine parametrische Schadenanzahl- und Schadenhöhenverteilung gewählt und an die Daten angepasst wurden, ergibt sich aus der Zusammenführung dieser beiden Verteilungen die Gesamtverlustverteilung.[704] Diese weist Charakteristika von beiden zugrundeliegenden Verteilungen auf. Die Gesamtschadenverteilung kann über verschiedene Wege ermittelt werden, bspw. über die Faltung der Verteilungen[705], über rekursive Methoden wie der Rekursionsformel von Panjer[706] oder über eine Monte Carlo Simulation.[707] Ein Vorteil der Monte Carlo Simulation in diesem Zusammenhang liegt darin, dass die Gesamtverlustverteilung auf der Basis einer großen Anzahl alternativer Szenarien festgelegt werden kann.

Unter der Annahme, dass Schadenanzahl und Schadenhöhe unabhängig voneinander sind, lassen sich die Wahrscheinlichkeiten dieser beiden Zufallsvariablen multiplizieren.[708] Zwar ist davon auszugehen, dass Abhängigkeiten zwischen Schadenanzahl und Schadenhöhe in der Realität vorhanden sind, allerdings würde die Berücksichtigung der Abhängigkeiten die Modellierung der Gesamtverlustverteilung deutlich

---

[703] Vgl. Embrechts, P. et al. (Extremal Events, 1997), S. 366.

[704] Vgl. hierzu und im folgenden bspw. auch Wiedemann, A. (Risikotriade, 2004), S. 298.

[705] Vgl. hierzu bspw. Schmidt, K. D. (Versicherungsmathematik, 2002), S. 69ff. Hierbei werden die Verteilungen mit analytischen Methoden kombiniert (vgl. Reynolds, D. / Syer, D. (Notes, 2002), S. 33). Das Problem der Faltung besteht aber darin, dass sie sehr aufwendig ist und selten eine eindeutige Lösung für die gemeinsame Verteilungsfunktion für den Gesamtschaden gefunden werden kann. Vgl. Embrechts, P. et al. (Regulatory Capital, 2003), S. 5.

[706] Vgl. hierzu bspw. Schmidt, K. D. (Versicherungsmathematik, 2002), S. 177ff. Mittels der Rekursion von Panjer können für Schadenzahl-Verteilungen der Panjer-Klasse, wozu die Binomial-, die Poisson- und die Negativbinomial-Verteilung zählen (vgl. ebd. S. 175), rekursiv die Einzelwahrscheinlichkeiten sowie die Binomial-Momente des Gesamtschadens berechnet werden.

[707] Vgl. Weingessel, A. (Erfassung, 2003), S. 38; Reshetar, A. (Diversification, 2004), S. 6; Embrechts, P. et al. (Regulatory Capital, 2003), S. 6.

[708] Vgl. hierzu und im folgenden Helten, E. (Messung, 1994), S. 38.

erschweren.[709] In der Versicherungsmathematik wird zur Modellierung eines bspw. jährlichen Gesamtschadens eines Bestandes folgender Zusammenhang herangezogen:[710]

$$S = \sum_{i=1}^{N} X_i$$

mit:

S = jährlicher Gesamtschaden eines Bestandes

N = Schadenzahl im Sinne der Anzahl aller Schäden, die innerhalb eines Jahres im Bestand eingetreten sind

X_i = Schadenhöhe des Schadens i

Diese Überlegungen werden nun von der Modellierung des Gesamtschadens eines Versicherungsbestandes direkt auf die Modellierung der Gesamtverlustverteilung von Operational Risk übertragen werden:[711]

$$L_k = \sum_{i=1}^{N} L_i \qquad \text{bspw. mit } \mathrm{N} \sim \mathrm{Po}(\lambda) \text{ und } \mathrm{L_i} \sim LN(\mu, \sigma^2)$$

mit:

L_k = jährlicher Gesamtverlust der Einheit k

L_i = Schadenhöhen der einzelnen Ereignisse i

N = Schadenanzahl innerhalb eines Jahres

Der Index k für den Gesamtverlust besagt, dass ein Gesamtverlust für verschiedene Einheiten, wie Geschäftseinheiten, Risikokategorien oder deren Unterkategorien, wie bspw. ein IT-Hardware-Risiko, berechnet werden kann. Die Schadenanzahlverteilung wird in dieser Formel beispielhaft als poissonverteilt mit dem Parameter λ angenommen, während bei der Schadenhöhenverteilung von einer Lognormalverteilung mit den Parametern μ und σ^2 ausgegangen wird.

Für die Monte Carlo Simulation werden nun in einem ersten Schritt auf der Basis der ausgewählten Verteilungen für Schadenanzahl und Schadenhöhe Zufallszahlen ge-

---

709 Bspw. kann man bei der Versicherung von Elementarschäden davon ausgehen, dass bei Hochwasser sowohl die Schadenzahl als auch die Schadenhöhe mit dem Pegelstand ansteigt. Vgl. Schmidt, K. D. (Versicherungsmathematik, 2002), S. 164.

710 Vgl. hierzu bspw. Schmidt, K. D. (Versicherungsmathematik, 2002), S. 164. Hier ist auf das „kollektive Modell" zurückzugreifen, da beim „individuellen Modell" die Größe des Bestands bekannt sein müsste (vgl. ebd. S. 142 und S. 164).

711 Vgl. hierzu und im folgenden Acrys Consult (Operational Value-at-Risk, o. J.), S. 5.

neriert, die genau den gewählten Verteilungen entsprechen.[712] Damit wird das zufällige Auftreten von Ereignissen simuliert. Im nächsten Schritt wird aus der simulierten Schadenzahlverteilung eine Anzahl an Verlusten gezogen. Darauf aufbauend wird für die gezogene Anzahl an Verlusten jeweils aus der simulierten Schadenhöhenverteilung eine Schadenhöhe gezogen.[713] Für dieses Szenario wird dann der Gesamtschaden über die obige Formel, d. h. die Summe aus den n Schadenhöhen, ermittelt. Im Rahmen einer Monte Carlo Simulation müssen sehr viele dieser Szenarien durchgeführt werden, um eine stabile Verlustverteilung zu erhalten. Hierbei ist bspw. die Rede von 10^4 bis 10^7 solcher Szenarien.[714]

Wird für die Schadenhöhenverteilung zusätzlich mittels der POT-Methode eine Extremwertverteilung ermittelt, so ist dies ebenfalls in der Monte Carlo Simulation zu berücksichtigen.[715] Dazu kann so vorgegangen werden, dass vor Ziehung einer Schadenhöhe jeweils ein Bernoulli-Experiment durchgeführt wird, mit dessen Hilfe darüber entschieden wird, ob ein Schaden aus der „normalen" Schadenhöhenverteilung bis zum Threshold u, oder aus der Extremwertverteilung ab dem Threshold u gezogen wird. Deckt also eine Lognormalverteilung 90% der Wahrscheinlichkeitsmasse der Schadenhöhen ab, und eine GPD die restlichen 10%, so wird die Wahrscheinlichkeit p mit 0,9 festgelegt und (1-p) mit 0,1. Mit p wird eine Schadenhöhe aus der Lognormalverteilung gezogen, mit (1-p) aus der GPD.

Aus der Durchführung der Monte Carlo Simulation resultiert eine Verlustverteilung für ein Jahr, aus der der Erwartungswert und der Value-at-Risk abgelesen werden können. Für die Gesamtverlustverteilung sollte, im Gegensatz zur Schadenanzahl- und zur Schadenhöhenverteilung, nach derzeitiger Meinung keine parametrische Verteilung mehr gesucht werden, sondern mit der tatsächlichen Verteilung weitergearbeitet werden.[716]

---

[712] Vgl. hierzu und im folgenden Hartung, T. (Considerations, 2002), S. 15. Meist werden hierfür gleichverteilte Zufallsvariablen aus dem Intervall [0,1] generiert und diese mittels einer geeigneten Zufallsgröße, die die Eigenschaften der gewünschten Verteilung nachbildet, transformiert. Für spezifische Verteilungen wurden hierfür bereits auf dieser Methode basierenden Algorithmen zur Generierung von Zufallszahlen ermittelt. Vgl. hierzu bspw. Gentle, J. F. (Random Number Generation, 1998), S. 85ff.

[713] Denkbar wäre auch, nur eine Schadenhöhe zu ziehen und diese mit der gezogenen Anzahl an Schadenereignissen zu multiplizieren, um daraus den Gesamtverlust für ein Szenario in der Simulation zu erhalten. Vgl. hierzu bspw. Wiedemann, A. (Risikotriade, 2004), S. 299.

[714] Vgl. Acrys Consult (Operational Value-at-Risk, o. J.), S. 9.

[715] Vgl. hierzu und im folgenden Wiedemann, A. (Risikotriade, 2004), S. 299.

[716] Vgl. hierzu bspw. Wiedemann, A. (Risikotriade, 2004), S. 298.

4.2.1.4 Ermittlung eines Operational Value-at-Risk aus der Gesamtverlustverteilung

Liegt nach der Durchführung der Monte Carlo Simulation eine Gesamtverlustverteilung vor, so muss daraus nun eine Kennzahl für das Risiko bestimmt werden. Im Bereich der Marktpreisrisiken hat sich der Value-at-Risk (VaR) als Risikokennzahl durchgesetzt, und auch im Bereich des Kreditrisikos wird er immer häufiger eingesetzt. Um im Rahmen einer Gesamtbanksteuerung alle Risiken integriert betrachten zu können, wird auch für das Operational Risk die Berechnung eines VaR angestrebt,[717] der im folgenden als Operational Value-at-Risk (OpVaR) bezeichnet wird. Der VaR ist folgendermaßen definiert: „Unter Value-at-Risk versteht man die in Geldeinheiten gemessene negative Wertänderung einer riskanten Position, die mit einer bestimmten (vorgegebenen, Anm. d. Verf.) Wahrscheinlichkeit innerhalb eines festgelegten Zeitraumes nicht überschritten wird."[718] Wichtig für die Berechnung des VaR ist die Festlegung des Konfidenzniveaus und der Haltedauer.[719] Das Konfidenzniveau ist die vorgegebene Wahrscheinlichkeit und legt die gewünschte Aussagesicherheit fest. Die Festlegung erfolgt subjektiv und liegt bei der Messung des Marktpreisrisikos meist zwischen 95% und 99%.[720] Je höher das Konfidenzniveau, desto höher ist auch der berechnete VaR.[721] Der Haltedauer kommt ebenfalls eine entscheidende Bedeutung zu. Sie spiegelt wider, wie lange es dauert, die betrachtete riskante Position „glattzustellen".[722] Je länger die Haltedauer, desto höher ist der VaR. In der Messung des Marktpreisrisikos wird die Haltedauer meist mit 1 bis 10 Tagen festgesetzt, für eine OpVaR-Berechnung ist an eine wesentlich höhere Haltedauer, bspw. ein Jahr, zu denken. Die Bestimmung der Haltedauer gestaltet sich hier aber deutlich schwerer als bei Marktpreisrisikopositionen, da das Risiko niemals vollständig beseitigt werden kann, weil hierfür eine Einstellung der Geschäftstätigkeit notwendig wäre. Dennoch können Maßnahmen getroffen werden, bestimmte Risiken zu verringern, aber auch hierfür ist die Dauer recht unterschiedlich.[723] Die Annahme einer Haltedauer von einem Jahr würde mit einer jährlichen Risikobetrachtung über-

---

[717] Denkbar wären als Risikokennzahlen aber bspw. auch die Lower Partial Moments oder der Conditional Value-at-Risk. Insbesondere sollte auf Downside-Risikomaße zurückgegriffen werden, da symmetrische Risikomaße, wie die Standardabweichung, den Besonderheiten der Operational Risk als reines Downside-Risiko nicht gerecht werden.

[718] Uhlir, H. / Aussenegg, W. (Methodenüberblick, 1996), S. 832, sowie ähnlich Meyer, C. (Kreditinstitute, 1999), S. 12.

[719] Vgl. Jovic, D. (Performancemessung, 1999), S. 82.

[720] Vgl. Jendruschewitz, B. (Management von Marktrisiken, 1997), S. 28.

[721] Vgl. Hirschbeck, T.(Handelsrisiken, 1998), S. 145.

[722] Vgl. hierzu und im folgenden Jendruschewitz, B. (Management von Marktrisiken, 1997), S. 26f sowie Hirschbeck, T. (Handelsrisiken, 1998), S. 145

[723] Vgl. hierzu und im folgenden Wiedemann, A. (Risikotriade, 2004), S. 305.

einstimmen, weshalb diese vorrangig verwendet wird. Allerdings impliziert eine Haltedauer von einem Jahr auch, dass sich das „Operational Risk-Portfolio" der Bank in diesem Zeitraum nicht verändert, was als unrealistisch anzusehen ist.[724] Der Basler Ausschuss fordert eine Haltedauer von einem Jahr sowie ein Konfidenzniveau von 99,9%.[725]

Problematisch bei der Verwendung des Value-at-Risk erscheint, dass nichts über den maximal möglichen Verlust ausgesagt wird, sondern nur ein maximaler Verlust bestimmt wird, der mit einer vorgegebenen Wahrscheinlichkeit während der Haltedauer nicht überschritten wird.[726] So werden sehr extreme Verluste aus dieser Betrachtung ausgeschlossen. Dies erscheint gerade im Zusammenhang mit Operational Risk, wo extrem seltene, extrem hohe Verluste eine große Bedrohung darstellen, fragwürdig. Um dies zu vermeiden kann bspw. der Conditional Value-at-Risk zusätzlich betrachtet werden.[727]

Zur Ermittlung des Marktpreisrisikos kann der VaR mit Hilfe von parametrischen oder nicht-parametrischen Ansätzen geschätzt werden.[728] Als parametrischer Ansatz kommt bei gegebener Normalverteilungsannahme bspw. der Varianz-Kovarianz-Ansatz zum Einsatz, als nicht-parametrischer Ansatz bspw. die historische Simulation bzw. eine Monte Carlo Simulation. Dies kann auf Operational Risk übertragen werden. Parametrische Ansätze würden voraussetzen, dass die Gesamtverlustverteilung einer Standardverteilung angepasst würde. Dann kann auf Basis der Momente der Verteilung eine Bestimmung des VaR erfolgen.

Arbeitet man auf Basis der unangepassten Gesamtverlustverteilung, so ist der OpVaR über die Quantile der Verteilung ermittelbar.[729] Die Haltedauer muss dann mit dem Zeitraum übereinstimmen, auf dessen Basis die Schadenanzahlverteilung modelliert wurde.[730] Wurde die Gesamtverlustverteilung auf Basis monatlicher Beobachtungen modelliert und soll der OpVaR für eine jährliche Haltedauer ermittelt werden, so ist die Quadratwurzel-T-Regel anwendbar.[731]

---

[724] Vgl. Kalhoff, A. / Haas, M. (Loss Data Situation, 2004), S. 11.

[725] Vgl. Basel Committee on Banking Supervision (Convergence, 2004), Punkt 667, S. 144.

[726] Vgl. bspw. auch Meyer, C. (Kreditinstitute, 1999), S. 12.

[727] Eine alleinige Betrachtung des Conditional OpVaR führt, insbesondere wenn vom Kreditinstitut sehr hohe Schäden aus externen Daten in die Betrachtung einbezogen werden, zu so hohen Werten, dass bspw. eine Unterlegung mit Eigenkapital unmöglich wird. Trotzdem sollte der Conditional OpVaR berücksichtigt und evtl. die mögliche Belastung des Kreditinstituts durch Versicherungen verringert werden.

[728] Vgl. hierzu und im folgenden Meyer, C. (Kreditinstitute, 1999), S. 125ff. und 191ff.

[729] Vgl. bspw. Acrys Consult (Operational Value-at-Risk, o. J.), S. 5.

[730] Vgl. Stocker, G. et al. (Controlling, 2001), S. 684.

[731] Vgl. hierzu Johanning, L. (Value-at-Risk, 1998), S. 32; Wiedemann, A. (Risikotriade, 2004), S. 305.

Prinzipiell wird bei der Berechnung des OpVaR das durch das Konfidenzniveau α vorgegebene Quantil berechnet. Soll das Konfidenzniveau bspw. 99% betragen, so ist das 99%-Quantil der Verlustverteilung heranzuziehen. Dies resultiert daraus, dass die Verluste als positive Werte angegeben werden. Würden hier negative Werte verwendet, so müsste das (1-α)-Quantil betrachtet werden.

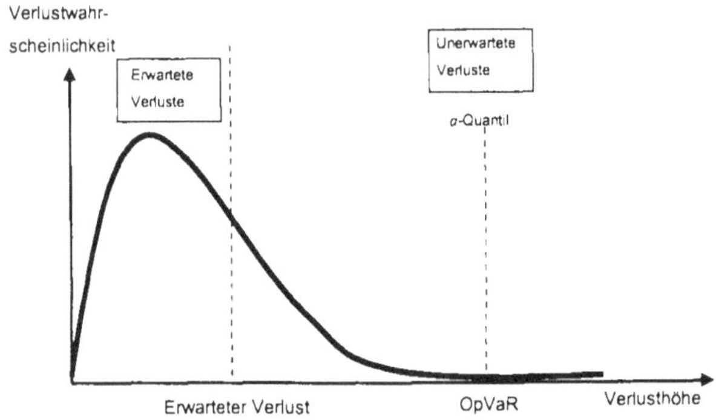

Abbildung 27: Gesamtverlustverteilung[732]

Es existieren zwei Sichtweisen, was nun tatsächlich den OpVaR darstellt. Geht man davon aus, dass als Risiko nur negative Abweichungen vom erwarteten Verlust zu sehen sind, müsste vom Wert des α-Quantils noch der Erwartungswert abgezogen werden. Im Kapitel 2.1.1.3, S. 13ff., wurde bereits argumentiert, dass bei Operational Risk, im Gegensatz zu Kreditrisiken, nicht davon auszugehen ist, dass die erwarteten Verluste tatsächlich im Pricing für Bankprodukte durchsetzbar sind und schon ausreichende Reserven dafür gebildet werden. Der Basler Ausschuss fordert eine Unterlegung von expected und unexpected loss, solange die Bank nicht nachweisen kann, dass die expected losses adäquat berechnet und in der Reservebildung berücksichtig werden.[733] Die Berechnung des OpVaR kann hier wiederum im Zusammenhang mit den unterschiedlichen Einsatzmöglichkeiten variieren, wobei deutlich zwischen einem OpVaR, der den expected loss beinhaltet, und einem OpVaR, der den expected loss ausschließt, zu unterschieden ist.[734]

Im Kap. 4.2.1.1 wurde festgelegt, dass der auf statistischen / versicherungsmathematischen Methoden basierende Ansatz hier in seiner Form als Bottom Up-Ansatz betrachtet wird, d. h. das Risiko für Einheiten wie Geschäftsfelder und / oder Opera-

---

[732] In Anlehnung an Röckle, S. (Schadensdatenbanken, 2002), S. 117.

[733] Vgl. Basel Committee on Banking Supervision (Convergence, 2004), Punkt 669, S. 144.

[734] Wiedemann spricht hier bspw. von einem absoluten und einem relativen VaR. Vgl. Wiedemann, A. (Risikotriade, 2004), S. 304.

tional Risk-Kategorien und deren Unterkategorien berechnet und anschließend zu einem Gesamt-IT-Risiko oder auch einem Gesamt-Operational Risk aggregiert wird. Für diese Aggregation gibt es zwei Varianten. Zum einen könnte eine Aggregation noch vor der Berechnung des OpVaR stattfindet. Hierbei werden aus den einzelnen Verlustverteilungen bspw. der IT-Risiko-Unterkategorien wie Hardware, Software, Daten, Netze wiederum eine Gesamtverlustverteilung mittels Monte Carlo Simulation modelliert. Aus der Gesamtverlustverteilung wird dann der OpVaR abgelesen. Einfacher ist es jedoch, aus jeder Verlustverteilung für eine IT-Risiko-Unterkategorie einen OpVaR abzulesen und dann zu addieren. Werden dabei keinerlei Abhängigkeiten berücksichtig, werden die OpVaR-Werte einfach addiert. Es besteht aber bei beiden Herangehensweisen auch die Möglichkeit, Abhängigkeiten zu berücksichtigen, worauf in Kap. 4.2.2.4 eingegangen wird.

4.2.2 Beurteilung von statistischen / versicherungsmathematischen Ansätzen

Auf statistischen / versicherungsmathematischen Methoden basierende Ansätze werden in der Literatur häufig als die Ansätze bezeichnet, die am besten für die Messung des Operational Risk geeignet sind. Im folgenden wird diese Aussage aufgrund der in Kap. 3.2 entwickelten Beurteilungskriterien hinterfragt.

4.2.2.1 Datenverfügbarkeit und Datenqualität

Bereits bei den Indikatoransätzen wurde darauf eingegangen, dass die Datenverfügbarkeit und die Datenqualität ein wesentliches Problem darstellt. Bei den statistischen / versicherungsmathematischen Ansätzen erscheint dieses Problem sogar noch schwerwiegender, da bei diesen ohne Vorüberlegungen über Zusammenhänge das Operational Risk auf der Basis historischer Daten quantifiziert wird. Die Qualität der Messmethodik wird damit größtenteils durch die Quantität und Qualität der Daten bestimmt.[735]

4.2.2.1.1 Datenverfügbarkeit

Auf die Ursachen der quantitativen Datenproblematik wurde bereits in Kap. 3.3.2.1.1, S. 81ff. eingegangen. Speziell für Verlustdaten ist festzustellen, dass vor allem interne Daten zu Low Frequency / High Impact-Ereignissen fehlen. Diese haben aber einen bedeutenden Einfluss auf die gewählte Schadenhöhenverteilung, sodass ein Fehlen solcher Daten zu erheblichen Verzerrungen, konkret zu einer Unterschätzung des Risikos führt. Werden solche Ereignisse dem Datensatz unreflektiert hinzugefügt, so kann dies wiederum zu einer Überschätzung des Risikos führen. Die Anzahl an Low Frequency / High Impact-Ereignissen ist also von besonderer Bedeutung, wobei auch hier nicht pauschal davon auszugehen ist, dass eine große Datenbasis immer besser ist als eine kleine. Fehlende Daten im High Frequency / Low Impact-Bereich, die aus der Einführung eines Thresholds resultieren, führen zu einer Trunkierung der Gesamtverlustverteilung, aus der schwer einschätzbare Verzerrungen bei der Risikomessung entstehen.

Bei den statistischen / versicherungsmathematischen Ansätzen ist bei der Beurteilung der quantitativen Datenanforderungen zu unterscheiden, ob eine Top Down- oder eine Bottom Up-Messung erfolgt. Bei einer Top Down-Messung ist die Datenverfügbarkeit als wesentlich besser einzuschätzen, als bei einer Bottom Up-Messung, da die vorhandenen Daten nicht noch aufgeteilt werden müssen. Jedoch

---

[735] Vgl. Hartung, T. (Considerations, 2002), S. 19. Daneben spielen natürlich auch die im vorherigen Kapitel bereits aufgezeigten Punkte, wie die richtige Wahl der gefitteten Verteilung, deren Parameter, sowie bspw. auch die korrekte Modellierung der Tails der Verteilung eine wesentliche Rolle für die Qualität des Ansatzes.

ist die Aussagekraft der Ergebnisse niedriger einzuschätzen, als bei einer Bottom Up-Messung. Die verbesserte Aussagekraft der Bottom Up-Messung geht allerdings wiederum einher mit einem dramatischen Anstieg der quantitativen Datenanforderung.[736] Es wurde bereits darauf hingewiesen, dass hier ein Trade-Off zwischen Datenverfügbarkeit und Aussagekraft der Ergebnisse besteht.[737] Bspw. fordert die Einteilung des Basler Ausschusses in 8 Geschäftsfelder und 7 Verlustereignistypen ausreichend Daten für 56 Zellen der Datenmatrix.[738] Eine Auswertung der Daten der Quantitative Impact Study zu Operational Risk in 2002 ergibt, dass in 15 der 56 Zellen nur 0 bis 10 Verluste registriert sind.[739] Auf der Basis dieser geringen Anzahl von Daten kann aber keine repräsentative Verlustverteilung erstellt werden. Eine neuere Studie aus dem Jahr 2004 in den USA zeigt, dass 6 von 23 befragten Instituten für die Gesamtbank weniger als 250 Verluste über 10.000 USD melden konnten.[740] Nur 4 Institute meldeten über 2.500 Verluste. Damit entfallen auf diese 4 Institute 71% der Anzahl der insgesamt gemeldeten Verluste sowie 67% der Höhe der Verluste. Insgesamt meldete nur knapp die Hälfte der Institute mehr als 1000 Verluste über 10.000 USD. Dies zeigt exemplarisch, dass sich auch Ende 2004 die Verlustdatenlage, zumindest in den USA, noch nicht deutlich verbessert hat.

Durch die Anpassung der empirischen Schadenanzahl- und Schadenhöhenverteilung an Standardverteilungen, wie dies in Kap. 4.2.1.2, S. 171ff. dargestellt wurde, wird versucht, den Mangel fehlender Daten in der Datenbasis auszugleichen.[741] Dabei besteht aber die Gefahr, dass zu wenige empirische Daten zu falschen Schlussfolgerungen bzgl. der ausgewählten Standardverteilungen führen, wodurch die gesamte Messung stark beeinflusst wird. Auch die Anwendung der Extremwerttheorie zur Modellierung des rechten Tails der Verlustverteilung stellt eine Möglichkeit dar, einen Mangel an Daten in diesem Bereich auszugleichen, indem auf der Basis weniger vorhandener Daten über einem Threshold die Verlustverteilung ab dem Threshold modelliert wird (POT-Methode). Aber auch diese Methode stößt an ihre Grenzen, wenn zu wenige Daten für extreme Ereignisse vorhanden sind. So bemerken Chavesz-Demoulin / Embrechts treffend: "EVT is a highly useful tool for high-quantile estimation, the present data availability and data structure of operational risk losses

---

[736] Vgl. ähnlich Haubenstock, M. / Hardin, L. (Loss Distribution Approach, 2004), S. 171f.; Ceske, R. et al. (Event Risk, 2000), S. 6.

[737] Vgl. Kap. 4.2.1.1, S. 167ff.

[738] Die sieben Verlustereignistypen sind weiter unterteilt in zwanzig Unterkategorien (vgl. Basel Committee on Banking Supervision (Convergence, 2004), Annex 7, S. 224f.). Wird diese Differenzierung zusätzlich berücksichtigt, so ergeben sich 160 Felder, die mit Daten zu füllen sind.

[739] Vgl. Haas, M. / Kaiser, T. (Insufficiency, 2004), S. 16f.

[740] Vgl. hierzu und im folgenden Federal Reserve System (Loss Data Collection Exercise, 2005), insbesondere S. 6ff.

[741] Vgl. hierzu und im folgenden ähnlich Ceske, R. et al. (Event Risk, 2000), S. 9f.

make a straightforward EVT application highly questionable".[742] Es ist davon auszugehen, dass bei der POT-Methode mindestens 25 Exzedenten vorhanden sein müssen, um eine annähernd reliable Schätzung der GPD zu erhalten.[743] Teilweise sind sogar bis zu 200 Exzedenten oder mehr notwendig, um eine stabile Schätzung des Tails zu erhalten. Je stärker der Tail der Verteilung ausgeprägt ist, desto mehr Daten sind notwendig, um die Genauigkeit der Schätzung zu sichern. Fehler im Bereich der Modellierung des rechten Tails der Verteilung sind besonders schwerwiegend, da diese stark die Risikokennzahlen, wie den OpVaR, beeinflussen.

Auch eine Kombination interner Verlustdaten mit externen Daten kann die Datenanzahl erhöhen, allerdings kann dadurch die Datenqualität negativ beeinflusst werden.

Die Problematik der Anzahl der Verlustdaten verschärft sich noch dadurch, dass diese, um eine sinnvolle Validierung des Ansatzes zu ermöglichen, in zwei Stichproben, nämlich eine Kalibrierungs- und eine Teststichprobe aufgeteilt werden müssten.[744] Dadurch reduziert sich die Datenbasis zur Kalibrierung des Modells weiter, was aufgrund der derzeitigen Datenverfügbarkeit als problematisch zu erachten ist. Wird diese Aufteilung jedoch nicht vorgenommen, so ist keine sinnvolle Validierung des Modells möglich, was nicht akzeptabel ist.

4.2.2.1.2 Datenqualität

Bereits in Kap. 3.3.2, S. 81ff. wurde darauf eingegangen, welche Probleme sich bei der Datenqualität derzeit ergeben. Speziell für die Verlustdaten ist festzuhalten, dass diese Verzerrungen aufgrund der Trunkierung im Datensammlungsprozess aufweisen. Diese Verzerrungen beeinflussen die Messergebnisse wesentlich. Verfahren, um zumindest die Trunkierung der Daten aufgrund des Datensammlungs-Thresholds auszugleichen, wurden bereits in Kap. 4.2.1.2.2, S. 184ff. aufgezeigt. Damit kann die Datenqualität etwas verbessert werden. Darüber hinaus entstehen Verzerrungen auch im Datensammlungsprozess durch ungenaue Definitionen, was als Verlust zu erfassen ist und durch fehlende Zeitnähe der Erfassung etc. Zudem ist von einer eingeschränkten Objektivität der Daten auszugehen, da diese durch Menschen erfasst werden und zusätzlich manuell skaliert und an die aktuelle Risikosituation oder im Falle der Verwendung externer Daten an die Risikosituation des eigenen Kreditinstituts angepasst werden. Hierdurch kann es zu gewollten und / oder ungewollten Datenmanipulationen kommen, die ebenfalls die Messung beeinflussen. Probleme in der Zuordenbarkeit einzelner Verluste zu Risikoarten, Operational Risk-Kategorien

---

[742] Chavez-Demoulin, V. / Embrechts, P. (Extremal Models, 2004), S. 2.

[743] Vgl. hierzu und im folgenden Embrechts, P. et al. (Regulatory Capital, 2003), S. 10ff.

[744] Vgl. hierzu prinzipiell Meyer zu Selhausen, H. (Validierung, 2004).

oder Geschäftsfeldern und fehlende Redundanzfreiheit führen häufig zu Fehl- und Doppelerfassungen, was die Messergebnisse ebenfalls negativ beeinflusst.

Insgesamt ist die Qualität der Verlustdaten stellenweise noch als ungenügend zu betrachten. Dennoch stellt derzeit die Datenverfügbarkeit das vorrangige Problem dar. Ist diese aufgrund mehrjähriger Datensammlungsbemühungen gegeben, so ist darauf aufbauend unbedingt an Verbesserungen bzgl. der Datenqualität zu arbeiten.

4.2.2.2 Verwendbarkeit der Messergebnisse

Bei der Darstellung des Beurteilungskriteriums „Verwendbarkeit der Messergebnisse" in Kap. 3.2.2, S. 41ff., wurde darauf hingewiesen, dass die Einsatzmöglichkeiten danach differenziert werden können, ob dafür ein möglichst exaktes quantitatives Ergebnis benötigt wird, oder ob eher pauschalere Aussagen zur Risikohöhe genügen. Im Zusammenhang mit statistischen / versicherungsmathematischen Ansätzen kann bspw. ein OpVaR ermittelt werden, der als exaktes quantitatives Ergebnis interpretierbar ist. Damit sind die Ergebnisse dieser Ansätze prinzipiell für alle Einsatzmöglichkeiten geeignet. Es besteht die Möglichkeit, die auf statistischen / versicherungsmathematischen Methoden basierende Messung von der Aufsicht als einen fortgeschrittenen Messansatz zur Berechnung der Eigenkapitalanforderung anerkennen zu lassen.[745] Dazu müssen einige qualitative wie auch quantitative Anforderungen eingehalten werden.[746] Diese sind bewusst sehr allgemein gehalten, um den Banken eine möglichst große Freiheit bei der Entwicklung fortgeschrittener Ansätze zu gewähren. Es ist also möglich, die Ergebnisse aus statistischen / versicherungsmathematischen Ansätzen für die Berechnung des regulatorischen Eigenkapitals heranzuziehen. Dies ist insbesondere dann interessant, wenn diese Ansätze auch für die interne Risikokapitalberechnung verwendet werden. Hierzu erscheinen die Ergebnisse der statistischen / versicherungsmathematischen Ansätze in Form eines OpVaR besonders gut geeignet,[747] insbesondere weil ein Euro-Betrag für das Risiko ermittelt wird, der gut interpretierbar und in der Gesamtbanksteuerung einsetzbar ist. So werden eine Limitverteilung und eine Risk-Return-Steuerung möglich. Vorteilhaft am OpVaR ist auch, dass er ein VaR-Maß darstellt, und somit integriert mit einem VaR für das Marktpreisrisiko und einem VaR für das Kreditrisiko betrachtet werden kann.[748] Problematisch am OpVaR ist allerdings, dass er, wie alle VaR-Maße[749],

[745] Vgl. hierzu und im folgenden Basel Committee on Banking Supervision (Convergence, 2004), Punkt 655-659, S. 140f.

[746] Vgl. ausführlich zu den einzuhaltenden Kriterien Basel Committee on Banking Supervision (Convergence, 2004), Punkt 664-679, S. 142ff.

[747] Vgl. bspw. Frachot, A. et al. (Operational Risk, 2001), S. 11f.

[748] Vgl. auch Haubenstock, M. / Hardin, L. (Loss Distribution Approach, 2003), S. 190.

nicht kohärent ist, da er die Annahmen der Subadditivität nicht erfüllt.[750] Bei Anwendung einer Bottom Up-Messung bedeutet dies, dass eine reine Addition der Einzelergebnisse nicht unbedingt das gesamte Risikopotential widerspiegelt, sondern hier auch Abhängigkeiten berücksichtigt werden müssten. Eine andere Lösung kann sein, andere Risikomaße, wie den Conditional Value-at-Risk zur Risikomessung heranzuziehen.[751] Dafür sind durch die statistischen / versicherungsmathematischen Ansätze aber schon die Voraussetzungen geschaffen, da aus der vorhandenen Verlustverteilung auch ein Conditional Value-at-Risk abgelesen werden kann.

Auch für die Kostenkalkulation und damit für das Pricing von Bankprodukten sind die Ergebnisse aus den statistischen / versicherungsmathematischen Ansätze gut einsetzbar. Vorteilhaft ist hierbei insbesondere, dass mittels der Verlustverteilung neben einem OpVaR auch ein Erwartungswert berechnet werden kann. Der erwartete Verlust ist derjenige, der im Rahmen des Pricings zu berücksichtigen ist.

Verminderungen des Risikopotentials aufgrund durchgeführter Risikosteuerungsmaßnahmen können in den Ergebnissen der statistischen / versicherungsmathematischen Ansätze nur dann zeitnah erkannt werden, wenn diese explizit, bspw. durch Adjustierungen der Ergebnisse, berücksichtigt werden. Ansonsten spiegeln sich diese nur sehr langfristig in den Daten wieder und können damit erst wesentlich später erkannt werden.[752] Werden Verlustdaten über einen Horizont von fünf Jahren herangezogen, so fallen aktuelle Veränderungen erst langsam ins Gewicht. Dies ist ein Nachteil dieses Ansatzes, der aber auf der Basis von Adjustierungen, wie diese im Kap. 4.2.3.5 noch kurz angesprochen werden, prinzipiell abgeschwächt werden könnte.

Nachteilig an den Ergebnissen aus der Messung mittels statistischen / versicherungsmathematischen Ansätzen ist, dass sie keinerlei Risikozusammenhänge erkennen lassen, sodass sich die Ergebnisse nur sehr eingeschränkt für eine Verbesserung des Risikobewusstseins durch die Verdeutlichung des Risikos in Form eines Euro-Betrags oder für eine Verbesserung von Organisationsabläufen einsetzen lassen.

---

[749] Im Falle normalverteilter Zufallsvariablen erfüllt der VaR die Anforderungen an die Kohärenz. Von einer Normalverteilung ist aber im Falle von Operational Risk nicht auszugehen.

[750] Zur Kohärenz der Risikomessung vgl. ausführlich Artzner et al. (Coherent Measures, 1998). Artzner et al. stellen hier vier Axiome auf, die eine Risikomessung zu erfüllen hat, um als kohärent zu gelten. Diese sind die positive Homogenität, die Subadditivität, die Translationsinvarianz und die Monotonie. Im Zuge ihrer Ausführungen zeigen Artzner et al. auch die fehlende Subadditivität des VaR.

[751] Vgl. zur Kohärenz des Conditional Value-at-Risk Theiler, U. (Optimierungsverfahren, 2002), S. 81f.

[752] Vgl. hierzu ähnlich Münchbach, D. (Private Banking, 2001), S. 175.

Problematisch gestaltet sich bei der Verwendung eines OpVaR als Risikomaß, wie bereits in Kap. 4.2.1.4, S. 194ff. erwähnt, auch die Wahl des Konfidenzniveaus und der Haltedauer. Eine Variation dieser Größen in Abhängigkeit vom Einsatzbereich der Ergebnisse der Risikomessung erscheint zielführend. So sind für den Einsatz der Ergebnisse in der regulatorischen Eigenkapitalberechnung eine Haltedauer von einem Jahr und ein möglichst hohes Konfidenzniveau, derzeit vorgegeben mit 99,9%, anzusetzen. Für die bankinterne Risikokapitalberechnung ist das Konfidenzniveau von 99,9%, insbesondere bei einer konservativen Modellierung der Verlustverteilung unter Berücksichtigung der Extremwerttheorie, als sehr hoch anzusehen, sodass hier geringere Werte in Erwägung zu ziehen sind. Bereits an den Beispieldaten, ohne Berücksichtigung der Extremwerttheorie, hat sich für die Lognormal- und die Gammaverteilung gezeigt, dass die Werte für das 99,9%-Quantil der Schadenhöhenverteilungen wesentlich höher liegen als die Werte für das 95%-Quantil.[753] Deshalb ist eine grundlegende Entscheidung bzgl. der Wahl des Konfidenzniveaus für unterschiedliche Einsatzbereiche notwendig. Für die bankinterne Überprüfung des Erfolges von Risikosteuerungsmaßnahmen kann sich die Einführung einer kürzeren Haltedauer bewähren, da sich so kurzfristige Änderungen in der Risikolage besser in der Messung widerspiegeln.

4.2.2.3 (Kausal-)Zusammenhang zwischen historischen Verlustdaten und aktuellem IT-Risiko

Bei den Indikatoransätzen wurden zur Feststellung des Zusammenhangs zwischen Risikopotential und eingetretenen Verlusten Korrelations- und Regressionsanalysen herangezogen. Diese scheitern bei den statistischen / versicherungsmathematischen Ansätzen, da außer den bereits eingetretenen Verlusten als Proxy für das Risikopotential keine weiteren Größen, die mit den eingetretenen Verlusten regressiert oder korreliert werden könnten, verwendet werden. Diese Ansätze basieren rein auf der Annahme der Stationarität, d. h. das schlagend gewordene Risiko der Vergangenheit wird als „Indikator" für das aktuelle Risikopotential interpretiert. Die Modellierung des Zusammenhangs erfolgt dabei nicht über eine Regression, sondern es wird mit Hilfe der statistischen / versicherungsmathematischen Ansätze eine Verlustverteilung modelliert, mit deren Hilfe Aussagen über das Risikopotential getroffen werden können.

Der Zusammenhang, der hier angenommen wird, ist, dass aus den Verlusten der Vergangenheit direkt, vorrangig ohne jegliche Anpassungen, auf das aktuelle Risiko-

---

[753] Diese Aussage lässt sich auch für alle anderen in Kap. 4.2.1.2.1 genannten, aber in dieser Arbeit nicht weiter erläuterten stetigen Verteilungstypen bestätigen. Die Werte liegen für das 99,9%-Quantil zwischen 1,8-mal (Betaverteilung) und 3,5-mal (Lognormalverteilung) höher als für das 95%-Quantil.

potential geschlossen werden kann. Dass hier kein kausaler Zusammenhang vorliegt, ist eindeutig. Zur Beurteilung des angenommenen Zusammenhangs sind insbesondere die getroffenen Annahmen zu beleuchten. Eine grundlegende Annahme, die sich hier wie in den meisten statistischen Modellen findet, ist, dass die zugrunde liegenden Variablen unabhängig und identisch verteilt sind (iid).[754] Daraus lässt sich unter anderem die Annahme der Stationarität und die Annahme, dass die Zufallsvariablen untereinander unabhängig sind, ableiten.

Die Annahme der Stationarität besagt, dass keine wesentlichen strukturellen Änderungen in den Daten im Zeitablauf auftreten.[755] Die Stationarität von Operational Risk-Verlustdaten kann durch Probleme im Datensammlungsprozess, aber auch durch Managementeingriffe, Regulierungen, Konjunkturzyklen etc. negativ beeinflusst werden. Bei der Analyse bisher vorhandener Verlustdaten zeigt sich, dass die Eintrittszeiten der Verluste unregelmäßig über die Zeit verteilt sind. Ferner zeigen die Verlusthöhen eindeutig Extreme. Folge daraus kann sein, dass sich die Volatilität der Verlusthäufigkeiten über die Zeit ändert und große Verluste in Clustern auftreten.[756] Dies ist insbesondere auch deshalb von Bedeutung, da Verlustereignisse bisher meist erst über einen sehr kurzen Zeitraum gesammelt wurden und damit Volatilitätsänderungen und Cluster bei den einzelnen Kreditinstituten nicht ausreichend widerspiegeln. Damit ist es besonders problematisch, aus Daten, die für einen relativ kurzen Zeitraum gesammelt wurden, Schlussfolgerungen für die Zukunft zu ziehen. Diese Problematik verstärkt sich noch dadurch, dass gerade Low-Frequency / High-Impact-Ereignisse meist nicht in gleicher Form wiederholbar sind und ihre Aussagekraft für die Zukunft deshalb eher gering ist.[757] Hier ist allerdings auf die Mutmaßung zu verweisen, dass zwar mit hoher Wahrscheinlichkeit, bspw. aufgrund getroffener Gegenmaßnahmen, nicht noch einmal genau dieselben Gründe zu hohen Verlusten führen werden, dafür aber ähnlich hohe Schäden aus anderen, bisher nicht erfassten Verlustursachen auftreten können.[758] Bei den statistischen / versicherungsmathematischen Ansätzen ist nur die Höhe und die Häufigkeit auftretender Verluste von Bedeutung, deren Ursachen sind dabei nur für eine Zuordnung der Verluste zu Messeinheiten von Bedeutung.

Umgekehrt ist problematisch, dass aufgrund der Annahme der Stationarität die Gefahr besteht, dass aus der Nicht-Existenz großer Schadenfälle in der Vergangenheit

---

[754] Vgl. bspw. Moscadelli, M. (Experience, 2004), S. 17; Embrechts, P. et al. (Regulatory Capital, 2003), S. 9.

[755] Vgl. hierzu und im folgenden Embrechts, P. et al. (Regulatory Capital, 2003), S. 9f.

[756] Vgl. Embrechts, P. et al. (Regulatory Capital, 2003), S. 9.

[757] Vgl. Embrechts, P. et al. (Regulatory Capital, 2003), S. 10.

[758] Vgl. auch Haubenstock, M. / Hardin, L. (Loss Distribution Approach, 2003), S. 189.

geschlossen wird, dass solche Risiken nicht latent vorhanden sind.[759] Dies ist aber gerade bei Operational Risk gefährlich, da in der Vergangenheit gerade noch unbekannte, unerwartete Risiken zu existenzbedrohenden Schäden geführt haben.

Insgesamt ist bei der derzeitigen Verlustdatenlage also davon auszugehen, dass die Annahme der Stationarität verletzt ist.[760] Dies lässt die Schlussfolgerung zu, dass die Ergebnisse aus den statistischen / versicherungsmathematischen Modellen Verzerrungen unterliegen. Zu untersuchen wäre in den nächsten Jahren, wie stark die Auswirkungen der Verletzung der Annahme der Stationarität auf die Prognosegüte der statistischen / versicherungsmathematischen Modelle ist und wie entsprechende Anpassungen der Modelle vorgenommen werden können. Für die POT-Methode wird von Chaves-Demoulin / Embrechts eine solche Anpassung bereits vorgeschlagen,[761] und auch für VaR-Modelle zur Messung von Marktpreisrisiken existieren bereits Modelle, die die Zeitabhängigkeit des VaR berücksichtigen[762].

Auch die Annahme der Unabhängigkeit der Zufallsvariablen, d. h. der einzelnen Verluste, ist als verletzt anzusehen, was ebenfalls zu Verzerrungen in den Ergebnissen führt. Diese können durch die Berücksichtigung von Abhängigkeiten, wie dies im folgenden Kapitel aufgezeigt wird, vermindert werden.

Insgesamt ist festzustellen, dass der grundlegende Zusammenhang zwischen den historischen Daten und der aktuellen Risikolage weder zu verneinen, noch zu bestätigen ist.[763] Eindeutig ist aber, dass auf Basis der bisherigen Datenlage die Modellannahmen verletzt werden und damit von einer Verzerrung des angenommenen Zusammenhangs auszugehen ist.

4.2.2.4 Berücksichtigung von Abhängigkeiten

4.2.2.4.1 Möglichkeiten zur Modellierung von Abhängigkeiten

Prinzipiell sind alle in Kap. 3.2.4.3, S. 59ff. aufgezeigten Abhängigkeitsmaße im Zusammenhang mit den statistischen / versicherungsmathematischen Ansätzen ein-

---

[759] Vgl. hierzu Wiedemann, A. (Risikotriade, 2004), S. 238.

[760] Vgl. bspw. Chavesz-Demoulin, V. / Embrechts, P. (Extremal Models, 2004), S. 3; Embrechts, P. et al. (Regulatory Capital, 2003), S. 15.

[761] Vgl. Chavesz-Demoulin, V. / Embrechts, P. (Extremal Models, 2004), S. 7ff.

[762] Vgl. bspw. Meyer, C. (Value-at-Risk, 1999), S. 114ff.

[763] Die Annahme der Stationarität findet sich in allen Prognosemodellen, also auch in Risikomessmodellen, wieder, die eine Prognose rein auf der Basis historischer Daten ermöglichen. Diskutiert wird die Annahme der Stationarität deshalb auch im Bereich der Marktpreisrisikomessung und der Kreditrisikomessung, aber auch im Zusammenhang mit der Performancemessung etc. Obwohl in den meisten Fällen davon auszugehen ist, dass die Annahme der Stationarität verletzt wird, arbeiten dennoch die meisten Modelle auf Basis dieser Annahme.

setzbar. Aufgrund der bei der Darstellung der Abhängigkeitsmaße bereits aufgezeigten Kritik, ist der Korrelationskoeffizient nach Bravais-Pearson für Operational Risk nicht zu verwenden. Dies resultiert insbesondere aus der nicht gegebenen Normalverteilungsannahme der betrachteten Verlustverteilungen, aber auch daraus, dass diese häufig „heavy tails" und damit eine infinite Varianz aufweisen, sodass der Korrelationskoeffizient gar nicht berechnet werden kann. Hier sind die Rangkorrelationskoeffizienten zu bevorzugen. Darüber hinaus stellen Copulas eine sinnvolle, wenn auch sehr komplexe Möglichkeit zur Modellierung von Abhängigkeiten dar.

Wie in Kap. 4.2.1.4, S. 194ff. beschrieben, existieren zwei Möglichkeiten, um bei Anwendung einer Bottom Up-Messung einen OpVaR für die Gesamtbank oder ein Gesamt-IT-Risiko zu erhalten.[764] Zum einen können die ermittelten VaR-Werte für die einzelnen Messeinheiten aggregiert werden, zum anderen können vor Bestimmung eines VaR bereits die ermittelten Verlustverteilungen aggregiert werden. Im ersten Fall bietet es sich an, für die einzelnen VaR-Werte der betrachteten Messeinheiten Rangkorrelationskoeffizienten zu berechnen. Diese können bei der Aggregation der Einzelergebnisse berücksichtigt werden. Zu erwarten sind hier positive Korrelationen kleiner eins.[765] In diesem Fall erfolgt dann keine reine Addition der einzelnen VaR-Werte, sondern die Rangkorrelationskoeffizienten werden in die Addition einbezogen. Bei den Marktpreisrisiken wird folgende Formel zur Aggregation des Portfolio-VaR herangezogen:[766]

$$VaR_{Pf} = \sqrt{VaR_1^2 + VaR_2^2 + 2 * VaR_1 * VaR_2 * \rho_{12}}$$

mit:

VaR_{Pf} = Portfolio-VaR

VaR_1 = VaR der Position 1

VaR_2 = VaR der Position 2

ρ_{12} = Korrelationskoeffizient

Allerdings wird hierbei von einer Normalverteilungsannahme der zugrundeliegenden Renditen bzw. Wertänderungen ausgegangen. Auch für den OpVaR kann approximativ diese Variante angewendet werden.[767] Allerdings wird das Ergebnis des aggregierten OpVaR durch die fehlenden Normalverteilungseigenschaften der zugrunde liegenden Verlustdaten unterschätzt, da der Diversifikationseffekt überschätzt wird. Diese Vorgehensweise kann damit nur erste Anhaltspunkte zur Berücksichti-

---

[764] Vgl. bspw. auch Hartung, T. (Considerations, 2002), S. 15.

[765] Vgl. bspw. ähnlich Brink, G. van den (Managementzyklus, 2003), S. 32f.

[766] Vgl. hierzu und im folgenden Meyer, C. (Kreditinstitute, 1999), S. 76

[767] Vgl. hierzu und im folgenden Frachot, A. et al. (Loss Distribution Approach, 2001), S. 10.

gung von Abhängigkeiten geben. Aufgrund der aufgezeigten Problematik sollte bei Anwendung dieses Verfahrens darauf geachtet werden, dass zumindest die Korrelationskoeffizienten sehr konservativ geschätzt werden.

Bei der Berücksichtigung von Korrelationen in den statistischen / versicherungsmathematischen Ansätzen kann auch bereits vor Ermittlung eines OpVaR angesetzt werden. Hier ist danach zu differenzieren, ob diese Ansätze Abhängigkeiten zwischen der Schadenhäufigkeit zweier Messeinheiten und / oder zwischen den Schadenhöhen der beiden Messeinheiten abbilden.[768] Frachot / Roncalli / Salomon weisen darauf hin, dass eine Korrelation der Schadenhöhen zwischen zwei Messeinheiten mit den Annahmen des versicherungsmathematischen Ansatzes nicht kompatibel ist. Hier wird nämlich davon ausgegangen, dass die Verluste identisch und unabhängig verteilt sind. Es erscheint deshalb methodisch schwierig, einerseits die Unabhängigkeit der Schadenhöhen innerhalb einer Messeinheit und gleichzeitig die Abhängigkeit der Schadenhöhen zwischen zwei Messeinheiten anzunehmen. Wird nur eine Korrelation der Schadenhäufigkeiten unter gleichzeitiger Annahme einer Korrelation der Schadenhöhen von 0 angewandt, so ergeben sich in Simulationen von Frachot / Roncalli / Salomon Korrelationen kleiner 5%. Wird zusätzlich eine Korrelation zwischen Schadenhäufigkeiten und Schadenhöhen angenommen, bei Beibehaltung der Annahme einer Korrelation der Schadenhäufigkeiten aber keiner Korrelation der Schadenhöhen untereinander (Korrelation = 0), so ergeben sich Korrelationen zwischen 5% und 10%. Die Verfasser schlagen vor, die Gesamtkapitalanforderung aus der Multiplikation der Kapitalanforderungen der einzelnen Messeinheiten und des Korrelationskoeffizienten zu berechnen.[769] Die Ergebnisse sind mit einer gewissen Vorsicht zu betrachten. In der Praxis hat sich gezeigt, dass gerade gemeinsam auftretende hohe Verluste zu existenzbedrohenden Schäden führen können. Diese Abhängigkeit wird im Modell von Frachot / Roncalli / Salomon aber nicht berücksichtigt. Es ist deshalb davon auszugehen, dass die ermittelten Korrelationen in Höhe von 5-10% nicht ausreichend hoch sind und so von der Bankenaufsicht auch nicht akzeptiert werden. Um Abhängigkeiten bei der Ermittlung regulatorischer Eigenkapitalanforderungen mittels AMA berücksichtigen zu können, müssen die Korrelationen von der Bankenaufsicht anerkannt werden.[770] In Basel II wird gefordert, dass die Korrelationen unter Berücksichtigung der Unsicherheiten bei ihrer Ermittlung und insbesondere auch Belastungssituationen ermittelt werden.

---

[768] Vgl. hierzu und im folgenden Frachot, A. et al. (Correlation Problem, 2004), S. 5ff.

[769] Für das Endergebnis wird noch die Quadratwurzel aus diesem Produkt gezogen.

[770] Vgl. hierzu und im folgenden Basel Committee on Banking Supervision (Convergence, 2004), Punkt 669 d, S. 145.

Die andere Herangehensweise zur Berücksichtigung von Abhängigkeiten ist, sie bereits bei der Modellierung der Verlustverteilung für die Gesamtbank oder das Gesamt-IT-Risiko zu berücksichtigen. Dazu bietet sich die Verwendung von Copulas an. Für die Berechnung des Gesamt-IT-Risikos bedeutet dies, dass jeweils eine Copula zwischen dem Hardware-, dem Software-, dem Daten- und dem Netzrisiko berechnet wird, und dass die vier Verlustverteilungen unter Berücksichtigung der Copulas mittels einer Monte-Carlo-Simulation zu einer Gesamt-IT-Verlustverteilung aggregiert werden.[771] Aus dieser Gesamt-IT-Verlustverteilung kann dann ein VaR abgelesen werden, der das Risikopotential der IT widerspiegelt. Werden die einzelnen Verlustverteilungen mit Hilfe einer Monte-Carlo-Simulation ohne Berücksichtigung von Copulas aggregiert, so wird von einer totalen Unabhängigkeit der einzelnen Risikobereiche Hardware, Software, Daten, Netze ausgegangen, d. h. von einer Korrelation von Null.[772] Durch die explizite Berücksichtigung der Copulas können Abhängigkeiten größer Null in die Simulation der Gesamt-IT-Verlustverteilung einbezogen werden, um eine Unter- oder Überschätzung des Risikopotentials zu verhindern. Di Clemente / Romano zeigen anhand von Beispieldaten, dass sich die Kapitalanforderung bei Berücksichtigung einer Copula zur Modellierung der Abhängigkeiten zwischen Geschäftsfeldern um 10% gegenüber einer reinen Addition der einzelnen Kapitalanforderungen, d. h. einer angenommenen vollständigen Abhängigkeit, reduziert.[773] Dieses Ergebnis erscheint sehr konservativ und aus aufsichtsrechtlicher Sicht daher akzeptabel.

4.2.2.4.2 Anwendbarkeit der Modellierung von Abhängigkeiten

Auch für die Berechnung von Korrelationen und Copulas ist eine ausreichende Quantität und Qualität der Verlustdaten eine grundlegende Voraussetzung. Werden Abhängigkeiten auf der Basis zu weniger oder qualitativ schlechter Daten geschätzt, so können falsche Werte und Zusammenhänge für Korrelationen gefunden werden oder falsche Copulafamilien ausgewählt werden. Zudem ist zu erwarten, dass Korrelationen und Copulas über den Zeitablauf als wenig stabil anzusehen sind, wenn zu wenige Daten zur Bestimmung und Validierung vorhanden sind.

Aus Sicht der Bank ist die Verwendung einer falschen, zu niedrigen Korrelation bzw. einer falschen Copula als gefährlicher anzusehen, als der umgekehrte Fall. Eine Un-

---

[771] Vgl. zu dieser Vorgehensweise bspw. Di Clemente, A. / Romano, C. (Copula-Extreme Value Approach, 2003).

[772] Vgl. ähnlich Brink, G. J. van den (Managementzyklus, 2003), S. 32f. und Anders, U. (Path, 2003), S. 220f.

[773] Vgl. Di Clemente, A. / Romano, C. (Copula-Extreme Value Approach, 2003), S. 15ff. Die Autoren modellieren die Verlustverteilung auf Basis einer Lognormalverteilung in Kombination mit der POT-Methode.

terschätzung des Risikopotentials ist auch aus bankinterner Sicht zu vermeiden. Die Annahme einer Abhängigkeit von Null zwischen einzelnen Messeinheiten ist in Zusammenhang mit Operational Risk als sehr unwahrscheinlich zu erachten.

Dennoch ist positiv, dass statistische / versicherungsmathematische Ansätze kompatibel mit Rangkorrelationskoeffizienten und insbesondere auch mit Copulas sind. So kann zu einem späteren Zeitpunkt, wenn die Datenlage ausreichend ist und die grundlegenden Methoden kalibriert und validiert sind, der Interessensfokus auf die Möglichkeit der Berücksichtigung von Abhängigkeiten gelegt werden. Ist dieses Stadium jedoch noch nicht erreicht, sollten die Banken lieber mit der konservativen Variante der vollständigen Korrelation arbeiten oder zumindest auf sehr konservative Annahmen bzgl. der Abhängigkeiten zurückgreifen. Langfristig steht diese Annahme aber der Entwicklung fortgeschrittener Ansätze entgegen, da die Kapitalanforderungen mit einer verfeinerten Messung, bspw. wenn Messungen für mehrere Geschäftsbereiche vorgenommen und die Ergebnisse aggregiert werden, direkt proportional ansteigen. Aus diesem Grund ist es unvermeidbar, die Messung von Abhängigkeiten in Zukunft in die Messung des Risikopotentials zu integrieren.

In einem ersten Schritt kann dabei auf Rangkorrelationskoeffizienten zurückgegriffen werden. Die Anwendung dieser Korrelationen weist wie gezeigt einige methodische Unsauberkeiten auf, die durch die Normalverteilungsannahme bei der Aggregation von VaR-Werten oder auch durch die Annahme von Abhängigkeiten zwischen Verlusthöhen entstehen. Sie stellen aber eine einfach anzuwendende Möglichkeit zur Modellierung von Abhängigkeiten dar. Die Copulas bieten eine methodisch fundierte Möglichkeit zur Berücksichtigung von Abhängigkeiten, auch bei nicht erfüllter Normalverteilungsannahme. Allerdings ist ihre Ermittlung sehr aufwendig und fordert eine große Anzahl an Daten. Hier ist es fraglich, ob in naher Zukunft dieser Aufwand gerechtfertigt ist, oder ob nicht zunächst der Fokus auf die Daten und die Messmethodik an sich gelegt werden sollte. Derzeit ist die Datenlage zur Bestimmung von Copulas noch vollkommen unzureichend. Von Seite der Bankenaufsicht könnte daran gedacht werden, nur bestimmte Copulas zuzulassen, die eher als risikoüberschätzend denn als risikounterschätzend gelten, also bspw. eine Gumbel-Copula zu erlauben, eine Normal-Copula aber auszuschließen.[774]

[774] Die Gumbel-Copula berücksichtigt asymptotische obere Randabhängigkeiten, also Abhängigkeiten im Low Frequency / High Impact-Bereich, der für die Operational Risk-Messung von besonderer Bedeutung ist. Die Normal-Copula erfasst hingegen keinerlei asymptotische Randabhängigkeiten und kann damit das Risiko im Bereich der LFHI-Risiken unterschätzen. Vgl. Glauser, M. (Copulafunktionen, 2003), S. 141f.

4.2.2.5 Berücksichtigung der aktuellen Risikosituation

Die in den statistischen / versicherungsmathematischen Ansätzen verwendeten historischen Verlustdaten repräsentieren nur die Vergangenheit des betrachteten Unternehmens.[775] Änderungen im Risikopotential, bspw. aufgrund umgesetzter Risikosteuerungsmaßnahmen oder durch gravierende Änderungen in den Prozessen, Systemen oder bei den Mitarbeitern, wie der Kauf neuer IT-Systemkomponenten, schlagen sich nur sehr langfristig in den Daten nieder und haben in der Messung erst Jahre später einen Einfluss auf das Ergebnis. Besonders hervorgehoben wird meist die Bedeutung risikoreduzierender Effekte bspw. aufgrund getätigter Risikosteuerungsmaßnahmen. Ebenso kann sich aber das Risiko bspw. durch den Zukauf neuer IT-Komponenten auch erhöhen.

Es existieren bereits Vorschläge, die aktuelle Risikosituation in den statistischen / versicherungsmathematischen Ansätzen durch Adjustierungen zu berücksichtigen. Hierzu können die Inputdaten angepasst werden, oder die Ergebnisse der Messung.[776] Bei den Inputdaten kann sowohl die Schadenhäufigkeits- als auch die Schadenhöhenverteilung der aktuellen Situation angepasst werden. Dadurch ändert sich die Form der Verteilungen. Auch eine Anpassung einzelner Schadenereignisse in den Daten ist möglich. In Kap. 3.3.2.2, S. 93ff. wurde bereits eine Skalierung und Anpassung externer Daten an die Risikosituation des verwendenden Kreditinstituts aufgezeigt. Ähnlich könnte auch im Zusammenhang mit der Anpassung interner Daten verfahren werden.

Die wesentlich transparentere und leichter auf Veränderungen anpassbare Methode ist, auf Basis der vorhandenen Daten einen OpVaR zu berechnen und diesen durch einen Skalierungsfaktor der aktuellen Situation anzupassen.[777] Zur Anpassung können Risikoindikatoren oder Ergebnisse aus Control Assessments herangezogen werden.[778] Diese reflektieren den aktuellen Stand des Risikomanagements und die aktuelle Risikosituation. Für bestimmte Wertbereiche von KRIs (die in dieser Arbeit auch KCI enthalten) kann ein „Bonus-Malus-System" erarbeitet werden.[779] Bspw. kann ein Bonus im OpVaR vereinbart werden, wenn die Quote erfolgreicher Angriffe

---

[775] Vgl. Anders, U. (Path, 2003), S. 221.

[776] Vgl. hierzu und im folgenden Kaiser, T. (Statistical Methods, 2002), o. S.

[777] Methodisch fundierter ist, bereits die Inputdaten zu adjustieren, wenn dies nicht rein subjektiv durchgeführt wird. Allerdings bleibt bei der Variante der Adjustierung des OpVaR der nicht-adjustierte OpVaR weiter erkennbar. Dieser kann für die regulatorische Sichtweise herangezogen werden, während der adjustierte OpVaR für interne Steuerungszwecke verwendet wird. Werden Fehler in der Adjustierung festgestellt, so sind diese bei der zweiten Variante leichter korrigierbar.

[778] Vgl. bspw. Münchbach, D. (Private Banking, 2001), S. 175f.; Jörg, M. (Herausforderungen, 2002), S. 79f.; Beeck, H. / Kaiser, T. (Value-at-Risk, 2001), S. 645.

[779] Vgl. Auer, M. (Input Data, 2004), S. 14.

auf das IT-System von außen im letzten Jahr deutlich unter der der Vorjahre lag. Es können also Auf- und Abschläge auf den OpVaR, in Abhängigkeit von den Indikatoren, vereinbart werden. Sollen mehrere Indikatoren gleichzeitig miteinbezogen werden, kann ein „Rating" bspw. für einzelne Geschäftbereiche ermittelt werden.[780] In Abhängigkeit von der erreichten Ratingklasse werden dann Auf- oder Abschläge auf den OpVaR vorgenommen. Der Vorteil einer Integration eines eher qualitativen, an der aktuellen Risikosituation orientierten Faktors zur Adjustierung des gemessenen OpVaR liegt in der schnelleren Anpassung der Ergebnisse an Veränderungen der Risikosituation.[781] Zu beachten ist, dass solche Faktoren subjektiv und nur schwer zu validieren sind, wenn dies überhaupt möglich ist.

Eine Berücksichtigung der aktuellen Risikosituation ist prinzipiell wünschenswert. Allerdings ist abzuwägen, ob durch solche Eingriffe in die Messung die Ergebnisse nicht verschlechtert werden. Die Annahme der Stationarität wird dadurch obsolet. Geht man davon aus, dass schwere Verlustereignisse gleicher Ursache aufgrund getroffener Gegenmaßnahmen nicht mehrfach auftreten, jedoch schwere Verlustereignisse anderer Ursache, die sich bisher noch nicht in den Daten wieder finden, auftreten können, und sich diese Effekte ausgleichen, so ist von einer Adjustierung jeglicher Art[782] abzusehen. Diese würde den Annahmen des versicherungsmathematischen Modells widersprechen.[783] In versicherungsmathematischen Modellen, in denen mit dem Kollektivmodell gearbeitet wird, werden Informationen darüber, aus welchem Einzelrisiko die Verluste stammen, nämlich bewusst weggelassen. Dadurch erhöht sich die Anzahl an Daten, und Schadenhäufigkeit und Schadenhöhe können genauer modelliert werden. Dieser Gedanke ist auch auf die Messung von Operational Risk zu übertragen. Für die Messung des Gesamtrisikos ist zunächst unwichtig, wodurch die Risiken verursacht wurden. Deshalb ist es nicht sinnvoll, Risiken bspw. aufgrund wegfallender Risikoursachen, aus der Betrachtung auszuschließen. Für die Risikosteuerung ist es hingegen wichtig, wie und wo Risiken entstehen.

Sinnvoller scheint, bei einer verbesserten Datenlage und damit einer erhöhten Anzahl an Beobachtungen, die Länge des Zeitintervalls, auf dessen Basis die Verteilungen modelliert werden, zu verringern. Eine Messung auf Basis von Daten aus drei zurückliegenden Jahren lässt aktuelle Einflüsse schneller erkennen als eine Messung auf Basis von 5 Jahren. Ältere historische Daten sollten aber weiterhin zur Plausibilitätsüberprüfung der Ergebnisse herangezogen werden.

---

[780] Vgl. hierzu und im folgenden Jörg, M. (Herausforderungen, 2002), S. 79f.

[781] Vgl. Auer, M. (Input Data, 2004), S. 15.

[782] Ausnahme ist eine Inflationsadjustierung der Schadenhöhen.

[783] Vgl. hierzu und im folgenden Franzetti, C. (Kardinalprobleme, 2002), S. 3f.

4.2.2.6 Validierbarkeit der Ansätze

Der Basler Ausschuss schreibt vor, dass Modelle, die als fortgeschrittener Ansatz verwendet werden sollen, validiert werden müssen. Wie dies zu geschehen hat, bleibt aber offen. Auch aus bankinterner Sicht ist eine Validierung der Modelle unerlässlich, da fehlerhaft arbeitende Modelle entweder existenzbedrohend sein können, wenn das Risiko unterschätzt wird, oder negative Auswirkungen auf die Wirtschaftlichkeit haben können, wenn sie die Risiken stark überschätzen und damit das notwendige Risikokapital unnötig erhöhen. Allerdings treten auch bei der Validierung der statistischen / versicherungsmathematischen Modelle Probleme auf, die einer fundierten Validierung entgegenstehen.

Die prinzipielle Vorgehensweise bei der Validierung ist bei den statistischen / versicherungsmathematischen Modellen die gleiche wie bei den Indikatoransätzen. Entweder finden retrospektive Tests Anwendung, d. h. ex post wird die prognostizierte Gesamtverlustverteilung sowie der daraus ermittelte OpVaR und Erwartungswert mit den tatsächlich eingetretenen Verlusten verglichen. Bspw. können auf der Basis eingetretener Verluste die Schadenhäufigkeit- und Schadenhöhenverteilung neu kalibriert und es kann überprüft werden, ob es zu erheblichen Abweichungen in der Wahl der Standardverteilung und deren Parameter kommt. Die Abweichung der Gesamtsumme der Verluste vom prognostizierten Erwartungswert gibt ebenfalls Hinweise auf die Qualität des Messmodells. Die Überprüfung des OpVaR kann in der Form erfolgen, dass anhand eingetretener Daten überprüft wird, wie oft der OpVaR in der betrachteten Periode tatsächlich überschritten wurde.

Was die Validierung der Modelle zur Messung des OpVaR gegenüber den Modellen zur Messung eines VaR für das Marktpreisrisiko deutlich erschwert, ist die angenommene lange Haltedauer und das sehr hohe Konfidenzniveau. Bei einem Konfidenzniveau von 99,9% und einer Haltedauer von einem Jahr dürfte eine Überschreitung des ermittelten OpVaR nur einmal in 1000 Jahren auftreten.[784] Man erhält aber bei dieser Haltedauer pro Jahr nur eine Beobachtung, die zur Validierung herangezogen werden kann. In einem solchen Modell ist der OpVaR damit praktisch nicht validierbar.[785] Ein Lösungsvorschlag wäre, für Validierungszwecke die Haltedauer und / oder das Konfidenzniveau im Modell zu verringern, um so Aussagen überhaupt zu ermöglichen.[786] Fraglich ist dabei allerdings, ob die so gewonnenen Erkenntnisse

---

[784] Vgl. hierzu und im folgenden Auer, M. (Input Data, 2004), S. 18. Vgl. zu diesem Problem im Zusammenhang mit Kreditportfoliorisikomodellen Meyer zu Selhausen, H. (Validierung, 2004), S. 775.

[785] Zur Marktpreisrisikomessung gibt es Vorschriften der Aufsicht, dass ein Modell als valide angesehen werden kann, wenn bei einem Konfidenzniveau von 99% und einer Haltedauer von 10 Tagen in 255 Handelstagen nicht mehr als 7 Überschreitungen des VaR festgestellt werden können. Vgl. Cruz, M. (Modeling, 2002), S. 111f.

[786] Vgl. Auer, M. (Input Data, 2004), S. 18.

auch direkt auf das Ausgangsmodell übertragbar sind, da ja gerade die Aussagen zu hohen Quantilen der Verlustverteilung von wesentlicher Bedeutung sind.

Neben den Längsschnittanalysen, bei denen nur ein Ergebnis pro Haltedauer vorliegt, können auch Querschnittsanalysen vorgenommen werden.[787] So kann bspw. ein Modell für die Gesamtbank kalibriert und dieses dann auf einzelne Geschäftseinheiten angewendet werden. Daraus resultieren pro Haltedauer von einem Jahr 8 Prognosen, die mit den eingetretenen Verlusten verglichen werden können. Allerdings werden hierbei Spezifika einzelner Geschäftsbereiche bei der Verteilungsmodellierung nicht berücksichtigt, was zu Informationsverlusten führt. Bei einer konsequenten Bottom Up-Vorgehensweise, bei der für jeden Geschäftsbereich eine individuelle Verlustverteilung modelliert wird, ist diese Vorgehensweise nicht möglich.

Werden Modelle auf der Basis historischer Daten kalibriert und anschließend auch an diesen Daten validiert, so sind hohe Übereinstimmungen der Ergebnisse zu erwarten. Deshalb sind Out of Sample-Tests als sinnvoller zu erachten. Gerade bei der derzeit noch sehr schlechten Datenlage bei Verlustdaten ist eine solche Vorgehensweise jedoch auszuschließen, da die sowieso schon zu geringe Datenbasis durch diese Vorgehensweise noch weiter geschmälert würde. Bei sehr hohen Verlusten ist sie prinzipiell nicht zu verfolgen, da so die Anzahl extrem hoher und seltener Verluste reduziert werden würde, die aber von großer Bedeutung für die Modellierung des Tails der Verteilung sind. Werden der Körper und der Tail der Verteilung getrennt modelliert, wie bei Verwendung der POT-Methode, müssten diese grundsätzlich auch getrennt validiert werden. In diesem Fall kann eine Trennung der Daten unterhalb des Thresholds erfolgen, alle Daten über dem Threshold werden beibehalten. Eine andere Möglichkeit ist die Ergänzung der Daten um externe Beobachtungen, wobei damit wiederum die Diskussion bzgl. der Relevanz eines externen Verlustes für das betrachtete Kreditinstitut verbunden ist.

Eine weitere grundsätzliche Möglichkeit der Out of Sample-Validierung stellen prospektive Tests dar, die auch als Backtesting bezeichnet werden.[788] Hierbei werden für die aktuelle Periode modellgestützte Prognosen abgegeben und am Ende der Periode mit den tatsächlichen Ergebnissen verglichen. Aber auch hier existiert bei einer Haltedauer von einem Jahr nur ein Ergebnis pro Jahr, sodass diese Ergebnisse maximal der laufenden Überwachung der Modelle, nicht aber einer grundlegenden Validierung dienen können.

---

[787] Vgl. zu diesem Gedanken in Zusammenhang mit Kreditportfoliorisikomodellen Meyer zu Selhausen, H. (Validierung, 2004), S. 776f.

[788] Vgl. Meyer zu Selhausen, H. (Validierung, 2004), S. 777f.

Ein wesentliches Problem der Validierung von statistischen / versicherungsmathematischen Modellen zur Messung des Operational Risk stellt weiterhin dar, dass sich gerade hohe Verluste teilweise erst sehr zeitverzögert vollständig in den Daten manifestieren.[789] Bspw. können Verluste aufgrund von Rechtsstreitigkeiten erst Jahre später tatsächlich auftreten, was die Ergebnisse der Messung und auch der Validierung stark verzerren kann.

Abweichungen der tatsächlich eingetretenen Schäden von der mit den statistischen / versicherungsmathematischen Methoden ermittelten Verlustverteilung sind also, gerade wenn nur sehr wenige Daten vorhanden sind, häufiger zu erwarten, als bei einer gesicherten Datenbasis.[790] Deshalb können erste Validierungsversuche zu unzureichenden Ergebnissen führen, diese können sich aber mit einer Verbesserung der Datenlage im Zeitablauf ohne Änderung des Grundmodells verbessern. Gesicherte Möglichkeiten zur Validierung der Messmodelle zu finden scheint aber auch in Zukunft prinzipiell nicht möglich zu sein.

---

[789] Vgl. Cruz, M. (Modeling, 2002), S. 117.

[790] Vgl. hierzu und im folgenden Cruz, M. (Modeling, 2002), S. 108.

4.3 Zusammenfassende Beurteilung und Einsatzempfehlungen für Indikatoransätze und statistische / versicherungsmathematische Ansätze zur Messung des IT-Risikos

Die Beurteilung der Messmethoden in Kap. 4.1.2.2, Kap. 4.1.3.2, Kap. 4.1.4.3 und Kap. 4.2.2 hat gezeigt, dass sowohl Gemeinsamkeiten als auch Unterschiede der betrachteten Ansätze bzgl. der Beurteilungskriterien bestehen.

Ein gemeinsames Problem aller Ansätze ist, dass die *Datenlage* derzeit noch als nicht ausreichend anzusehen ist. Die Probleme beruhen insbesondere auf einem Mangel an Daten, die den quantitativen und qualitativen Anforderungen gerecht werden. Dieser Mangel schlägt sich bei den statistischen / versicherungsmathematischen Methoden direkt im Ergebnis nieder, da diese auf der Basis von Verlustdaten arbeiten. Zur Verteilungsmodellierung sind viele Daten zu Schadenhöhen notwendig, da ansonsten die Anpassung einer standardisierten stetigen Verteilung stark fehlerbehaftet ist. Bei den Indikatoransätzen spielen fehlende Verlustdaten aber ebenfalls eine Rolle, da diese zur Modellierung der Zusammenhänge zwischen Indikatoren und IT-Risiko benötigt werden. Die Datenlage im Bezug auf die Indikatoren an sich ist als besser zu erachten. Die Gefahr von Mängeln in der Datenqualität tritt bei Indikatoransätzen verstärkt auf, wenn Prognosen für Indikatoren abgegeben werden.

Die *Einsatzmöglichkeiten der Messergebnisse* unterscheiden sich bei den betrachteten Messansätzen. Die Ergebnisse der statistischen / versicherungsmathematischen Ansätze, bspw. ein OpVaR, eignen sich insbesondere für eine möglichst genaue Messung, die das gesamte Risikopotential erfassen kann und möglichst längerfristig orientiert ist. Dazu trägt auch bei, dass die Ergebnisse dieser Ansätze in Geldeinheiten ausgedrückt werden können. Aufgrund der Kombinationsmöglichkeit eines Value-at-Risk für das Operational Risk mit Value-at-Risk-Werten aus anderen Risikoarten, eignen sich diese Ansätze auch für den Einsatz in der Gesamtbanksteuerung. Zusammenfassend kann daher festgehalten werden, dass sich Ergebnisse aus statistischen / versicherungsmathematischen Ansätzen besonders für die regulatorische und ökonomische Eigenkapitalberechnung sowie für die Risikokapitalallokation unter Risk- / Return-Gesichtspunkten eignen. Aufgrund der möglichen Differenzierung zwischen erwartetem und unerwartetem Verlust sind die Ergebnisse darüber hinaus für das Pricing geeignet. Bei Verwendung einer Kombination von Risikoindikatoren zur Messung ähneln die Einsatzmöglichkeiten denen der statistischen / versicherungsmathematischen Ansätze. Allerdings ist auf die sehr schwierige Überprüfbarkeit des Systems an Risikoindikatoren sowie noch starke methodische Unsicherheiten hinzuweisen, sodass mit den Ergebnissen vorsichtig umzugehen ist. Einzelindikatoren sollten nur für eher qualitative und kurzfristig orientierte Einsatzmöglichkeiten, wie die Erkennung von Ansatzpunkten zur Verbesserung von Organisationsabläufen oder zur Steigerung des Risikobewusstseins, eingesetzt werden. Ferner eignen sie sich zur Überprüfung von Risikosteuerungsmaßnahmen. Innerhalb der Indikatoransätze sind Nonfinancial Risk Indicators zu bevorzugen, da diese einen Bottom Up-Ansatz erlauben.

Wird der angenommene *Zusammenhang zwischen Messgröße und IT-Risiko* betrachtet, so ist für die Financial Risk Indicators aufgrund der Eigenschaften des Operational Risk, bei dem finanzielle Größen meist keinen ursächlichen Einfluss auf das Risiko haben, ein nicht-kausaler Zusammenhang anzunehmen. Diese Indikatoren sind damit immer nur als Proxy für das Risiko zu interpretieren. Für Nonfinancial Risk Indicators kann hingegen durchaus ein kausaler Zusammenhang bestehen. Vorteilhaft ist zudem, dass mittels Nonfinancial Risk Indicators auch externe Bedrohungen abgebildet werden können. Die statistischen / versicherungsmathematischen Ansätze identifizieren keine kausalen Zusammenhänge zwischen Messgröße und Risiko, sondern prognostizieren das Risiko auf der Basis historischer Daten zu schlagend gewordenen Risiken unter Annahme von Stationarität und Unabhängigkeit der einzelnen Verlustereignisse. Diese Annahmen sind im Zusammenhang mit IT-Risiken durchaus als kritisch zu beurteilen. Ein Vorteil der statistischen / versicherungsmathematischen Ansätze ist allerdings, dass die Ergebnisse stabiler sind, als bei den Indikatoransätzen, da sich die (Kausal-)Zusammenhänge bei den Indikatoransätzen laufend ändern können, während die Annahme der Stationarität bereits eine gewisse Stabilität impliziert. Für viele Einsatzmöglichkeiten, wie die Ermittlung des regulatorischen oder ökonomischen Kapitalbedarfs sind stabilere Messungen zu bevorzugen.

Abhängigkeiten können bei allen Messansätzen sinnvoll berücksichtigt werden. Dabei sollte prinzipiell besser auf Rangkorrelationskoeffizienten anstelle des Korrelationskoeffizienten nach Bravais-Pearson zurückgegriffen werden. Copulas stellen eine aufwendigere Möglichkeit dar, Abhängigkeiten zu berücksichtigen. Sinnvoll einsetzbar sind diese insbesondere bei der Aggregation von Verlustverteilungen von einer niedrigeren auf eine höhere Ebene, wie z. B. von Ebene der Operational Risk-Kategorien auf Ebene eines Gesamtbank-Operational Risk. Allerdings sind die hohen Datenanforderungen sowie die Komplexität bei der Modellierung der Copulas zu beachten, was deren Anwendung derzeit noch stark einschränkt.

Bei der *Berücksichtigung der aktuellen Risikosituation* zeigen Indikatoransätze auf Basis von Financial Risk Indicators deutliche Schwächen, da diese Indikatoren immer nachlaufend sind. Bei den Nonfinancial Risk Indicators ist die Aktualität besonders wichtig um die Vorteile dieser Indikatoren nutzen zu können, die sie aufgrund möglicher kausaler Zusammenhänge erhalten. Eine Skalierung der Indikatoren auf Bezugsgrößen, wie die Anzahl getätigter Transaktionen, hilft zudem die Aktualität der Zusammenhänge zu erhöhen. Bei den statistischen / versicherungsmathematischen

Ansätzen sind Adjustierungen zur Anpassung auf die aktuelle Risikosituation grundsätzlich möglich, stehen aber im Gegensatz zu einer Basisannahme dieser Ansätze – der Stationarität.

Die *Validierung* ist für alle Messansätze unabdingbar, scheitert aber derzeit hauptsächlich an nicht erfüllbaren Datenanforderungen. Mit einer Verbesserung der Datenlage ist auch eine Verbesserung der Validierungsmöglichkeiten zu erwarten. Bei den statistischen / versicherungsmathematischen Ansätzen kommt noch hinzu, dass die derzeit gewählten Modellspezifikationen bzgl. der Haltedauer und des Konfidenzniveaus eine Validierung gerade hoher Quantile der Verlustverteilung de facto unmöglich machen.

Zusammenfassend ist festzustellen, dass der Vorteil der Indikatoransätze darin zu sehen ist, dass sie es ermöglichen, Ursache-Wirkungszusammenhänge abzubilden. Innerhalb der Indikatoransätze sind die auf Nonfinancial Risk Indicators basierenden Ansätze deutlich den auf Financial Risk Indicators basierenden Ansätzen vorzuziehen. Die Vorteile der statistischen / versicherungsmathematischen Ansätze liegen hingegen in den Einsatzmöglichkeiten der Ergebnisse, sowie darin, dass keine expliziten Zusammenhänge modelliert werden müssen, was zeitaufwendig und fehleranfällig ist. Nachteilig an den statistischen / versicherungsmathematischen Modellen ist hingegen, dass die Annahmen nicht vollständig erfüllt werden können und damit die Gefahr besteht, dass die sehr genau anmutenden Ergebnisse eher eine Scheingenauigkeit vortäuschen.

Als grundlegende *Einsatzempfehlung* für die Messmethoden ist festzuhalten, dass für unterschiedliche Aufgaben unterschiedliche Methoden eingesetzt oder ggf. sogar Indikatoransätze mit den statistischen / versicherungsmathematischen Ansätzen kombiniert werden sollten. Ferner ist eine Unterscheidung in Bezug auf die Spezifika der Kreditinstitute sinnvoll.

Für eine Festlegung des Gesamtbedarfs an regulatorischen Eigenkapital bzw. ökonomischem Risikokapital sind langfristig die statistischen / versicherungsmathematischen Ansätze zu empfehlen. Grund dafür sind zum einen die bereits aufgezeigten Vorteile der statistischen / versicherungsmathematischen Ansätze wie bspw. Kompatibilität und Flexibilität des Risikomaßes[791] und bessere Stabilität der Ergebnisse. Zum anderen ist auch als vorteilhaft zu sehen, dass anhand der internen Verlustdaten des Kreditinstituts das Risikokapital ohne größeren Aufwand durch eine Modellierung von Ursache-Wirkungszusammenhängen erfasst werden kann. Indikatoren wie z. B. der Bruttoertrag, die auf Ebene der Gesamtbank verwendet werden, sind immer

---

[791] Aus den Verlustverteilungen abgeleitete Risikomaße können als kompatibel mit Risikomaßen für anderen Risikoarten der Bank gesehen werden. Zudem können, neben dem VaR auch noch andere Risikomaße aus der Verlustverteilung, wie bspw. ein Conditional Value-at-Risk ermittelt werden.

nur als eine grobe Schätzung des Risikos zu sehen, was sich auch stark in der Kritik an den Indikatoransätzen des Basler Ausschusses widerspiegelt. Insbesondere bei der Berechnung des notwendigen regulatorischen oder ökonomischen Eigenkapitals ist zu beachten, dass eine vorsichtige, eher risikoüberschätzende Messung vorgenommen wird. Dies sollte schon bei der Modellierung der Verteilung beachtet werden, entweder durch die Verwendung von Schadenhöhenverteilungen mit ausgeprägtem rechten Tail[792] oder durch eine explizite Modellierung des rechten Tails auf Basis der Extremwerttheorie. Auch für das Pricing sind, wenn dies überhaupt sinnvoll möglich ist, Ergebnisse aus den statistischen / versicherungsmathematischen Ansätzen zu verwenden, da diese den erwarteten Verlust abbilden können.

Hingegen zeigen Indikatoransätze, und hier insbesondere die auf Nonfinancial Risk Indicators basierenden, ihre Stärken, wenn es um eine laufende Messung und Überwachung der Risiken geht. Der Vorteil liegt darin, dass die Indikatoransätze aktueller sein können als die statistischen / versicherungsmathematischen Ansätze. Damit werden Veränderungen im Risikopotential früher angezeigt. Indikatoren bilden nicht nur ex post Risiken ab, sondern können auch ex ante Steuerungsanreize geben.[793] Darüber hinaus können mittels der Indikatoransätze Ursache-Wirkungszusammenhänge explizit modelliert werden. Die Modellierung von Abhängigkeiten bei den statistischen / versicherungsmathematischen Ansätzen beschränkt sich auf die equal-time depencence, bei den Indikatoransätzen können auch sequential correlations abgebildet werden. Die Indikatoransätze eignen sich für detailliertere Betrachtungen, bspw. auch zur genaueren Analyse von Verlusten.[794] Um Indikatoransätze auf einem höheren Aggregationsniveau einzusetzen, wie z. B. zur Abbildung des Gesamt-IT-Risikos, müssen Kombinationen von Risikoindikatoren eingesetzt werden, was aber als sehr aufwendig und instabil anzusehen ist.

Grundlegende, wirkungsbezogene Risikosteuerungsmaßnahmen, wie Bildung von Rücklagen für erwartete Verluste, Berechnung des notwendigen Eigenkapitals zur Tragung unerwarteter Verluste bis zu einem gewissen Maß, sowie Entscheidung über abzuschließende Versicherungen zur Schadenkostenüberwälzung, sollten auf Ergebnissen der statistischen / versicherungsmathematischen Ansätze basieren. Hingegen bieten sich als Grundlage für ursachenbezogene Risikosteuerungsmaßnahmen, wie Entscheidungen über Maßnahmen zur Risikominderung, was auch lau-

---

[792] So zeigen die Ausführungen in Kap. 4.2.1.2.1, S. 171ff. dass die Lognormalverteilung gegenüber der Gammaverteilung deutlich weiter nach rechts ausläuft und einen deutlich höheren VaR für ein 95%-Quantil und auch für das 99,9%-Quantil generiert.

[793] Vgl. auch Davies, M. (Knowledge, 2004), S. 11.

[794] Vgl. auch Taylor, D. / Hofmann, D. G. (Signal Failure, 1999), S. 15.

fende Eingriffe zur Abwendung von Schäden beinhaltet, Ergebnisse aus Indikatoransätzen auf der Basis von Nonfinancial Risk Indicators an.

Neben dieser parallelen Verwendung von Indikatoransätzen und statistischen / versicherungsmathematischen Methoden, ist auch eine Integration der Ansätze möglich. Bspw. können, wie aufgezeigt, Adjustierungen der Ergebnisse aus statistischen / versicherungsmathematischen Ansätze auf Basis von Indikatoren vorgenommen werden, um den Bezug der Ergebnisse auf die aktuelle Risikolage zu erhöhen. Allerdings steht dies der grundlegenden Annahme der Stationarität der Verlustdaten entgegen. Andererseits können historische Verlustdaten auch als Financial Risk Indicator gesehen werden, der im Rahmen einer Kombination von Indikatoren Anwendung findet.[795]

Ingesamt ist in diesem frühen Stadium des Operational Risk Managements bei der Beurteilung der Messmethoden zwischen methodischer Fundiert- und Korrektheit einer Methode und der Umsetzbarkeit abzuwägen. Häufig stellen methodisch anspruchsvolle Methoden, wie die Extremwerttheorie oder Copulas zur Ermittlung von Abhängigkeiten zwar die aus konzeptioneller Sicht bessere Lösung dar, ihre Umsetzung ist aber aufgrund der ungenügenden Datenlage (noch) nicht möglich bzw. mit der großen Gefahr von Verzerrungen verbunden. In einem ersten Zugang kann es deshalb sinnvoll sein, zunächst auf Methoden zurückzugreifen, die zwar konzeptionelle Schwächen aufweisen, wie bspw. die einfachste Form einer Verlustverteilungsmodellierung[796] oder Rangkorrelationskoeffizienten zur Berücksichtigung von Abhängigkeiten, um überhaupt eine Messung des Operational Risk durchführen zu können. Dabei sollten die Schwächen der Methoden aber bekannt und den Verantwortlichen präsent sein. Langfristig sollten natürlich die methodisch am besten geeigneten Ansätze und Komponenten der Messung angestrebt werden.

Dabei spielen auch Kosten- / Nutzenüberlegungen eine große Rolle. Methodisch stark ausgearbeitete und differenzierte Messansätze für Operational Risk sind nur mit sehr hohem Aufwand durchführbar. Für viele, gerade kleinere Banken, lohnt sich dieser Aufwand aber nicht. Für kleinere Sparkassen und Genossenschaftsbanken sollten daher Verbundlösungen erarbeitet werden. Wird speziell das IT-Risiko betrachtet, so sind durch innerhalb des Verbundes gemeinsam genutzte Rechenzentren, ähnliche EDV-Ausstattungen und –Programme etc., zumindest ähnliche IT-Risiken zu erwarten. Dies sollte bei der Quantifizierung genutzt werden. Bspw. könnte im Verbund für ähnlich große Sparkassen ein „Basis-IT-Risiko" auf Grundlage ei-

---

[795] Vgl. bspw. Taylor, C. (KRI Part II News #5, 2004), S. 2. Hier werden Verluste als einer von 12 Indikatoren auf Ebene des oberen Managements empfohlen.

[796] Bspw. ohne Berücksichtigung von Verzerrungen durch Thresholds, ohne aktuelle Anpassungen und Anpassungen externer Daten, ohne Verwendung der Extremwerttheorie etc.

nes Pools an historischen Verlustdaten quantifiziert werden. Die einzelne Sparkasse kann dann aufgrund ihrer spezifischen Gegebenheiten, die anhand von Nonfinancial Risk Indicators, wie der Anzahl an Transaktionen, vorhandenen Sicherungseinrichtungen etc. geringe Auf- oder Abschläge auf den IT-VaR vornehmen. Große, international tätige Banken, sollten jedoch individuelle, möglichst fundierte und differenzierte Messansätze anstreben.

5. Parallelen der IT-Risikomessung mit der Marktpreis- und der Kreditrisikomessung

Bei einer ausführlichen Beschäftigung mit den IT-Risiken und möglichen Ansätze zu deren Messung, fallen immer wieder Gemeinsamkeiten und Unterschieden zu den Marktpreis- und den Kreditrisiken auf. Ende der 80er Jahre waren ähnliche Diskussionen, die nun im Bereich der Operational Risk stattfinden, bzgl. der Marktpreisrisiken in Gang.[797] Hier hat sich mittlerweile eine Best Practice mit dem Value-at-Risk als Risikomaß herausgebildet. Weitere Entwicklungen, bspw. in Richtung Lower Partial Moments[798], sind zu beobachten. Bei den Kreditrisiken sind die Messmethoden auf Einzelrisikoebene schon weit gediehen. Allerdings gibt es erst seit ca. Ende der 90er Jahre Bestrebungen, Kreditrisiken im Portfoliozusammenhang zu messen. Diese Entwicklung ist ebenfalls noch mit einigen Schwierigkeiten konfrontiert.[799]

Anders als bei Marktpreisrisiken und bei Kreditrisiken existieren bei Operational Risk keine leicht abgrenzbaren „Risikopositionen". Marktpreisrisiken entstehen durch eingegangene Positionen der Bank, bspw. Aktien, festverzinsliche Wertpapiere, Derivate, Währungspositionen etc. Die Kreditrisiken entstehen durch das Eingehen von Kreditengagements. Operational Risk hingegen entstehen allein durch Aufnahme der Geschäftstätigkeit der Bank. Es gibt zwar auch hier Versuche, „Risikoeinheiten" abzugrenzen, wie bspw. IT, Mitarbeiter, Prozesse etc., ein eindeutiger Zusammenhang zwischen einer Position und dem Risiko existiert aber nicht. Dies erschwert die Identifikation der Operational Risk erheblich. Darüber hinaus sind auch die Risikofaktoren, die das Risiko beeinflussen, bei Operational Risk wesentlich umfangreicher als bei den anderen Risikoarten.

Die Bewertung von Operational Risk auf der Basis von Risikoindikatoren erinnert stark an ein Rating für Kreditrisiken. Auch bei der Kreditrisikomessung für eine Position werden Risikofaktoren verwendet, die die Rückzahlungsfähigkeit des Kreditnehmers positiv oder negativ beeinflussen. Risikoindikatoren bei Operational Risk stellen im besten Fall kausale Einflussfaktoren auf das Operational Risk dar. Eine Aggregation von Risikoindikatoren zu einer Bewertung stellt im Prinzip nichts anderes dar, als die Aggregation von Ratingfaktoren zu einem Gesamtrating für einen Kreditnehmer, aus dem dann eine Ausfallwahrscheinlichkeit abgeleitet wird. Der Versuch, bspw. die Diskriminanzanalyse auf die Risikoindikatoren für Operational Risk anzuwenden, wie dies in Kap. 4.1.4.2 angesprochen wurde, unterstreicht diese Gemeinsamkeiten.

---

[797] Vgl. Beeck, H. / Kaiser, T. (Value-at-Risk, 2001), S. 651.

[798] Vgl. hierzu bspw. Decker, S. (Investorspezifische Performancemessung, 2005), S. 37ff. und Lahusen, R. (Asset Allocation, 2002), S. 108ff.

Aber auch für die statistischen / versicherungsmathematischen Ansätze können Parallelen zur Kreditrisikomessung gezogen werden. Es existieren bereits Versuche, Modelle zur Kreditportfoliorisikomessung auf die Messung von Operational Risk zu übertragen.[800] Bspw. basiert das Modell „CreditRisk+" von Credit Suisse First Boston auf einem versicherungsmathematischen Ansatz.[801] Die Anzahl an Kreditausfällen wird mit Hilfe der Poissonverteilung modelliert, die Ausfallhöhen sind durch den Loss Given Default vorgegeben.[802] Die Kreditnehmer werden in Sektorenbänder eingeteilt und die sektorspezifische Verteilung der Kreditausfälle wird mittels einer Gammaverteilung modelliert. Die einzelnen Sektoren werden als unabhängig angesehen, sodass die Gesamtausfallverteilung des Portfolios mittels des Produkts der einzelnen Verteilungen der Kreditausfälle generiert werden kann. Die Anwendung eines modifizierten CreditRisk+-Modells auf Operational Risk-Daten durch Hübner / Peters / Plunus ergab, dass die Ergebnisse des OpVaR für Verlustverteilungen mit einem leichten Tail bis zu einem Konfidenzniveau von 95% als befriedigend erscheinen. Allerdings verschlechtert sich die Qualität der Ergebnisse mit steigendem Konfidenzniveau und mit einem zunehmend ausgeprägten Tail der Verteilung. Damit zeigt sich, dass die Anwendung eines solchen Modells nur sehr eingeschränkt möglich ist, da bei Operational Risk gerade die heavy tails und VaR-Werte zu hohen Konfidenzniveaus von Bedeutung sind. Aufgrund der methodischen Schwächen des CreditRisk+-Modells ist eine solche Adaption in den Bereich des Operational Risk sowieso sehr fragwürdig.[803] Es zeigen sich aber Parallelen zwischen der Kreditrisikomessung und der Messung des Operational Risk mit statistischen / versicherungsmathematischen Modellen, die durchaus in der Forschung Beachtung finden sollten.

Gemeinsamkeiten zwischen der Messung von Operational Risk und der Messung des Marktpreisrisikos lassen sich insbesondere bei den statistischen / versicherungsmathematischen Methoden erkennen. Auch die statistischen Modelle zur Ermittlung eines VaR für Marktpreisrisiken arbeiten auf Basis der Annahme der Stationarität. Allerdings liegt der Vorteil in der Bewertung von Marktpreisrisiken darin, dass mehr historische Daten in kürzeren Zeiträumen zur Verfügung stehen als bei den Operational Risk und dass diese auch leichter zu erheben sind. Bei den Marktpreisrisiken wird derzeit noch wesentlich weniger Aufmerksamkeit auf die Fat Tails der Verteilung gerichtet als beim Operational Risk, wobei auch hier ansatzweise bereits der

---

[799] Vgl. hierzu ausführlich Meyer zu Selhausen, H. (Datenbasis, 2004), (Erkenntnis, 2004) sowie (Validierung, 2004).

[800] Vgl. bspw. Hübner, G. et al. (Contribution, 2005) und Kalkbrener, M. (Unified View, 2004).

[801] Vgl. hierzu und im folgenden Meyer zu Selhausen, H. (Erkenntnis, 2004), S. 402ff.

[802] Vgl. hierzu und im folgenden auch Crouhy, M. et al. (Credit Risk Models, 2000), S. 107ff.

[803] Zu den methodischen Schwächen von CreditRisk+ und anderen Kreditportfoliorisikomodellen vgl. ausführlich Meyer zu Selhausen, H. (Erkenntnis, 2004).

Einsatz der Extremwerttheorie diskutiert wird.[804] Auch Copulas können auf Marktpreisrisiken im Portfoliozusammenhang angewandt werden.[805] Bewusst zukunftsgerichtete Indikatorwerte finden bei der Marktpreisrisikobewertung im Rahmen von Szenarioanalysen Anwendung, die auch für Operational Risk einsetzbar sind.

Bei der Messung des Operational Risk spielen gerade Verhaltensrisiken eine große Rolle, da viele Risiken durch menschliches Fehlverhalten verursacht werden. Bei der Kreditrisikomessung wird versucht, Aspekte des Verhaltens des Kreditnehmers über das Rating, insbesondere auch über qualitative Risikofaktoren abzudecken. Bei der Quantifizierung des Marktpreisrisikos finden Aspekte des Verhaltens von Marktteilnehmern, die einen großen Einfluss auf das Risiko haben können, so gut wie keine Beachtung.[806] Hier kann die Marktpreisrisikomessung evtl. von der Operational Risk-Quantifizierung, bei der Verhaltensrisiken eine dominierende Rolle spielen, Impulse beziehen. Allerdings besteht auch umgekehrt die große Gefahr, dass sich die Messung des Operational Risk zu sehr auf statistische Methoden aus der schon relativ fundierten Marktpreisrisikomessung stützt und damit wesentliche Aspekte des Operational Risk vernachlässigt. Deshalb sollten Methoden wie Bayesianische Netzwerke für die Operational Risk-Quantifizierung weiter verfolgt werden.

---

[804] Vgl. Frahm, G. (Finanzportefeuilles, 2000).

[805] Vgl. Glauser, M. (Copulafunktionen, 2003).

[806] Vgl. Bieta, V. / Milde, H. (Umgang, 2005), S. 29.

6. Ausblick

Wenn Basel II in Europäisches Recht umgesetzt wird und voraussichtlich Ende 2006 in Kraft tritt, werden wohl die meisten Banken zunächst auf den Basisindikator- bzw. den Standardansatz zugreifen. Wie in dieser Arbeit gezeigt wurde sind diese Ansätze aber völlig unzureichend für eine Messung des Operational Risk. Deshalb sollte es im Bestreben aller Banken liegen, langfristig auf fortgeschrittene Ansätze überzugehen. Hierzu müssen erst einmal die Grundlagen gelegt werden, indem alle Banken eine Identifikation und Strukturierung, bspw. auch konkretisiert nach IT-, Mitarbeiter-, Prozess- und externe Risiken vornehmen. Eine mögliche Definition und Strukturierung der IT-Risiken wurde in dieser Arbeit vorgenommen. In Kap. 2.2.2 wurden kurz Methoden zur Identifikation aufgezeigt, die jeweils andere Stärken aufweisen, sodass eine Kombination mehrerer Verfahren unerlässlich ist. Bei der Identifikation spielen neben den eingesetzten Verfahren besonders die Personen, die diese Identifikation durchführen, eine wesentliche Rolle. Deshalb müssen nicht nur leistungsfähige Verfahren, sondern auch die geeigneten Personen ausgewählt werden.

Die Basis jeglicher Messung von Operational Risk stellen Verlustdaten dar, sodass der Aufbau von Verlustdatenbanken bei den Kreditinstituten unbedingt vorangetrieben werden muss. Seitens der Aufsicht wäre darüber nachzudenken, ob Verlustdatenbanken nicht verpflichtend einzuführen sind. Damit könnte die Datenlage in der gesamten Branche deutlich verbessert werden. Datenkonsortien stellen ein wesentliches Instrument zur Erhöhung der Datenquantität dar, wobei die auftretenden Probleme bei einem Datenpooling nicht vernachlässigt werden dürfen. Die Ausführungen dieser Arbeit haben gezeigt, dass neben den Verlustdaten auch Risikoindikatoren, und zwar speziell Nonfinancial Risk Indicators, ein wesentliches Instrument zur Messung des Operational Risk darstellen. Die Identifikation und Sammlung solcher Indikatoren sollte ebenfalls vorangetrieben werden.

Sind Verlustdaten und Indikatorwerte vorhanden, und sind die Methoden zur Bewertung der Operational Risk auf deren Basis weiter vorangeschritten, so steht auch der Verwendung von Bayesianischen Netzwerken, die längerfristig gerade für die Operational Risk-Messung eine interessante Option darstellen, der Weg offen. Zunächst müssen dazu aber die grundlegenden Bewertungsmethoden auf Basis von Indikatoransätzen und von statistischen / versicherungsmathematischen Methoden verbessert werden. In Kapitel 4 wurden deshalb Chancen und Einschränkungen dieser grundlegenden Ansätze aufgezeigt. Es hat sich gezeigt, dass in diesen Ansätzen ein großes Potential zur Messung von Operational Risk steckt. Jedoch sind in der momentanen Situation einige Einschränkungen zu betrachten. Neben der alles beherrschenden Datenproblematik existieren hier noch weitere Probleme, wie bspw. das Problem der Berücksichtigung von Abhängigkeiten, die gelöst werden müssen.

Es ist eindeutig, dass Banken zunächst vor den hohen Anforderungen, die an eine Verwendung von AMA von Seiten der Aufsicht gestellt werden, und die aus der Entwicklung solcher Methoden resultieren, zurückschrecken und damit auch keine großen Anstrengungen bei der Entwicklung fortgeschrittener Ansätze unternehmen werden. Dies ist aber von Seiten der Aufsicht unbedingt zu vermeiden. Deshalb sollten zunächst auch Methoden als AMA zugelassen werden, die noch sichtbare Schwächen aufweisen. Durch die parallele Ermittlung eines Floors für die Eigenkapitalunterlegung[807] wird verhindert, dass die anfangs angewendeten Methoden das Risikopotential zumindest aus aufsichtsrechtlicher Sicht zu stark unterschätzen. Innerhalb der nächsten drei bis fünf Jahre sollten dann aber die Anforderungen an fortgeschrittene Messansätze deutlich verschärft werden. Von Seiten der Aufsicht kann es bei einem fortgeschritteneren Stand der Forschung auch sinnvoll sein, konkretere Vorgaben zu treffen. Bspw. könnte für die Verwendung von Copulas vorgeschrieben werden, welche Copula-Familien prinzipiell eingesetzt werden dürfen und welche nicht, wodurch eine grobe Unterschätzung von Abhängigkeiten vermieden werden könnte. Der Floor ist langfristig abzuschaffen, da er ebenfalls eher hinderlich für die Entwicklung fortgeschrittener Methoden erscheint.

Das in dieser Arbeit betrachtete IT-Risiko wirkt im Kontext des gesamten Operational Risk als vergleichsweise gut handhabbar. Große Probleme resultieren aber aus dem Verhalten von Menschen in Zusammenhang mit der IT, da dieses sehr schwer einzuschätzen ist. Gerade Messansätze, die auf Nonfinancial Risk Indicators basieren, erscheinen im Zusammenhang mit dem IT-Risiko vielversprechend zu sein. So ist davon auszugehen, dass das teilweise schon sehr ausgeprägte technisch orientierte IT-Sicherheitsmanagement wesentliche Ansatzpunkte für Risikoindikatoren liefern kann. Eine enge Zusammenarbeit zwischen dem Risikomanagement und den IT-Spezialisten einer Bank ist hierzu unerlässlich.

Wie sich gezeigt hat, besteht für das Gebiet des Operational Risk-Management noch weitreichender Forschungsbedarf, aber es sind auch schon umfangreiche Forschungsbemühungen zu erkennen. Durch die methodenkritische Beleuchtung und den Vergleich der Indikatoransätze und der statistischen / versicherungsmathematischen Ansätze zur Messung von IT-Risiken will die vorliegende Arbeit hierzu einen Beitrag leisten.

---

[807] So muss im ersten Jahr der Anwendung eines AMA (und / oder eines fortgeschrittenen Ansatzes in der Kreditrisikobewertung) in 2006 mindestens der Betrag wie nach den nach Basel I gültigen Regelungen unterlegt werden, in 2007 noch 90% und in 2008 noch 80%. Vgl. Basel Committee on Banking Supervision (Convergence, 2004), Punkt 46, S. 13.

Anhang

Anhang 1: Erfassungsschema für eine IT-Risiko-Datenbank

Schwachstelle	Bedrohung	Primärer Schaden			Erwartete Schadenhöhe	Eintrittswahrscheinlichkeit
		Verlust der Verfügbarkeit	Verlust der Vertraulichkeit	Verlust der Integrität		
Hardware	Höhere Gewalt					
	Menschliches Versagen					
	Technisches Versagen					
	Organisatorische Mängel					
Software	Höhere Gewalt					
	Menschliches Versagen					
	Technisches Versagen					
	Organisatorische Mängel					
Daten	Höhere Gewalt					
	Menschliches Versagen					
	Technisches Versagen					
	Organisatorische Mängel					
Netze	Höhere Gewalt					
	Menschliches Versagen					
	Technisches Versagen					
	Organisatorische Mängel					

Anhang 2: Beispiel für mögliche IT-Risiken bzgl. der Schwachstelle „Hardware"[808]

Schwachstelle	Bedrohung	Primärer Schaden	Erwartete Schadenhöhe	Eintrittswahrscheinlichkeit
Hardware z. B. Hauptserver	Höhere Gewalt z. B. Erdbeben	Verlust der Verfügbarkeit	Ernst 100-220 Mio. €	Gering Alle 10 Jahre
	Menschliches Versagen z. B. versehentliches Abschalten	Verlust der Verfügbarkeit	Gering 20-50 Mio. €	Mittel Alle 2 Jahre
	Technisches Versagen z. B. Veralterung einer Komponente	Verlust der Verfügbarkeit	Spürbar 50-100 Mio. €	Hoch Jährlich
	Organisatorische Mängel z. B. Überhitzung aufgrund fehlender Klimaanlage	Verlust der Verfügbarkeit	Spürbar 50-100 Mio. €	Gering Alle 10 Jahre

808 Eigene Darstellung. Die Bewertungsrelationen der Eintrittswahrscheinlichkeiten und der erwarteten Schadenhöhen angelehnt an Münchbach, D. (Private Banking, 2001), S. 144.

Anhang 3: Schadenbestandteile bei ORX

Included For ORX purposes, the following specific items are in **Gross Loss** computation	**Excluded**
Charges to P&L and write-downs due to operational risk events	Timing impacts (A timing impact is a temporary distortion to the aggregated P&L of a firm in a particular reporting period that can be fully corrected when later discovered.)
Market losses due to operational risk events	"Internal rework" expenditures such as Internal costs of repair or replacement, Upgrades and improvements, risk assessment initiatives, and investments
External costs of repair or replacement made to restore the firm to its original pre-event position	Insurance premiums: Mandatory payments under national workers comprehensive insurance programs are considered insurance premiums for ORX purposes
External attorney fees paid in connection with operational risk litigation	Costs of general maintenance contracts on equipment, etc., even if used for repairs or replacements in connection with an operational risk event
Payments made to third parties for lost use of funds, net of amounts earned on funds held pending a late payment	"Indirect" or remote losses, such as: Losses from misinformed business-strategic decisions, including where appropriate project decisions, due to a misbooking, etc.
In cases where a single event causes both positive and negative impacts, the two are netted. If the net amount is negative and exceeds the reporting threshold, it should be submitted.	Legal costs and attorneys fees for credit/collection cases or other disputes not involving an operational risk event
Impact is determined at the time of the event, without regard to remediation. Thus, if a security is bought when a sale was intended, the market value on the day of the transaction is utilized for purposes of calculating impact, even if the security is held for period of time afterwards until a more favourable market environment develops.	Management accounting reporting errors (where the General Ledger is correct)
Bonus payments to employees when there is a direct link between the operational risk event and the bonus overpayment. Example: through unauthorized trading (internal fraud), dealer increases his sales volume, in order to realize a higher bonus.	Attorneys' fees when the firm files a case (this is considered Business Risk).
Excess dividends paid on account of operational risk events which inflated the profits of the firm, when there is a direct link between the operational risk event and the dividend paid.	

In Anlehnung an: ORX (Reporting Standards, 2004)

Anhang 4: Gegenüberstellung einer Poissonverteilung Po(4,3), einer Binomialverteilung B(20, 0,215) und einer negativen Binomialverteilung NB (18, 0,8052)

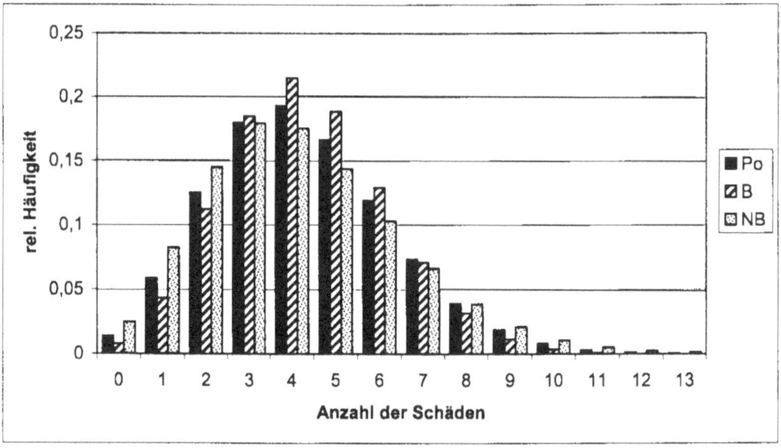

Die Verteilungen wurden dabei jeweils auf die Beispieldaten für die Schadenhöhen des Geschäftsfelds 4[809] (vgl. Abbildung 15, S. 172) angepasst.

Es zeigt sich, dass alle Verteilungen die Schadenanzahl relativ ähnlich modellieren. Auffällig ist, dass die Poissonverteilung mehr Wahrscheinlichkeiten im linken Bereich der Verteilung, also bei den geringen Schadenanzahlen, aufweist. Die Binomialverteilung hat hingegen eine größere Fokussierung auf Werte rund um ihren Mittelwert. Die negative Binomialverteilung modelliert gegenüber den anderen beiden Verteilungen mehr Wahrscheinlichkeit im rechten Tail der Verteilung, also bei den höheren Schadenanzahlen.

809 Eine Einschränkung auf das Geschäftsfeld 4 ist hier notwendig, da für die Gesamtbank keine negative Binomialverteilung berechnet werden kann. Grund hierfür ist, dass in der Gesamtbank die Varianz (30,6667) kleiner ist als der Mittelwert (31) der Daten. Daraus folgt eine negative Wahrscheinlichkeit p, die nicht interpretierbar ist. Im Geschäftfeld 4 liegt der Mittelwert bei 4,3 und die Varianz bei 5,34. Damit ist hier eine negative Binomialverteilung zu erstellen.

Anhang 5: Beispieldaten für Schadenhöhen

16503	62811	102218	152220	219797	374831
18304	63224	103010	153777	220638	383155
19913	63461	103848	154041	221138	386417
20045	64659	104560	155698	222775	390249
20061	65216	104766	158004	224138	391348
20372	65575	105808	159381	224768	393447
20841	65772	106254	160173	225102	399136
21425	66107	107563	160873	226658	401322
22589	67315	109332	163706	228250	402589
25415	67761	109929	163941	230925	403074
25559	68011	111089	165575	234678	406994
26140	69710	112545	166634	237399	407078
27703	71033	113050	167177	238125	409384
28386	72677	113975	167297	243741	419574
31728	75034	114125	168967	247389	427421
34515	75375	115293	170490	251103	435672
36643	76245	115463	172590	253215	456660
37827	76975	116704	172750	257563	479980
38431	78420	117339	173472	258052	495276
39158	79133	117474	173669	258464	501891
42307	79896	118107	174383	260435	512016
44702	80568	118700	174958	260570	513408
45696	81109	119063	175333	261144	521007
45800	81677	119470	175717	261519	528369
46133	82489	121451	178892	264880	536151
46677	82772	121871	180892	268116	536676
47696	83019	123285	182454	275408	548124
48671	83362	124607	182708	277251	558161
49464	83649	125760	183937	278648	578250
49509	84671	129058	183994	280050	604451
49528	84694	130572	185249	282971	612212
50189	85158	130760	186985	283528	628996
50816	85336	131149	187396	284593	632241
52668	86201	132440	187741	288538	635583
53264	86401	132440	188432	289228	639274
53668	86446	133353	190332	292436	640401
54812	87048	133481	191118	300151	652569
54912	87173	133774	193563	301557	657724
55181	88417	134106	196532	305165	661066
55346	90490	134358	198320	309153	669270
55575	92677	137400	200455	310145	683929
56447	92911	139858	200781	322904	706961
56810	93515	141013	201945	325952	718184
56850	93548	142569	202742	326796	732510
57100	97846	143158	203282	327110	748911
57611	98423	144614	208386	328152	374831
57986	99513	145224	208664	333267	383155
59708	99868	146218	209130	334353	386417
59739	100632	146660	209663	337150	390249
60135	100802	147964	210132	350809	391348
60809	101112	149802	210234	351348	393447
61662	101184	151453	210272	357476	399136
62423	102017	151875	213099	374538	401322

Anhang 6: Formale Darstellung der Extremwerttheorie – Block-Maxima-Methode

Für eine Stichprobe $X_1,\ldots, X_n$ (iid verteilte Zufallsvariable) werden im ersten Schritt die partiellen Maxima betrachtet:

$$M_1 = X_1,\ M_n = \max(X_1,\ldots,X_n), \qquad n \in N$$

mit:

M = Maxima

N = Anzahl der Blöcke / Perioden

Die Maxima werden anschließend zentriert und normiert.[810] Dafür wird analog zum Zentralen Grenzwertsatz eine lineare Transformation auf die Zufallsvariable angewandt:

$$\frac{M_n - b_n}{a_n} \qquad \text{mit}: a_n > 0 \text{ und } b_n \in R$$

Für diese zentrierten und normalisierten Maxima wird untersucht, ob sich eine passende asymptotische Verteilung finden lässt. Diese Frage beantwortet der Satz von Fisher und Tippet, der als Grundlage der klassischen Extremwerttheorie gilt:[811]

Sei $(X_n)n \geq 1$ eine Folge von iid Zufallsvariablen mit Verteilungsfunktion F. Falls es normierte Konstanten $a_n > 0$ und $b_n \in R$ und eine nicht-degenerierte Verteilungsfunktion H gibt, so dass

$$\lim_{n\to\infty} P(a_n x + b_n) = \lim_{n\to\infty} F^n(a_n x + b_n) = H(x), \qquad x \in R$$ [812]

dann ist H eine der folgenden Verteilungsfunktionen:

$$\textit{Gumbel}: \Lambda(x) = \exp(-e^{-x}), \qquad x \in R$$

$$\textit{Fréchet}: \Phi_\alpha(x) = \begin{cases} 0, & x \leq 0 \\ \exp(-x^{-\alpha}), & x > 0, \alpha > 0 \end{cases}$$

$$\textit{Weibull}: \Psi_\alpha(x) = \begin{cases} \exp(-(-x)^\alpha), & x \leq 0, \alpha > 0 \\ 1, & x > 0 \end{cases}$$

---

810 Vgl. hierzu und im folgenden Payer, T. (Winde, 2001), S. 12f.; Reich, C. T. (Applications, 2004), S. 2f.; Embrechts, P. et al. (Extremal Events, 1997), S. 120f.

811 Siehe hierzu Borkovec, M. / Klüppelberg, C. (Finanzzeitreihen, 2001), S. 223f.

812 Anders könnte der Ausdruck auch formuliert werden als $P\{(M_n - b_n / a_n \leq x\} \to H(x), n \to \infty$, vgl. Payer, T. (Winde, 2001), S. 13.

Die Grenzverteilung H ist dabei ausschließlich vom Tail der Verteilungsfunktion F abhängig. Die folgende Abbildung zeigt Beispiele für diese drei Verteilungen:

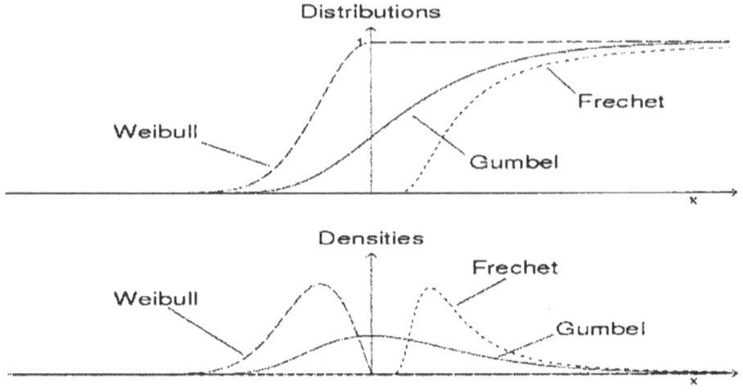

Abbildung 28: Beispiele für die Verteilungsfunktion und die Dichtefunktion einer Gumbel-, einer Frechet- (α = 2) und einer Weibullverteilung (α = 2)[813]

Im Zusammenhang mit der Extremwerttheorie ist die Weibullverteilung eine Grenzverteilung für Maxima für den Wertbereich $(-\infty, 0)$.[814]

Aus praktischen Anwendungsüberlegungen können die drei Verteilungen zusammengefasst und in eine Verteilung überführt werden, die alle drei Typen von Verteilungen vereint.[815] Es existiert eine „Generalized Extreme Value Distribution" (GEV) mit dem Parameter ξ, die die drei Verteilungen in eine Verteilungsfunktion fasst:[816]

$$H\xi(x) = \begin{cases} \exp\left\{-(1+\xi x)^{-1/\xi}\right\} & \text{wenn } \xi \neq 0 \\ \exp\left\{-\exp\{-x\}\right\} & \text{wenn } \xi = 0 \end{cases}$$

für

$\xi = \alpha^{-1} > 0$ entspricht die Verteilung einer Fréchetverteilung Φ_α

$\xi = 0$ entspricht die Verteilung einer Gumbelverteilung Λ

$\xi = -\alpha^{-1} < 0$ entspricht die Verteilung einer Weibullverteilung ψ_α

---

813 Abbildung aus: Bassi, F. et al. (Quantile Estimation, 1998), S. 123.

814 Vgl. Embrechts, P. et al. (Extremal Events, 1997), S. 123. Nimmt man die Standard-Weibullverteilung als einparametrische Verteilung, so ergibt sich die Verteilungsfunktion zu $F_\alpha(x) = 1 - e^{-x^\alpha}$ für x ≥ 0. Diese kann in die Weibullverteilung als Extremwertverteilung überführt werden durch: $\Psi_\alpha(x) = 1 - F_\alpha(-x)$ für x < 0. Das Verhalten der Extreme der beiden Verteilungen ist unterschiedlich, weshalb hier auf eine genaue Differenzierung zu achten ist.

815 Vgl. Payer, T. (Winde, 2001), S. 119.

816 Vgl. Embrechts, P. et al. (Extremal Events, 1997), S. 152.

Die Parameter der GEV können auf verschiedenste Arten geschätzt werden, bspw. auf Basis einer Maximum Likelihood-Schätzung.[817] Um eine konkrete GEV festzulegen, müssen neben ξ, das den Gestaltungsparameter darstellt, zusätzlich noch ein Skalierungs- und ein Lokationsparameter geschätzt werden.[818] Unter der weniger strengen Annahme, dass die Verteilungsfunktion der Zufallsvariablen X nicht genau der Extremwertverteilung H entsprechen muss, sondern einer Verteilungsfunktion F entspricht, die aus der „Maximum Domain of Attraction"[819] von H stammt ($X_1,...,X_n$ sind iid aus $F \in MDA(H_\xi)$ für $\xi \in R$), genügt eine Schätzung des Parameters ξ mittels des Pickands's-Schätzers, des Hill's-Schätzers oder des Deckers-Einmahl-de Haan-Schätzers.[820]

---

[817] Vgl. hierzu ausführlich Embrechts, P. et al. (Extremal Events, 1997), S. 316ff.

[818] Die GEV kann auch ausgedrückt werden: $H_{\xi;\mu;\psi}(x) = \exp\left\{-(1+\xi\frac{x-\mu}{\psi})^{-1/\xi}\right\}$, $1+\xi\frac{x-u}{\beta} \geq 0$ mit ξ = Gestaltungsparameter, μ = Lokationsparameter und ψ = Skalierungsparameter (vgl. Embrechts, P. et al. (Extremal Events, 1997), S. 316.

[819] Eine Verteilungsfunktion einer Zufallsvariable X wird in den Maximalen Anziehungsbereich der Verteilung H gezählt, wenn es Normierungskonstanten a_n>0 und b_n gibt, sodass gilt: $a_n^{-1}(M_n - b_n) \xrightarrow{d} H$. Vgl. Embrechts, P. et al. (Extremal Events, 1997), S. 128ff.

[820] Vgl. hierzu ausführlich Embrechts, P. et al. (Extremal Events, 1997), S. 325ff.

Anhang 7: Formale Darstellung der Extremwerttheorie – POT-Methode

$X_1,\ldots,X_n$ sind iid verteilt mit einer Verteilungsfunktion $F \in MDA(H_\xi)$ für einige $\xi \in R$, d. h. die Verteilungsfunktion F liegt in der Maximum Domain of Attraction einer GEV. [821] Nach Festlegung eines hohen Thresholds u kann dann die Anzahl der Überschreitungen von $X_1,\ldots,X_n$ über u bezeichnet werden als:

$N_u = card\{i : i = 1,\ldots,n, X_i > u\}$[822]

Die entsprechenden Exzesshöhen werden mit $Y_1,\ldots,Y_{N_u}$ bezeichnet. Folgende Abbildung zeigt die Zusammenhänge graphisch:

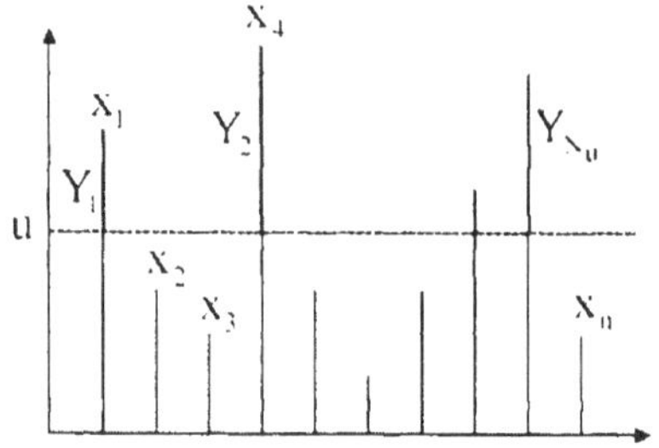

Abbildung 29: POT-Methode – Datenpunkte $X_1,\ldots,X_n$ und die dazugehörigen Exzesse $Y_1,\ldots,Y_{N_u}$ über dem Threshold u[823]

Die Verteilungsfunktion der Exzesse von X ist gegeben durch:[824]

$F_u(y) = P(X - u \le y \mid X > u) = \overline{F}(u + y) = \overline{F}(u)\overline{F}_u(y)$

Liegt die Verteilungsfunktion F von X in der MDA einer GEV, dann folgen die Exzesse über einen hohen Threshold einem Poisson-Prozess. Als Konsequenz ergibt sich als Grenzverteilung der Exzesse Y eine „Generalized Pareto Distribution" (GPD). Die einparametrische GPD, die auch als Standard GPD bezeichnet wird hat folgende Form:[825]

$$G_\xi(x) = \begin{cases} 1-(1+\xi x)^{-1/\xi} & \text{für } \xi \neq 0 \\ 1-e^{-x} & \text{für } \xi = 0 \end{cases}$$

---

[821] Vgl. hierzu und im folgenden Embrechts, P. et al. (Extremal Events, 1997), S. 352ff.

[822] Die Funktion„card" steht hier für „Kardinalzahl", d. h. die Größe der Menge an Überschreitungen wird darüber beschrieben.

[823] Abbildung aus: Rommelfanger, H. (Mathematisch-Statistische Verfahren, 2002), S. 31. Vgl. auch Embrechts, P. et al. (Extremal Events, 1997), S. 353.

[824] Vgl. Embrechts, P. et al. (Extremal Events, 1997), S. 353; Reich, C. T. (Applications, 2004), S. 5f.

[825] Vgl. hierzu und im folgenden Embrechts, P. et al. (Extremal Events, 1997), S. 162ff.

wobei

$x \geq 0$ für $\xi \geq 0$

$0 \leq x \leq -1/\xi$ für $\xi < 0$

Fügt man neben dem Gestaltungsparameter ξ noch einen Lokationsparameter v und einen Skalierungsparameter β hinzu, indem man in der obigen Formel x durch $(x-v)/\beta$ ersetzt, ergibt sich eine dreiparametrische GPD. Eine wichtige Rolle spielt die GPD mit $v = 0$. Diese hat die Form:

$$G_{\xi,\beta}(x) = 1 - \left(1 + \xi \frac{x}{\beta}\right)^{-1/\xi}, \quad x \in D(\xi,\beta)$$

wobei

$$x \in D(\xi,\beta) = \begin{cases} [0,\infty) & \text{für } \xi \geq 0 \\ [0,-\beta/\xi] & \text{für } \xi < 0 \end{cases}$$

Folgende Abbildung zeigt Beispiele einer GPD für unterschiedliche ξ und β=1:

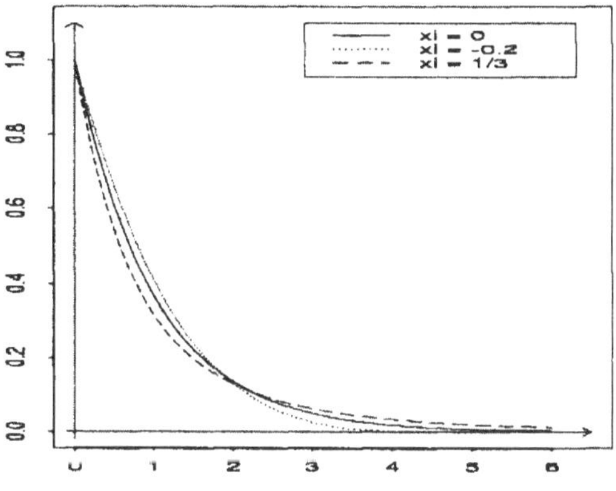

Abbildung 30: Dichtefunktionen für GPD mit unterschiedlichen ξ und β = 1[826]

Die Schätzung der Parameter ξ und β kann bspw. auf Basis einer Maximum Likelihood-Schätzung erfolgen.[827]

Zu den Eigenschaften der GPD gehört es, dass für jedes $\xi \in R$ die Verteilungsfunktion F in die Maximum Domain of Attraction der GEV zählt, wenn für einige positive Funktionen β gilt:[828]

---

[826] Abbildung aus: Bassi, F. et al. (Quantile Estimation, 1998), S. 127. Die Autoren bezeichnen die unterschiedlichen Werte für ξ mit x_i.

[827] Vgl. hierzu Embrechts, P. et al. (Extremal Events, 1997), S. 356ff.

$$\lim_{u \uparrow x_F} \sup_{0<x<x_F-u} \left| F_u(x) - G_{\xi,\beta(u)}(x) \right| = 0$$

Aus der obigen Gleichung zur Verteilungsfunktion der Exzesse $\bar{F}(u+y) = \bar{F}(u)\bar{F}_u(y)$ lässt sich interpretieren, dass man eine Beobachtung größer als u+y nur dann erhält, wenn erst einmal eine Beobachtung größer u ist.[829] Ein solcher Exzedent muss dann aber noch einen Exzess über u hinaus haben, der größer als y ist. Für zweiteres lässt sich aus der Eigenschaft der GPD ableiten, dass $\bar{F}_u(y) \approx \bar{G}_{\xi,\beta(u)}(y)$ gilt. Damit kann die GPD mit einem β, das abhängig ist vom Threshold u, als Näherung für $\bar{F}_u(y)$ herangezogen werden. Es gilt dann:

$$\bar{F}_u(y) \approx \left(1 + \xi \frac{y}{\beta}\right)^{-1/\xi}$$

Daraus lässt sich ein Tail-Schätzer ableiten, mit dessen Hilfe bspw. der Value-at-Risk geschätzt werden kann. Für ein gegebenes q-Quantil sieht dieser folgendermaßen aus:

$$\hat{x}_q = u + \frac{\hat{\beta}}{\hat{\xi}}\left(\left(\frac{n}{N_u}(1-q)\right)^{-\hat{\xi}} - 1\right)$$

mit:

$\hat{x}_q$ = Schätzwert für das q-Quantil

u = Threshold

$\hat{\beta}$ = Schätzwert für den Skalierungsparameter der GPD

$\hat{\xi}$ = Schätzwert für den Gestaltungsparameter der GPD

n = Anzahl der Beobachtungen insgesamt

N_u = Anzahl der Exzedenten

Der Schätzung des Thresholds u kommt bei der POT-Methode eine besonders große Bedeutung zu.[830] Ist der Threshold zu hoch, so ergeben sich nur sehr wenige Exzedenten, sodass die Schätzung der GPD und der Quantile eine sehr hohe Varianz aufweisen. Ist der Threshold aber zu niedrig, dann werden die Schätzungen verwässert. Eine Möglichkeit, die Höhe des Thresholds einzuschätzen, ist die Exzessfunkti-

---

[828] Vgl. hierzu sowie zu anderen Eigenschaften der GPD Embrechts, P. et al. (Extremal Events, 1997), S. 165f.

[829] Vgl. hierzu und im folgenden Emmer, S. et al. (Mass, 1998), S. 5f.; Embrechts, P. et al. (Extremal Events, 1997), S. 354.

[830] Vgl. hierzu und im folgenden Embrechts, P. et al. (Extremal Events, 1997), S. 355.

on e(u) für die GPD. Ist die Zufallsvariable X gemäß $G_{\xi,\beta}$ verteilt, dann ist die Exzessfunktion e(u) linear und lautet:

$$e(u) = E(X - u \mid X > u) = \frac{\beta + \xi u}{1 - \xi}, \qquad u \in D(\xi, \beta), \xi < 1$$

Die empirische Exzessfunktion $e_n(u)$ ergibt sich zu:[831]

$$e_n(u) = \frac{1}{card\{i : X_i > u,\ i = 1,\dots,n\}} \sum_{i=1}^{n} (X_i - u)^+$$

Der Threshold u muss dann auf der Basis der empirischen Exzessfunktion anhand einer graphischen Lösung ermittelt werden. Der Threshold u > 0 ist so zu wählen, dass $e_n(u)$ aufgrund der theoretischen Forderung der Linearität der Exzessfunktion in einem größtmöglichen Bereich linear ist für Werte von X über dem Threshold u. Der Threshold ist also nur durch Ausprobieren zu ermitteln.

[831] Vgl. hierzu und im folgenden Borkovec, M. / Klüppelberg, C. (Finanzzeitreihen, 2001), S. 229; Embrechts, P. et al. (Extremal Events, 1997), S. 355f.

Literaturverzeichnis

Acrys Consult (Operational Value-at-Risk, o. J.),
Operational Value-at-Risk, Software Library: Calculating the operational Value-at-Risk by using the actuarial approach, o. J., online im Internet: http://www.acrys.com/en/PDF/operational_var.pdf, Stand: 17.01.2004

Alexander, C. (Bayesian networks, 2003),
Managing operational risks with Bayesian networks, in: Alexander, C. (Hrsg.): Operational Risk: Regulation, Analysis and Measurement, London u. a. 2003, S. 285-295

Alexander, C. (Statistical models, 2003),
Statistical models of operational loss, in: Alexander, C. (Hrsg.): Operational Risk: Regulation, Analysis and Measurement, London u. a. 2003, S. 129-170

Alvarez, G. (Quantification, 2001),
Operational Risk Quantification: Mathematical Solutions for Analyzing Loss Data, Mai 2001, online im Internet: http://www.gloriamundi.org/picsresources/ga_1.pdf, Stand: 27.10.2004

Anders, U. (RaRoC, 2000),
RaRoC – ein Begriff, viel Verwirrung, in: Die Bank, Heft 5, 2000, S. 314-317

Anders, U. (Path, 2003),
The path to operational risk economic capital, in: Alexander, C. (Hrsg.): Operational Risk: Regulation, Analysis and Measurement, London u. a. 2003, S. 215-226

Artzner, P. / Delbaen, F. / Eber, J.-M. / Heath, D. (Coherent Measures, 1998),
Coherent Measures of Risk, Juli 1998, online im Internet: http://www.gloriamundi.org/picsresources/adeh.pdf, Stand: 14.02.2005

Auer, M. (Input Data, 2004),
Input Data for OpRisk Modeling, März 2004, online im Internet: http://www.ifk-cfs.de/papers/Auer.pdf, Stand: 12.07.2005

Backerra, H. / Malorny, C. / Schwarz, W. (Kreativitätstechniken, 2002),
Kreativitätstechniken: kreative Prozesse anstoßen, Innovationen fördern, die K7, 2. Auflage, München, Wien 2002

Backhaus, K. / Erichson, B. / Plinke, W. / Schuchard-Ficher, Chr. / Weiber, R. (Multivariate Analysemethoden, 1987),
Multivariate Analysemethoden. Eine anwendungsorientierte Einführung, 4. Auflage, Berlin, Heidelberg, New York 1987

Balderjahn, I. (Validität, 2003),
Validität: Konzepte und Methoden, in: WiSt, Heft 3, 2003, S. 130-135

Bamberg, G. / Baur, F. (Statistik, 1996),
Statistik, 9. Auflage, München, Wien, Oldenbourg 1996

Bamberg, G./ Coenenberg, A. G. (Entscheidungslehre, 1996),
Betriebswirtschaftliche Entscheidungslehre, 9. Auflage, München 1996

Bartl, D. R. (Sicherheitsanforderungen, 2003),
SIZ-Produkte und Dienstleistungen als Antwort auf steigende Sicherheitsanforderungen, in: Betriebswirtschaftliche Blätter, Heft 3, 2003, S. 112-117

Basel Committee on Banking Supervision (Convergence, 1988),
International Convergence of Capital Measurement and Capital Standards, Juli 1988

Basel Committee on Banking Supervision (Operational Risk Management, 1998),
Operational Risk Management, September 1998

Basel Committee on Banking Supervision (Framework, 1999),
A New Capital Adequacy Framework, Juni 1999

Basel Committee on Banking Supervision (Capital Accord, 2001),
Consultative Document "The New Basel Capital Accord", Januar 2001

Basel Committee on Banking Supervision (Operational Risk, 2001),
Consultative Document "Operational Risk", Supporting Document to the New Basel Capital Accord, Basel Januar 2001

Basel Committee on Banking Supervision (Working Paper, 2001),
Working Paper on the Regulatory Treatment of Operational Risk, September 2001

Basel Committee on Banking Supervision (QIS for Operational Risk, 2002),
The Quantitative Impact Study for Operational Risk: Overview of Individual Loss Data and Lessons Learned, Januar 2002

Basel Committee on Banking Supervision (Capital Accord, 2003),
Consultative Document "The New Basel Capital Accord", April 2003

Basel Committee on Banking Supervision (Electronic Banking, 2003),
Risk Management Principals for Electronic Banking, Juli 2003

Basel Committee on Banking Supervision (Sound Practices, 2003),
Sound Practices for the Management and Supervision of Operational Risk, Februar 2003

Basel Committee on Banking Supervision (Transfer, 2003),
The Joint Forum – Operational risk transfer across financial sectors, August 2003

Basel Committee on Banking Supervision (Convergence, 2004),
International Convergence of Capital Measurement and Capital Standards – A Revised Framework, Juni 2004

Basler Ausschuss für Bankenaufsicht (Eigenkapitalvereinbarung, 2001),
Konsultationspapier – Die neue Basler Eigenkapitalvereinbarung, Übersetzung der Deutschen Bundesbank, 2001

Basler Ausschuss für Bankenaufsicht (Praxisempfehlungen, 2003),
Management operationeller Risiken – Praxisempfehlungen für Banken und Bankenaufsicht, Februar 2003

Bassi, F. / Embrechts, P. Kafetzaki, M. (Quantile Estimation, 1998),
Risk Management and Quantile Estimation, in: Adler, R. J. (Hrsg.): A Practical Guide to Heavy Tails Statistical Techniques and Applications, Boston u. a. 1998, S. 111-130

Baud, N. / Frachot, A. / Roncalli, T. (Over-estimating, 2002),
How to avoid Over-estimating Capital Charge for Operational Risk? Dezember 2002, online im Internet: http://gro/creditlyonnais.fr/content/wp/oprisk-mixing.pdf, Stand 14.02.2005

Bauman, W. S. (Scientific Investment Analysis, 1967),
Scientific Investment Analysis – Science or Fiction? in: Financial Analysts Journal, Heft 1, 1967, S. 93-97

Beeck, H. / Kaiser, T. (Value-at-Risk, 2000),
Quantifizierung von Operational Risk mit Value-at-Risk, in: Johanning, L. / Rudolph, B. (Hrsg.), Handbuch Risikomanagement, Band 1: Risikomanagement für Markt-, Kredit- und operative Risiken, Bad Soden / Ts. 2000, S. 633-653

Bieg, H. (Rechnungslegung, 1998),
Die externe Rechnungslegung der Kreditinstitute und Finanzdienstleistungsinstitute, München 1998

Bieta, V. / Milde, H. (Umgang, 2005),
Der naive Umgang mit Risiken in der Bank, in: Frankfurter Allgemeine Zeitung, Nr. 239 vom 14.10.2005, S. 29

Bofinger, P. / Schmidt, R. (Nobelpreis, 2003),
Nobelpreis für Wirtschaftswissenschaften 2002 an Daniel Kahneman und Vernon L. Smith, in: WiSt, Heft 2, 2003, S. 107-111

Bogner, A. / Littig, B. / Menz, W. (Experteninterview, 2002),
Das Experteninterview – Theorie, Methode, Anwendung, Opladen 2002

Boos, A. (Anwendungen der Credibility-Theorie, 1989),
Anwendungen der Credibility-Theorie in der Kraftfahrzeughaftpflichtversicherung, in: Helten, E. (Hrsg.): Beiträge zur Credibility-Theorie, Karlsruhe 1989, S. 61-99

Boos, A. (Bonus-Malus-Systeme, 1991),
Effizienz von Bonus-Malus-Systemen: ein Vergleich der Tarife der Kraftfahrzeug-Haftpflichtversicherung einiger europäischer Länder, Wiesbaden 1991

Boos, K.-H. / Schulte-Mattler, H. (Methoden, 2001),
Basel II: Methoden zur Quantifizierung operationeller Risiken, in: Die Bank, Heft 8, 2001, S. 549-553

Borkovec, M. / Klüppelberg, C. (Finanzzeitreihen, 2001),
Extremwerttheorie für Finanzzeitreihen – ein unverzichtbares Werkzeug im Risikomanagement, in: Johanning, L. / Rudolph, B. (Hrsg.): Handbuch Risikomanagement, Band 1: Risikomanagement für Markt-, Kredit- und operative Risiken, Bad Soden / Ts. 2000, S. 219-242

Bortz, J. (Statistik für Sozialwissenschaftler, 1999),
Statistik für Sozialwissenschaftler, 5. Auflage, Berlin u. a. 1999

Bortz, J. / Döring, N. (Forschungsmethoden, 2002),
Forschungsmethoden und Evaluation: für Human- und Sozialwissenschaftler, Berlin u. a. 2002

Bräuhäuser, M. / Biltzinger, P. / Lorenz, C. (IT-Beratungspraxis, 2002),
Qualitative Risikoanalyse – Methodische Vorgehensweise in der IT-Beratungspraxis, in: Roßbach, P. / Locarek-Junge, H. (Hrsg.): IT-Sicherheitsmanagement in Banken, Frankfurt am Main 2002, S. 55-69

Brandner, A. / Bruckner, B. / Kanneberger, C. / Royer, K. (Finanzdienstleistungsunternehmen, 2002),
Operationelles Risiko in Finanzdienstleistungsunternehmen, Fallbeispiele aus den Bereichen Asset-Management und Security-Trading, in: Eller, R. / Gruber, W. / Reif, M. (Hrsg.): Handbuch Operationelle Risiken: Aufsichtsrechtliche Anforderungen, Quantifizierung und Management, Praxisbeispiele, Stuttgart 2002, S. 347-414

Braun, H. (Risikomanagement, 1984),
Risikomanagement: eine spezifische Controllingaufgabe, Darmstadt 1984

Brink, G. J. van den (Operational Risk, 2001),
Operational Risk: wie Banken das Betriebsrisiko beherrschen, Stuttgart 2001

Brink, G. J. van den (Management-Zyklus, 2003),
Quantifizierung operationeller Risiken: Ein Weg zur Einbettung in den Management-Zyklus, in: Risknews, Heft 1, 2003, S. 26-36

Brink, G. J. van den (Risiko-Indikatoren, 2004),
Alles im grünen Bereich: Risiko-Indikatoren bei der Dresdner Bank, in: Risknews, Heft 1, 2004, S. 39-43

Brink, G. J. van den / Romeike, F. (Corporate Governance, 2005),
Corporate Governance und Risikomanagement im Finanzdienstleistungsbereich: Grundlagen, Methoden , Gestaltungsmöglichkeiten, Stuttgart 2005

British Bankers`Association (BBA) / International Swaps and Derivates Association (ISDA) / Robert Morris Association (RMA) / PricewaterhouseCoopers (PWC) (Frontier, 1999),
Operational Risk, The next Frontier, Philadelphia 1999

Brühl, R. (Dimensionsanalyse, 2003),
Anmerkungen zur Dimensionsanalyse im betrieblichen Rechnungswesen, Working Paper Nr. 5 der ESCP-EAP (European School of Management, Wirtschaftshochschule Berlin), Dezember 2003, online im Internet: http://www.escp-eap.de/upldata/Dimensionen.pdf, Stand: 30.06.2005

Brüning, J.-B. / Hoffjan, A. (Risk-Return-Kennzahlen, 1997),
Gesamtbanksteuerung mit Risk-Return-Kennzahlen, in : Die Bank, Heft 6, 1997, S. 362-369

BSI – Bundesamt für Sicherheit in der Informationstechnik (IT-Sicherheitshandbuch, 1992),
IT-Sicherheitshandbuch: Handbuch für die sicherere Anwendung der Informationstechnik, Version 1.0 – März 1992, Bonn 1992

BSI - Bundesamt für Sicherheit in der Informationstechnik (IT-Grundschutzhandbuch, 1999),
IT-Grundschutzhandbuch, Köln 1999, Stand: 4. Ergänzungslieferung, Mai 2002

BSI – Bundesamt für Sicherheit in der Informationstechnik (Kosten, 2000),
Kosten und Nutzen der IT-Sicherheit: Studie des BSI zur Technikfolgen-Abschätzung, Ingelheim 2000

BSI – Bundesamt für Sicherheit in der Informationstechnik (IT-Sicherheitsstrukturen, 2002),
IT-Sicherheitsstrukturen in der deutschen Kreditwirtschaft, von Fünfrocken, S. / Heinrich, J. / Münch, I. / Niggemann, H. / Vetter, A. / Zieschang, T., Ingelheim 2002

Buchmüller, P. (Stand, 2004),
Die Berücksichtigung des operationellen Risikos in der neuen Basler Eigenkapitalvereinbarung: Stand und Beurteilung, in: ZBB, Heft 5, 2002, S. 385-394

Büschgen, H. E. (Prüfstein, 1992),
Risikomanagement als Prüfstein im Wettbewerb, in: Betriebswirtschaftliche Blätter, Heft 2, 1992, S. 80-90

Büschgen, H. E. (Bankbetriebslehre, 1998),
Bankbetriebslehre: Bankgeschäfte und Bankmanagement, 5. Auflage, Wiesbaden 1998

Bundesanstalt für Finanzdienstleistungsaufsicht (Datenfernverarbeitung, 1992),
Grenzüberschreitende Datenfernverarbeitung im Bankbuchführungswesen, Berlin 1992

Bundesanstalt für Finanzdienstleistungsaufsicht (MAH, 1995),
Verlautbarung über Mindestanforderungen an das Betreiben von Handelsgeschäften der Kreditinstitute, Berlin 1995

Bundesanstalt für Finanzdienstleistungsaufsicht (Grundsatz I, 1997),
Grundsatz I über die Eigenmittel der Institute, Bekanntmachung vom 29. Oktober 1997 (BAnz. Nr. 210) zuletzt geändert durch die Bekanntmachung vom 20. Juli 2000 (BAnz. Nr. 160)

Bundesanstalt für Finanzdienstleistungsaufsicht (MAK, 2002),
Mindestanforderungen an das Kreditgeschäft der Kreditinstitute, Bonn 2002

Bundesanstalt für Finanzdienstleistungsaufsicht (Ergebnisse, 2003),
Ergebnisse der Umfrage zur Umsetzung der neuen Basler Eigenmittelübereinkunft bzw. EU-Kapitaladäquanzvorschriften in Deutschland, 15.12.2003,
online im Internet: http://www.bafin.de/internationales/basel_2/vermerk_031215.pdf, Stand: 10.07.2005

Bundesdatenschutzgesetz (BDSG) in der Fassung vom 14. Januar 2003

Buzziol, S. (Systematik, 2004),
Operationelle Risiken managen – Eine erste Systematik zum überlegten Umgang mit operationellen Risiken, in: Bankinformation, Heft 9, 2004, S. 16-20

Cap Gemini Ernst & Young (Trends, 2002),
Operationelle Risiken bei Kreditinstituten: Trends & Best Practice, 2002, online im Internet: http://www.de.cgey.com/servlet/PB/show/1005334/Operatio-nelle%20Risiken.pdf, Stand: 27.10.2004

Ceske, R. / Hernández, J. (Practice, 1999),
Where theory meets practice, in: Operational Risk Special Report, Risk November 1999, S. 17-20

Ceske, R. / Hernández, J. V. / Sánchez, L. M. (Event Risk, 2000),
Quantifying Event Risk: The Next Convergence, in: The Journal of Risk Finance, Spring 2000, S. 1-13

Chavez-Demoulin, V. / Embrechts, P. (Extremal Models, 2004),
Advanced Extremal Models for Operational Risk, Juni 2004, online im Internet: http://www.math.ethz.ch/~baltes/ftp/opriskevt.pdf, Stand: 27.10.2004

Crawley, F. / Preston, M. / Tyler, B. (HAZOP, 2000),
HAZOP: Guide to best practice – Guidelines to best practice for the process and chemical industries, Rugby 2000

Crouhy, M. / Galai, D. / Mark, R. (Credit Risk Models, 2000),
A Comparative Analysis of Current Credit Risk Models, in: Journal of Banking & Finance, 24. Jg., S. 59-117

Cruz, M. G. (Modeling, 2002),
Modeling, Measuring and Hedging Operational Risk, Chichester 2002

Davies, J. / Haubenstock, M. (Indicators, 2002),
Building Effective Indicators to Monitor Operational Risk, in: The RMA Journal, Mai 2002, S. 40-43

Davies, M. (Knowledge, 2004),
Operational Risk and Indicators, Knowledge and tool kits, 2004, online im Internet: http://www.business.uts.edu.au/financa/research/confeences/AIBF_UTS_2004/5_Martin_Davies_Indicators_paper.pdf, Stand: 01.08.2005

Decker, S. (Investorspezifische Performancemessung, 2005),
Investorspezifische Performancemessung für die Auswahl von Investmentfonds, München 2005

Deutsche Bundesbank (Monatsbericht April, 2001),
Deutsche Bundesbank Monatsbericht April 2001, 53. Jg., Nr. 4, Frankfurt am Main 2001

Deutsche Gesellschaft für Qualität e.V. (FMEA, 2001),
FMEA – Fehlermöglichkeits- und Einflussanalyse, 2. Auflage, Frankfurt, Berlin, Wien, Zürich 2001

Di Clemente, A. / Romano, C. (Copula-Extreme Value Theory Approach, 2003),
A Copula-Extreme Value Theory Approach for Modelling Operational Risk, September 2003, online im Internet: http://www.gloriamundi.org/picresources/adcror.pdf, Stand: 03.11.2004

DIT (Ökonomische Indikatoren, 2002),
Dynamic Investment Trends: Ökonomische Indikatoren kompetent nutzen, Teil 1: Realökonomie, Mai 2002, online im Internet: http://www.dit.de/data/pdf/research/05_24_02_special_indikatoren_CD_neu.pdf, Stand 30.06.2005

Dobric, J. / Schmid, F. (Copula, 2003),
Was ist eine Copula? Köln 2003, online im Internet: http://www.uni-koeln.de/wisofak/wisostatsem/autoren/dobric/dissteil/t1/copula.htm, Stand: 19.02.2005

Döbeli, B. / Leippold, M. / Vanini, P. (Excellence, 2003),
From Operational Risk to Operational Excellence, Zürich 2003, online im Internet: http://ssrn.com/abstract=413720, Stand: 01.04.2005

Döhring, J. (Gesamtrisiko-Management, 1996),
Gesamtrisiko-Management von Banken, München, Wien, Oldenbourg 1996

Dowd, V. (Basel approach, 2003),
Measurement of operational risk: the Basel approach, in: Alexander, C. (Hrsg.): Operational Risk: Regulation, Analysis and Measurement, London u. a. 2003, S. 31-48

Embrechts, P. / Furrer, H. / Kaufmann, R. (Regulatory Capital, 2003),
Quantifying regulatory capital for operational risk, in: Derivatives Use, Trading & Regulation, Heft 3, 2003, S. 217-233.

Embrechts, P. / Kaufmann, R. / Samorodnitsky, G. (Ruin Theory, 2004),
Ruin theory revisted: stochastic models for operational risk, in: Bernadell, C. / Cardon, P. / Coche, J. / Diebold, F. X. / Manganelli, S. (Hrsg.): Risk Management for Central Bank Foreign Reserves, European Central Bank, Mai 2004, S. 243-261

Embrechts, P. / Klüppelberg, C. / Mikosch, T. (Extremal Events, 1997),
Modelling Extremal Events for Insurance and Finance, Berlin u. a. 1997

Embrechts, P. / Lindskog, F. / McNeil, A. (Modelling Dependence, 2001),
Modelling Dependence with Copulas and Application to Risk Management, September 2001, online im Internet: http://www.gloriamundi.org/picsresources/peflam.pdf, Stand: 09.03.2005

Embrechts, P. / McNeil, A. / Straumann, D. (Correlation, 1999),
Correlation: Pitfalls and Alternatives, März 1999, online im Internet: http://www.math.ethz.ch/~mcneil/ftp/risk.pdf, Stand: 16.03.2005

Embrechts, P. / McNeil, A. / Straumann, D. (Dependence, 1999),
Correlation and Dependence in Risk Management: Properties and Pitfalls, Juli 1999, online im Internet: http://www.gloriamundi.org/picsresources/peamds.pdf, Stand: 09.03.2005

Emmer, S. / Klüppelberg, C. / Truestedt, M. (Mass, 1998),
VaR – ein Mass für das extreme Risiko, Technische Universität München, Fakultät für Mathematik, Report TUM M9806, April 1998

Engel, K. / Rösch, A. (Firewall-Techniken, 2002),
Firewall-Techniken, in: Roßbach, P. / Locarek-Junge, H. (Hrsg.): IT-Sicherheitsmanagement in Banken, Frankfurt am Main 2002, S. 185-198

Escher, M. / Kahler, J. (Rahmenbedingungen, 2002),
Bankaufsichtsrechtliche Rahmenbedingungen des IT-Managements von Banken, in: Roßbach, P. / Locarek-Junge, H. (Hrsg.): IT-Sicherheitsmanagement in Banken, Frankfurt am Main 2002, S. 295-322

Europäische Kommission (Konsultationspapier, 1999),
Überarbeitung der Eigenkapitalvorschriften für Kreditinstitute und Wertpapierfirmen in der EU – Konsultationspapier, 22.11.1999, online im Internet: http://europa.eu.int/comm/internal_market/bank/docs/regcapital/1999-consult/1999-consult_de.pdf, Stand: 30.06.2005

Europäische Zentralbank (Merkmale und Auswirkungen, 2005),
Die Neue Basler Eigenkapitalvereinbarung: Wesentliche Merkmale und Auswirkungen, in: Monatsbericht Januar 2005, S. 53-63

European Central Bank (Reply, 2003),
The New Basel Capital Accord. Reply of the European Central Bank to the Third Consultative Proposals (CP3), August 2003, online im Internet: http://www.bis.org/bcbs/cp3/ecb.pdf, Stand: 30.06.2005

Evans, J. R. / Olson, D. L. (Simulation, 2002),
Introduction to Simulation and Risk Analysis, 2. Auflage, New Jersey 2002

Fahrmeier, L. / Künstler, R. / Pigeot, I. / Tutz, G. (Statistik, 2001),
Statistik. Der Weg zur Datenanalyse, 3. Auflage, Berlin, Heidelberg, New York 2001

Faisst, U. / Kovacs, M. (Methodenvergleich, 2003),
Quantifizierung operationeller Risiken – ein Methodenvergleich, in: Die Bank, Heft 5, 2003, S. 342-349

Farny, D. (Versicherungsbetriebslehre, 2000),
Versicherungsbetriebslehre, 3. Auflage, Karlsruhe 2000

Federal Reserve System (Loss Data Collection Exercise, 2005),
Results of the 2004 Loss Data Collection Exercise for Operational Risk, Mai 2005, online im Internet: http://www.bos.org/bankinfo/qau/pd051205.pdf, Stand: 15.09.2005

Fontnouvelle, P. de / DeJesus-Rueff, V. / Jordan, J. / Rosengren, E. (Loss Data, 2003),
Using Loss Data to Quantify Operational Risk, Federal Reserve Bank of Boston, April 2003, online im Internet: http://www.bis.org/bcbs/events/workshop0303/p04deforose.pdf, Stand: 19.04.2004

Fontnouvelle, P. de / Rosengren, E. / Jordan, J. (Implications, 2004),
Implications of Alternative Operational Risk Modeling Techniques, Juni 2004, online im Internet: http://www.bos.frb.org/bankinfo/qau/pderjj604.pfd, Stand: 01.08.2005

Fink, A. / Schneidereit, G. / Voß, S. (Grundlagen, 2001),
Grundlagen der Wirtschaftsinformatik, Heidelberg 2001

Frachot, A. / Georges, P. / Roncalli, T. (Operational Risk, 2001),
Loss Distribution Approach for Operational Risk, April 2001, online im Internet: http://gro.creditlyonnais.fr/content/wp/lda.pdf, Stand: 14.02.2005

Frachot, A. / Moudoulaud, O. / Roncalli, T. (Loss Distribution Approach, 2003),
Loss Distribution Approach in Practice, Mai 2003, online im Internet: http://gro.creditlyonnais.fr/content/wp/lda-practice.pdf, Stand: 14.02.2005

Frachot, A. / Roncalli, T. / Salomon, E. (Correlation Problem, 2004),
The Correlation Problem in Operational Risk, online im Internet: http://gro.creditlyonnais.fr/content/wp/lda-correlations.pdf, Stand: 14.02.2005

Frahm, G. (Finanzportefeuilles, 2000),
Ermittlung des Value-at-Risk von Finanzportefeuilles mit Methoden der Extremwerttheorie, 2000, online im Internet: http://www.gloriamundi.org/picsresources/frahm.pdf, Stand: 01.08.2005

Franzetti, C. (Kardinalprobleme, 2002),
Drei Kardinalprobleme des Schadenverteilungsansatzes für operationelle Risiken, November 2002, online im Internet: http://www.aon-resolution.com/docs/kardinalprobleme.pdf, Stand: 14.02.2005

Freidank, C.-C. (Forschung, 2000),
Die Risiken in Produktion, Logistik und Forschung und Entwicklung, in: Dörner, D. / Horváth, P. / Kagermann, H. (Hrsg.): Praxis des Risikomanagements: Grundlagen, Kategorien, branchenspezifische und strukturelle Aspekte, Stuttgart 2000, S. 345-378

Frey, H. C. / Nießen, G. (Monte Carlo Simulation, 2001),
Monte Carlo Simulation. Quantitative Risikoanalyse für die Versicherungsindustrie, München 2001

Füser, K. / Rödel, K. / Kang, D. (Identifizierung, 2002),
Identifizierung und Quantifizierung von „Operational Risk", in: Finanzbetrieb, Heft 9, 2002, S. 495-502

Gaulke, M. (IT-Projekte, 2002),
Risikomanagement in IT-Projekten, München, Wien 2002

Gaulke, M. (Auswirkungen von Basel II, 2005),
Auswirkungen von Basel II auf die IT, in: Becker, A. / Gaulke, M. / Wolf, M. (Hrsg.): Praktiker-Handbuch Basel II. Kreditrisiko, operationelles Risiko, Überwachung, Offenlegung, Stuttgart 2005, S. 431-465

Geiger, H. / Piaz, J.-M. (Bewertung, 2001),
Identifikation und Bewertung von operationellen Risiken, in: Schierenbeck, H. / Rolfes, B. / Schüller, S. (Hrsg.): Handbuch Bankcontrolling, 2. Auflage, Wiesbaden 2001, S. 789-802

Gentle, J. F. (Random Number Generation, 1998),
Random Number Generation and Monte Carlo Methods, New York u. a. 1998

Gesetz über die Errichtung des Bundesamtes für Sicherheit in der Informationstechnik (BSI-Errichtungsgesetz – BSIG),
in der Fassung vom 17.12.1990

Gigerenzer, G. (Rebuttal, 1996),
On narrow and vague heuristics: A rebuttal to Kahneman and Tversky, in: Psychological Review, Vol. 103, 1996, S. 592-596

Glauser, M. (Copulafunktionen, 2003),
Messung von Marktrisiken unter Verwendung von Copulafunktionen – Eine empirische Studie für den Schweizer Aktienmarkt, Freiburg 2003

Glendon, A. I. / McKenna, E. F. (Safety, 1995),
Human Safety and Risk Management, London 1995

Götze, U. (Szenario-Technik, 1991),
Szenario-Technik in der strategischen Unternehmensplanung, Wiesbaden 1991

Graf, P. (Non-Financial Performance Indicators, 2002),
Non-Financial Performance Indicators, 2002, online im Internet: http://www.sbf.unisg.ch/org/sbf/web.nsf/bf9b5a227ab50613c1256a8d003f0349/cf3943bbe78435c8c1256bd7002bc5dd/$FILE/non-financial_performance_indicators.pdf,Stand: 30.07.2005

Güllich, H.-P. / Manser, R. F. / Wegmann, P. (Verlustdaten, 2001),
Operational Risk Management: Mit Verlustdaten richtig umgehen, online im Internet: http://www.risksys.com/mambo/images/stories/rcs/documents/verlustdaten.pdf, Stand: 17.03.2005

Gustafsson, J. / Nielsen J. P. / Pritchard, P. / Dix, R. (Credibility, 2004),
Quantifying operational risk guided by kernel smoothing and continuous credibility, November 2004, online im Internet: http://ssrn.com/abstract=627342, Stand: 13.06.2005

Haas, M. / Kaiser, T. (Insufficiency, 2004),
Tackling the Insufficiency of Loss Data for the Quantification of Operational Risk, in: Cruz, M. G. (Hrsg.): Operational Risk Modelling and Analysis – Theory and Practice, London 2004, S. 13-24

Härterich, S. (Produktrisiken, 1987),
Risk Management von industriellen Produktions- und Produktrisiken, Karlsruhe 1987

Hammer, V. (Technikgestaltung, 1999),
Die 2. Dimension der IT-Sicherheit: verletzlichkeitsreduzierende Technikgestaltung am Beispiel von Public Key Infrastrukturen, Braunschweig, Wiesbaden, Vieweg 1999

Hanow, G. A. (Produktivität, 1999),
Die Messung des Einflusses der Informationstechnologie auf die Produktivität von Kreditinstituten mit Hilfe der Data Envelopment Analysis, Marburg 1999

Hansen, H. R. / Neumann, G. (Wirtschaftsinformatik, 2001),
Wirtschaftsinformatik I – Grundlagen der betrieblichen Informationsverarbeitung, 8. Auflage, Stuttgart 2001

Hanssmann, F. (Systemforschung, 1993),
Einführung in die Systemforschung: Methodik der modellgestützten Entscheidungsvorbereitung, 4. Auflage, München, Wien, Oldenbourg 1993

Hartung, J. (Statistik, 1995),
Statistik. Lehr- und Handbuch der angewandten Statistik, 10. Auflage, München 1995

Hartung, T. (Considerations, 2002),
Considerations to the Quantification of Operational Risk, online im Internet: http://www.gloriamundi.org/picsresources/ThomasHartung.pdf, Stand: 01.08.2005

Haubenstock, M. / Hardin, L. (Loss Distribution Approach, 2003),
Loss Distribution Approach, in: Alexander, C. (Hrsg.): Operational Risk: Regulation, Analysis and Management, London u. a. 2003, S. 171-192

Helten, E. (Unternehmensplanung, 1984),
Strategische Unternehmensplanung und Risk Management,
in: Gaugler, E./ Jacobs, O. H./ Kieser, A. (Hrsg.): Strategische Unternehmensführung und Rechnungslegung, Stuttgart 1984, S. 15-29

Helten, E. (Messung, 1994),
Die Erfassung und Messung des Risikos, Wiesbaden 1994

Helten, E. / Bittl, A./ Liebwein, P. (Versicherung, 2000)
Versicherung von Risiken, in: Dörner, D./ Horvath, P./ Kagermann, H. (Hrsg.): Praxis des Risikomanagements: Grundlagen, Kategorien, branchenspezifische und strukturelle Aspekte, Stuttgart 2000, S. 153-191

Helten, E. / Hartung, T. (Instrumente, 2002),
Instrumente und Modelle zur Bewertung industrieller Risiken, in: Hölscher, R. / Elfgen, R. (Hrsg.): Herausforderung Risikomanagement – Identifikation, Bewertung und Steuerung industrieller Risiken, Wiesbaden 2002, S. 255-271

Hengmith, L. (Modellierung, 2003),
Modellierung und Bewertung operationeller Risiken in Banken, in: BIT, Heft 1, 2003, S. 51-62

Hill, R. C. / Griffiths, W. E. / Judge, G. G. (Econometrics, 2001),
Undergraduate Econometrics, 2. Auflage, New York u. a. 2001

Hinze, J. (Frühindikatoren, 2003),
Prognoseleistung von Frühindikatoren: Die Bedeutung von Frühindikatoren für Konjunkturprognosen – Eine Analyse für Deutschland, Hamburgerisches Weltwirtschafts-Archiv (HWWA) Discussion Paper Nr. 236, 2003, online im Internet: http://www.hwwa.de/Publikationen/Discussion_Paper/2003/236.pdf, Stand: 30.06.2005

Hirschbeck, T. (Handelsrisiken, 1998),
Management von Handelsrisiken in Banken, Köln 1998

Höfer, S. / Schrott, A. (Blick, 2003),
Mit Basel II rücken operationelle Risiken stärker in den Blick, in: Betriebswirtschaftliche Blätter, Heft 3, 2003, S. 158-160

Hölscher, R. (Risikobewältigung, 2002),
Von der Versicherung zur integrativen Risikobewältigung: Die Konzeption eines modernen Risikomanagements, in: Hölscher, R. / Elfgen, R. (Hrsg.): Herausforderung Risikomanagement: Identifikation, Bewertung und Steuerung industrieller Risiken, Wiesbaden 2002, S. 3-31

Hoffman, D. G. (Managing, 2002),
Managing operational risk: 20 firmwide best practice strategies, New York 2002

Hofmann, M. (Steuerung, 2002),
Identifizierung, Quantifizierung und Steuerung operationeller Risiken in Kreditinstituten, Frankfurt am Main 2002

Hübner, G. / Peters, J.-P. / Plunus, S. (Contribution, 2005),
Measuring Operational Risk in Financial Institutions: Contribution of Credit Risk Modeling, März 2005, online im Internet: http://www.gloriamundi.org/picsresources/hpp.pdf, Stand: 01.08.2005

Hummel, H. J. / Ziegler, R. (Kausalanalyse, 1976),
Zur Verwendung linearer Modelle bei der Kausalanalyse nicht-experimenteller Daten, in: Korrelation und Kausalität, Band 1, Stuttgart 1976, S. E5-E137

ISDA (Response, 2001),
ISDA`s Response to the Basel Committee on Banking Supervision`s Consultation on the New Capital Accord, Mai 2001, online im Internet: http://www.bis.org/bcbs/ca/isdaresp.pdf, Stand: 30.06.2005

Jendruschewitz, B. (Management von Marktrisiken, 1997),
Value at Risk: Ein Ansatz zum Management von Marktrisiken in Banken, 1. Auflage, Frankfurt am Main 1997

Jörg, M. (Herausforderungen, 2002),
Operational Risk – Herausforderungen bei der Implementierung von Basel II, Frankfurt am Main 2002

Jörg, M. / Roßbach, P. (Messung, 2002),
Messung und Bewertung von operationellen Risiken, in: Roßbach, P. / Locarek-Junge, H. (Hrsg.): IT-Sicherheitsmanagement in Banken, Frankfurt am Main 2002, S. 71-93

Johanning, L. (Value-at-Risk, 1998),
Value-at-Risk zur Marktrisikosteuerung und Eigenkapitalallokation, Bad Soden 1998

Johnson, N. L. / Kotz, S. (Discrete Distributions, 1969),
Discrete Distributions, New York u. a. 1969

Johnson, N. L. / Kotz, S. / Balakrishnan, N. (Continuous Distributions, 1994),
Continuous Univariate Distributions, Volume 1, 2. Auflage, New York u. a. 1994

Johnson, N. L. / Kotz, S. / Balakrishnan, N. (Continuous Distributions 2, 1995),
Continuous Univariate Distributions, Volume 2, 2. Auflage, New York u. a. 1995

Jovic, D. (Performancemessung, 1999),
Risikoorientierte Eigenkapitalallokation und Performancemessung bei Banken: ökonomische und regulatorische Eigenmittelunterlegung von Markt-, Kredit-, und operationellen Risiken unter Berücksichtigung der schweizerischen und internationalen Entwicklungen, Bern, Stuttgart, Wien, Haupt 1999

Jovic, D. / Piaz, J.-M. (Erfolgsfaktor, 2001),
„Operational Risk Management" als kritischer Erfolgsfaktor für Banken, in: Der Schweizer Treuhänder, Heft 10, 2001, S. 923-930

Kahneman, D. / Tversky, A. (Repressentativeness, 1972),
Subjective Probability: A Judgement of Repressentativeness, in: Cognitive Psychology, Vol. 3, 1972, S. 430-454

Kahneman, D. / Tversky, A. (Illusions, 1996),
On the Reality of Cognitive Illusions, in: Psychological Review, Vol. 103, 1996, S. 582-591

Kaiser, T. (Statistical Methods, 2002),
Statistical Methods for Measuring Operational Risk, Mai 2002, online im Internet: http://www.gloriamundi.org/picsresources/tkor_1.pdf, Stand: 14.02.2005

Kaiser, T. / Köhne, M. F. (Finanzinstitute, 2004),
Operationelle Risiken in Finanzinstituten – Wege zur Umsetzung von Basel II und CAD 3, Wiesbaden 2004

Kaiser, T. (Anwendungsbereiche, 2005),
Operationelle Risiken. Überblick und Anwendungsbereiche statistisch-ökonometrischer Verfahren, Juni 2005, online im Internet: http://www.stat-econ.uni-kiel.de/einzelseiten/Kaiser.pdf, Stand: 01.08.2005

Kalhoff, A. / Haas, M. (Loss Data Situation, 2004),
Operational Risk – Management Based on the Current Loss Data Situation, in: Cruz, M. (Hrsg.): Operational Risk Modelling and Analysis – Theory and Practice, London 2004, S. 5-12

Kalkbrener, M. (Unified View, 2004),
Modeling Operational Risk, Modeling Credit Risk – a Unified View, März 2004, online im Internet: http://www.ifk-cfs.de/papers/Kalkbrenner.pdf, Stand: 01.08.2005

Keck, W. / Jovic, D. (Management, 1999),
Das Management von operationellen Risiken bei Banken, in: Der Schweizer Treuhänder, Heft 10, 1999, S. 963-970

Kenney, W. F. (Process Risk, 1993),
Process Risk Management Systems, New York 1993

Kersten, H. (Sicherheit, 1995),
Sicherheit in der Informationstechnik: Einführung in Probleme, Konzepte und Lösungen, 2. Auflage, München, Wien, Oldenbourg 1995

King, J. L. (Measurement, 2001),
Operational Risk – Measuring and Modelling, Chichester 2001

Kirchheimer, F. D. (Metamodell, 2004),
Ein Metamodell zur Anwendung Bayesianischer Netzwerke für das Management operationeller Risiken, in: BIT, Heft 1, 2004, S. 19-33

Kluge, A. / Zysno, P. V. (Teamkreativität, 1993),
Teamkreativität: eine Untersuchung zum Training der Ideenfindung mit klassischen Kreativitätsmethoden, München 1993

Knight, F. H. (Risk, 1921),
Risk, Uncertainty and Profit, im Original 1921, zitiert aus Nachdruck: Chicago u.a. 1985

Körnert, J. (Barings, 1996),
Barings 1995 – Eine Bankenkrise im Überblick, Teil I: Einführung und liquiditätsmäßig-finanzielle Krisenursache, in: ÖBA, Heft 7, 1996, S. 512-520, Teil II: Technisch-organisatorische Krisenursache und potentielle Ketteneffekte, in: ÖBA, Heft 8, 1996, S. 612-618

Konrad, K. (Befragung, 2001),
Mündliche und Schriftliche Befragung – ein Lehrbuch, 2. Auflage, Landau 2001

KPMG (IFRS aktuell, 2004),
IFRS aktuell. Neuregelungen 2004: IFRS 1 bis 5, Improvements Project, Amendments IAS 32 und 39, Stuttgart 2004

Krampert, T. (Holistischer Ansatz, 2003),
Holistischer Ansatz zur IT-Sicherheit, in: Gora, W. / Krampert, T. (Hrsg.): Handbuch IT-Sicherheit: Strategien, Grundlagen und Projekte, München 2003, S. 19-35

Krcmar, H. (Informationsmanagement, 2000),
Informationsmanagement, 2. Auflage, Berlin, Heidelberg, New York 2000

Kromey, H. (Sozialforschung, 2000),
Empirische Sozialforschung, 9. Auflage, Opladen 2000

Küpper, C. (Kausalität, 2000),
Korrelation und Kausalität, München 2000, online im Internet: http://www.innotec.de/forschung/kuepper/Microsoft%20Word%20-%20Korrelation-Kausalitaet.pdf, Stand: 30.03.2005

Kühn, R. / Neu, P. (Functional correlation, 2003),
Functional correlation approach to operational risk in banking organizations, in: Physica A, Heft 322, 2003, S. 650-666

Kühn, R. / Neu, P. (Adequate Capital, 2004),
Adequate Capital and Stress Testing for Operational Risk, in: Cruz, M. (Hrsg.): Operational Risk Modelling and Analysis: Theory and Practice, London 2004, S. 273-289

Kuhn, L. (Risikophasenmodell, 2002),
Risikophasenmodell für Operationelle Risiken im Kontext der Gesamtbanksteuerung, in: Eller, R. / Gruber, W. / Reif, M. (Hrsg.): Handbuch Operationelle Risiken: Aufsichtsrechtliche Anforderungen, Quantifizierung und Management, Praxisbeispiele, Stuttgart 2002, S. 153-178

Lahusen, R. (Asset Allocation, 2002),
Asset Allocation für die Alterssicherung – Performance-Steigerung durch Nutzung von Zeithorizonteffekten, München 2002

Leippold, M. / Vanini, P. (Quantification, 2003),
The Quantification of Operational Risk, November 2003, online im Internet: http://www.gloriamundi.org/picsresources/mlpv2.pdf, Stand : 27.10.2004

Levine, M. / Hoffman, D. G. (Risk Profiling, 2000),
Enriching the universe of operational risk data: getting started on risk profiling, in: Risk Professional (Hrsg.): Operational Risk, London 2000, S. 25-39

Lippe, P. v. d. (Statistik, 1993),
Deskriptive Statistik, Stuttgart, Jena 1993

Lister, M. (Ergebnismessung, 1997),
Risikoadjustierte Ergebnismessung und Risikokapitalallokation, Frankfurt am Main 1997

Locarek-Junge, H. (IT-Risikomanagement, 2002),
IT-Risikomanagement in Banken, in: Roßbach, P. / Locarek-Junge, H. (Hrsg.): IT-Sicherheitsmanagement in Banken, Frankfurt am Main 2002, S. 3-8

Locarek-Junge, H. / Hengmith, L. (Quadratur, 2004),
Quantifizierung des operationellen Risikos – die Quadratur des Kreises?, in: Burkhardt, T. / Körnert, J. / Walther, U. (Hrsg.): Banken, Finanzierung und Unternehmensführung, Festschrift für Karl Lohmann zum 65. Geburtstag, Berlin 2004, S. 233-248

Lui, B. (Implikationen, 2005),
Implikationen des operationellen Risikos nach Basel II für die Informationstechnologie, in: Becker, A. / Gaulke, M. / Wolf, M. (Hrsg.): Praktiker-Handbuch Basel II. Kreditrisiko, operationelles Risiko, Überwachung, Offenlegung, Stuttgart 2005, S. 211-248

Marshall, C. L. (Measuring, 2001),
Measuring and Managing Operational Risks in Financial Institutions: Tools, Techniques, and other Resources, Singapore 2001

Meyer, C. (Kreditinstitute, 1999),
Value at Risk für Kreditinstitute: Erfassung des aggregierten Marktrisikopotentials, Wiesbaden 1999

Meyer zu Selhausen, H. (Informationsfluss-Management, 1996),
Informationsflussmanagement in der Bank, in: ik Report – Zeitschrift zum Informationswesen der Kreditwirtschaft, Band 9, 1996, S. 10-21

Meyer zu Selhausen, H. (Bank-Informationssysteme, 2000),
Bank-Informationssysteme: eine Bankbetriebswirtschaftslehre mit IT-Schwerpunkt, Stuttgart 2000

Meyer zu Selhausen, H. (Datenbasis, 2004),
Kreditportfoliorisikomodelle – Wie tragfähig ist eigentlich die Datenbasis?, in: Lange, T. A. / Löw, E. (Hrsg.): Rechnungslegung, Steuerung und Aufsicht von Banken. Kapitalmarktorientierung und Internationalisierung, Wiesbaden 2004, S. 433-444

Meyer zu Selhausen, H. (Erkenntnis, 2004),
Empirisch nicht fundierte Annahmen als Quelle der Erkenntnis? Zu den Grundlagen der Kreditportfoliorisikomodelle, in: Albrecht, P. / Lorenz, E. / Rudolph, B. (Hrsg.): Risikoforschung und Versicherung. Festschrift für Elmar Helten zum 65. Geburtstag, Karlsruhe 2004, S. 391-423

Meyer zu Selhausen, H. (Validierung, 2004),
Ist die Validierung von Kreditportfoliorisikomodellen prinzipiell unmöglich?, in: ÖBA, Heft 10, 2004, S. 766-781

Mertens, P. / Bodendorf, F. / König, W. / Picot, A. / Schumann, M. (Grundzüge, 2001),
Grundzüge der Wirtschaftsinformatik, 7. Auflage, Berlin, Heidelberg, New York 2001

Minz, K.-A. (Operationelle Risiken, 2004),
Operationelle Risiken in Kreditinstituten, Frankfurt am Main 2004

Moormann, J. (Umbruch, 1999),
Umbruch in der Bankinformatik – Status quo und Perspektiven für eine Neugestaltung, in: Moormann, J. / Fischer, T. (Hrsg.): Handbuch Informationstechnologie in Banken, Wiesbaden 1999, S. 3-20

Moormann, J. (Digitalisierung, 2000),
Die Digitalisierung des Bankgeschäfts, in: Rebstock, M. / Weber, G. / Daniel, S. (Hrsg.): Informationstechnologie in Banken: Optimierung und Geschäftsprozesse, Berlin 2000, S. 3-16

Moscadelli, M. (Experience, 2004),
The modelling of operational risk: experience with the analysis of the data collected by the Basel Committee, Juli 2004, online im Internet: http://www.bancaitalia.it /ricerca/consultazioni/temidi/td517/td_517/tema_517.pdf, Stand: 16.05.2005

Münchbach, D. (Private Banking, 2001),
Management der operationellen Risiken des Private Banking – Gestaltungsempfehlungen für ein System zum Management der operationellen Risiken des Private Banking, Bern, Stuttgart, Wien 2001

Muermann, A. / Oktem, U. (Near-Miss Management, 2002),
The Near-Miss Management of Operational Risk, Oktober 2002, online im Internet: http://www.gloriamundi.org/picsresources/amuo.pdf, Stand: 27.10.2004

Nelsen, R. B. (Copulas, 1999),
An introduction to copulas, New York 1999

Nierhaus, W. / Sturm, J.-E. (Konjunkturprognose, 2003),
Methoden der Konjunkturprognose, in: ifo Schnelldienst, Heft 4, 2003, S. 7-23

Nyström, K. / Skoglund, J. (Quantitative, 2002),
Quantitative Operational Risk Management, Paper Swedbank, September 2002, online im Internet: http://www.gloriamundi.org/picsresources/nsqopm.pdf, Stand: 30.09.2004

OECD (Financial Statements of Banks, o. J.),
Bank Profitability: Financial Statements of Banks, online im Internet: http://www.oecd. org/dataoecd/50/44/2373422.pdf, Stand: 30.06.2005

ORX (Press Release, 2003),
Press Release – November 27, 2003, online im Internet: http://www.orx.org/fpdb/ ORX%20press%20release%20-%20031127.pdf, Stand: 10.06.2005

ORX (Reporting Standards, 2004),
ORX Reporting Standards – An ORX Members` Guide to Operational Risk Event/Loss Reporting, Februar 2004, online im Internet: http://www.orx.org/fpdb/ ORX-Reporting-Standards-v15.pfd, Stand: 17.05.2005

Osterloh, M. / Frost, J. (Prozessmanagement, 1996),
Prozessmanagement als Kernkompetenz – Wie Sie Business Reengineering strategisch nutzen können, Wiesbaden 1996

o. V. (KRI project, 2005),
Progress report due on KRI project, in: Operational Risk, Heft 1, 2005, o. S.

o. V. (Stellenwert der IT, 2005),
Stellenwert der IT sinkt, in: CIO – IT-Strategie für Manager, 12.05.2005, online im Internet: http://www.cio.de/strategien/projekte/809689/index3.html, Stand: 30.06.2005

Pagett, T. / Karow, J. C. / Duncan, J. (Top down, 2000),
Top down or bottom up?, in: Risk Professional (Hrsg.): Operational Risk, London 2000, S. 9-23

Payer, T. (Winde, 2001),
Modellierung extemer Winde, Mai 2001, online im Internet: http://www.statistik.lmu.de/~payer/DiplA_tpy.pdf, Stand: 01.08.2005

Peachey, A. (Finanzdesaster, 2002),
Finanzdesaster im Banking – Operationelle Risiken, wo die Theorie versagt!, in: Eller, R. / Gruber, W. / Reif, M. (Hrsg.): Handbuch Operationelle Risiken: Aufsichtsrechtliche Anforderungen, Quantifizierung und Management, Praxisbeispiele, Stuttgart 2002, S. 327-346

Peemöller, F. A. / Friedrich, R. (Herausforderung, 2002),
Operationelle Risiken – die neue Herausforderung, in: Eller, R. / Walter, G. / Reif, M. (Hrsg.): Handbuch Operationelle Risiken: Aufsichtsrechtliche Anforderungen, Quantifizierung und Management, Praxisbeispiele, Stuttgart 2002, S. 43-64

Penzel, E. (Internetbank, 2002),
Wie sichert man eine Internetbank?, in: Roßbach, P. / Locarek-Junge, H. (Hrsg.): IT-Sicherheitsmanagement in Banken, Frankfurt am Main 2002, S. 95-117

Perridon, L. / Steiner, M. (Finanzwirtschaft, 2003),
Finanzwirtschaft der Unternehmung, 12. Auflage, München 2003

Petruch, K. (Technik, 2002),
IT-Sicherheit – definitiv mehr als nur Technik, in: Roßbach, P. / Locarek-Junge, H. (Hrsg.): IT-Sicherheitsmanagement in Banken, Frankfurt am Main 2002, S. 277-292

Pézier, J. (Constructive Review, 2004),
A constructive review of the Basel proposals on operational risk, in: Alexander, C. (Hrsg.): Operational Risk: Regulation, Analysis and Measurement, London u. a. 2003, S. 49-73

Pfeifer, D. (Schadenmodellierung, 2003),
Möglichkeiten und Grenzen der mathematischen Schadenmodellierung, in: Zeitschrift für die gesamte Versicherungswirtschaft, Heft 4, 2003, S. 667-696

Phillip, D. (Risikopolitik, 1967),
Risiko und Risikopolitik, Stuttgart: Poeschel, 1967

Piaz, J.-M. (Banken, 2002),
Operational risk management bei Banken, Zürich 2002

Poddig, T. / Dichtl, H. / Petersmeier, K. (Ökonometrie, 2003),
Statistik, Ökonometrie, Optimierung: Methoden und ihre praktischen Anwendungen in Finanzanalyse und Portfoliomanagement, 3. Auflage, Bad Soden / Ts. 2003

Popper, K. (Logik, 2002),
Logik der Forschung, 10. Auflage, Tübingen 2002

Redmill, F. / Chudleigh, M. / Catmur, J. (Software HAZOP, 1999),
System Safety: HAZOP and Software HAZOP, Chichester, New York, Weinheim, Brisbane, Singapore, Toronto 1999

Reich, C. T. (Applications, 2004),
Applications of Extreme Value Theory in Financial Risk Modelling, Bamberg 2004

Reshetar, A. (Diversification, 2004),
Operational Risk and the Effect of Diversification on Capital Charge, Oktober 2004, online im Internet: http://www.phd-finance.unizh.ch/Courses/Downloads/SRP_Reshetar.pdf, Stand: 14.02.2005

Reynolds, D. / Syer, D. (Notes, 2002),
Algo Academy Notes, in: Algo Research Quarterly, Heft 2, 2002, S. 31-38

Rieder, H. (Mathematische Statistik, 2003),
Mathematische Statistik, in: Spektrum – das Wissenschaftsmagazin der Universität Bayreuth, Heft 01, 2003, S. 16-17, online im Internet: http://www.uni-bayreuth.de/presse/spektrum/01-2003/statistik.pdf, Stand: 01.08.2005

Riedle, M. (Risikotheorie, 2005),
Script zur Risikotheorie, Berlin 2005, online im Internet: http://www.math.hu-berlin.de/~riedle/winter04/risiko.pdf, Stand: 01.08.2005

Riekeberg, M. (Erfolgsfaktoren, 2003),
Erfolgsfaktoren bei Sparkassen. Kausalanalytische Untersuchung mittels linearer Strukturgleichungsmodelle, Wiesbaden 2003

RMA / RiskBusiness (Information Pack, 2005),
KRI Library Services – Subscriber Information Pack, Version 2.1, Juni 2005, online im Internet: http://www.kriex.org/PDFDocumentLibrary/Public%20Library/KRI%20Library%20Services%20Subscriber%20Information%20Pack.pdf, Stand: 30.06.2005

RMA / RiskBusiness (KRI Study, 2005),
The KRI Study, online im Internet: http://www.kriex.org/PDFDocumentLibrary/Public%20Library/KRI%20Conference%20Day%201%20Results%20of%20the%20Study.pdf, Stand: 30.06.2005

Röckle, S. (Schadensdatenbanken, 2002),
Schadensdatenbanken als Instrument zur Quantifizierung von Operational Risk in Kreditinstituten, Sternenfels 2002

Rönz, B. / Strohe, H. G. (Lexikon Statistik, 1994),
Lexikon Statistik, Wiesbaden 1994

Romeike, F. (Risikokategorien, 2003),
Risikoidentifikation und Risikokategorien, in: Romeike, F. / Finke, R. B. (Hrsg.): Erfolgsfaktor Risiko-Management. Chancen für Industrie und Handel: Methoden, Beispiele, Checklisten, Wiesbaden 2003, S. 165-180

Romeike, F. (Gesamtrisikosteuerung, 2004),
Integration des Managements der operationellen Risiken in die Gesamtrisikosteuerung, in: BIT, Heft 3, 2004, S. 41-54

Rommelfanger, H. (Mathematisch-Statistische Verfahren, 2002),
Mathematisch-Statistische Verfahren des Risikomanagements, Frankfurt 2002, online im Internet: http://www.wiwi.uni-frankfurt.de/professoren/rommelfanger/index/dokumente/op-1a.pdf, Stand: 01.05.2005

Roßbach, P. (Bedrohungen, 2002),
Bedrohungen der IT-Sicherheit aus technischer Sicht, in: Roßbach, P. / Locarek-Junge, H. (Hrsg.): IT-Sicherheitsmanagement in Banken, Frankfurt am Main 2002, S. 121-170

Roßbach, P. / Locarek-Junge, H. (IT-Sicherheitsmanagement, 2002),
IT-Sicherheitsmanagement in Banken, Frankfurt am Main 2002

Rowe, D. (Black Swans, 2004),
Op risk and Black Swans, in: Risk, September 2004, S. 114.

Rünger, P. / Walther, U. (Behandlung, 2004),
Die Behandlung der operationellen Risiken nach Basel II – ein Anreiz zur Verbesserung des Risikomanagements? Technische Universität Bergakademie Freiberg, Fakultät für Wirtschaftswissenschaften, Working Paper Nr. 14

Sachs, L. (Angewandte Statistik, 1992),
Angewandte Statistik: Anwendung statistischer Methoden, 7. Auflage, Berlin u. a. 1992

Schaaffhausen, A. v. (Grundlagen der Credibility-Theorie, 1989),
Grundlagen der Credibility-Theorie, in: Helten, E. (Hrsg.): Beiträge zur Credibility-Theorie, Karlsruhe 1989, S. 11-60

Scheuenstuhl, G. (Szenario basierte Risikoanalyse, 2002),
Szenario basierte Risikoanalyse, in: Hehn, E. (Hrsg.): Asset Management in Kapitalanlage- und Versicherungsgesellschaften: Altersvorsorge – Nachhaltige Investments – Rating, Wiesbaden 2002

Schierenbeck, H. (Bankmanagement, 2001),
Ertragsorientiertes Bankmanagement, Band 2: Risiko-Controlling und integrierte Rendite-/Risikosteuerung, 7. Auflage, Wiesbaden 2001

Schierenbeck, H. (Bankmanagement, 2003),
Ertragsorientiertes Bankmanagement, Band 2: Risiko-Controlling und integrierte Rendite-/Risikosteuerung, 8. Auflage, Wiesbaden 2003

Schloske, A. (Arbeitsplanung, 1999),
Ein Modell zur EDV-integrierten Fehlermöglichkeits- und –einflussanalyse (FMEA) in der Arbeitsplanung, Prüfplanung und der Fertigung, Heimsheim 1999

Schmidt, K. D. (Versicherungsmathematik, 2002),
Versicherungsmathematik, Berlin u. a. 2002

Schmidt, R. H. / Terberger, E. (Investitions- und Finanzierungstheorie, 1996),
Grundzüge der Investitions- und Finanzierungstheorie, 3. Auflage, Wiesbaden 1996

Schmitz, V. (Stochastic Processes, 2003),
Copulas and Stochastic Processes, Aachen 2003

Schnell, R. / Hill, P. B. / Esser, E. (Methoden, 1999),
Methoden der empirischen Sozialforschung, 6. Auflage, München, Wien, Oldenbourg 1999

Schradin, H. R. / Gronenberg, S. (Grundlagen, o. J.),
Grundlagen aus der Wahrscheinlichkeitstheorie, online im Internet: http://www.uni-koeln.de/wiso-fak/versich/download/wktgrdl.pdf, Stand: 01.08.2005

Shih, J. / Samad-Khan, A. / Medapa, P. (Firm Size, 2000),
Operational Risk. Is the Size of an Operational Loss related to Firm Size?, 2000, online im Internet: http://www.gloriamundi.org/picsresources/jhaspm.pdf, Stand: 30.06.2005

Stahl, P. C. (Lerninstrument, 1997),
Die Qualitätstechnik FMEA als Lerninstrument in Organisationen, Wiesbaden 1997

Stelzer, D. (Risikoanalysen, 2002),
Risikoanalysen als Hilfsmittel zur Entwicklung von Sicherheitskonzepten in der Informationsverarbeitung, in: Roßbach, P. / Locarek-Junge, H. (Hrsg.): IT-Sicherheitsmanagement in Banken, Frankfurt am Main 2002, S. 37-54

Stocker, G. / Naumann, M. / Buhr, R. / Kind, R. / Schwertl, M. (Controlling, 2001),
Qualitatives und quantitatives Controlling und Management von Operational Risk – Entwicklung eines Betriebscontrollings in der Bayerischen Landesbank, in: ZfgK, Heft 12, 2001, S. 677-687

Strack, F. (Urteilsheuristiken, 1985),
Urteilsheuristiken, in: Frey, D. / Irle, M. (Hrsg.): Theorien der Sozialpsychologie, Band 3: Motivations- und Informationsverarbeitungstheorien, Bern u. a. 1985, S. 239-267

Taylor, C. (KRI Part II News, 2004),
KRI Part II News vom 23.02.2004, online im Internet: http://www.rmahq.org/NR/rdonlyres/65BBA20D-54B8-45B7-8C71-96C85C8D7676/0/KRINews1.pdf, Stand: 30.06.2005

Taylor, C. (KRI Part II News #4, 2004),
KRI Part II News #4 vom 14.05.2004, online im Internet: http://www.kriex.org/PDFDocumentLibrary/Public%20Library/KRI%20Project%20 News%204.pdf, Stand: 30.06.2005

Taylor, C. (KRI Part II News #5, 2004),
KRI Part II News #5 vom 16.06.2004,online im Internet: http://www.kriex.org/PDFDocumentLibrary/Public%20Library/KRI%20Project%20News%205.pdf, Stand: 30.06.2005

Taylor, D. / Hofmann, D. G. (Signal failure, 1999),
How to avoid signal failure, in: Operational Risk Special Report, Risk November 1999, S. 13-15

Theil, M. (Risikomanagement, 1995),
Risikomanagement für Informationssysteme, Wien 1995

Theiler, U. (Optimierungsverfahren, 2002),
Optimierungsverfahren zur Risk-/Return-Steuerung der Gesamtbank, Wiesbaden 2002

Tversky, A. / Kahneman, D. (Heuristics, 1974),
Judgment under Uncertainty: Heuristics and Biases, in: Science, Vol. 185, 1974, S. 1124-1131

Uhlir, H. / Aussenegg, W. (Methodenüberblick, 1996),
Value-at-Risk (VaR). Einführung und Methodenüberblick, in: ÖBA, Heft 11, 1996, S. 831-836

Voßbein, R. (Zertifizierung, 2002),
Auditierung und Zertifizierung der IT-Sicherheit – ein Weg zu sicheren Systemen, in: Roßbach, P. / Locarek-Junge, H. (Hrsg.): IT-Sicherheitsmanagement in Banken, Frankfurt am Main 2002, S. 23-35

Wahrenburg, M. / Niethen, S. (Portfolioeffekte, 2000),
Portfolioeffekte bei der Kreditrisikomodellierung, in: Johanning, L. / Rudolph, B. (Hrsg.): Handbuch Risikomanagement, Band 1: Risikomanagement für Markt-, Kredit- und operative Risiken, Bad Soden / Ts., 2000

Weichselberger, A. (Anpassungstest, 1993),
Ein neuer nichtparametrischer Anpassungstest zur Beurteilung der Lage von Verteilungen, Göttingen 1993

Weingessel, A. (Erfassung, 2003),
Erfassung und Quantifizierung operationaler Risiken, 2003, online im Internet: http://www.ci.tuwien.ac.at/~weingessel/docs/papers/oprisk-sem-finanzmathematik-2003.pdf, Stand: 30.06.2005

Wiedemann, A. / Minz, K.-A. / Niemeyer, F. (Handlungsfelder, 2003),
Operationelle Risiken – Handlungsfelder für Kreditinstitute, Stuttgart 2003

Wiedemann, A. (Risikotriade, 2004),
Risikotriade: Zins-, Kredit- und operationelle Risiken, Frankfurt am Main 2004

Wiltner, F. (Unternehmen, 2003),
Bedrohungen für Unternehmen, in: Gora, W. / Krampert, T. (Hrsg.): Handbuch IT-Sicherheit: Strategien, Grundlagen und Projekte, München 2003, S. 81-96

Wings, H. (Digital Business, 1999),
Digital Business in Banken, Informationstechnologie – Erfolgsfaktor für die strategische Positionierung, Wiesbaden 1999

Wooldridge, J. M. (Introductory, 2000),
Introductory Econometrics: A Modern Approach, Cincinnati 2000

Yasuda, Y. (Bayesian Inference, 2003),
Application of Bayesian Inference to Operational Risk Management, 2003, online im Internet: http://gloriamundi.org/picsresources/yuya.pdf, Stand: 27.10.2004

Zentes, J. / Swoboda, B. (Marketing, 2001),
Grundbegriffe des Marketing: marktorientiertes globales Management-Wissen, 5. Auflage, Stuttgart 2001

ZKA (Stellungnahme zum Konsultationspapier, 2001),
Stellungnahme des Zentralen Kreditausschusses zum Konsultationspapier des Baseler Ausschusses zur Neuregelung der angemessenen Eigenkapitalausstattung von Kreditinstituten vom 16. Januar 2001, Berlin, Mai 2001, online im Internet: http://www.zentraler-kreditausschuss.de/upload/1038495204.ZKA-2001-05-28-Basel%20II.pdf, Stand: 30.06.2005

ZKA (Stellungnahme zum 3. Arbeitsdokument der EU-Kommission, 2003),
Stellungnahme des Zentralen Kreditausschusses zum 3. Arbeitspapier der EU-Kommission zur Überarbeitung der Eigenkapitalvorschriften für Kreditinstitute und Wertpapierfirmen der EU vom 01. Juli 2003, Berlin, Oktober 2003, online im Internet: http://www.zentraler-kreditausschuss.de/upload/1066900689.OPRisk.PDF, Stand: 30.06.2005